国家社会科学基金项目优秀成果

西南大学西南民族教育与心理研究中心

"一带一路"背景下
跨境民族教育的发展路径

陈时见 等 著

重庆出版集团 重庆出版社

图书在版编目(CIP)数据

"一带一路"背景下跨境民族教育的发展路径/陈时见等著. ——
重庆:重庆出版社,2022.12
ISBN 978-7-229-17187-2

Ⅰ.①一… Ⅱ.①陈… Ⅲ.①少数民族教育—研究—中国
Ⅳ.①G759.2

中国版本图书馆CIP数据核字(2022)第191423号

"一带一路"背景下跨境民族教育的发展路径
"YIDAIYILU" BEIJING XIA KUAJING MINZU JIAOYU DE FAZHAN LUJING
陈时见 等 著

责任编辑:林 郁
责任校对:刘 艳
装帧设计:胡耀尹

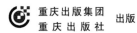 重庆出版集团
重庆出版社 出版

重庆市南岸区南滨路162号1幢 邮政编码:400061 http://www.cqph.com
重庆出版社艺术设计有限公司制版
重庆市国丰印务有限责任公司印刷
重庆出版集团图书发行有限公司发行
E-MAIL:fxchu@cqph.com 邮购电话:023-61520646
全国新华书店经销

开本:787mm×1092mm 1/16 印张:29 字数:480千
2022年12月第1版 2022年12月第1次印刷
ISBN 978-7-229-17187-2
定价:68.00元

如有印装质量问题,请向本集团图书发行有限公司调换:023-61520678

前　言

2013年，习近平总书记顺应时代潮流，适应发展规律，提出"一带一路"倡议。2015年，国家发改委、外交部、商务部联合发布《推动共建丝绸之路经济带和21世纪海上丝绸之路的愿景与行动》，明确提出共建"一带一路"的基本方向和主要任务。2016年，教育部印发《推进共建"一带一路"教育行动》，明确将"推进'一带一路'教育共同繁荣"作为教育发展的新使命。随着"一带一路"建设的不断推进，跨境民族地区的地理空间和发展格局发生了根本性的变化，成为教育开放互通的前沿要塞，多元化融合和多渠道合作打破了传统跨境民族教育相对封闭的教育体系，人员流动、技术交流、合作共建、资源互通等拓展了教育开放的深度与广度，跨境民族地区开始利用与毗邻国家地缘相近、人缘相亲、文缘相同的天然优势，探索开放发展的新路径，特别是通过内外引鉴、开放共享推进跨境民族教育的互联互通和创新发展。

2016年，根据工作需要，我到云南省普洱市挂职。普洱市地处西南边陲，与越南、老挝、缅甸三个国家接壤，有"一市连三国"之称。普洱市有九县一区，居住着汉、哈尼、彝、拉祜、佤、傣等14个世居民族，其中9个县都是少数民族自治县，少数民族人口占61%，有4个县地处国境沿线，国境线长达486公里。因此，普洱市不仅是典型的边疆民族地区，更是典型的跨境民族地区。在普洱市挂职的两年里，我曾多次深入跨境民族地区实地考察，对跨境民族地区非常丰富的文化资源和相对滞后的教育发展有着直接而切身的感受与认识，对"一带一路"给跨境民族地区文化教育发展带来的影响有着直接而深入的感知与理解。"一带一路"给跨境民族地区文化教育发展提出了新的挑战，也带来了新的机遇。那么，在"一带一路"背景下，跨境民族教育有哪些新的特征？面临哪些新的挑战？如何实现新的发展？诸如此类的问题促成了对跨境民族教育发展的深入思考。

2018年，我圆满结束在普洱市两年的挂职工作回到西南大学，基于对跨境民族教育的考察、理解与思考，我以"'一带一路'背景下跨境民族教育的发展路径研究"为题申报国家社会科学基金项目，同年6月获得批准立项（项目编号：18BMZ077），经过课题组三年多的研究，该项目于2022年5月批准结项（证书编号：20221479），结项等级为优秀。本书是该课题的终结性研究成果，是课题组成员在广泛深入研究的基础上形成的，凝聚了课题组成员和课题调研单位相关领导与师生以及课题指导专家的思想、观点和智慧，是新时代基于"一带一路"视域研究跨境民族教育发展的重要成果。

2018年7月，根据课题申报书和课题研究任务，课题组组建成功，并进行了明确的任务分工。我担任组长，课题组成员包括西南大学周虹和王远、贵州铜仁学院刘方林、南宁师范大学王瑜和刘雨田、重庆师范大学胡娜和谢梦雪、重庆城市管理职业学院黄蘋、广西百色学院周朝正。为了更好地理解新时代跨境民族教育的内涵与意义，课题组委托刘方林和王远收集整理跨境民族教育的中外文献资料，撰写跨境民族教育研究的文献综述。课题组在文献研究基础上对跨境民族教育发展的内涵、现状与走向进行了充分的交流研讨；同时，围绕"一带一路"进行专题讨论，明确了"一带一路"的时代价值和理论视野。这两项基础性的工作为课题研究的概念明晰、理论视域、框架建构奠定了重要的基础。

2018年9月以来，课题组按照科学化、规范化的课题规划流程，根据课题立项任务书制订翔实的课题研究计划，全面推进课题研究工作。一是开展跨境民族教育的现状考察。2018年10月至12月，课题组在我和刘方林的带领下先后赴云南省普洱市江城哈尼族彝族自治县、澜沧拉祜族自治县、孟连傣族拉祜族佤族自治县、西盟佤族自治县和云南省临沧市耿马傣族佤族自治县、沧源佤族自治县进行现状考察。课题组深入教育局、民宗局、民族村落、中小学校开展问卷调查、深度访谈和案例研究，召开专题座谈会和研讨会。2019年4月，课题组在我和王瑜的带领下赴广西壮族自治区东兴市和龙州县开展实地考察。课题组深入教育局和6所中小学校开展座谈交流、个别访谈、问卷调查、实地考察，就跨境民族地区的教育政策、教育资源、发展模式、跨境教育交流、教育质量监测等方面进行专题调研和深入交流。课题组在现状考察基础上撰写了考察报告和咨询建议。二是召开课题专题讨论会，围绕课题研究的核心问题进行深入的交流和研讨。2019年6月至10月，课题组先后召开5次课题研讨会，就课题研究的指导思想、研究思路、研究方法、基本框架、主要观点等进行专题研讨，进一步明确了"一带一路"的理论视角及其对新时代跨境民族教育发展的现实意义，进一步明晰了跨境民族教育发展的重点领域及其在新时代的发展特征。课题组在专题研究的基础上明确了研究报告的基本框架，撰写了《新时代跨境民族教育转型发展的政策建议》等5篇调查研究报告和政策咨询报告，先后在《清华大学教育研究》《西南大学学报（社会科学版）》等学术期刊发表《"一带一路"视域下跨境民族教育的价值意蕴与创新路径》《"一带一路"背景下跨境民族教育的现实挑战与路径选择》等9篇学术论文。三是召开专家咨询论证会和专题学术论坛。2019年11月，课题组邀请教育部民族教育发展中心郭岩主任、西南大学西南民族教育与心理研究中心张学敏主任、广西民族大学钟海青教授和欧以克教授、中国人民大学陈立鹏教授、云南省教育科学研究院陶天麟教授进行专家咨询论证会，围绕课题研究的思路方法、研究框架、成果初稿进行针对性的论证和指导。2019年12月至2020年5月，课题组先后组织召开3次学术论坛，围绕"跨境民族教育发展的基本理念""跨境民族教育发展的政策体系""跨境民族教育发展的主要路径"等主题开展深入的主题讨论，并结合相关主题撰写了系列学术论文，先后在《华东师范大学学报（教育科学版）》《教育科学》等学术期刊发表《从"边境"到"跨境"："一带一路"背景下跨境民族教育的转型发展》《跨境民族教育转型发展的实践路径——基于"一带一路"的视角》等8篇学术论文。四是撰写课题研究报告。课题组在前期考察和研究的基础上提出研究报告的基本框架，研究报告的内容包括时代意蕴、基本理念、政策保障、文化融通、模式创新、技术融合、资源配置、质量监测等八个方面，其中时代意蕴主要分析课题研究的现实背景与时代价值，基本理念主要讨论课题研究的理论视角与研究立场，政策保障主要探讨课题研究的政策体系与制度保障，文化融通、模式创新、技术融合、资源配置、质量监测五个部分则是课题研究重点讨论的五个发展路径。

　　本书是课题组集体完成的，我负责框架设计并参与所有章节的讨论、指导、撰写与统稿。第一章具体由西南大学王远负责，第二章具体由西南大学周虹负责，第三章具体由贵州铜仁学院刘方林负责，第四章具体由南宁师范大学王瑜负责，第五章具体由重庆师范大学胡娜负责，第六章具体由广西百色学院周朝正负责，第七章具体由重庆城市管理职业学院黄蘋负责，第八章具体由南宁师范大学刘雨田负责。本书之所以能够顺利完成，得益于云南、广西各级教育行政部门的鼎力协助与大力支持，得益于西南大学教育学部、西南民族教育与心理研究中心、社科处等单位提供的资源保障与技术指导，得益于课题组全体成员不畏辛劳、团结协作的团队精神和精诚奉献。在课题立项、开题、研究以及书稿修改过程中，教育部民族教育发展中心郭岩主任，广西民族大学钟海青教授，中国人民大学陈立鹏教授，广西民族大学欧以克教授，云南省教育科学研究院陶天麟教授，以及西南大学张学敏教授，社科处徐仲仁、吴淑爱、吕刚武等都提出了许多建设性的意见和建议。本书的出版得到了重庆出版社副总编别必亮和重点图书编辑室副主任林郁的关心、支持和指导。谨此对课题组所有人员以及给予关心、支持、指导和帮助的所有领导、专家和同仁表示衷心的感谢。跨境民族教育是一个较为复杂的研究领域，由于我们水平有限，书中还存在一些不足之处，恳请各位读者批评指正。

陈时见

2022 年 6 月 12 日

目　录

第一章

"一带一路"背景下
跨境民族教育发展的时代意蕴

"一带一路"建设从根本上改变了跨境民族地区的地理空间格局，凸显了跨境民族地区的开放性和前沿性，从而为跨境民族教育提供了新的视野，开辟了新的空间，也给跨境民族教育赋予了新的时代内涵。[①]跨境民族教育需要顺应时代发展潮流，转变跨境民族教育发展的传统定位，实现跨境开放教育的时代转型，一方面要增强跨境民族教育的发展动力，提升跨境民族教育的发展水平，打造跨境民族地区前沿性教育支点；另一方面要驱动国际国内教育的联动发展，增强与周边国家跨境教育的交流合作与互联互通，构筑跨境民族教育的发展共同体。

第一节 跨境民族教育的概念界定

跨境民族教育的概念界定是其相关研究的起点。通常而言，概念的界定方式是根据特定的问题而在众多可能的研究对象中进行选择。概念的明晰有助于明确地表述问题，形成闭合的逻辑体系和规定的研究范畴。没有清晰的概念就不可能有正确的认识。[②]近年来，跨境民族教育的相关研究日益增多，并因其独特的研究对象和丰富的研究内容受到越来越多的关注，日益成为独立的研究领域。由于时代变迁，跨境民族教育现象不断变化，关于跨境民族教育的概念认识也愈加多样。因此要厘清对跨境民族教育的认识，不仅要明确跨境民族、民族教育、跨境教育等相关概念，而且要对当前跨境民族教育的多样化界定进行梳理。

---

① 陈时见、王远：《跨境民族教育转型发展的实践路径——基于"一带一路"的视角》，载《教育科学》，2021年第9期，第72—79页。

② 〔德〕沃尔夫冈·布列钦卡：《教育科学的基本概念：分析、批判和建议》，胡劲松译，华东师范大学出版社2001年版，第11页。

一、跨境民族

在民族学研究中，研究者对跨境民族概念有出于不同视角的解释，并常对跨界民族、跨国民族等相近概念进行比较和澄清。顾名思义，跨境民族是指跨国境而居的同一民族。《辞海》中对"跨"字的解释有"跨越"与"占据"之意。"境"字在《辞海》中有"疆界""地域"之意。因此跨境民族从语义角度而言是指在政治空间上跨越政治边界，并在地理空间上占据边境两侧地带的同一民族。随着跨境民族相关研究的深入，学界开始不断对与跨境民族具有密切内在联系的跨界民族、跨国民族概念进行区分以避免相似概念的混淆对相关民族理论与实践研究带来混乱。跨界民族、跨境民族与跨国民族三者均可以表述为跨国境而居的同一民族。在很长一段时期，跨境民族、跨界民族和跨国民族在多数情况下是混用的。20世纪90年代，三者渐渐形成跨界民族、跨境民族与跨国民族所指分野的趋势。

目前，跨界民族概念在学界基本达成共识，即跨界民族是指"传统聚居地被分割在不同国家而在地域上相连并拥有民族聚居地的原生形态民族"[1]。跨界民族的独特性体现在四个方面：第一，从历史角度看，跨界民族是那些相对原生形态的民族；第二，从跨境方式看，跨界民族是被动跨境，表现为民族本身被政治边界分割导致跨境而居的事实；[2]第三，从空间分布看，跨界民族因原生聚居地被不同国家边境线分割，因此其聚居地通常紧靠两国或多国边境地带形成连片的居住地；第四，从族际关系看，边境两侧的跨界民族比邻而居的互动关系模式促使跨界民族并未因"国家分割力"而分化为不同的群体，跨界民族依旧保持一定的共同体意识和文化生活传统。

由于跨界民族概念的内涵相对具体并特别强调"作为整体的原生形态民族及其传统聚居地为政治疆界所分割"[3]的特殊性，跨界民族概念在外延上无法涵盖世界上所有跨居于两个国度以上，又属同源或同一民族的群体。从地域看，除毗邻边境跨境而居的民族类型外，还有跨居不相邻国度甚至远隔重洋或遥隔多国的

---

① 曹兴、孙志方：《全球化时代的跨界民族问题》，中国政法大学出版社2015年版，第18页。
② 曹兴、孙志方：《全球化时代的跨界民族问题》，中国政法大学出版社2015年版，第18页。
③ 葛公尚主编：《当代政治与民族问题》，中央民族大学出版社1995年版，第12页。

同源民族，而无论跨境民族概念或跨界民族概念都未能囊括这类跨境而居的族群。因此，有学者将跨国民族界定为跨界民族与跨境民族的上位概念。马曼丽认为，跨国民族是对跨居两国或两国以上（无论是相邻国两侧的还是远离边境的）、基本保持原民族认同的、相同渊源的人们群体的指称。究其原因，跨国民族的基本概念与跨境、跨界民族的性质没有重大原则区别，但是作为这两者的上位概念，能够涵盖同源民族跨境而居这一范畴的各种现象，弥补跨境民族与跨界民族未能涵盖跨越数国，或漂洋过海，或不毗邻的跨国民族之缺陷。①周建新认为，无论跨界民族、跨境民族、跨国民族，本质上都是文化民族概念的延伸，即在现代政治的语境及其话语体系之下，对具有历史文化联系，却在地理或政治空间上相隔离的文化群体的进一步认识与区分。因此，他认为跨国民族是"地域相邻或不相邻，属世居或规模迁徙形成，一般在边界线两侧或附近地区，在族源、语言、基本文化特征等方面有相同或相近的认同感，而在国家归属上却有着完全不同的政治认同要求，被现有政治地理（领土）边界线所分割，分属于不同国家政治实体的同一文化民族或族群"②。

　　跨境民族是介于跨界民族与跨国民族的中间概念。钟海青在总结其他学者对跨境民族概念的界定后指出，跨境民族、跨界民族、跨国民族三者尽管概念内涵不同，但所指的对象具有分布于不同国家的鲜明共性，从这一角度来看三者是包含关系，即跨界民族是跨境民族的真子集，跨境民族是跨国民族的真子集。③由此来看，跨境民族概念相比较于其他两个概念缺乏确定性和准确性，有必要从已有跨境民族概念的特征中探明跨境民族概念的边际。有学者从是否主动跨境作为区分的标准，认为跨境民族广义上包括被动跨境的跨界民族还包括主动跨境的民族。④虽然目前跨境民族概念尚无定论，但学界对跨境民族概念的三个主要特征已达成共识。第一，从跨境方式上看，跨境民族既包括因居住地被政治疆界分割的跨界民族，也包括主动迁徙、跨越国界而分居边境两侧的群体；第二，从空间

---

① 马曼丽：《论跨国民族的特征及发展趋势》，载《西北史地》，1995年第2期，第12—16页。

② 周建新：《"跨国民族"再认识——与马戎先生商榷》，载《开放时代》，2017年第5期，第214—222页。

③ 钟海青等：《跨境民族教育研究》，华东师范大学出版社2015年版，第3页。

④ 曹兴、孙志方：《全球化时代的跨界民族问题》，中国政法大学出版社2015年版，第18页。

上看，跨境民族分布空间大于跨界民族且小于跨国民族，即分布于边境地带；第三，从族际关系上看，边界两侧跨境民族拥有共同的民族意识和民族情感。因此，我们可以对跨境民族做这样的界定，跨境民族是指分布在两个或多个国家边境地区毗邻而居的同源或同一民族。

我国是幅员辽阔统一的多民族国家，共有56个民族，与14个国家接壤，陆地边界线达2.2万公里，其中1.9万多公里在少数民族地区，有35个民族跨境而居。在东北方向，我国与朝鲜、俄罗斯、蒙古国三国之间存在着朝鲜族、赫哲族、鄂伦春族、鄂温克族、俄罗斯族和蒙古族等跨境民族。在西北方向，我国与俄罗斯、哈萨克斯坦、吉尔吉斯斯坦、塔吉克斯坦、阿富汗等国家接壤地区，存在哈萨克族、俄罗斯族、维吾尔族、塔塔尔族、柯尔克孜族、塔吉克族、乌孜别克族、回族等跨境民族。在西面，我国与巴基斯坦、印度、尼泊尔、不丹等国之间存在藏族、门巴族、珞巴族等跨境民族。在西南方向，我国与缅甸、老挝、越南之间存在傣族、彝族、哈尼族、景颇族、傈僳族、拉祜族、佤族、德昂族、怒族、布朗族、独龙族、阿昌族、壮族、布依族、苗族、瑶族、侗族、仡佬族、京族等跨境民族，总人口约为6600万。跨境民族不仅分布非常广泛，而且发展水平相差悬殊。

二、民族教育

民族教育是民族学与教育学的交叉研究领域，涉及多元文化教育、少数民族教育、移民教育等诸多领域。民族是历史文化范畴的概念，因此在不同语境下指涉的对象也不同。哈经雄、滕星在《民族教育学通论》中对不同的民族教育概念进行分类，根据内容梳理了五类关于民族教育概念的说法。"单一民族教育说"是指一个民族培养其新一代的社会活动。"国民教育说"认为单一民族国家的民族教育即是整个国民教育，或是在多民族国家中将民族教育看作是各个民族的教育集合概念时，民族教育即国民教育。"少数民族教育说"即在多民族国家内对人口居于少数的民族实施的教育，在中国专指针对少数民族或少数民族地区的教育。"多重含义说"认为民族教育是复合性概念，既可以指各个少数民族或主体民族的教育，也可以指民族集团的教育。"跨文化教育说"则认为民族教育是指对具有不同文化背景族群中受教育者的教育。[①]除了这五类说法外，还存在民族教育即各级民族学校教育、民族地区的教育等说法。民族教育概念认识如此复杂的原因是多方面的，综合起来主要有三个方面的原因。

第一，问题域的拓展变化。在我国民族教育事业起步阶段，人们对于民族教育的认识尚处于经验认知阶段，民族教育研究及工作的重心是对民族地区进行现代教育改造，改革旧学校、建立新学制、制定符合民族地区实际促进民族地区教育现代转型发展的教育发展规划。1950年，《培养少数民族干部试行方案》提出，有关各级人民政府应有计划地、有步骤地建立完善的民族教育学校体系，从而系统培养少数民族政治干部和专业技术干部。第一次全国民族教育会议就已明确我国民族教育是在中国共产党教育方针的指导下，根据各个少数民族地区社会主义革命和建设的要求，通过举办各级各类学校和各种教育设施，培养大批德智体美全面发展的各民族建设人才，提高各民族人民的政治和科学文化水平。[②]民族教育发展面临的现实问题奠定了民族教育的研究以民族地区教育现代化、少数民族人才培养、各级民族学校教育作为其研究的主要范畴。随着民族教育的改革和发展，特别是党的十一届三中全会以来，民族教育事业取得了巨大的成就，民族教育的相关学术研究成果日益丰硕，民族教育学日益成为跨学科、跨文化的新兴研究领域，引发学者从不同维度审视民族教育的本质，并不断拓展民族教育的内容体系。特别是文化人类学的介入更是把民族教育置于民族文化的宏大背景下，进一步追问民族教育是什么。有学者从文化视野出发以广义和狭义两个层面来界定民族教育。广义的民族教育，是对有着共同文化的民族或民族集团成员实施的人才培养和文化传承活动。民族教育一方面要培养受教育者适应现代主流社会以实现其能力与品格的全面发展；另一方面要以教育的方式促进其继承、发扬和创新本民族的优秀文化。狭义的民族教育，是指多民族国家实施的多元文化教育。[③]

第二，时代需求的召唤。民族教育作为人类社会活动的产物，应满足个人、

---

① 哈经雄、滕星主编：《民族教育学通论》，教育科学出版社2001年版，第2—3页。
② 谢启晃主编：《中国民族教育史纲》，广西教育出版社1989年版，第85页。
③ 马丽君：《民族教育的文化人类学解释》，载《青海民族研究》，2006年第4期，第18—21页。

群体、国家不同层次对象的需求。因此，民族教育概念也呈现出层次性，即民族教育是满足少数民族受教育对象的个体需求的教育；是专门针对少数民族群体，满足少数民族"民族个性"诉求的教育；是满足国家及同一国度内所有民族需求的教育。①不同时代背景下，民族教育所发挥的主要功能和呈现的形态也不同。当前，我国社会主要矛盾已经转化为人民日益增长的美好生活需要和不平衡不充分的发展之间的矛盾。"一带一路"背景下，民族教育出现了新的变化，全面发展、协调发展、包容发展、共生发展的理念融入民族教育。民族教育不再是将少数民族教育置于特殊的地域空间和文化环境当中进行深描，而是立足于当下及未来社会发展层面，从人类命运共同体视角关注全球化时代的多元文化整合，社会公平应与当前我国社会和谐发展、民族文化变迁背景下民族文化传承及其现代意义表达，以及中华民族多元一体框架下加强各民族共享的中华文化教育等主题。②由于民族教育对象的层次性及内容的时代性和发展性，其概念必然呈现出多元性和复合性的特点。

第三，话语体系的差异。东西方关于民族概念认识的不同导致对民族教育理解的差异。西方话语体系中的民族（nation）概念通常是置于现代民族国家的概念框架下来理解。民族不仅是文化和血缘意义上的群体，更多地融入了政治意义。民族与国家是统一体，通过国族的建构，民族取得了国家的形式，国家具有了民族的内涵。③近代以来，西方国家试图通过公民身份的制度安排建构民族国家，即将社会成员从"集群化"打碎为"原子化"状态进行统一的文化性整合；④或者是将国内存在的多个历史文化共同体整合为一个统一的民族，并以此

① 江涛、苏德：《民族教育的本质及应然逻辑：价值论的视角》，载《贵州民族研究》，2018第5期，第215—219页。

② 向伟、钱民辉：《我国少数民族教育研究主题回顾：基于"中华民族多元一体"的理论框架》，载《民族教育研究》，2017年第2期，第16—22页。

③ 周平：《民族国家时代的民族与国家》，载《云南民族大学学报（哲学社会科学版）》，2013年第5期，第5—11页。

④ 陈建樾：《单一民族国家还是多民族国家：近代中国构建现代国家的解决方案之争》，载《清华大学学报（哲学社会科学版）》，2018年第5期，第93—103页。

为基础构建民族国家。[1]西方民族国家的建构是将一国之民族转变为国族，完成从"人种共同体"向"法律共同体"的转变，即从文化、经济民族向统一的政治民族的转型。[2]如果以西方民族国家的国族来理解民族概念，那么民族教育则丧失了其文化上的独特性，民族教育与国民教育也就不存在区别。中华民族是多元一体的格局，是一个自觉的民族实体。[3]在中华民族共同体内部存在着多层次的多元格局。中华民族话语体系中的民族概念与西方语言学、人类学概念中具有强烈政治意涵的"民族"意义不同，是对中华民族内部共生的各群体的依据"血缘共同体和特定文化"的人群分类，[4]更加接近西方现代话语中的族群（ethnic group）概念。我国是一个以汉族为主体，由众多少数民族共同组成的多民族国家。少数民族聚居地区是特殊地理区域与文化环境的复合体。在这一区域内，少数民族是主体成分，也是施教的特殊对象。[5]因此，民族教育是指对人口居于少数的民族及民族地区实施的教育。

民族教育概念一直都处于发展演变之中，正如黑格尔所说："概念的进展既不复仅是过渡到他物，也不复仅是映现于他物内，而是一种发展。"[6]基于这样的认识，民族教育的概念在发展过程中必然由简单概念发展为复合概念，即广义概念是指对满足作为个体的民族成员、某一民族群体或多民族国家中各民族需求的教育，由于民族教育研究与实践通常以少数民族和少数民族地区作为主要对象，因此狭义概念是指在少数民族地区面向少数民族学生展开的教育。一方面，促进民族地区不同文化群体间的相互尊重、相互理解，引导民族地区学生形成对多民族国家多元一体社会的认知与认同；另一方面，实现民族地区人才培养和促进各民族优秀文化传承与现代化发展。

---

① 周平：《民族国家时代的民族与国家》，载《云南民族大学学报（哲学社会科学版）》，2013年第5期，第5—11页。

② 许章润：《论现代民族国家是一个法律共同体》，载《政法论坛》，2008年第3期，第3—14页。

③ 费孝通主编：《中华民族多元一体格局》，中央民族学院出版社1989年版，第1页。

④ 马戎：《如何认识"跨境民族"》，载《社会科学文摘》，2016年第12期，第62—65页。

⑤ 胡德海：《关于我国民族教育的几个问题》，载《西北师大学报（社会科学版）》，1990年第4期，第85—90页。

⑥ 〔德〕黑格尔：《小逻辑》，贺麟译，商务印书馆2016年版，第161页。

三、跨境教育

跨境教育早已活跃在教育国际化浪潮之中，并以教育服务贸易作为存在形式。《服务贸易总协定》（The General Agreement on Trade in Services，GATS）定义了贸易服务的四种基本服务供应模式（mode of supply）：即跨境供给模式（cross border supply），服务提供方为消费者提供远程服务；境外消费模式（consumption abroad），消费者跨境向服务方流动寻求服务；商业存在模式（commercial presence），服务提供者到消费者所在国设立商业机构或专业机构提供服务；自然人存在模式（presence of natural persons），通过人员的流动来提供的服务。服务提供方在其他国境内以自然人的存在提供服务。加拿大学者简·奈特（Jane Knight）2002 年在题为《高等教育中的服务贸易：关贸总协定的影响》（Trade in Higher Education Services：The Implications of GATS）的报告中认为，无边界教育（Borderless Education）涵盖以上四种供应模式。[1]从学习者接受教育服务方式上来看，无边界教育既包括出国留学这种传统的国际教育形式，也包括通过接受跨境教育服务帮助学习者在本土获得国际教育的形式。简·奈特强调，知识、技能、价值理解具有普世性，课程内容本身就具有跨国跨文化属性。[2]随着全球学习格局的显现，承认世界观和知识体系的多样性以及支持多样化的世界观和知识体系成为教育国际化的趋势，面向国际教育市场的跨境教育服务日益受到重视。简·奈特将提供跨境教育服务这一国际教育现象进行概念建构并首先提出"跨境教育"（border education）概念，认为"跨境教育"是指人、专业、教育提供者、课程、项目、研究和服务的跨国家或区域的流动。[3]2003 年，"跨境教育"这一概念得到学术界广泛认可。在经济合作与发展组织（OECD）与挪威教育部共同组织的"第二届教育服务贸易论坛"上，学者们频繁使用"跨境教育供给"（cross-border education provision）一词。为避免"教育服务贸易"等表述带来的

---

① Jane Knight. "Trade in Higher Education Services：The Implications of GATS", *The Observatory on Borderless Higher Education*, 2002, p.5.

② N.V. Varghese. "Globalization of Higher Education and Cross-border Student Mobility", *International Institute for Educational Planning*, 2008, p.10.

③ J. Knight. "Higher Education Crossing Borders：A Guide to the Implications of the General Agreement on Trade in Services(GATS) for Cross-border Education", COL/UNESCO, 2006, p.19.

争议，决定用"跨境教育"来替代商业味较为浓厚的经济术语，并依照简·奈特的跨境教育框架，把"跨境教育"归纳为人员跨境流动、项目跨境流动和机构跨境流动三种主要形式。[①]

2006年，联合国教科文组织（UNESCO）和经济合作与发展组织在《跨境高等教育提供质量指南》（Guidelines for Quality Provision in Cross-border Education）中重新阐发了简·奈特关于跨境教育的定义，并对其概念进行了延伸，认为跨境教育涵盖了从面授到远程学习等广泛的模式。[②]联合国教科文组织和"亚太地区质量保障网络组织"（Asia Pacific Quality Network, APQN）共同编制的《实用手册：管理跨境教育质量》（UNESCO-APQN toolkit: Regulating the quality of cross-border education）中对跨境教育的内容形式进行了进一步的解释，强调跨境教育是教育服务跨境流动面向他国学生的一种国际教育形式。跨境教育涉及两个或两个以上国家，因教育供需关系存在教育服务供应国（the provider country）与服务接收国（the receiver country）两种身份。跨境服务供应国是指提供教育方案、资质、知识产权的来源国。服务接收国是指被交付教育方案、资格，或授予知识产权使用资格的国家。许多国家在跨境教育实践过程中既是教育服务供应国也是服务接收国。联合国教科文组织根据双方合作水平划分出六种跨境教育模式：建立海外分支机构模式；教育服务供应国主导合作模式，即服务供应方主导项目、课程的设计和实施；伙伴合作模式，即除项目、课程设计外，双方共同主导过程实施与管理；委托服务模式，即教育服务项目交付给接收国合作伙伴负责；教育服务认证模式，即本地教育机构自主设计和实施教育项目或课程，但需经由服务供应国专业机构认证；远程服务模式，通过远程教育的方式提供跨境教育服务。

基于上述概念，跨境教育的实践空间具有跨国性，教育供给方式具有多元性，参与主体具有复杂性，教育要素具有流动性。因此，我们认为，跨境教育是指教育服务跨境面向他国学生的一种国际教育，表现为人员、项目、资源、机构等教育要素跨国家或区域的流动。

---

① 王璐：《国外跨境教育研究十年》，载《现代教育管理》，2014年第12期，第118—123页。
② 王璐：《国外跨境教育研究十年》，载《现代教育管理》，2014年第12期，第118—123页。

四、跨境民族教育

由于跨境民族教育同时具有跨国境、跨民族的特殊属性，它的实践形态必然与理论描述的抽象形态不尽相同。[①]跨境民族教育成为跨境教育与民族教育的交叉领域。无论从民族教育或跨境教育的单一角度研究跨境民族教育都不可避免地陷入同一个错误，即强行拆分了原本相互渗透和紧密交织的各种复杂关系，机械地将一个复杂的领域简单化。只有从嵌合发展的视角出发，将跨境民族教育视为民族教育与跨境教育的融合体才是全面认识跨境民族教育内涵的合理方式。

我国跨境民族教育研究者已意识到跨境民族教育日益成为民族教育与跨境教育交叉领域的发展趋势。何跃认为，跨境民族教育既体现跨境教育的特点，又体现民族教育的特点，其包含两个层次的内容：一是跨境民族教育是特指跨境民族地区的教育，教育的地理空间是指跨境民族地区；二是跨境民族教育特指跨境民族学生的教育，而且这类跨境民族教育的学生是沿边境一侧的跨境民族学生。因此，跨境民族教育首先是指跨境民族地区的教育，其次是指跨境民族地区的跨境民族学生的教育。[②]钟海青等在其著作《跨境民族教育研究》中将跨境民族教育界定为一个复合概念，即跨境民族教育既是跨境民族地区的教育，也是对跨境民族学生实施的教育。他进一步界定跨境民族地区是指紧靠国境线的中国国内边境地区。教育对象既包括分居于国境线两侧不同国家的跨境民族学生，也包括非跨境民族学生，即汉族学生与其他少数民族学生。[③]

由上述概念可以总结出跨境民族教育的三个特征，即教育对象的复杂性、教育环境的特殊性和教育功能的多样性。跨境民族教育对象复杂性呈现在两个方面：其一，跨境民族教育对象是异质的群体。跨境民族教育是指跨境民族地区的教育，也可特指跨境民族地区的跨境民族学生的教育。从跨境民族教育对象的范畴来看，跨境民族教育的对象不局限于跨境民族学生，也涉及跨境民族地区内非跨境民族学生。其二，跨境民族教育对象涉及外籍跨境民族学生。跨境民族教育

① 王瑜、郭蒙蒙、张静：《西南跨境民族教育文化特性研究》，载《教育评论》，2017年第6期，第43—47页。

② 何跃、高红：《论云南跨境教育和跨境民族教育》，载《云南民族大学学报（哲学社会科学版）》，2011年第2期，第5—9页。

③ 钟海青等：《跨境民族教育研究》，华东师范大学出版社2015年版，第4页。

环境因跨境民族地区特殊的地理位置和地缘环境而具有特殊性。跨境民族地区区位独特，跨境民族地区既是民族互嵌地区、农村地区，还是边境地区，兼具少数民族教育、跨境教育的内涵特点。跨境民族教育必然要承担更广泛的社会整合功能、人才培养功能、文化交流功能等。除此之外，从"一带一路"背景下跨境民族教育价值视域看，跨境民族教育的价值主要体现在对各个价值主体的满足程度。从民族教育角度看，它是促进少数民族"社会化""民族化""一体化"的实践活动，要培养能够担当民族复兴重任的时代新人。从跨境教育角度看，跨境民族教育是促进区域教育协同发展、力促与邻国民心相通，推动中华民族共同体与周边各民族"人类共同体"全面建构的路径。跨境民族教育是融合民族教育与跨境教育特征的一种特殊类型的教育。因此，跨境民族教育是指我国跨境民族地区的各级各类教育以及跨境民族地区教育机构参与开展的各类跨境教育实践。

第二节　跨境民族教育发展的历史基础

新中国成立以来，跨境民族地区的教育在较短的历史时期实现了高效的、跨越式的发展。从整体上看，跨境民族教育得到了长足的发展，表现为跨境民族教育制度体系逐步完善，跨境民族教育育人功能不断增强，跨境民族文化得以传承发展，跨境民族地区社会走向和谐稳定。"一带一路"背景下跨境民族教育迎来新的发展契机，跨境民族教育的发展成果为其实现由边疆民族教育向开放跨境教育的跨越提供了必要的条件。

一、跨境民族教育的制度体系

跨境民族教育制度体系的发展完善不仅是我国教育现代化的必然要求，也是我国多元一体现代国家基础性权力建构的重要组成部分。由于历史、地理等因素，跨境民族地区教育整体发展滞后，结构不健全。新中国成立后，为加快民族地区经济社会发展、维护祖国统一、促进民族团结,党和政府领导跨境民族地区各族人民因地制宜,建立了正规化、系统化的制度体系,为跨境民族教育的快速发展提供了基本保障。

(一)教育行政管理

系统完整的民族教育行政管理体系的建立,对于加快跨境民族地区教育改革和促进社会经济事业快速发展具有重大的现实意义。一方面,民族教育行政管理体系的建立有助于促进跨境民族地区教育的管理制度的现代转型,推动跨境民族地区教育朝向党和国家规定的教育发展目标和方针政策迈进;另一方面,这有利于教育行政部门因地制宜,针对不同跨境民族地区的特点,解决管理方面的具体问题。新中国成立后,跨境民族教育作为民族教育事业的组成部分,是培养少数民族人才和提高民族素质的重要一环,服务于国家教育方针和民族政策。1951年9月,教育部在北京召开了第一次全国民族教育会议。《关于第一次全国民族教育会议的报告》阐述了民族教育的总方针,指出民族教育是民族的、科学的、大众的教育,在实践方式上应采取适合各族人民发展和进步的民族教育形式。《报告》提出各级教育部门应逐级建立少数民族教育机构或指定专门人员负责少数民族教育工作。这次会议讨论了《关于建立民族教育行政机构的决定》等相关文件。1952年,中央人民政府颁布的《中华人民共和国民族区域自治实施纲要》则具体规定了民族自治区域自治机关依据行政地位确定隶属关系等基本原则,同时明确了民族自治区机关的具体设置形式和内部改革遵循自治区人民志愿,自治区机关采用国家通用语言文字和自治区内通用民族文字行使职权,以及自治区机关采取必要的和适当的方法发展民族文化教育事业等特殊权利。1952年,中央人民政府政务院发布《中央人民政府政务院关于建立民族教育行政机构的决定》,决定在中央人民政府教育部内设民族教育司,各大行政区人民政府(军政委员会)应视工作需要设民族教育处,各有关省(行署)、市、专署、县人民政府据当地少数民族人口多寡、民族教育的实际需要建立民族教育行政机构或设专人负责管理。自此,我国跨境民族地区教育领导管理系统开始逐步建立和完善。我国不断完善包括跨境民族教育在内的民族教育行政管理体系。1955年已有24个省

（市、自治区）已设有专门机构配有专职干部负责管理民族教育工作，另有4个省由有关处科兼管民族教育工作。为进一步加强民族教育行政领导管理，1955年教育部发文《全国民族教育行政领导问题》指出随着国家社会主义建设的迅速发展和民族地区各项工作的逐步开展，要加强民族教育行政领导。在行政管理理念方面，要求各级民族教育行政机构既要从国家建设的整体理念出发，使民族教育按照国家经济建设的整体的总轨道前进，又要紧密结合民族的实际和中国共产党在民族地区的中心任务，使民族教育符合于民族特点并适当地满足少数民族群众的要求。在民族教育行政管理架构方面，部分省（市、自治区）民族教育机构在大区行政机构撤销以后要适时进行对应的调整、变动。在强化教育行政管理能力方面，要求强化民族教育管理干部的培养。1958年，由于"左"的思想干扰，迅速发展的民族教育事业整体受到挫折。①

党的十一届三中全会后，跨境民族教育得到恢复和发展。1980年，教育部、国家民委发布《关于加强民族教育工作的意见》，强调要保证自治地方在教育事业上的自主权，并重申1952年政务院下达的建设民族教育行政机构体系的决定，正式恢复民族教育行政机构建制和管理功能。②中央和省（市、自治区）设立民族教育事业的领导管理机构。1984年5月第六届全国人民代表大会第二次会议通过《中华人民共和国民族区域自治法》，以法律的形式将少数民族教育发展的成功经验固定下来，并进一步明确了自治地方的自治机关自主发展民族教育的责任和功能。在区域教育发展方面，实现扫盲和普及义务教育任务的同时采取多种形式发展职普中等教育，有条件和需要的地区发展高等教育。在教育支持保障方面，民族自治地方的教育机关为包括我国跨境民族地区在内的少数民族学生提供经费保障，并扶持少数民族文字的教材和出版物的编译和出版工作。

（二）学校教育制度

新中国成立以前，我国西南边疆地区一些处于山林地区的跨境民族甚至仍处

---

① 哈经雄：《中国共产党领导下少数民族教育事业的发展》，载《华中师范大学学报（哲学社会科学版）》，1990年第2期，第4—48页。

② 《中共中央国务院批准教育部 国家民委〈关于加强民族教育工作的意见〉》，载王振川主编：《中国改革开放新时期年鉴（1980年）》，中国民主法制出版社2015年版，第870—872页。

于原始社会末期发展阶段，尚处于结绳记事的原始社会，教育还未从社会结构中独立分工出来。①跨境民族的教育以家庭教育、火塘教育、寺院教育等非现代教育形式为主。新中国成立至今，我国逐步建构了包括民族院校、民族地区各级各类教育、内地民族班在内的科学发展、衔接融合的民族教育体系。②自新中国成立到1965年，我国建立了贯通基础教育到高等教育的少数民族教育体系。其特点表现为在教学内容上重视民族语言学习和"民汉兼通"，在政策上确保少数民族学生享受优惠和照顾。1980年《关于加强民族教育工作的意见》分析了我国民族教育发展滞后的状况，提出"国家应采取特殊措施，重点扶持民族教育，逐步建立适合少数民族地区特点的民族教育体系"③。在民族中小学学校建设方面，针对文化教育十分落后的民族地区，特别是对于边远地区、牧区、山区要办好一批公办的民族中小学。在民族中等专业学校和高等学校建设方面，要办好和发展民族学院；加强民族自治地方的大专和中专院校建设；全国重点高等院校和少数民族人口较多的省的一般高等院校要积极举办民族班；在少数民族地区要积极发展各类业余大学。在民族师范院校建设方面，要求各自治区和各少数民族较多的省，要建立并办好一批民族师范院校，非民族师范院校也可开设民族师范班参与民族教育。④

20世纪80年代，我国恢复了民族学校体系。然而封闭单一的民族学校体系的弊端也日益显著，如教育资源浪费、脱离社会环境、影响民族关系。为合理利用教育资源，教育部提出集中办学、就近入学的原则，并以"民汉合校"的方式调整教育资源布局，优化资源配置。20世纪90年代，"民汉合校"本着实事求是

① 张子健：《云南德宏民族"直过区"教育发展的调查与思考》，载甄朝党主编：《民族理论与民族发展》，云南民族出版社2006年版，第109页。

② 陈立鹏、仲丹丹：《新中国成立70年：对民族教育"深层次问题"的再思考》，载《民族教育研究》，2019年第5期，第14—21页。

③《中共中央国务院批准教育部 国家民委〈关于加强民族教育工作的意见〉》，载王振川主编：《中国改革开放新时期年鉴（1980年）》，中国民主法制出版社2015年版，第870—872页。

④《中共中央国务院批准教育部 国家民委〈关于加强民族教育工作的意见〉》，载王振川主编：《中国改革开放新时期年鉴（1980年）》，中国民主法制出版社2015年版，第870—872页。

的原则，稳健推进。[①]21世纪以来，民族地区的双语教育进入全面、快速和大规模推进阶段。传统的单一民族学校因为学校语言环境单一、双语教学限于课程化、语言符号学习与文化学习脱离等问题制约了双语教育的质量。这一时期民族地区双语教育的发展客观上推进了"民汉合校"，促进了民族学校体系走向融合开放。学术界也日益强调"民汉合校"办学模式在双语教育、民族教育质量提升、民族教育平等、民族团结发展等方面的重大意义。[②]在跨境民族地区的学校体系建构与发展上，我国开始打破封闭的民族学校体系逐步向融合开放发展。一方面，民族高等院校有计划地增加对汉族学生的招生名额，在专业设置上民族院校增加民汉共同学习的专业；另一方面，在跨境民族地区，学前教育、初等教育和中等教育学校采取"民汉合校"的方式不断优化教育资源配置，促进民族团结和共同发展。

（三）教育保障制度

我国是一个统一的多民族国家，少数民族中有35个是跨境民族。新中国成立前，由于帝国主义侵略和封建压迫，各族人民长期处于政治、经济、文化落后的状态，除了朝鲜族、满族等几个民族外，绝大部分少数民族和民族地区教育发展严重滞后，据统计，有22个少数民族人口的文盲率在95%以上。[③]广大民族地区缺乏完整的教育体系，甚至是学校教育的真空地带，许多民族没有文字，更谈不到识字和学校教育。1951年、1956年，教育部相继召开两次民族教育工作会议，确立了为巩固祖国的统一和各民族的团结，发展各民族的政治、经济和文化，消灭历史上遗留下来的各民族间事实上的不平等，帮助落后民族发展，共同过渡到社会主义的少数民族教育的方针。在这一方针指导下，国家对民族地区采取了一系列特殊政策以保障包括跨境民族地区在内广大民族地区教育的快速健康发展。

---

① 李晓霞：《新疆民汉合校的演变及其发展前景》，载《新疆大学学报（哲学社会科学版）》，2001年第2期，第22—28页。

② 胡玉萍：《我国民汉合校研究的回顾与展望——从意义探论到学校实践》，载《民族教育研究》，2018年第4期，第27—31页。

③ 曹毅：《关于民族教育跨越式发展的思考》，载《中南民族学院学报（人文社会科学版）》，2003年第1期，第162—165页。

　　首先，夯实法律保障制度。新中国成立后，尤其是改革开放以来，国家越来越重视对于保障少数民族受教育权的立法工作。《中华人民共和国宪法》规定："国家从财政、物资、技术等方面帮助各少数民族加速发展经济建设和文化建设事业。"《中华人民共和国教育法》规定："国家根据少数民族的特点和需要帮助各少数民族发展教育事业。"《中华人民共和国民族区域自治法》规定："国家加大对民族自治地方的教育投入，并采取特殊措施，帮助民族自治地方加速普及九年义务教育和发展其他教育事业，提高各民族人民的科学文化水平。"我国边境省（自治区）和边境地区各自治州也相应出台民族教育法规、条例以保障跨境民族地区各族人民的受教育权。

　　第二，建立对口支援制度。国家建立教育对口支援制度，推动包括我国跨境民族地区在内的民族贫困地区教育全面、协调、均衡发展。动员经济发达地区分配优质教育资源向民族贫困地区倾斜，帮助其教育事业的快速发展。在政策层面，国家制定了系统的对口支援政策，推进相关工作的落实。1993年，中共中央、国务院发布的《中国教育改革和发展纲要》明确提出"内地省市对民族地区教育的对口支援"机制。①2000年4月，中共中央办公厅、国务院办公厅下发了《关于推动东西部地区学校对口支援工作的通知》。随后，由教育部牵头，国务院扶贫开发领导小组协助，中组部、财政部、人事部等部门参与制定了《关于东西部地区学校对口支援工作的指导意见》，并协同组织落实具体工作。2001年，教育部下发《关于实施"对口支援西部地区高等学校计划"的通知》，"对口支援西部地区高等学校计划"正式启动。2006年，教育部、中央统战部、国家民委联合印发《关于进一步加强教育对口支援西藏工作的意见》，对今后进一步做好教育援藏工作提出指导意见。2010年3月，第一次全国对口支援新疆工作会议在北京召开，新一轮对口支援新疆工作全面启动。2016年，教育部印发《关于加强"十三五"期间教育对口支援西藏和四省藏区工作的意见》。多年来，对口支援省市、高校和教育部直属单位把教育对口支援西部民族地区作为一项重要的政治任

①《中国教育改革和发展纲要》，1993年。

务，不断加大对口支援力度，有力促进了民族地区教育事业的改革和发展。①

第三，完善经费保障制度。我国为加快包括跨境民族地区在内的广大民族地区教育的发展，在财政方面给予许多特殊政策支持。1980年，教育部、国家民委印发《关于从民族地区补助费中适当安排少数民族教育经费的建议》，提出从国家对少数民族地区的各项补助费中安排一定比例的款额，解决少数民族教育的特殊需要。2002年，《国务院关于深化改革加快发展民族教育的决定》提出"加大对民族地区的教育投入""中央财政向民族地区倾斜"等重要举措。2005年，国家实施了"两免一补"政策。2006年，《国家教育事业发展"十一五"规划纲要》明确指出，"教育资源要向农村、中西部地区、贫困地区、民族地区以及薄弱学校、贫困家庭学生倾斜"。2010年，国务院印发《关于当前发展学前教育的若干意见》，要求地方政府加大投入，重点支持边远贫困地区和少数民族地区发展学前教育。2012年6月，教育部印发《国家教育事业发展第十二个五年规划》，指出要完善教育经费保障机制，形成多元化的教育投入体制。2015年，国务院发布的《关于加快发展民族教育的决定》中再次强调完善经费投入机制，鼓励和引导社会力量支持发展民族教育，多渠道增加民族教育投入。在财政倾斜、专项支持、对口支援等多项措施并举之下，民族教育经费保障有力，保障水平进一步提高。

二、跨境民族教育的质量保障

跨境民族地区教育质量的快速提升是"一带一路"背景下跨境民族教育实现跨境教育辐射的基础。新中国成立以来，党和政府一直关注跨境民族教育质量问题并做出巨大的努力，从中央到地方设立了民族教育行政管理机构，在跨境民族地区建立现代教育体系，通过多渠道增加跨境民族地区教育的投入，大力培养少数民族师资队伍等，跨境民族教育取得了巨大发展。但是受限于边境地区特殊的历史、复杂的地缘环境、薄弱的经济基础等因素，跨境民族教育发展水平依旧落后于全国平均水平。为实现跨境民族教育质量快速提升，实现跨越式发展，跨境

---

① 陈立鹏、任玉丹：《改革开放40年来我国民族教育重大政策梳理》，载《中国民族教育》，2018年第11期，第22—27页。

民族教育强化改革力度，充分利用国家政策，实现了跨境民族地区各级各类教育在软硬件质量上的巨大提升。

（一）办学规模的跨越式发展

受限于跨境民族地区自然地理条件和经济文化条件，没有政府等外部主体的扶持与支援，跨境民族教育就难以得到快速发展。外源式发展是改革开放后 20 年间跨境民族教育的重要发展形态，即跨境民族教育发展需要外部主体的带动，通过政府及其他外部主体的引领与援助促进跨境民族地区教育的发展。党的十一届三中全会后，跨境民族教育相关政策发生了重大的调整和变化，颁布了一系列与跨境民族教育相关的政策以支持跨境民族教育的发展。1979 年底，教育部恢复了曾被撤销的民族教育司。各省（自治区）也普遍加强了对跨境民族地区教育工作的领导，并明确了边疆地区、民族地区在"四个现代化"建设中的地位和作用。1980 年，《关于加强民族教育工作的意见》中指出，国家应采取特殊政策，重点扶持民族地区的教育，逐步建立适合少数民族地区特点的民族教育体系。该文件重申要认真贯彻党的民族政策，尊重和充分保障国内跨境民族在政治、经济、文化教育上的权益。1985 年，《中共中央关于教育体制改革的决定》发布，明确提出"国家要帮助少数民族地区加速发展教育事业"。1992 年 10 月，国家教委和国家民委联合印发的《关于加强民族教育工作若干问题的意见》中，强调通过民族教育培养少数民族人才、提高少数民族劳动者的素质"是少数民族和民族地区经济振兴的必由之路，也是维护民族团结和祖国统一、建设有中国特色的社会主义的根本大计"[①]。跨境民族教育也因民族教育重要性的提升而得以获得全面发展。1993 年，国家教委颁布了《全国民族教育发展与改革指导纲要》，对跨境民族教育提出教育发展的标准要求，例如在物质条件上，要求跨境民族地区学校教学设施分期分批达到国家教委的标准，在师资队伍建设上要求 2000 年前跨境民族地区教师达到国家要求的学历标准。[②]通过关键指标的设置，引导跨境民族地区教育不断缩小与内地教育发展水平上的差距。

要促进跨境民族教育的发展，就需要增加对跨境民族教育的资源投入。中

---

① 何东昌主编：《中华人民共和国重要教育文献(1991—1997)》，海南出版社 1998 年版，第 3297 页。
② 杨军：《西北少数民族地区基础教育均衡发展研究》，民族出版社 2006 年版，第 87 页。

央、地方以及国际组织机构给予跨境民族教育大力援助，持续在各种资源上给予我国跨境民族教育特殊的支持。在经费投入方面，国家于1981年、1992年分别召开第三次、第四次全国民族教育工作会议，强调要加强国家对民族教育的支援。跨境民族教育从少数民族地区事业补助费、边境地区事业补助费和基建补助费中获益。从1985年开始国家每年拨出1亿元支持整个民族教育地区的教育。从1990年起，中央财政每年安排2000万元专款用于民族教育事业的补助，"八五"计划期间这项专款适当地增加。同时国家规定，国家拨给民族地区的专项经费要专款专用，除中央拨付的专款外，有关省（自治区）也设立专项补助经费。在对口支援方面，全国开展"对口扶贫支教工程"，不仅省际之间实行教育对口支援，西部大中城市也要对口支援所在省（自治区）的贫困学校。东部、中部地区学校在基础教育和高等教育阶段开设少数民族班和少数民族预科班帮助跨境民族地区培养人才。我国还拓展其他的资源渠道扶持跨境民族地区教育发展，例如通过联合国教科文组织、世界银行以及其他非政府组织的各项国际援助与协作项目增加对跨境民族地区的资源投入。[1]由于得到党和国家的重视和援助，跨境民族的教育发展成效显著，跨境民族地区学校规模进一步扩大，办学条件普遍得到改善。

一方面，跨境民族教育的规模不断扩大。我国陆地边境全长2.2万公里，共计136个边境县，边境民族地区已建成由民族幼教、民族小学、民族中学、民族教师进修学校、民族职业学校组成的系统的民族教育体系。其中，部分跨境民族地区教育已具有相当规模，例如1962年云南省内边境民族地区已建立起由小学、普通中学、中等师范学校、中等技术学校组成的学校系统，实现了传统教育向现代学校教育的转型。[2]内蒙古自治区锡林郭勒盟形成了囊括普通教育、师范教育、中等专业教育、职业技术教育、职工中专、成人高等教育等较为完整的教育体系。自然环境恶劣、经济条件落后的跨境民族地区也建成了一定规模的教育系统以保障当地人民受教育的权益。例如，毗邻蒙古国的内蒙古巴彦淖尔盟乌拉特后

---

[1] 杨军：《西北少数民族地区基础教育均衡发展研究》，民族出版社2006年版，第101页。

[2] 马丽娟、伍琼华：《基础教育阶段：云南民族教育的发展变迁》，中国社会科学出版社2012年版，第81页。

旗是典型的贫困边境牧区，荒漠成片，在国家的大力支持和本地人民的努力下，建立起完善的基础教育、中等职业教育、中等师范教育体系，基本满足当地教育需求；云南省文山壮族苗族自治州富宁县是与越南接壤的贫困边境县，辖区内共有壮族、苗族、彝族、瑶族、仡佬族、回族六个跨境民族，随着教育体系的完善，1985年该地区的少数民族适龄儿童入学率就已达97%。①

另一方面，跨境民族教育的办学条件不断改善。国家在民族教育工作推进中，针对跨境民族地区教育资源匮乏、教育观念滞后、学生基础较差的实际情况，采取了"低重心"发展策略，即以扫除文盲、普及义务教育为主，降低发展重心，着重保底发展，强调在关键的教育指标方面逐步接近和赶上汉族水平。在这一发展策略下，教师、基础设施、经费等教育资源配置进一步优化，学校办学条件得以改善。例如，20世纪90年代初边境地区土木结构和草房学校由解放前的100%下降到12%。②21世纪以来，国家依然将扶持跨境民族地区教育作为政策导向，并给予大量的政策、人力、物资的倾斜。例如"国家贫困地区义务教育工程""国家农村中小学危房改造工程""农村寄宿制学校建设工程""两免一补""农村中小学现代远程教育工程""西部农村教师队伍建设工程"等在跨境民族地区的实施，为跨境民族地区与内地或汉族地区教育的均衡发展提供了保障。国家一直以来非常重视通过建设信息化基础设施，开发及应用民族教育资源促进跨境民族地区教育发展。20世纪90年代跨境民族地区大力发展电化教育，电教设备得以推广普及。1994年，《国务院关于〈中国教育改革和发展纲要〉的实施意见》提出，应积极发展广播电视教育和学校电化教育，推广运用现代化教学手段，到2000年实现70%左右乡镇中心小学以上的学校和少数民族寄宿制学校要能够直接收看教育电视节目。③2010年，《国家中长期教育改革和发展规划纲要（2010—2020年）》提出："公共教育资源要向民族地区倾斜……支持民族地区发展现代远程教育扩大优质教育资源覆盖面。"④2015年，国务院《关于加快发

---

① 王锡宏主编：《中国边境民族教育》，中央民族学院出版社1990年版，第16—18页。

② 王锡宏主编：《中国边境民族教育》，中央民族学院出版社1990年版，第19页。

③《国务院关于〈中国教育改革和发展纲要〉的实施意见》，1994年。

④《国家中长期教育改革和发展规划纲要（2010—2020年）》，http://www.gov.cn/jrzg/2010—07/29/content_1667143.htm.

展民族教育的决定》要求利用现代信息技术等多种手段，开发、编译民族团结教育教学资源；加快推进"三通两平台"的建设，国家教育资源公共服务平台优先向民族地区学校开放。[1]跨境民族教育的外源式发展在很大程度上扭转了其文化教育条件落后的局面，扩大了教育规模、完善了教育结构，获得了大量优质的资源，促进了跨境民族地区教育的快速发展。

（二）教育内涵的特色化发展

跨境民族教育实现由被动发展向主动发展，从实践客体向主体的转变。民族地区教育发展内生型路径是从根本上解决跨境民族地区教育发展问题，提升教育质量和品质的必由之路。外源支持帮助跨境民族地区建立起"大教育"，但是由于跨境民族地区经济基础薄弱，外源型发展路径所带来的跨越式发展是被动的且不可持续。教育发展具有长期性，跨境民族教育必须培育自身发展能力，因地制宜通过特色化发展实现内涵品质的提升。跨境民族教育在充分发挥外源型发展效能的同时，通过创新跨境民族教育办学模式，推动教育与社会发展相结合，促进对外教育辐射转向特色化发展。

首先，跨境民族地区学校办学模式创新。我国跨境民族教育不断从民族地区、边境地区的教育实际需要出发，通过办学模式的创新实现教育质量的提升以满足跨境民族地区对教育的多样化需求。在普及义务教育方面，针对跨境民族地区基础设施建设相对滞后，交通不便，部分山区、牧区人口相对稀少，居住分散等特点，部分地区采取集中办学的办法，"寄宿制""半日制"等曾一度中断的办学形式逐渐恢复，并资助学生的食宿。学校在布点、编制、班额以及课程设置、教材编写等多方面更符合跨境民族地区"民族性"和"边境性"的现实状况。国家为解决尚不具备条件设立民族中小学的地方少数民族学生的求学问题，在重点学校设班，专门招收包括跨境民族在内的各少数民族学生，并对特殊困难学生给予适当补助，学生享有助学金、减免学费等优惠政策。[2]在保障跨境民族地区教育性别平等方面，实行女童班和男女混合班共存的办学模式。针对部分跨境民族地区存在着因经济贫困、特殊民俗以及重男轻女的思想等因素导致女童入学率低

---

① 《关于加快发展民族教育的决定》，http://www.gov.cn/zhengce/content/2015-08/17/content_10097.htm.

② 杨军：《西北少数民族地区基础教育均衡发展研究》，民族出版社2006年版，第93页。

的问题，专门举办女童班。例如，广西龙胜各族自治县从1995年开始在泗水、和平、乐江等几个民族乡集中开办瑶族女童班。①融水苗族自治县在1988年至1991年就已开办了16个女童班。在双语教育方面，不断探索跨境民族地区双语教育教学模式，20世纪80年代在《关于加强少数民族教育工作意见》的指导和推动下，跨境民族地区在内的各民族地区从实际出发积极推动双语教学，探索和实施了"民加汉模式""汉加民模式""拐杖式"等双语教学模式，以培养"民汉兼通"的双语人才。②

第二，跨境民族教育与社会发展相结合。随着跨境民族地区社会经济改革的深入，跨境民族教育日益成为推动地区社会发展进步的基础动力。在经济社会发展中，教育起着基础性、先导性、全局性作用，因此要积极推进跨境民族教育改革与跨境地区社会经济发展改革相结合。针对跨境民族地区多为农牧地区这一现实，跨境民族地区加强和改革农村和牧区学校教育。例如，我国西北跨境民族地区从当地农牧区经济发展实际出发，因地制宜，改革当地跨境民族地区的教育，强调跨境民族教育应适应本地区、民族生产和生活特点，实行多层次、多规格、多种形式办学。③

第三，教育公共服务的外溢能力增强。20世纪90年代，我国陆地边境逐步实行开放管理，促进了边境地区边民跨国流动。受邻国教育优惠政策影响，我国新疆、云南、广西等边境地区出现跨境民族子女到境外读书的现象。90年代后期，随着户籍制度改革和边境口岸管理人性化，边境地区边民跨境流动加剧，基础教育阶段出现了学生的跨境流动，有与国内有贸易往来的国外跨境民族将子女送到中国学校，也有国内跨境民族因在境外经商将子女带到境外读书，或因宗教认同把子女送到邻国寺院读经书。④随着我国跨境民族教育的快速发展，跨境民族地区教育规模和质量得到极大的发展，对邻国的教育辐射能力和影响力也大大

①《幸福的红瑶女童》，载《桂林日报》，2000年1月21日，第2版。

② 王鉴：《坚持依法推进我国少数民族双语教育的政策和模式》，载《民族教育研究》，2019年第1期，第5—11页；毛力提·满苏尔：《40年：民族教育变化翻天覆地》，载《中国民族教育》，2018年第11期，第18—21页。

③ 朴胜一、程方平：《民族教育史》，海南出版社2001年版，第220页。

④ 何跃：《云南省与周边国家跨境民族教育的兴起与发展》，载《东南亚纵横》，2010年第6期，第40—44页。

加强。2000年，边疆省份（自治区）中云南率先制定《边境沿线行政村以下小学学生免费教育试行办法》，对边境沿线村委会以下小学学生实施免除课本费、杂费和文具费的"三免费"教育[1]；随后，国家将边境农村地区纳入义务教育"两免一补"政策实施范围，2007年，实现跨境民族子女在义务教育阶段全部享受国家免费教育。"两免一补"政策的实施和办学条件的改善使外流到邻国的学生重新回国读书，还吸引了邻国跨境民族学生到我国接受义务教育。例如，云南省德宏州由于与缅甸接壤，2008年，就有977名缅籍跨境民族学生到我国中小学就读。[2]

三、跨境民族教育的文化传承

从文化维度看，教育作为文化的生命机制，以其特有的方式作用于文化，成为人类自我控制和调节的重要机能。[3]跨境民族教育发展不仅强调对各民族文化个性的尊重，更重要的是树立民族文化与时俱进的发展观。各民族在长期的历史发展中创造和形成的丰富多彩、各具特色的优秀民族文化，是中国先进文化发展的重要基础。

（一）民族文化的多样性发展

在维护跨境民族地区文化多样性方面，要强化民族传统文化教育，基于尊重差异、包容多样、发展共识的原则发展多元一体的中华民族传统文化。自新中国成立以来，党和政府高度重视跨境民族地区的文化和教育发展。2002年，国务院发布《关于深化改革加快发展民族教育的决定》，指出要认真贯彻执行党和国家的教育方针和民族政策，充分重视发扬各少数民族的优秀传统文化。在实践层面，要求跨境民族地区学校在教学用语、办学形式等方面从民族地区实际和民族特点出发，贯彻党的民族语言文字政策，充分尊重少数民族风俗习惯，同时明确提出了"民族教育跨越式发展"，制定了具体的民族教育工作目标和要求，并于

---

① 何跃：《云南省与周边国家跨境民族教育的兴起与发展》，载《东南亚纵横》，2010年第6期，第40—44页。

② 何跃：《云南省与周边国家跨境民族教育的兴起与发展》，载《东南亚纵横》，2010年第6期，第40—44页。

③ 哈经雄、滕星主编：《民族教育学通论》，教育科学出版社2001年版，第142页。

2003年启动实施"中国民族民间文化保护工程",推动和保障中华优秀传统文化的传承。2006年,《国家"十一五"时期文化发展规划纲要》和文化部《文化建设"十一五"规划》进一步强调对传统经典、技艺的传承,加强文化遗产保护;同时,明确提出促进中华优秀传统文化内容进入中小学课程,推进民族传统文化与学校教育的衔接的要求。[1]2015年,国务院《关于加快发展民族教育的决定》提出,应坚持以社会主义先进文化为引领,传承建设各民族共享的中华文化,继承和弘扬少数民族优秀传统文化,建设各民族共有精神家园。充分发挥教育在各民族文化交融创新中的基础性作用,把中华优秀传统文化融入中小学教材和课堂教学,在民族地区学校开设民族艺术和民族体育选修课程,开展民族优秀传统文化传承活动。鼓励支持普通高校、职业院校加强与文化企事业单位合作,将民族优秀文化列入学科专业,开展教学和研究,挖掘民族优秀文化资源,抢救保护和传承非物质文化遗产。科学保护各民族语言文字。文化交融必然带来文化创新与发展,文化的创新与发展必须坚持多元一体、求同存异、共生发展的原则。跨境民族教育不仅发挥对传统优秀文化进行继承的功能,还要让受教育者有意识地超越传统文化的既定模式,实现对中华民族中其他各民族优秀文化、革命文化、社会主义先进文化、国外优秀文化的吸收,在文化融通与互鉴的过程中不断取得发展与进步。

(二)民族文化与教育事业的融合发展

2009年,国务院《关于进一步繁荣发展少数民族文化事业的若干意见》总结自新中国成立以来少数民族文化事业取得的重大成就,肯定少数民族文化事业在提高各族群众文明素质、促进民族地区经济社会发展、推动民族团结进步事业、繁荣社会主义先进文化方面发挥重要作用的同时,指出文化产品和服务供给能力不强、文化产业人才短缺等问题。现代社会文化的大众传播与发展必须依托于文化的产业化和市场化。少数民族文化在转型创新过程中走大众文化的发展路径已成为基本趋势。同年,我国第一部文化产业专项规划《文化产业振兴规划》制定出台,标志着文化事业的发展已成为我国的战略性产业,文化产品不仅是国

---

① 袁凤琴、胡美玲、李欢:《民族文化进校园40年:政策回溯与问题前瞻》,载《民族教育研究》,2018年第6期,第25—31页。

家软实力的体现，而且是中华文化"走出去"的物质载体。文化已不再是抽象的精神存在，已然成为人类社会生活中的消费存在，并随时代的发展不断在内容和表现形态上革新和变化。教育是处理吸收文化营养的消化系统，也是促进文化传承、革新的造血系统。弘扬和发展跨境民族优秀传统文化，把传统文化资源、文化积累转变成产业元素，转变成文化的创造力，需要教育作为媒介。跨境民族教育对于跨境民族文化整合、传递、创新发展起着重要作用。2013年，教育部、文化部、国家民委联合颁布了《关于推进职业院校民族文化传承与创新工作的意见》，要求跨境民族教育承担跨境民族文化的传承和创新使命，加强传统手工技艺、民间美术工艺、民族表演艺术等民族文化相关专业建设，研究制定相关专业教学标准以促进专业建设规范化。

四、跨境民族教育的协同发展

随着我国跨境民族教育发展规模扩大和水平的提升，跨境民族教育对区域社会发展的影响力日益增大。一方面，从传统民族教育视域来看，跨境民族教育在维护多元一体政治认同，促进区域社会经济协同发展方面发挥重要作用；另一方面，从教育辐射能力来看，我国跨境民族地区教育辐射能力日益增强。随着我国对外开放水平的进一步提高，跨境民族教育影响和服务周边国家的能力也日益提升。

（一）维护多元一体政治认同

新中国成立完成了民族国家建构，国界有了实体意义，但受特定历史和社会环境影响，一些跨境民族的国家认同并不明确。1951年，《关于和平解放西藏办法的协议》签署，标志着除台湾及附近岛屿外我国边疆地区的全面解放，中共中央作出"开发边疆、保卫边疆"的战略部署，并在第一次民族教育会议中强调"按步骤有系统地实施爱国主义教育……加强祖国观念"[1]。国家认同教育成为这一时期跨境民族教育的主要内容，国旗、国歌等国家符号常态化地出现在学校教育中，通过组织学生学习介绍祖国历史的课程内容、歌颂祖国的歌谣，举

---

① 沈朝华、黄吉花：《析论新中国民族教育政策对云南跨境民族国家认同的建构》，载《云南行政学院学报》，2018年第3期，第31—38页。

办爱国主义活动等，在学生心中构建新中国形象，激发其国家意识和现代公民的身份认同。跨境民族教育协调发展体现在系统自我发展与自我完善能力的提升。从政治维度来看，其表现为跨境民族教育政治认同功能的提升与其价值体认的进一步深化。由初期较单一的强调其对于实现中华民族内部各民族平等、增进民族团结和维护国家统一的价值，发展为既强调民族教育对于巩固和发展平等、团结、互助的社会主义民族关系，维护民族团结和统一的意义，同时又强调民族教育对于民族地区经济社会发展进而实现中华民族伟大复兴的价值的变化过程。[①]2002年，《国务院关于深化改革加快发展民族教育的决定》强调在各级各类学校中大力加强民族团结教育、爱国主义教育、公民道德教育、马克思主义民族宗教观和党的民族宗教政策的教育、中华民族统一多民族国家形成及党领导下建立和建设社会主义伟大祖国的历史教育，进而牢固树立学生自觉维护国家统一、反对民族分裂的思想意识，增强学生的社会主义法制观念、道德观念，提高科学、文化素质，为确保我国各民族的团结进步和国家的长治久安作出贡献。教育部、国家民委于2004年、2008年分别发布了《关于在中小学进一步大力推进民族团结教育工作的通知》《关于在中小学切实抓好民族团结教育工作的通知》，其中明确指出了中小学民族团结教育工作对增强中华民族的向心力、凝聚力，维护各民族的团结统一具有特殊的重要意义，要求要把小学低年级《中华大家庭》、小学高年级《民族常识》、初中《民族政策常识》等民族团结课程列入地方课程。

（二）服务地区经济社会发展

从社会经济发展的视角来看，跨境民族教育实现从外源型路径向内生型路径转变，需要强调跨境民族教育作为实践主体，发挥跨境民族地区自身的教育潜能，实现对跨境民族地区社会发展的支持。教育的经济增值价值蕴藏于劳动力素质的提升，体现为劳动者对生产要素的高效利用。跨境民族地区由于发展的不平衡性、开放的滞后性，6600多万跨境民族人力资本红利尚未得到充分开发。[②]

[①] 彭泽平、靳玉乐：《新中国60年民族教育观的变迁与创新》，载《民族教育研究》，2010年第6期，第5—10页。

[②] 陈时见、胡娜：《"一带一路"视域下跨境民族教育的价值意蕴与创新路径》，载《清华大学教育研究》，2019年第2期，第83—88页。

2002年第五次全国民族教育会议上，国家民委主任李德洙作了会议总结讲话，强调"民族地区跨越式发展的关键是培养人才，培养人才的关键在教育。所以，民族地区的教育必须率先实现跨越式发展"①。2000年，国家民委、教育部联合颁布了《关于加快少数民族和民族地区职业教育改革和发展的意见》，明确提出要逐步建立起能适应民族地区经济、社会发展需要的民族职业教育体系。这其中对大力发展跨境民族地区职业教育提出了具体的要求。在职业教育发展规模上，要求到2005年，跨境民族地区的各类中等职业学校招生数和在校生数占高中阶段学生数的比例达到50%左右。在提升职业教育办学品质方面，要求县级以上各级人民政府应兴办一批骨干示范性中等职业学校，一般每个县（旗）应首先办好一所。在学生职业技能培养上，要求在现有乡镇文化技术学校和农村适用技术推广站的基础上建立职业教育网络，力争在经济比较落后的地区，让初中阶段的毕业学生普遍掌握一两项脱贫致富的实用生产技术；在经济相对较好地区，让农村初、高中阶段的毕业学生普遍掌握适应农村产业化需要的生产技术。2010年，教育部发布的《中等职业教育改革创新行动计划（2010—2012年）》进一步提出扶持我国跨境民族地区中等职业教育民族特色学校建设，将跨境民族教育与当地特色经济发展结合起来。推动跨境民族教育在服务社会经济发展上探索出通过将跨境民族技艺传承与职业教育结合，促进工学结合、产教融合、校企合作的发展模式。

（三）辐射周边区域教育发展

境内外跨境民族教育流动实现的客观前提是跨境民族跨境而居的事实，而驱使其跨境就读的内驱力一方面是对教育服务的需求，另一方面源于同源文化的向心力。随着我国跨境民族地区教育质量改善和提高，跨境至我国就读的跨境民族学生逐渐增多，呈现出由贸易口岸的中小学，逐渐向县市的中小学扩散的态势。②这些新呈现的跨境民族教育事实拓展了跨境民族教育的内容，政府、学校

① 第一至五次全国民族教育工作会议．http://www.qh.gov.cn/mzfw/system/2012/11/08/010009815.shtml.
② 何跃、高红：《论云南跨境教育和跨境民族教育》，载《云南民族大学学报（哲学社会科学版）》，2011年第2期，第5—9页。

等跨境民族教育实践主体也在变化中不断调整策略。边疆省份（自治区）在"全面改薄"的政策指导下改善边境学校和国门学校教育的教育基础设施；沿边地方教育部门立足于《关于做好新时期教育对外开放工作的若干意见》中"坚持扩大开放，做强中国教育，推进人文交流，不断提升我国教育质量、国家软实力和国际影响力"[1]的要求，利用地缘优势发展开放的跨境民族教育格局，强化我国与邻国教育合作和服务能力，进而增强文化软实力。例如，云南省普洱市出台一系列跨境民族教育管理办法，平等对待外籍及无国籍跨境民族学生，给予享受"两免一补"政策和营养改善计划政策的国民义务教育待遇。随着中国特色社会主义进入了新时代，我国正以积极的姿态融入和引领全球化。[2]各跨境民族地区开始利用与毗邻国家地缘相近、人缘相亲、文缘相同的天然优势，探索新的开放式发展路径。例如，云南省利用其面向"三亚"、肩挑"两洋"的独特区位优势，以职业教育和高等教育为突破口，打造辐射澜沧江—湄公河经济发展带的澜沧江—湄公河国际职业学院（简称"澜湄国际职业学院"），立足民族性、边疆性、国际性的办学定位，探索"一校多国、产教融合"的办学模式和人才培养机制。新的历史使命决定了跨境民族教育必然走向对外开放式发展的趋势。跨境民族教育由关注国家认同、族群认同的少数民族教育发展为兼具跨境教育特征，具有全球多元文化教育内涵的复合结构体系。

第三节 跨境民族教育发展的现实挑战

"一带一路"背景下，中国以更开放的姿态融入现有国际体系，努力构建对外开放的新格局，以推进民族复兴的进程。[3]我国通过与周边国家共建"丝绸之

---

① 《关于做好新时期教育对外开放工作的若干意见》，载《人民日报》，2016年4月30日，第1版。

② 田养邑、周福盛：《"一带一路"中民族教育的开放式发展：使命担当与路径构建》，载《西南民族大学学报（人文社科版）》，2017年第9期，第214—219页。

③ 林毅夫等：《"一带一路"2.0：中国引领下的丝路新格局》，浙江大学出版社2018年版，第93页。

路经济带",构建政策沟通、设施联通、资金融通、贸易畅通、民心相通的创新合作发展模式。这既是保障"一带一路"建设通道畅通的要求,也是实现中国发展惠及周边国家,推动周边国家共同发展,实现人类命运共同体愿景的重要举措。在"一带一路"框架下,跨境民族地区由"边缘"转变为对外开放的"前沿",跨境民族教育也因此被赋予参与跨境教育服务与合作的机遇与使命。《推进共建"一带一路"教育行动》强调,"一带一路"建设为推动区域教育大开放、大交流、大融合提供了大契机,与沿线国家教育加强合作、共同行动,既是共建"一带一路"的重要组成部分,又为共建"一带一路"提供人才支撑。在新的背景下,跨境民族教育的结构体系需要融合民族教育、跨境教育两者要素,顺应时代发展建构开放的"二元一体,一体双向"的跨境民族教育结构体系,即跨境民族教育融合跨境教育与民族教育的内涵,在实践路径上关注国内国际两个大局,从而适应新时代教育开放发展的要求。然而,在"一带一路"背景下,我国跨境民族教育发展面临诸多现实挑战,对这些挑战的应答,在很大程度上决定着跨境民族教育的未来和方向。

一、跨境民族教育的结构体系

"一带一路"倡议以共商、共建、共享为原则,以和平合作、开放包容、互学互鉴、互利共赢的丝绸之路精神为指引,[①]是我国在新的历史条件下实行全方位对外开放的重大举措。"一带一路"建设意味着未来中国社会发展将着眼于国内国际两个大局,进一步拉近中国与世界的联系。中国发起"一带一路"倡议是积极参与全球化,造福沿线国家人民,推动构建人类命运共同体,努力参与制定新的世界治理规则的伟大实践。在这大变革与大发展的时期,跨境民族教育必须顺应时代变革的要求,实现对外开放转型。任何教育变革从根本上讲是社会变革的反映,跨境民族教育纯粹作为少数民族教育组成部分的时代正在结束,旧有的体系已经难以适应时代变革对教育提出的新要求。因此,跨境民族教育必须扭转其内卷化的发展路径,采取开放性思维促进跨境民族教育未来的发展。

---

① 推进"一带一路"建设工作领导小组办公室:《共建"一带一路"倡议:进展、贡献和展望》,外文出版社2019年版,第2—3页。

（一）教育观念相对滞后

当前，跨境民族教育主要是从少数民族教育视角出发，以境内跨境民族或是边疆地区内跨境民族聚居区域内的群体为对象实施的教育。这种跨境民族教育在教育对象、教育管理体制、教育培养体系、教育制度保障等各个方面均与少数民族教育无异，可以说是对象选择更为具体化的少数民族教育。作为少数民族教育的跨境民族教育，其政策设计始终秉持公共性的价值理念，在坚持促进民族平等、实现各民族共同繁荣的目标诉求前提下，推进跨境民族教育快速健康发展。跨境民族教育政策的落实表现出跨境民族教育发展与民族地区社会经济发展环境相契合的适切性特征，支持跨境民族地区教育共同发展、共享改革发展成果的公平性特征，以及满足民族地区教育文化发展个性化的差异性特征。[①]尽管这些内容均是跨境民族教育长期发展形成的共识性、内在性的核心部分，但随着时代发展，跨境民族教育在角色定位、发展方式上也要有所突破，特别是2016年，中共中央办公厅、国务院办公厅印发了《关于做好新时期教育对外开放工作的若干意见》，强调要支持和引导沿边地区利用地缘优势，大力提升教育对外开放治理水平，完善教育对外开放布局。[②]跨境民族教育要把握变革方向，寻求新的定位，积极推进与周边区域、国家在人文交流和人才培养方面的合作，充分发挥其在"一带一路"建设中的重要作用。变革意味着破旧立新，跨境民族教育的结构体系由独立封闭转向多元开放意味着教育形态与机制的调整，以及教育资源的重组与再分配。因此，跨境民族教育转型需要做好顶层设计，从宏观到微观系统有序地实现"二元一体"结构的转变。

（二）发展格局较为封闭

境内外边境地带具有陆路联通优势，跨境民族跨国通婚由来已久，定期互市已成惯例，人员跨境往来频繁，人文交流日益活跃。[③]在"一带一路"背景下，跨境民族地区的国际性特征越来越明显，然而跨境民族教育在人才培养过程中强

---

① 李祥、王路路、陈凤：《我国民族教育政策变迁的脉络、特征与展望——基于〈教育部工作要点〉的文本研究》，载《民族教育研究》，2019年第1期，第19—29页。

② 《关于做好新时期教育对外开放工作的若干意见》，载《人民日报》，2016年4月30日。

③ 陈时见、胡娜：《"一带一路"视域下跨境民族教育的价值意蕴与创新路径》，载《清华大学教育研究》，2019年第2期，第83—88页。

调了民族性、国家性，却未能兼顾国际性。在全球化时代，跨境民族教育却较少讨论本民族与他者的关系，即作为国家公民和民族成员的个体对世界上其他民族和国家文化的认识能否超越民族国家的界限，形成基于尊重、理解和包容的区域性或国际性的共识；①也较少讨论人类共处于一个世界，世界各民族作为一个共同体如何应对共同的挑战等时代关切问题。教育对外开放迫切要求跨境民族地区各级各类学校拓宽教育视野，不仅要站在今天的立场预计和思考未来的各种可能性，也要站在未来的立场评判教育的现在及走向，并以未来的眼光设计教育行动框架。②跨境民族教育不仅要着眼于民族认同与国家认同，还要从人类命运共同体理念出发，强化国际理解教育。置于民族教育框架下的跨境民族教育忽视了个体作为世界历史性的存在，没有体现作为中国学生发展核心素养重要维度之一的国际理解素养，缺乏从人类共同体视角帮助学生建构完整的关于全球、国家、民族、个体的身份关系，学校教育中全球化内容不足。跨境民族教育如何在培养目标和教学实践中体现培养学生具有全球意识和开放心态的要求，如何实现公民教育、乡土教育和全球背景下的多元文化教育的融合，让学生全面而深刻地理解本民族文化与其他民族文化的价值是跨境民族教育发展中面临的挑战。

（三）人才资源严重不足

"一带一路"是中国和亚洲邻国的共同事业。中国将周边国家作为外交政策的优先方向，践行亲、诚、惠、容的理念，奉行睦邻、安邻、富邻的周边外交政策，发展与周边国家的友好关系。随着中国与有关国家和国际组织充分沟通协调，形成了共建"一带一路"的广泛国际合作共识。跨境民族地区在对外合作发展方面具有优势，可利用区位与文化上的近缘关系，构建基于共同利益的多边社会、经济、文化合作机制，通过对资源、贸易、产业、市场、资金、基础设施等关键要素的控制与合作，搭建口岸、战略通道、边境合作区、综合保税区等对外开放平台，从而实现地缘经济的互利合作和共赢。③作为"一带一路"倡议的发

①陈学金、滕星：《全球化时代"三种认同"与中国民族教育的使命》，载《广西民族大学学报（哲学社会科学版）》，2013年第3期，第75—79页。

②陈时见：《学校教育变革的反思》，中国文艺出版社2004年版，第15页。

③宋涛、程艺、刘卫东、刘慧：《中国边境地缘经济的空间差异及影响机制》，载《地理学报》，2017年第10期，第1731—1745页。

起国，中国也有意愿在能力所及范围内承担更多的责任和义务为区域发展贡献人力和智力支持。但是由于跨境民族教育发展水平相对落后和结构体系局限，既无法有效发挥跨境民族语言优势以满足"一带一路"建设对沿线非通用语种专业人才的需求，也难以为边境地区发展提供可靠的复合性专业人才。随着我国"一带一路"建设的推进和落实，跨境民族地区具有国际视野、"民汉兼通"、"文理并重"的人才数量不足、质量不高，高层次、国际化、复合型、专门性民族人才尤其匮乏的问题越来越凸显。据统计，西部地区各类专业人才仅占全国总量的20.4%，高级专业技术人才只占13.6%，两院院士仅占8.3%，特别是少数民族院士更是凤毛麟角；少数民族地区专业技术人员中，工程技术人员和科学研究人员仅占15.4%和8.8%。①人才的短缺已成为跨境民族地区扩大教育对外开放、推进"一带一路"建设和参与全球教育治理的"软肋"，严重制约了我国软实力的发挥。②随着我国与邻国间各层次各类型的合作增多，区域间人口流动常态化和国际劳动力就业市场扁平化问题突出，亟须跨境民族教育自我变革以增强国际人才供给，通过人才输出增强人文交流促进民心相通，为政策沟通、贸易畅通、资金融通、设施联通提供智力支持。

二、跨境民族教育的国际环境

"一带一路"视域下跨境民族教育开始辐射国际区域。由于跨境民族分布于边境线两侧，各国对各自跨境民族地区的政治、经济、文化、教育活动都极其敏感。因此，跨境民族教育的对外合作容易受国际宏观环境以及区域国家间关系的影响，遭遇来自复杂国际环境的挑战。

（一）国际形势错综复杂

当今世界政治经济格局复杂多变，世界多极化、经济全球化、区域经济一体化深入发展，各类全球性问题更加突出，影响人类社会存续发展的不稳定因素剧

---

① 王鉴：《"一带一路"与民族教育发展的新机遇》，载《中国民族教育》，2017年第1期，第36—38页。
② 涂端午：《新时代教育对外开放的转型、挑战及策略》，载《国家教育行政学院学报》，2019年第4期，第19—26页。

增。[①]"一带一路"倡议着眼于构建人类命运共同体，为推动全球治理体系变革作出中国贡献。新时代，在中国推动形成全面开放新格局的发展要求下，跨境民族教育的开放发展遵循共商、共建、共享原则。跨境民族教育对外开放合作以共商为前提，即以平等自愿为基础，通过充分对话沟通寻找教育共同发展的着力点与合作的交汇点；以共建为合作发展的方式，即各方都是平等的参与者、建设者和贡献者，也是责任和风险的共同担当者；以共享为合作发展的目的，即兼顾合作方利益和教育关切，寻求教育合作效能的"最大公约数"，使教育服务合作的成果惠及各方。因此，跨境民族教育是中国引领全球化发展趋势、实现和平崛起、推动全球多边治理、促进与各国民心相通、构建人类命运共同体的组成部分。"一带一路"背景下，我国跨境民族教育转型发展以及其所指向的美好愿景面临当前复杂国际政治经济环境中凸显的诸如全球化与逆全球化的矛盾、霸权国家与崛起大国的矛盾、多边主义与单边主义的矛盾、贸易自由主义与保护主义的矛盾等全局性、结构性矛盾[②]的挑战。

（二）国际教育多元互动

跨境民族教育辐射邻国跨境民族地区，实际上是"一带一路"背景下我国跨境民族地区教育体系开放发展，即与邻国跨境民族地区开展教育合作，向邻近国家提供教育服务，促进区域教育发展，实现教育互联互通的新的发展形式。教育领域的服务合作与经济等其他领域不同，因为教育服务在物理环境、资源、课程和社会服务方面都很难在国外复制。[③]因此，跨境民族教育外向发展，实现区域间的合作需要从两个方面克服教育标准不统一带来的挑战：一方面，多边合作的各个国家应通过协商共同制定互认的质量保障标准和质量监控机制以保证教学品质和专业水平的认证有据可依，并通过制度设计实现课程互认、学分互认、学历互认、资格互认，以弥合教育体制的差异；另一方面，应确保教育服务模式的灵活性与适应性。跨境民族教育的外向发展不仅表现为我国跨境民族地区教育服务

---

① 郑刚、刘金生：《"一带一路"战略中教育交流与合作的困境及对策》，载《比较教育研究》，2016年第2期，第20—26页。

② 裴援平：《世界变局中的突出矛盾》，载《现代国际关系》，2019年第2期，第1—5页。

③ 廖菁菁：《高等教育海外分校研究：动因、类型与挑战》，载《比较教育研究》，2019年第2期，第27—35、44页。

外溢的本土教育国际化形式，也表现为人员、项目、观念、课程、工程、研究等教育要素跨越国家或地域管辖权边界流动，对邻国跨境民族地区教育输出的服务形式。若要实现这一目标就面临如何就流动师资资格标准、项目工程许可、课程认证等诸多方面达成双边甚至多边认可的、可操作的标准及合作框架体系的问题。

（三）各国文化差异悬殊

我国跨境民族教育对外合作要把握好与邻国跨境民族地区文化的融合度。如何做好文化融通，实现对多元文化的理解与尊重是实现区域教育融合发展、共享教育成果、促进民心相通的关键。民族文化差异对我国跨境民族教育成功走出国境，实现对境外区域教育辐射带来潜在的挑战。如果在教育管理理念、方式、内容的选择方面忽视对邻国跨境民族学生对本土文化需求的关注，则会引发排异反应。文化冲突源于地域、种族、宗教信仰、生活经历等因素的不同。多民族文化的多样性、宗教的复杂性以及相伴而生的社会生活方面的差异性，都给沿线国家间的教育交流与合作带来挑战。[①]因此，要秉持开放包容、相互尊重、合作共赢的理念，尊重各国各地区文化的多样性，并以开放、包容、理解的心态来认识不同文化独特性和文化多样性带来的价值，避免在境外跨境民族地区输出教育服务与合作过程中因服务方固有的文化观念与当地社会文化观念不同而产生文化冲突。跨境民族教育外向发展不仅担负服务区域教育共同发展的功能，更是跨境民族地区间、各民族间人文交流的桥梁，在学习交流中加深理解、达成共识，不断拓展"最大公约数"，在文化心理上形成"你中有我、我中有你"的共同体。

（四）各国教育交流互鉴

中国2.2万公里的陆地边境线与14个国家接壤，我国境内共有35个少数民族为跨境民族，跨境民族地区非常广泛。由于周边各国政治、经济、法律、文化等差异，各国对推进教育交流与合作的领域、层次、方式期望值不一。[②]我国周边国家的社会制度、社会发展程度、国家规模存在差异。故而基于不同的国情，各国

[①] 郑刚、刘金生：《"一带一路"战略中教育交流与合作的困境及对策》，载《比较教育研究》，2016年第2期，第20—26页。

[②] 郑刚、刘金生：《"一带一路"战略中教育交流与合作的困境及对策》，载《比较教育研究》，2016年第2期，第20—26页。

教育体制也存在较大差异。我国与邻国跨境民族地区间的教育合作是建立在平等互利、互学互鉴、各施所长、共同发展的基础上，因此，要坚持需求导向，将合作双方的需求放在"一带一路"教育共同体格局内，摸清各自家底，平衡双方需求。跨境民族教育对外合作要统筹本国和邻国跨境民族地区教育需求，又要兼顾区域教育整体发展，这就对教育合作提出了更高的要求，我国可根据不同国家的特点、需求，设计具体的教育合作内容，通过双边、多边合作机制，促进周边跨境民族教育合作发展。当前，一些国家对推进教育交流与合作还存有疑虑。猜忌与顾虑主要源于两个方面：其一，周边各国对于体现开放、包容、合作、普惠、共赢精神的"一带一路"教育合作模式认识不清，担心在教育合作过程中动摇本国文化的主体地位或文化优先权；其二，西方对华遏制政策对跨境民族教育的对外合作产生负面影响。尽管如此，各国教育之间的交流合作和学习借鉴已成为世界各国的普遍共识。

三、跨境民族教育的社会潜能

社会潜能是指一定社会中以人的社会活动为主体的诸种社会因素或力量相互制约、相互作用而形成的潜在能力或能量，是硬实力与软实力的有机统一。[1]一定时期，社会所蕴含的潜能与社会中物质资源与非物质资源规模和开发利用水平密切相关。社会潜能的物质方面主要反映在社会经济发展水平、产业结构体系。社会潜能的非物质方面则体现在由劳动者的知识技能、文化技术水平构成的人力资本和由社会文化生成的社会价值体系。我国跨境民族地区社会面临严峻的社会潜能流失的问题，并对跨境民族教育带来一系列的挑战。

（一）教育经费投入不足

跨境民族地区社会资源的外流和发展的滞后制约了对跨境民族教育的投入。除历史性原因导致的阶段性发展滞后外，区域间经济竞争以及对资源的抢夺为跨境民族地区社会发展带来更大的挑战。大城市及城市群对周边产生负面的虹吸效应，导致边缘地区社会沦为跟随发展和资源输出的从属地位，其大部分产业固化

---

[1] 王家忠：《论社会潜能的调控与和谐社会的构建》，载《东岳论丛》，2008年第4期，第137—141页。

在产业和价值链的低端。随着城镇化进程加剧,不同地域间社会发展水平呈现不平衡性。跨境民族地区与非跨境民族地区相比呈现出学校地域分布不均衡,硬件设施设备短缺、生源减少等问题。我国幅员辽阔,边境线延绵2.2万公里,跨境民族众多,经济文化类型多样,地区经济发展的不平衡,导致不同跨境民族地区对当地学校发展的支持能力不同。可以说,跨境民族地区物质资源投入难以保障学校均衡发展的根本原因是区域经济落后。跨境民族地区物质资源外流、经济水平相对低下,制约着跨境民族地区学校教育发展。跨境民族地区财政困难源于多方面的原因:一是经济不发达,工农业产值总量少,发展基础薄弱,经济结构和分布不合理;二是计划经济时期建成的一批国有企业,由于资金、市场、体制的约束,转型和改革迟缓,效能低下;三是国家财政转移支付制度还不规范,对整个边境地区的支持力度小,地区间不平衡现象比较突出;四是财政来源结构单一,一些地区"烟"财政、"酒"财政,以及"木头"财政的现象比较突出,由于产业低端且结构单一,国家的一些宏观调控措施往往对当地经济造成较大影响;五是行政机构臃肿,边境地区公务员事业编人员比例大概是全国平均水平的2倍,增加了当地财政的压力。①我国实行的是分税制财政体制,教育支出主要靠地方财政承担,由于西部少数民族地区经济发展总体欠发达,有限的经济总量难以支撑教育的高投入,国家教育财政扶持力度有限,教育的投入不足严重影响了教育硬件基础设施的更替和维护,限制了教师的科研及教育水平的提升。②

(二)人力资本流失严重

1961年,西奥多·舒尔茨(Theodore W. Schultz)提出人力资本理论并证实人力资本对社会发展的关键性作用后,教育就被视为提高社会人力资本质量的重要手段。发展教育促进社会进步的观念成为社会共识,这种认识的产生是建立在教育作为人力资本的生产机制,并服务于社会的基础之上的。跨境民族教育的发展也需要不断补充和更新教师以促进师资队伍的可持续发展,进而不断培养人

---

① 滕星、王军:《20世纪中国少数民族与教育:理论、政策与实践》,民族出版社2002年版,第146—147页。

② 陈·巴特尔、孙伦轩、陈安吉尔:《我国少数民族教育公平的文化考量》,载《北京大学教育评论》,2013年第3期,第181—188页。

才、促进人力资本质量的提升以满足跨境民族地区社会发展对人力资源的需求。然而，人与物的区别在于人具有主观能动性和自我的判断力。在现代社会，人才的流动是正常的社会现象，劳动者可根据自身成长与发展的需要，自主选择适宜的社会环境和发展平台。如果跨境民族教育培养的人才大量流动到其他地区，同时又无法吸引其他地区人力资源的补充，那么这就会削弱跨境民族地区社会发展潜力，并且危及跨境民族教育的师资队伍建设。当教师队伍因更替与流失带来的损耗无法得到补充，就会消解跨境民族教育的人力资本再生产能力。

党的十九大报告指出，中国特色社会主义进入新时代，我国社会主要矛盾已经转化为人民日益增长的美好生活需要和不平衡不充分的发展之间的矛盾。我国社会发展的各种具体矛盾的根源在于"不平衡不充分的发展"，在空间上反映为我国东西部发展不平衡、城乡发展不平衡、民族地区与非民族地区发展不均衡。我国跨境民族地区主要分布于中西部地区，农村地区又属于民族互嵌地区，社会经济发展仍相对落后，地理位置偏远，多为人口外流地区，难以留住和吸引人才。例如，云南省内的8个民族自治州分布于该省各种地理环境中，与该省其余的8个普通地级市呈"大杂居、小聚居"的交错分布态势。但由于云南省主要民族地区位于国境线，该省8个民族自治州中的5个边境民族自治州则处于云南省内路网的末梢。区位劣势导致云南跨境民族地区成为人口净流出地区，2014年云南8个民族自治州的户籍人口为1744万人，民族自治州整体人口密度为90人/平方公里，低于该省平均117人/平方公里。[1]我国实行以县为主的基础教育管理体制，一些跨境民族地区因产业结构单一、地方财政困难等因素，无力支撑庞大的教育投入，很多地区无法配套落实国家对乡村教师岗位生活补助政策，甚至一些特困地区连教师工资都无法保障，更谈不上优质师资队伍建设。各类人才流失特别是教师的流失对跨境民族教育师资队伍造成严重的影响，具体表现在师资配置的数量、质量和结构三个方面。教师流失在师资配置数量方面，表现为教师数量短缺与结构性短缺并存，农村学校与边远地区学校缺编严重，同时一些学校部分学科任课教师严重短缺，音乐、体育、美术、英语以及理科类学科教师短缺问题

---

① 廖毅、张薇：《教育促进民族区域人力资本与经济发展适配的探析——以云南为例》，载《云南民族大学学报（哲学社会科学版）》，2017年第1期，第118—125页。

突出。在师资质量方面表现为骨干教师的聚集与流失。农村骨干教师大量流入县城学校或中心学校，城市、县城优秀教师流向其他地域，导致高水平高学历教师日益减少。乡镇、农村地区学校为维持学校教学的正常运转只能降低标准，自主招聘合同制的"顶岗教师"。在师资结构方面表现为教师学历结构、职称结构与其他地区教师相比存在较大的差距，师资年龄结构呈现严重的老龄化等问题。[①]

（三）文化教育资源减少

教育贯穿了社会发展的三大维度，即经济维度、文化—意识形态维度和政治维度。在这一范畴中，教育是发展过程三个维度的公共因素。相比较之下，在发展的三个维度中，文化—意识形态维度与教育的联系最为直接。[②]路易斯·杜蒙特（Louis Dumont）认为："现代社会中，人与物的关系高于人与人之间的关系，这是一个决定性的转变。现代文明经济至上的观点注重收入、财富、物质的繁荣，并把它们视为社会生活的核心。"[③]现代社会试图用无限丰富的物质商品解决一切人类问题，而忽视了人类文化所带来的精神上的家园感。工业化、城镇化等现代化进程推动人类社会进步的同时也具有破坏性，对跨境民族而言破坏性表现为文化的边缘化。跨境民族文化衰微必然造成民族文化内容缺位，导致包括跨境民族在内的少数民族文化基因遭遇传承主体断代及教育场域失位等困境。[④]

跨境民族文化衰微体现在文化商品生产与文化生活消费方面。在文化生产方面，跨境民族文化未能在规模化、标准化、商品化的现代工业模式中形成文化产业。在文化生活方面，跨境民族地区现代化的主要路径是工业化、城镇化、信息化，主流社会生活方式对跨境民族传统生活习俗、精神信仰产生了巨大的冲击，削弱了跨境民族学生的乡土文化认同感。跨境民族在文化生活与消费上日益接受主流社会的大众生活理念与消费产品。跨境民族文化在文化产业的生产端与市场端日渐式微，越来越朝形式化、脸谱化方向发展。许多跨境民族传统文化、传统

---

① 周自波、廖水明：《试论民族地区解决教育发展不平衡不充分的根本途径》，载《贵州民族研究》，2018年第7期，第203—208页。

② 项贤明：《比较教育学的文化逻辑》，黑龙江出版社2000年版，第347页。

③ 〔美〕大卫·雷·格里芬：《后现代精神》，王成兵译，中央编译出版社1997年版，第19页。

④ 李明、么加利：《现代化进程中少数民族文化传承危机与应对——基于文化基因视角》，载《贵州民族研究》，2018年第7期，第67—71页。

技艺甚至濒临断代。例如，蜡染作为苗族特有的传统工艺，在现代纺织与印染品的冲击下，逐渐淡出苗族生活世界，变为生活的"次等品"，当前掌握蜡染技术的群体越来越少。[1]再如，侗族非物质文化遗产大多是靠传承人口传心授、代代相传得以延续。目前，侗族非物质文化遗产国家级代表性传承人21人，贵州省黔东南州省级代表性传承人33人，湖南省怀化市代表性传承人13人，广西柳州市区级代表性传承人13人。[2]老一辈传承人一旦逝去，将造成无法挽回的损失，许多民族文化技艺处于"人在艺在，人亡艺绝"的境地。人既是文化存在的生命体，也是文化发展的延续者。我国跨境民族文化既是中华民族文化的重要组成部分，也是跨境民族的精神家园。跨境民族教育作为跨境民族文化的生命机制，肩负跨境民族乃至跨境民族地区文化传承发展的使命。跨境民族文化的衰微为跨境民族教育文化传承带来挑战，随着跨境民族地区社会环境、自然环境以及民族文化生活方式的变迁，跨境民族文化丧失原生的生长环境，跨境民族文化教育资源日益减少，这让文化教育资源再生能力面临被消解的挑战。

四、跨境民族教育的发展水平

新中国成立以来，我国跨境民族教育规模和质量都得到了极大的提高和改善，充分保障了跨境民族地区人民的受教育权，实现了普及义务教育的目标，促进了人口素质的提升，但跨境民族教育发展仍不均衡且相对落后。随着我国主要社会矛盾的变化，跨境民族地区教育发展的不平衡以及优质教育资源的失衡配置成为影响教育公平与社会和谐稳定的因素。

（一）教育发展不均衡

当前，跨境民族地区社会对教育的追求已从教育机会均等走向追求优质教育服务。这就对跨境民族教育提出"公平而有质量的教育"要求。教育的公共性决定其公平性，若要满足跨境民族地区社会对优质教育服务的需求就必须实现跨境

---

① 李明、么加利：《现代化进程中少数民族文化传承危机与应对——基于文化基因视角》，载《贵州民族研究》，2018年第7期，第67—71页。

② 胡艳丽、曾梦宇：《非物质文化遗产"传承人传承"管理研究——以黔东南侗族为例》，载《民族论坛》，2016年第11期，第50—55页。

民族教育整体质量的均衡提升。因此,实现教育质量均衡是跨境民族教育公平而有质量的发展实现路径。跨境民族教育质量均衡既涉及跨境民族教育质量的问题,也涉及跨境民族教育的均衡问题。教育均衡发展是我国教育发展特别是基础教育发展的政策导向,在照顾整体公共利益基础上,进行相对公平与均衡化的公共教育资源分配,从而在优质均衡推进中实现公共利益最大化。这就意味着跨境民族教育需要做到类内均衡、多元均衡、效益均衡。

类内均衡是指教育体系内划分出来的各教育类别内部的均衡。①根据教育区域,可以划分为跨境民族地区教育与非跨境民族地区教育质量均衡;根据教育内容,可以划分为普通教育与职业教育。类内均衡是对跨境民族教育质量均衡整体性、全面性发展规定,涵盖跨境民族地区内各级各类民族教育发展的所有方面。多元均衡是对跨境民族教育对象个体间获得公平优质教育服务。从公平角度而言,要求跨境民族教育实现教育的起点公平、过程公平、结果公平;从教育资源配置角度而言,这要求个体间优质教育资源的获得达到相对均衡。效益均衡则强调教育的理性发展,实现教育质量均衡不可能是不计成本的。②从教育资源的有限性来看,发展公平而有质量的跨境民族教育需要坚持教育发展的科学性,注重效益均衡。跨境民族教育的非均衡发展不仅表现为与其他区域教育相比教育发展水平滞后、城乡发展不均衡,还表现为跨境民族地区之间发展失衡。在我国边境地区居住的35个民族中,教育发展水平有着重大差别,其中,朝鲜族教育发展程度已经接近或者说超过了全国平均水平,云南边境地区傣族教育发展状况好于其他跨境民族,居住在西南边境的独龙、怒、傈僳等11个跨境民族教育较为落后。同时,跨境民族教育结构发展不均衡,职业教育发展远远滞后于普通教育。例如,广西东兴市、凭祥市,云南孟连等边境县、自治州的职业学校普遍面临招生困境。跨境民族教育不充分、不均衡的发展为其发展"公平而有质量的教育"带来巨大挑战。

(二)教育资源配置失衡

教育承担着提供社会成员进入更高社会结构资格的阶梯功能,教育公平是维

---

① 林德全:《论教育质量均衡的内涵与路径》,载《教育导刊》,2010年第1期,第9—11页。
② 林德全:《论教育质量均衡的内涵与路径》,载《教育导刊》,2010年第1期,第9—11页。

护社会公平、促进社会稳定的重要基础。默顿（Robert King Merton）认为，社会结构紧张产生于社会文化所塑造的人们渴望成功的期望值，与社会所能提供的获得成功的手段之间产生了严重失衡的状态。①教育稳定社会结构的关键在于保障社会群体在各类教育资源的分配和分布上的公平，从而有效保持社会阶层流动的活力。跨境民族教育发展的失衡将会阻断教育作为社会阶梯的功能，带来阶层结构的固化，从而引发社会矛盾与冲突。

改革开放以来，经济社会的快速发展特别是市场经济的大力推动，使社会阶层开始分化。由社会资源的分配相对平均的简单社会演变为社会资源分配方式多样化的贫富分化社会，意味着在教育领域存在多元化的主体竞相追逐有限的优质教育资源。社会精英阶层需要优质的教育资源以巩固自身的身份和地位，并保持优势文化资本的代际传承。社会底层背负生存的压力而将教育作为向上流动的阶梯。②两端阶层都声明优质教育是自身重要的利益关切。但是，个人在社会结构中的角色、地位直接影响其获取资源的能力和机制。不同阶层个体获取教育资源的能力存在差别，由此导致在教育资源实际分配中，社会底层始终处于劣势。当优质教育资源的获取与个体能力、社会地位等阶层因素挂钩，并形成有利于精英阶层的循环机制时，就会导致教育不公平问题不断被放大，影响社会的稳定。跨境民族教育作为跨境民族地区的公共产品，必须观照所有社会阶层成员的需求，通过提供普惠优质的教育服务建构促进跨境民族社会形成公平的教育秩序，促进社会和谐稳定。然而，跨境民族教育是在极其薄弱的基础上发展起来的，虽然取得了历史性的伟大成就，但与本省（自治区）条件较好的地区特别是内地先进地区相比，还存在着严峻的差距。③从总体上看，我国跨境民族教育尚处于相对较低的发展层次，距离跨境民族教育优质均衡发展的目标还有相当大的差距。

---

① 李强：《"丁字型"社会结构与"结构紧张"》，载《社会学研究》，2005年第2期，第55—73页。

② 桑志坚：《结构正义与教育公平：一种社会学的探索》，载《教育理论与实践》，2019年第7期，第9—12页。

③ 瑰乔：《边境民族教育基本特点浅论》，载《民族教育研究》，1990年第1期，第74—79页。

第四节　跨境民族教育发展的时代使命

"一带一路"建设致力于为沿线国家带来发展机遇，最大限度激活所有参与国家的潜能。"一带一路"建设在努力实现政策沟通、设施联通、贸易畅通、资金融通、民心相通的同时客观上实现了跨境民族地区发展环境的再造，扭转了跨境民族地区的依附地位和边缘劣势，为跨境民族地区发展注入新的活力。跨境民族地区由少数民族社会发展为多元文化社会，由边缘末梢地带转为开放前沿地带，由封闭的自守格局转为面向国际的开放格局。因此，跨境民族教育要肩负起构筑服务跨境区域的教育支点、实现与周边国家教育的互联互通、构建教育共同体的时代使命，通过自身的转型实现从边境落后教育转变为跨境前沿教育，从单一性民族教育拓展为复合型跨境教育，从内陆封闭教育转向国际开放教育，在促进区域社会发展中发挥基础性、先导性、服务性的作用。

一、跨境民族教育前沿性教育支点

"一带一路"建设进一步推动我国对外开放的程度，逐步由向东开放调整为东西双向、沿边与内陆全面开放，这为跨境民族教育向跨境前沿教育的转型发展提供了契机。跨境民族教育不断跨越民族教育的固有框架，开始面向并服务于国际国内两个大局。开放背景下，跨境民族地区成为我国资源要素流动的枢纽，跨境民族教育由服务民族地区社会现代化发展转向服务多元文化社会共生发展。跨境民族地区作为人口、资源要素汇聚的中心也日益成为不同文化汇聚的公共空间，跨境民族教育在跨境民族区域对外开放中肩负着为区域社会发展提供人才和智力支撑的作用。着力提升教育质量、增强区域教育服务能力，为"一带一路"建设发展提供可靠的人力资源，促进不同文化群体相互理解，是跨境民族教育作为区域发展支点的使命。

（一）提升跨境民族教育的整体质量

跨境民族地区是中国经由"一带一路"通向世界与沿线国家互联互通的必经之路，也是共建"一带一路"的先行地区。从地理空间上来看，我国跨境民族教育的现代化、国际化既对边境线内侧的内圈层地区的教育整体质量产生影响，也对边境线外侧的外圈层地带具有辐射作用。周边传播理论认为，信息的传播通常遵循由原点向周边、由中心向边缘、由近及远的圈层式扩散的基本规律。[①]跨境民族教育作为知识、文化、观念的传播载体在发挥教育辐射功能上也同样遵循这一基本规律。在与周边国家地区间的跨境教育合作中，跨境民族教育若要发挥教育支点功能不仅要占据一定区位优势，更重要的是提升教育整体质量，成为区域教育发展的增长极，进而增强辐射效应。跨境民族地区教育整体质量的提升建立在保障优质教育资源的基础之上。跨境民族教育赖以生存的关键性资源包括教师资源、物质资源、经费资源。

在教师资源保障方面，国内跨境民族地区不仅要解决教师流失和水平低下带来的师资数量与结构性短缺等问题，还要满足边境民族互嵌地区特殊地缘的特点对教师专业能力提出的特殊要求，例如因语言不通导致跨境民族学生学习障碍，跨境民族文化的边缘性导致师生交流不畅等问题。[②]因此，一方面要确保教师队伍总量稳定和结构合理；另一方面要通过一体化的教师教育培养机制来满足跨境民族地区对教师专业能力的特殊需要。同时，随着我国教育开放新格局的形成，跨境民族教育的跨境教育服务不仅针对入境外籍跨境民族学生，也出现了教育服务跨境输出等方式。这就需要补充具有国际视野和跨文化交际能力的国际型教师。

在物质资源保障方面，有形的物质资源是构建教育空间和教学条件的基础。[③]物质资源的有效保障是跨境民族教育现代化发展不可或缺的条件。物质资源充分供给对扩大跨境教育对外开放合作提供保障。物质资源不仅为教育活动开展提供基础条件，同时也是中华文化的载体。通过物质资源供给搭建承载中华文

① 陆地：《周边传播理论在"一带一路"中的应用》，载《当代传播》，2017年第5期，第4—9页。

② 王瑜、郭蒙蒙、张静：《西南跨境民族教育文化特性研究》，载《教育评论》，2017年第6期，第43—47页。

③ 田晓伟：《校长的资源意识及其生成》，载《教学与管理》，2016年第13期，第7—9页。

化内涵的隐形学习环境，可促进国际间文化理解。而学校物质资源短缺不仅对学校教育活动的有效开展带来困难，而且对学生学习体验、教师在教学职业和工作环境上的满意度带来显著的负面影响。①

在经费资源保障方面，跨境民族地区多为边远地区、农村地区，经费不足是常态。因此，中央财政和地方财政应增加对跨境民族教育投入，加大对跨境民族学生资助力度，通过财政倾斜和精准化配置逐步实现基本公共教育服务均等化。同时，也要通过激活资本市场，鼓励多主体投资等方式拓展融资渠道。运用开放市场机制吸引资本投入，将具有国际化发展潜质的跨境民族地区打造为教育产业聚集中心。总之，跨境民族教育资源保障关涉国内教育治理与境外教育服务，优裕的教师资源、丰沛的物质资源以及充足的经费资源，是全面提升跨境民族教育质量的基础。我们要充分发挥"一带一路"建设为跨境民族地区带来的发展机遇与优势条件，打造优质、特色、开放的跨境民族教育，使之成为驱动周边国家教育发展的引擎和辐射"一带一路"沿线国家的教育支点。

（二）适应"一带一路"建设的人才需求

"一带一路"建设为跨境民族教育产业汇聚提供了条件。聚集效应是指某行业或领域通过资源的集中产生规模效益，可以降低该行业的成本，带来整个行业的优势。②"一带一路"建设重构了中国与周边国家的经济地理。跨区域基础设施建设、产业对接与产能合作不断加强与周边国家的经济合作，提升了跨境地区的经济规模。跨境民族教育作为"一带一路"建设人力资源支撑的重要支点，可在文化发展条件优越的跨境民族地区建立跨境民族教育产业聚集区，实现教育资源的集中调配与优化配置。在支持"一带一路"建设方面，跨境民族教育人才培养要匹配"一带一路"建设对国际化人才的需要。随着周边邻国进一步深入参与到"一带一路"建设之中，我国与周边各国的交往更加频繁，跨境合作事务也不断增加。在保持与邻国沟通交流层面，需要具有全球视野的国际化人才参与到咨

---

① 陈纯槿：《中学教师工作满意度影响因素的实证研究——基于PISA2015教师调查数据的分析》，载《教师教育研究》，2017年第2期，第84—91页。

② 雷权勇、刘吉双：《跨国公司对少数民族地区产业集聚效应研究》，载《贵州民族研究》，2013年第5期，第183—186页。

政建言、舆论引导、政策制定、国际谈判、涉外合作等实践之中。[1]在加强与邻国贸易合作层面，需要培养具有跨文化交际能力和创新创业能力的国际化商贸人才。在推动与邻国设施联通层面，需要大量的掌握交通工程技术、土木工程技术、信息工程技术、机械工程技术等高端工程型技术人才的支持。跨境民族教育需要调整人才培养方案以对接"一带一路"对高端专业型人才的需要。在促进与邻国资金融通层面，需要培养一批具有国际化视野、能够引领国际金融规则制定、适应国际竞争的高级金融管理、应用与服务人才。[2]民心相通是共建"一带一路"的人文基础，也是实现其他"四通"的前提。跨境民族教育肩负对外交流的使命，需要与邻国进一步开展更大范围、更高水平、更深层次的人文交流，不断推进沿线各国人民相知相亲。在学校教育中加强国际理解教育的内容，增加学生多元文化知识的储备，强调对不同国家、民族之间文化的理解与欣赏，提升跨境民族地区成员的整体文明素养。

（三）搭建跨境民族文化的交流平台

理解文化之间的差异是文化交流与互鉴的前提。习近平总书记指出，每个国家、每个民族不分强弱、不分大小，其思想文化都应该得到承认和尊重，我们应该维护各国各民族文明多样性，加强相互交流、相互学习、相互借鉴而不应该相互隔膜、相互排斥、相互取代。[3]跨境民族教育在向跨境前沿教育转型的过程中既要在文化差异之中寻求匹配关系，将异质性转化为互补性，避免不同文化在对立领域内发生排斥，同时还要积极寻求文化理解上的"最大公约数"，在走向同一性的过程中生成亲和力。跨境民族教育有必要充分发挥跨境民族具备的文化同源、语言相通等特点，通过构建凸显跨境民族教育优势的语言特色教育打通跨境文化交流的语言障碍。挖掘跨境民族多语种语言优势，既是培养"一带一路"急需的多语种语言人才的现实需要，也是"一带一路"推广汉语、提升汉语

---

① 曹晶晶：《"一带一路"视野下高职人才培养支撑与转型发展研究》，载《教育与职业》，2018年第19期，第17—24页。

② 曹晶晶：《"一带一路"视野下高职人才培养支撑与转型发展研究》，载《教育与职业》，2018年第19期，第17—24页。

③ 习近平：《在纪念孔子诞辰2565周年国际学术研讨会暨国际儒学联合会第五届会员大会开幕会上的讲话》，载《人民日报》，2014年9月25日。

国际影响力的远期愿景，更是增进跨境民族地区的跨文化理解的关键步骤。跨境民族语言特色教育需要强化汉语教育及扩展民族语言教育。汉语作为我国实施的跨境民族教育的重要内容，是教育政策的内在要求。民族语言是跨境民族内部实现本民族文化传承的基础，能为跨境民族教育的实施提供工具和心理安全环境的塑造。例如，中国西北陕甘回民与中亚哈萨克斯坦、吉尔吉斯斯坦等国的东干人是同一跨境民族，东干语是我国陕甘方言的特殊变体。[1]该地区的跨境民族语言特色教育应在汉语学习的基础上，加强东干语的学习，以及扩展到对哈萨克语、柯尔克孜语等的了解和学习，以跨境民族自身语言能力的丰富和提升来带动汉语在中亚的使用。

在开放背景下跨境民族教育不仅是文化传承的生命机制，也是异文化融通的控制和调节机制。跨境民族教育对外交流合作可为有效推进跨境民族地区民众之间的交流与沟通提供渠道。一方面，跨境民族教育对外交流合作面向广大的学生群体，有助于拓展跨境民族地区文化交流的规模。学生群体对他国文化等新鲜事物更具有接受性，学生群体间文化的交流不仅更为纯粹，而且学生作为文化内涵的载体与传播者，可以带动其家庭等更广大的群体参与到文化交流之中。另一方面，跨境民族地区的教育在对外交流合作领域有广阔的发展空间。目前，跨境民族地区的教育发展规模仍十分有限，合作形式单一。随着我国教育的对外开放，跨境民族地区学前教育、基础教育、职业教育、高等教育的对外交流合作都可以成为文化交流的平台。可以通过合作办学服务跨境民族地区，也可以开放教育服务，通过教育服务外溢促进区域教育发展与人文交流。"一带一路"背景下扩大跨境民族教育交流合作，对于我国扩展文化交流渠道、深化区域间人文交流具有十分重要的意义。

二、跨境民族教育互联互通教育网络

教育作为一个有序的系统结构，必须对其内部各个要素实行有效的控制。这

---

[1] 金蕊：《"一带一路"上的文化使者：中亚东干人——以东干人与新疆昌吉二六工人的共享叙事为例》，载《西北民族研究》，2016年第2期，第206—211页。

种控制不是以被控要素预期的状态作为依据，而是以系统实际所达到的状态作为依据。①我国跨境民族教育作为我国教育系统的组成要素，其状态与结构必然跟随教育系统的序变。《推进共建"一带一路"教育行动》提出聚力构建"一带一路"教育共同体以支持"一带一路"建设，通过推进沿线各国人民相知相亲，培养"一带一路"共建人才，促进沿线国家教育发展，全面支撑共建"一带一路"。跨境民族教育不能局限于"帮助少数民族提高和适应现代主流社会的能力与继承与发扬少数民族优秀传统文化"②的少数民族教育体系之中，而应拓展为复合型的跨境教育体系，以适应新时代教育多元发展的要求。

（一）重构跨境民族教育的结构体系

跨境民族教育结构体系的重构是一个宏大的系统工程。跨境民族教育是一个不断变化发展的开放体系，向复合型跨境教育的转型意味着将跨文化的、跨区域的、国际的维度整合到跨境民族教育结构体系之中。跨境民族教育的参与主体、人才培养目的、运行机制、发展空间等方面在"一带一路"建设的影响下发生着显著的变化。

第一，跨境民族教育实践主体的功能化合作。跨境民族教育的主体不限于跨境民族教育地区政府和各级各类学校，周边各国和国际、地区教育组织也参与其中。在众多实践主体中，政府是教育平台的搭建者、合作的组织者和方向的引导者。跨境民族地区各级各类学校与教育机构作为教育活动的践行者，是教育内容生产者、教育服务提供者。其他相关社会单位、国际组织在实践过程中发挥联动和支持的功能，起到品牌推广者和新技术供应者的作用。

第二，跨境民族教育人才培养目的的社会化拓展。跨境民族教育不仅要促进跨境民族地区各文化群体获得最大限度的发展，在文化自觉、自信的基础上实现文化共生与融通，而且要承担起适应国际国内跨境民族地区社会、经济、劳动力市场对复合型人才的需要。

第三，跨境民族教育运行机制的国际化联合。人们习惯于把跨境民族教育视为某一民族国家的少数民族教育，缺乏从"国家内部"到联系"国家与世界"的

---

① 詹克明：《系统论的若干哲学问题》，载《中国社会科学》，1991年第5期，第17—28页。

② 哈经雄、滕星主编：《民族教育学通论》，教育科学出版社2001年版，第8页。

整体性视野。"一带一路"新格局下，一方面，跨境民族教育需要进一步强化和完善跨境民族地区的民族学校体系的功能，通过文化育人夯实学生的族群认同、国家认同意识；另一方面，跨境民族教育要推进与周边国家跨境民族地区建立开放有序的跨境教育合作机制。跨境教育合作机制的有效运行依托于完善的国际标准规则和公平的准入与竞争制度的保障，即通过与周边国家建立互认的教育标准、规则，实现国际国内教育政策法规的对接；通过多边协作或第三方机构的参与强化对跨境国际教育合作项目的资质审核、质量监控、专业认证。

第四，跨境民族教育实践空间的世界性接轨。跨境民族教育不仅与刚性国家社会系统相联系，而且与"一带一路"建设构造的互联互通的共同体相联系。这决定了跨境民族教育发展的空间样态不是沿边境地带的带状分布，而是以边境为主干向境内外两侧延伸的树状走向。所以，跨境民族教育结构体系重建所追求的不仅是对"一带一路"背景下社会发展变化以及价值追求的主动认识与调适，更是力求将跨境民族教育看作为一个开放的公共领域。相关的主体基于和平合作、开放包容、互学互鉴、互利共赢的立场对跨境民族教育观念、制度、实践展开对话和讨论，不断创生新的理论、观点和实践典范，发掘国内外跨境民族地区教育的发展潜力，营造协同发展、良性循环的区域教育生态系统。

（二）实现教育服务体系的跨境对接

"一带一路"的开放性视野突破传统的国界限制，跨境民族教育通过构建中外互联互通的教育服务体系，向沿线各国特别是周边国家分享中国教育发展成果，提供优质的教育服务，促进国内外跨境民族区域教育共同发展。国内外跨境民族区域教育服务体系互联互通建立在机制互通、标准互通、平台互通（课程资源互通、设施互通）的基础之上。

第一，在机制互通方面，我国要与周边国家就边境地区教育合作做好顶层设计，要通过教育合作政策沟通与周边各国达成双边或是多边的教育合作框架协议。推动跨境民族教育全面互联互通的目的是创造一个一体化的区域教育合作框架，与周边国家建立一个减少壁垒限制、教育服务资源互通、教育标准和人才资质认证统一的教育共同体。

第二，在教育标准互通方面，教育标准互通是实现跨境民族教育中外教育服务体系互联互通的前提条件。互联互通在本质上是一种跨网络运作（trans-net-works operation）。跨境民族教育服务体系互联互通格局的建成意味着包括教师、课程、项目、物质资源、信息资源等教育要素基于共同认证的标准，可以跨国家或区域的自由流动与调配。这就要求教育合作各方在平等协商的基础上，参考国际上普遍认可的教育标准和最佳实践，本着共商、共建、共享的原则对接各国已有的教育标准或者制定衡量教育准入资质、教育过程监管、教育结果认证的通用标准。

第三，在教育平台互通方面，跨境民族地区各级各类教育机构既是互联互通的主体平台，又是搭建各类新平台，推动各式各类教育合作建设发展的建设者与参与者。跨境民族地区各教育机构可基于自身特点和优势探索多样的创新服务模式。例比，云南民族大学澜湄国际职业学院于2017年建立，是"一带一路"澜湄合作框架下第一所面向六国共招、共育的联合培养大学。澜湄国际职业学院的开建是跨国学校共建、创新办学模式的大胆尝试，为跨境民族教育教学融合创造了契机。同时，各类教育机构也需要依托现代信息技术，推动跨境民族教育资源共建共享。例如，教育机构借助"互联网+"教育的技术革新，推动区域教育信息平台建设，将教育内容资料通过音频、视频、Flash、VR等信息技术手段转化为数字资源，经由综合信息平台实现区域内跨校际、跨国际共享。各教育机构还可以利用现代信息技术探索更多互联互通的管理机制，如通过网络化管理和现代远程教育技术克服时间、空间的限制，创新跨境教育服务方式，通过网络信息管理技术和现代身份识别技术创新学籍管理模式，以学分互认为基础，衔接区域各阶段、各类型教育。

（三）加快信息技术条件下的教育变革

自信息技术向教育领域渗透以来，其使用价值集中体现在作为现代化教育工具对教育资源进行的开发与利用、整合与传播方面，通过对学校信息化基础设施建设和管理信息平台建设实现教育资源的广域整合，提高各个地区学校对优质资源的共享能力。[1] "三通两平台"、教学点数字教育资源全覆盖项目等教育信息化建

---

[1] 甘健侯、赵波、李艳红：《"互联网+民族教育"的内涵、价值及实现路径》，载《学术探索》，2016年第2期，第141—145页。

设使得全国教育都受惠于信息化覆盖，为改变少数民族文化教育落后、缩小地域差异、促进优质资源共享作出重要贡献，也为民族地区教育文化多样性、民族融合与团结提供充足的动力。①但是，当前信息技术与教育的整合仍是保守和技术性的，只是对学校教育系统内部各环节联系的强化，未实现打破学校教育封闭体系与其他领域的结合，未带来"教育价值理性领域"的改变。"打破信息壁垒的'孤岛'，构建统一高效、互联互通、安全可靠的国家数据资源体系"已成为信息化发展趋势。随着跨境民族教育信息化平台、软件、资源、工具的网络化集成，以及教师信息技术能力的不断提升，跨境民族教育必然在信息化发展过程中实现与外部世界的互联互通。信息技术在教育领域的深度融合是促进跨境民族教育跨界连接，建立开放结构，实现互联互通的推动力。在"互联网+"、云计算、大数据、人工智能等技术日新月异的时代，跨境民族教育与现代信息化技术深度融合具有光明前景。"互联网+"通过对跨界资源的智能识别与感知，进而对资源进行调度与使用，实现资源的融通。大数据技术通过对跨境民族教育对象数据结构化和非结构化数据进行分析，促进管理决策的精准化。云计算与人工智能技术在实现随需应变地从可配置计算资源共享池获取所需资源的基础上，实现智能化的教育资源实时共享与个性化的学习体验。②"一带一路"背景下，一方面要通过信息技术与教育的有机融合，促进跨境民族教育信息化，以信息技术打通跨境民族教育内部信息资源流通壁垒以及与其他领域的交互障碍，建构跨境民族教育互联生态；另一方面，基于现代信息技术，扩大跨境民族教育对外开放，推动跨境民族教育服务走进邻国，全面提升国际交流合作水平，推动我国跨境民族教育同其他国家教育的资源交换和经验互鉴。

三、跨境民族教育共生发展教育共同体

"一带一路"倡议提出以前，跨境民族教育发展呈现内卷化、封闭化趋势。

---

① 刘军、罗雯、张芥：《改革开放40年民族教育信息化演进：历程、规律与启示》，载《民族教育研究》，2018年第6期，第32—38页。

② 杨澜、曾海军、高步云：《基于云计算的智慧学习环境探究》，载《现代教育技术》，2018年第11期，第26—32页。

这缘于在我国全面对外开放格局形成之前，我国跨境民族地区一直处在一个相对封闭的时空当中，跨境民族地区教育面临的问题主要属于少数民族教育范畴。因此，其在理论研究上呈现封闭化，无法超越民族教育理论视域；在实践上呈现内卷化，固化于民族学校教育或是民族地区教育的范畴。"一带一路"建设改变了当地相对封闭的社会生态。劳动力流动、服务贸易增长、基础设施的内外连通不仅加强了边境地区与内陆腹地的联系，也促进了与世界的互联互通。跨境民族地区对外开放不仅改变了跨境民族教育封闭发展的环境，并且催生了参与建构教育共同体的动因。"一带一路"教育共同体是人类命运共同体的关联子系统，其愿景是推进民心相通、提供人才支持和实现共同发展。跨境民族教育作为"一带一路"教育共同体建设的重要一环肩负着促进多元文化认同，整合开发人力资源，促进跨境地区社会和谐稳定的使命。

（一）发挥民心沟通的桥梁作用

民心相通既是"一带一路"建设的民意基础，又是"一带一路"教育共同体的内在要求。《推进共建"一带一路"教育行动》指出，推进民心相通需要开展更大范围、更高水平、更深层次的人文交流，不断推进沿线各国人民相知相亲。跨境民族教育也被赋予为周边各国民心相通搭建桥梁、深化友谊、扩大人文交流、促进不同文化背景的人民相知相亲的使命。

第一，跨境民族教育具有人文交流平台的功能。跨境民族教育不仅面向本国各民族广大学生，而且在对外跨境教育服务过程中服务于多元文化背景下的各国学生。教育个体作为文化内涵的载体与传播者可以带动更广大的群体参与到人文交流之中。随着跨境民族地区对外交流合作空间的拓展，基础教育、职业教育、高等教育等各层次、类别的教育都会参与到跨境教育服务之中。立体的教育共生网络的建构对于促进不同民族文化理解、深化友谊能够产生更高的效能。

第二，跨境民族教育是丰富和创新人文交流的载体。跨境民族教育通过开发民族文化课程资源对不同民族优秀文化中蕴含的智识成果、文化创造加以萃取和呈现。跨境民族教育以课程为载体，以开放、互动的跨境教育为路径实现不同民族、不同国家人民对不同形式、渊源的人类优秀文化的深刻认识和理解。跨境民族教育通过开发具有文明智慧的课程体系，助力实现文化交流与文明互鉴。在网络信息化时代，教学方式愈发具有灵活性和多样性，不仅传统的教授式、论坛式、研讨式等教学方式在信息技术中走向开放，还可以通过各种文化产品的形式进入大众的生活视野，实现更广泛的深度的文化交流传播。

第三，跨境民族教育促进人文交流的产业化转型。在全球市场体系下，人文交流不能固守于交流范围固化、影响力窄化的官方人文交流项目为主导的交流模式，而应该基于文化产业、深耕文化资源，转向产业化人文交流模式。民心相通借助于人或承载文化属性物的频繁流动得以实现。因此，跨境民族教育在促进民心相通上应转变思路，通过为跨境民族产业发展提供人才支持，培育通晓文化产业经营、管理、技术生产的专业人才和能够挖掘跨境民族文化产业价值的创新人才，开发教育文化产品，促进民族文化产业的发展壮大，依托于现代文化产业体系强大的传播力和生产力实现广域、深度的人文交流，促进民心相通。

（二）促进人力资源的有效整合

随着新经济、新技术、新产业的发展，沿线各国急需大量新型人才来支撑"一带一路"建设，实现政策互通、设施联通、贸易畅通、资金融通。[①]在全球化时代，人力资源开发与整合的重要性前所未有地凸显出来。"一带一路"建设是中国主导、世界各国平等参与共同开创出的全球化道路，是以人类命运共同体理念为指导的全球化实践。在全球结构中，各国发展对人力资源的需求是多样的、多层次的。只有在人类命运共同体框架下才能真正实现从宏观到微观、从整体到局部，多层次、多领域、多形式的自由联合与合作共赢。因此，也只有在教育共同体框架下，跨境民族教育才能够促进人力资源的国际化开发与整合。"一带一路"建设的瓶颈不是资金、技术、资源，而是人才。跨境民族教育所面临的正是如何通过开放发展参与教育共同体的建构来实现跨境民族地区人力资源开发与整合的挑战。

在人力资源国际化开发方面，跨境民族教育的国际化发展有助于周边国家人才培养能力的提升。跨境民族教育资源要素的流动与共享有助于实现以区域为基础的教育功能的整合，从而形成集聚效应和互补效应。各国跨境民族区域之间的

---

① 郅海霞、刘宝存：《"一带一路"教育共同体构建与区域教育治理模式创新》，载《湖南师范大学教育科学学报》，2018年第6期，第37—44页。

教育互利合作，不仅能够为沿线国家带来丰富的教育和文化共享资源，而且通过资源整合、教学资源的合作开发，能够降低教育发展成本，提高教育效能。在教育共同体的合作框架下，跨境民族教育通过跨境协作、协同育人能够推动不同层次教育主体之间开展合作与对话，建立多元开放的教育生态。开发灵活多样的人才培养和培训模式，不仅能够对接各国参与"一带一路"建设对人才的需求，而且还能通过人力资源的流动满足其他国家或地区对人才的需求。

在人力资源整合方面，理想的人力资源配置方式是实现跨境劳动力市场的统一。境内外区域人力资源市场一体化，有助于区域间劳动力资源的互补、降低劳动力流动成本，实现劳动力的优化配置。实现跨境劳动力市场一体化不仅需要通过政策沟通来解决制度壁垒，还要通过教育共同体的建构来解决学历和专业标准跨国跨区域的认证等技术和标准障碍。这需要跨境民族教育在对外合作过程中以区域教育一体化为目标，打通教育领域的壁垒，在实现学历、学位互认的基础上推动与"一带一路"沿线国家共同建立基于标准的、科学的、具有可操作性的学位、学分互授机制，区域性的资格框架制度和教育共同体质量保障体系。

（三）推动区域社会的和谐发展

跨境民族地区是两国或多国的边界交会地带，历史与地缘特性复杂。跨境民族地区往往面临着更为复杂的安全治理挑战。跨境民族区域教育共同体的建构，一方面有助于培养跨境民族地区各族人民维护社会稳定的自觉；另一方面有助于开展教育合作，促进跨境民族区域安全生态良性发展。

教育是社会改良和促进社会和谐稳定的重要手段。跨境民族教育具有化民成俗的功能，即通过普遍的价值观教育，培养跨境民族地区各族人民包容、理解、开放的心态，形成良好的社会风尚。跨境民族教育应发挥引领作用：其一，促进个体基本人格品性的形成，培养和塑造人正确的发展观念、价值取向和思想意识；其二，树立对法纪秩序的理性认识，通过课堂教学、行为规范、舆论影响和社会实践等方式，增进对学生理性精神的培养；其三，形成对人类命运共同体的理念、追求人类共同利益和共同价值的自觉。我国跨境民族地区作为边境地区，与邻国跨境民族区域相互连通。国家间跨境民族地区社会的和谐稳定是双方共同的利益，也需要双方人民共同维护。在教育实践上，作为教育共同体成员，各国应共同关注跨境民族地区和平教育、国际理解教育的开展，促进形成包容理解、和而不同的文明共荣的发展态势。我国与周边国家要积极开展各种层次的文化、教育交往活动。在对外交往过程中我国应大力弘扬中华民族优秀教育理念和成果，如中国传统教育理念中倡导培养学生德才兼备，蕴含温润开明君子之风的文化传统。同时，我国跨境民族教育也要秉持多元、包容、协同、共生的教育发展理念，积极吸收邻国优秀的教育成果和经验，在文化融合与互鉴中实现国家间、族际间的团结和睦，提高共同维护区域社会和谐的自觉。

跨境民族教育对外合作有助于促进跨境地区探索平等交流和互惠共赢的教育合作发展策略，促进区域安全生态的根本性改造，实现跨境地区社会和谐发展。我国跨境民族教育开展对外合作，改善区域安全生态应关注三个方面的内容：第一，关注个体充分的发展。跨境民族教育要保障跨境民族地区人人享有平等接受高质量教育的权益与机会，为个体身心全面发展提供教育支持，培养学生形成正确的政治观念和理性判断能力，从而自觉抵制和反对极端主义、分裂主义、恐怖主义的渗透。第二，关注跨境区域安全问题治理的特殊需求。跨境地区社会安全问题早已不是孤立的、封闭的区域问题，而是日益成为具有共时性、全球性、虚拟性、流动性等新特征的复合问题。面对安全问题呈现的新的特殊变化，跨境安全治理不仅需要跨境民族教育强化道德教育、安全教育等内容，还需要其为跨境区域治理提供具有现代安全治理专业素养的人才支持，以满足跨境区域安全问题治理的特殊需求。第三，关注服务"一带一路"建设的发展要求。"一带一路"建设过程中我国一向积极倡导和推动改善国际安全治理，营造公平正义，共商、共建、共享的安全格局，共同解决国际安全问题，共同建设和平安宁的世界。跨境民族教育在对外合作过程中要尊重彼此核心利益和重大关切，通过培养跨境区域年轻一代成为既适应现代经济社会发展，又服务跨境民族地区需要的具有多元文化理解与开放合作精神的复合型人才，以促进区域社会发展和良好人文环境的塑造，夯实区域安全生态的基础。

第二章

"一带一路"背景下
跨境民族教育发展的基本理念

　　"一带一路"建设是丝路精神的延续，也是我国互利共赢的开放战略、包容共享的和平理念在国际关系建设中的伟大实践。它打破了全球经济传统的点状、块状发展模式，以脉络式结构将沿线新兴经济体和发展中国家纳入交往链条，助推中国和沿线国家在平等互信、稳定普惠的合作框架下共生发展和共同繁荣。在这一倡议下，跨境民族地区被推向开放发展的前沿，在区域多元文化交融、社会复杂性加剧的背景下，跨境民族教育在教育对外开放以及现代边疆治理中的战略意义凸显。因此，新时代跨境民族教育要坚持全面、协调、包容、共享的发展理念，一方面要坚持"教育促进人的全面发展"的核心旨归，并在发展中处理好教育与经济社会以及教育内部发展诸要素之间的关系，保持发展的全面、协调和可持续性；另一方面，作为对外经济文化交流和文明传播的重要载体，跨境民族教育要通过与他国文明的对话、交流与互鉴，实现义化的包容发展与成果共享，使人类共有的知识文明打破政治地理边界和文化差异的藩篱，在更深远的时空中获得延绵与繁荣。

第一节　跨境民族教育的全面发展

　　培养全面发展的人是教育的根本使命。跨境民族教育全面发展的核心是要通过教育推动区域内人民生活全面发展、人的能力全面发展、人的社会关系以及个性的全面发展。这一理念体现了以人民为中心的发展观和以人为本的教育本体论，是教育发展个体性与社会性的统一。在实践过程中，要通过建立全民参与的终身学习教育体系，探索灵活开放的办学模式，建立多方参与的保障体系等一系列措施践行这一理念。

一、全面发展理念的内涵特征

全面发展思想是我国教育目的的理论基础，其核心旨归是人的全面发展。从根本上说，人的全面发展水平会直接影响一个社会政治经济、教育文化的发展程度，而社会诸要素的发展也会促进或制约人的发展，二者相辅相成、互相制约。因此，人的全面发展既是社会发展的出发点，又是社会发展的落脚点。伴随人类社会的不断进步，社会形态更替、观念意识变化、科学技术发展，全面发展理念的内涵不断深化和发展，但教育仍始终被认为是人类获得解放、实现最完满生存状态、达到全面发展的重要路径。对全面发展理念内涵特征的把握是探讨跨境民族教育全面发展的前提。

（一）全面发展理念的科学内涵

19世纪，马克思和恩格斯在长期的理论研究和实践探索中，创立了唯物史观和剩余价值理论，并在此基础上提出人的全面发展理论，认为"人应当以一种全面的方式，作为一个完整的人，占有自己的全面的本质"[①]。这一观点表达了马克思主义理论体系建构的价值立场和思想出发点，即追求人与人之间生存与发展的平等权利，探求人的自由与全面发展成为统御马克思一系列观点的核心理论。马克思关于人的全面发展理论散见于马克思、恩格斯不同时期的著作中，其形成经历了较长的过程，主要思想包括对人的全面发展内涵的解释和人的全面发展基本路径的探索。他们认为，人的全面发展包含四方面的内容：第一，人的全面发展指人的劳动能力的全面提高；第二，人的全面发展应基于人的社会关系的全面发展；第三，人的全面发展包含人的个性的充分发展；第四，人的全面发展还指人的需要能够得到全面的满足。实现人的全面发展的基本路径包括：第一，充分发展生产力，构筑人的全面发展的物质基础；第二，改造社会关系以促进人的全面发展；第三，教育对培养全面发展的人具有至关重要的作用；第四，人的全面发展离不开个人主观能动性的发挥。

我国以儒家文化为代表的传统文化中，蕴含了丰富的有关人格完善、道德修为的人的发展思想，如天人合一、身心和谐，重义轻利、仁爱孝悌，精忠爱国、

---

① 《马克思恩格斯全集》（第42卷），人民出版社1979年版，第123页。

修己慎独。近代中国先进知识分子在此基础上，通过学习和借鉴西方先进教育经验，将人的全面发展与中国教育近代化结合起来，探索教育救国、教育救人之路。严复提出"鼓民力、开民智、新民德"的"三育并举"思想；梁启超重视对国人奴性、自私、虚伪等国民劣根性的改造，视"新民"为第一要务；王国维将智育、德育、美育、体育"四育"统和协调的人称为"完全之人物"；蔡元培提出通过军国民教育、实利主义教育、公民道德教育、世界观教育、美感教育塑造知情意和真善美相互协调发展的全面的人……这些思想契合了当时的时代需求，在一定程度上推动了全面发展理念在我国教育实践中的应用和发展。

新中国成立后，以毛泽东、邓小平、江泽民、胡锦涛、习近平为代表的中国共产党人在建设中国特色社会主义的历史进程中，结合马克思主义的思想精髓，立足中国社会深刻变迁的现实背景，对人的全面发展思想进行了系统实践和深刻论述，进一步丰富、发展、深化了全面发展理念，使其成为不同时期人的塑造、人的培养、人的教育事业的理论基础和价值依据。党的十八大以来，以习近平同志为核心的党中央，秉承马克思主义人的全面发展的价值旨归，站在中华民族伟大复兴、人类社会和平发展的高度，坚持以人民为中心的发展思想，将办好全面发展的教育与促进人的全面发展统一起来，将培养全面发展的人的教育目的与以人为本的教育规律统一起来，进一步丰富和发展了马克思主义的全面发展理念。从这个意义上，我们可以这样表述全面发展理念的基本内涵：在科学社会主义和辩证唯物主义思想的指导下，坚持中国特色社会主义教育发展道路，推进人的生活（物质生活、政治生活、精神生活）的全面发展，推进人的能力（德、智、体、美、劳）的全面发展，推进人的社会关系（人与人之间的关系、人与自身的关系、人与自然的关系）的全面发展，推进人的个性（自由发展和个性独立）的全面发展。

（二）全面发展理念的基本特征

基于全面发展的科学内涵，结合新时代教育发展的基本定位和发展方向，全面发展理念具有以下三个方面的特征：

第一，理想性与现实性的结合。人的全面发展体现的是人的"应然状态"，是对人理想发展图景的勾画，具有超越现实的理想性。它不是一种业已达到的状况，而是在对现实批判基础上确定的未来价值目标。即便到了共产主义社会，生产力和生产关系高度发展，能够为人的全面发展提供成熟的条件，相对于人的发展潜能的无限性来说，个体的全面发展仍然是相对的，人的不确定性、不完善性、未完成性使全面发展始终是不断发展的理想，是一个永无止境的过程。但同时，人的全面发展也具有现实性。一是出于现实的需要，在人类社会发展中，人是基本要素，一个国家、一个民族的社会生产力发展了，必然带动作为社会成员的个人的发展，与此相适应的，只有个人的生存方式和发展状态不断地转型和升级，才能契合并促进社会生产力和生产关系的发展；二是人的全面发展是基于现实条件的发展，我们在不同历史时期对人的全面发展提出了不同的内容和要求，正是基于现实的客观条件，从实然世界之维对具体时代和语境中人的全面发展进行的内涵解读。全面发展理念的理论基础是历史唯物主义，历史唯物主义的出发点就是现实的人，是"在一定的人与自然关系和人与人的社会关系中从事实践，并在实践中不断生成和发展的人"①，他"不是处在某种虚幻的离群索居和固定不变状态中的人，而是处在现实的、可以通过经验观察到的、在一定条件下进行的发展过程中的人"②。可见，人的全面发展是对理想状态的抽象，同时又是基于现实世界并在依赖现实世界的运动中不断趋于实现的。

第二，整体性与个体性的统一。从唯物辩证法的角度看，"人"是一个整体与个体辩证统一的概念，它不仅指整体的人"类"，也指单个的"个体"。作为全面发展的主体，"人"的丰富内涵规定了全面发展应当是"类"和"个体"和谐统一的发展，兼具整体性和个体性的特征。从"类"的角度看，人的全面发展主要包括：类特征（人区别于物，尤其是动物的本质特性）的全面发展；类能力的全面发展，即马克思所说的"人类全部力量的全面发展"；类社会关系的发展和人类的自由解放。从"个体"的角度看，人的全面发展主要包括：类特征在个人身上的充分发展；个人能力或才能的充分发展；个人自由独立个性的形成和个人价值的充分实现。可见，人的全面发展包含两个并行的层面，即"类"的全面发展和"个体"的全面发展。二者相互依赖，相互制约，相互促进，"类"的发展

---

① 陶庭马、陶富源：《马克思"现实的人"新解》，载《理论建设》，2016年第6期，第76—82页。

② 《马克思恩格斯文集》（第1卷），人民出版社2009年版，第525页。

是个体发展的前提和基础，"个体"发展是"类"的发展的动力和归宿。整体性与个体性内在联系并辩证统一于人的全面发展的具体实践。

第三，历史性与时代性的联结。一方面，人的全面发展的内容和水平是开放的，不断发展的，呈现出历史性。马克思从人的发展的角度将人类历史分为"对人的依赖—对物的依赖—人的全面自由发展"三个阶段，阐释了人类从简单到复杂、从低级到高级、从必然王国走向自由王国的历史发展逻辑，进而指出"全面发展的个人……不是自然的产物，而是历史的产物"①，是历史本身辩证运动的结果。同样的，人的全面发展也并非一种业已完成或给定的状态，而是处于一个时刻变化的绝对运动之中，发展所达到的目标在完成的同时即已成为历史，人的全面发展和社会生产力的发展都是永无止境的历史过程。另一方面，人的全面发展植根于具体时代的现实生活，其实践受到不同时代人的行为方式、生活方式和价值观念的影响。不同时代下，社会制度的变化也会影响人的经济关系、政治关系、文化关系、伦理关系等，使人的全面发展呈现出不同的价值尺度和质的规定性。例如，在当代中国，处于建设中国特色社会主义新时代，在创新、协调、绿色、开放、共享的新发展理念指引下，全面发展就是以人民为中心的发展，是要通过国家治理体系和治理能力的现代化为人的全面发展奠定基础，继而实现人的现代化，实现国家发展强大、社会全面进步、自然和谐发展。所以，全面发展既是人类发展进程中具有世界意义的永恒命题，也是一个具有历史感的时代命题。

二、跨境民族教育全面发展的现实意义

跨境民族教育全面发展以人民为中心，兼顾了人的自然属性和社会属性。

（一）体现以人民为中心的发展观

党的十八届五中全会明确提出了以人民为中心的发展思想，指出要把增进人民福祉、促进人的全面发展作为发展的出发点和落脚点。2016年，习近平总书记在中央全面深化改革领导小组第二十三次会议上的讲话中指出，要"把以人民

---

① 吴向东：《对人的全面发展内涵的解释》，载《教学与研究》，2004年第1期，第84—87页。

为中心的发展思想体现在经济社会发展各个环节，做到老百姓关心什么、期盼什么，改革就要抓住什么、推进什么，通过改革给人民群众带来更多获得感"[①]，对以人民为中心的发展观的理论内涵和实践要求进行了阐述。跨境民族教育全面发展以教育为人民服务和办人民满意的教育为宗旨和目标，为提高跨境民族地区教育普及程度和教育质量，推进教育公平和终身教育，建立更有活力的教育体制提供实现路径，充分体现了以人民为中心和人民利益至上的发展观。

第一，跨境民族教育全面发展的主体是人民。新中国成立以来，我国采取"权利平等观"和"差异发展观"相结合的跨境民族教育发展思路。一方面，将受教育的基本权利还给人民群众，同时，跨境民族群众还享有平等参与教育的权利，通过多种形式参与学校或其他教育形式的管理，有发表意见、参与决策和监督的权利；另一方面，针对跨境民族地区经济文化相对滞后的现状，实施倾斜性补偿发展政策，努力推动跨境民族教育均衡、公平发展，推进公共教育资源向全体民众开放，从根本上保证了人民群众在教育发展中的主体地位。

第二，跨境民族教育全面发展的动力是增进人民福祉。新时代，我国社会主义矛盾体现在跨境民族地区，具体表现为教育、就业、医疗等方面的民生短板以及城乡区域发展差异。跨境民族教育全面发展就是要以人民至上、民生为要为价值导向，通过落实幼有所育、学有所教，回应跨境民族地区人民群众对高质量教育的诉求和期盼；通过改善民生、惠及民众，实现社会和谐、人民幸福。

第三，跨境民族教育全面发展的成果由人民共享。对国家来说，教育通过促进人的全面发展，提高整体国民素质，助推经济发展和国力增强。对个人来说，接受良好的教育是实现人生价值，谋求幸福人生的重要途径。因此，人民是教育发展最重要的利益相关者。跨境民族教育全面发展，将提高办学能力和教育质量，推动知识应用与知识创新，提高人才适用度和社会服务能力。这些都将从根本上推动区域内经济、社会、文化的正向发展，增强人民的幸福感和获得感，实现教育成果人民共享。

---

①《习近平谈治国理政》(第二卷)，外文出版社2017年版，第103页。

（二）凸显以人为本的教育本体论

人是创造社会的主体，也是发展社会的主体，人的自由、全面发展是社会发展的最终目的。这是马克思主义人本思想的核心内容。从教育对于人类存在的意义来说，人类从个体的无意识自然繁衍，到部落群体有意识社会交往的产生，再到社会性的群体生产和发展，教育和学习是其中最为关键的环节，而教育在人类社会中的产生就是以承认人的本体存在为前提的，因此，人是教育之本，具体的现实的人是教育的原点。以人为本的教育本体论的基本内涵就在于以人的存在为中心，以人本身为目的，将人的自觉意识和主观能动性贯穿于教育发展之中，将人的自由、全面发展作为教育的终极目标。

第一，跨境民族教育全面发展坚持促进学生个性发展的教育理念。坚持全面发展理念的跨境民族教育强调学生作为教育主体在教育活动中的能动性和价值性，旨在通过教育促进人类社会文明系统中个体的成长，使其具备理解和把握世界的思维方式、理论视野和解释原则，更好地适应社会发展，与人类社会文明和文明发展保持一致。从教育目标上看，跨境民族教育全面发展是建立在义务教育、全民教育基础之上的，是面向全体民众、全体学生的教育，强调提升教育质量，促进教育公平，培养社会主义社会合格公民，在基本普及九年义务教育的前提下，关注农村地区和弱势人群，充分体现了教育的民主性和全纳性。

第二，跨境民族教育全面发展以人文精神的塑造和培养为重要内容。全面发展理念下的跨境民族教育注重引导受教育者树立正确的世界观、人生观和价值观。跨境民族地区丰富的民族文化资源和多样化的文化生态将通过教育这一文化过程，帮助受教育者获得敏锐的文化感知力和创造力，形成人格完善、有深刻内心体验的人。

第三，跨境民族教育全面发展坚持适合区域实际情况的教育评价。从教育评价上看，由于跨境民族地区在文化背景和发展层次上的特殊性，对其教育实践的评价应充分考虑到民族教育起点问题、经济社会发展水平问题、人口基本素质问题，建立符合其教育发展内在规律和具有文化适切性的教育评价体系。全面发展理念下的跨境民族教育评价将考虑民族文化多样性，加强一体，照顾多元，实施以人的认知发展、价值实现和社会进步为目标的评价，突出和谐文化下人的意义和价值。

（三）增强个体性与社会性的统一

教育发展是个体性和社会性统一的过程。在生活哲学中，人是构成社会的基本要素，人的存在是社会存在的前提和依据，人的社会实践活动最终推动社会运动和发展，马克思和恩格斯在《德意志意识形态》中指出："有生命的个体人存在是任何人类历史的第一个前提。"这一"人之为个体人"的哲学命题是教育活动的逻辑起点。具体来说，就是教育以承认个体生命为前提，这一个体生命就是现实的人，其重要特征是"个性化"，相对于人"类"的普遍存在和整体特性而言，个性才是现实的人的存在状态，以现实的人为唯一对象的教育事实上就是面向"每一个人"的教育，是以承认个体生命独特个性为基础的教育，它决定了教育必须尊重个体生命的丰富性和多样性，为每个个体的发展提供多种方向和可供选择的机会。在强调个性化的同时，教育的一项重要使命还体现为引导和促进人的社会化。[①]每一个现实的个人，都处于相应的社会关系和社会活动中，既是单个的个体，也是社会整体的一部分。教育的意义就在于打破孤独自我，扩大、丰富人的交往范围和经验，将个体置于更广泛的社会联系中，在个体发展和社会发展中建立有意义的联结，从而实现人的社会化。

第一，跨境民族教育全面发展以个体人的自然属性为基点。跨境民族教育全面发展充分考虑教育对象的心智水平和个性差异，尊重跨境民族地区人民生活、社会活动经验，在教育教学方式选择、内容设置、评价标准中坚持"人的立场"，以个体人的全面发展为要旨，引导个体释放生命潜能，追寻生活意义，塑造独立、创新的现代人格，形成正确批评、改造现存生活和创造新生活的自主能力。

第二，跨境民族教育全面发展兼顾社会人的公共属性。跨境民族教育是社会生活的重要部分，通过促进个体人的成长和自我实现，为跨境民族地区社会发展提供持续性动力。在全面发展理念下，人的主体地位和生存意义得以彰显，受教育者个体文明水平的提升将引发其关注社会发展，关注人类进步，并在理解和体验自身社会存在价值的基础上，反思和建构人与自身、人与人、人与自然、人与

---

① 鲁洁：《教育的原点：育人》，载《华东师范大学学报（教育科学版）》，2008年第4期，第15—22页。

社会的和谐关系，推动社会秩序的完善与优化，实现教育发展中"社会的人"和"人的社会"价值意义的统一。

三、跨境民族教育全面发展的基本要求

"一带一路"将跨境民族地区从传统地缘意义上的边陲之地拉入区域对外开放的腹心地带，资源、资本、人才、信息流动加速，产业竞争、文化融合、技术合作等提升社会发展水平的核心目标最终都集中在对人的素质要求上。

（一）建立跨境民族终身教育体系

跨境民族教育全面发展，一方面，指向学校教育，通过培养德智体美劳全面发展的个人为区域社会发展服务；另一方面，要突破仅对学校教育系统的关注，着力构建全民参与的终身教育体系，提高跨境民族地区全体成员的基本素质，将区域内沉重的人口负担转化为可利用的人力资源，为经济、社会、文化可持续发展提供内生动力。

第一，建立全民参与的终身学习长效机制。从国家或地方层面推动跨境民族地区终身教育立法，依法建立覆盖所有类型教育的终身教育管理制度，从法律层面保障人民受教育和终身学习的权利。同时，要深入广泛传播终身学习理念，打破接受教育等同于接受学校教育的惯性思维，让人民群众知晓并理解"国家保护所有人平等受教育的权利，并将为全体民众提供随时随地可以持续参与学习的教育机会和社会支持服务"，激励个人积极学习、自主学习。

第二，鼓励发展多种形式的成人教育。跨境民族地区多以农业或传统工业为主产业，在保障九年义务教育机会供给和质量保障的基础上，要根据产业布局情况推进中高等职业技术教育，大力发展学校学历教育以外的社区教育、企业教育、老年教育、新型农民教育，广泛接纳各类成人学习者。尤其是针对部分集老、少、边、贫于一体的跨境民族地区功能性文盲人口，农村留守老人、妇女，残疾人等弱势群体，要特别保障其学习机会和资源的获得，调动社会力量为其提供适切的教育服务，通过扫盲教育、职业技能与劳务培训、社会文化生活教育等多种形式的成人教育，形成有利于全民终身学习的外部环境，提高处境不利人群的社会融入能力和反贫困能力。

第三，加强各级各类教育资源整合。通过资源整合与开放，提高公共教育资源的公益化程度和优质教育资源整体服务社会的能力，满足信息化社会终身学习的时代需求。首先，要发挥学校、企业、社会多方力量，将学校教育资源与民间教育资源、社会民族文化资源等进行整合，形成能够满足跨境民族群众全民广泛学习需求的资源平台，为多样化的社会学习项目提供支持。其次，要加大各类教育资源的开放度，如通过远程教育网络开放高等学校的教育资源，满足社会成员对高层次、专业化教育服务的需求；建立东西部教育资源共享机制，畅通资源获取渠道，使跨境民族地区民众能够突破实体教育空间，受益于高质量的学习资源。

第四，推动各种教育类型相互衔接。在传统教育中，各种教育类型、教育者、学习者之间呈现出相对隔绝、静止的状态；学校教育与非学校教育、学历教育与非学历教育处于相对独立的空间。终身学习的跨境民族教育体系将打破传统学校围墙，弱化各类教育之间的横向结构，加强学校与外部社会的联系，将教育系统、社会机构、家庭组织共同纳入终身学习的制度安排。目前，一些跨境民族地区的职业教育系统正在尝试中高等职业教育贯通，实行学历毕业证书和职业资格证书双证融通。此外，各类学习成果认证、转化标准，社区教育课程标准，终身学习资格框架等的建设也处于积极探索中，这有助于打破各级各类教育相对封闭的分离状态，增强社会大教育系统的弹性与活力，推进学习型社会建设，促进全民终身学习。

（二）探索跨境民族教育开放办学模式

办学模式是国家或地区基于一定的经济社会现实条件和教育发展总体思路，确立的学校布局、体系结构、投资主体、管理体制和相关运作方式等。全面发展理念强调建立面向全民、贯穿人生命始终的社会教育体系，它强调教与学过程的终身性和空间的开放性，强调学习与生活、劳动的对接，要求改变过去以政府为主体，以学校学历教育为主要形式的单一办学模式，探索由多方利益主体参与的灵活开放的办学模式。

第一，办学主体多元化。"一带一路"建设推动跨境民族地区要以主动融入的姿态开展与沿线国家的教育合作，传统以国家财政为主，由政府负责投资和管理教育，相对封闭的办学体制已经很难满足新时代跨境民族地区更为开放包容的经济社会发展需求。跨境民族教育需要逐步打破传统以政府为主体的单一的办学模式，挖掘、利用国内社会力量或国际资源，鼓励行业办学、企业办学、境内外合作办学，通过引入多元化的办学主体，扩大区域教育的包容、开放度和社会参与度，吸引企业、资本、人才等的广泛参与，解决目前发展过程中存在的投入有限、资源紧缺、不能很好地满足人民群众全面发展教育需求的问题。

第二，办学形式多样化。办学形式多样化是要树立开放的办学理念，通过多个办学主体的参与实行多种形式办学。跨境民族地区人口众多，整体文明素质不高，教育需求多样化，要广泛举办除全日制学历教育以外的社区教育、老年教育、企业教育、社会文化生活教育、开放学校教育等各类教育，实行面授教育与远程教育、学历教育与非学历教育相结合的多种教育方式，根据受教育者的实际需求设置学制，打破现行教育制度对非传统学生接受正规学校教育在年龄和知识基础等方面的限制，为成人群体搭建多样化学习平台，使各类社会群体都能根据自我发展需要选择接受不同层次、不同类型、不同形式、不同时限的教育。此外，多样化的办学形式还有助于促进资本、人才、技术等要素在教育市场的有序流动，通过开放办学、合作办学等多种形式实现"走出去"和"引进来"双向教育流动。

第三，教育内容在地化。教育内容是各类教育机构在办学过程中向受教育者所实施的具体教学或培训内容。全面发展理念下的跨境民族教育是要促进每一个体的全面发展，是面向全体民众的教育。在跨境民族地区，教育对象在年龄、性别、婚姻状况、文化基础、职业类型、收入水平等方面差异很大；学习动机、价值取向、学习需求也趋于多元化。这种广泛性和复杂性要求办学机构要准确定位受众群体，在办学定位、课程结构和授课方式等方面加强针对性，在内容设置上照顾到各层次、各类型学习者的实际需求，提高办学内容的适切性和实用性，成为"人人皆学、时时能学、处处可学"学习型社会的有效载体。

（三）建立跨境民族教育保障体系

跨境民族教育是一个涵盖了各级各类教育和学习的社会公共服务体系，涉及政策、经费、物资、人员，以及质量、管理、评估等多个要素。由于自然、历史、社会文化传统等因素的影响，跨境民族地区教育发展整体水平不高，加之长期以来教育投入有限，跨境民族教育存在办学基础薄弱、人才培养质量不高的问题。在"一带一路"倡议引领下，跨境民族教育被推向更大范围、更深层次的开放发展中，要实现全面发展，就要进一步完善其治理体系，建立主体多元、持续有效的保障机制，提高区域内教育保障能力。

第一，坚持政府主导下的管理和调控。跨境民族教育全面发展代表了区域内人民的共同利益。政府作为公共利益的首要责任者，要通过宏观管理和调控为跨境民族教育发展提供外部保障。一是制度保障。建立跨境民族教育优先发展的政策保障和法律保障，在延续国家为边疆民族地区提供的教育扶持和优惠政策的同时，为跨境民族地区优先开发人力资源、传统文化保护与传承、教育对外合作与交流制定地方性法律法规，建立制度层面的宏观保障体系。二是经费保障。在民族地区中央财政教育经费整体增长的情况下，鼓励地方财政增加教育投入，引导社会资金的支持，拓宽教育经费来源渠道，加大预算编制、审定审批和监管监察力度，保障教育经费的有效投入和使用。三是质量保障。建立跨境民族教育质量保障监控系统，对教育服务提供者的办学行为、办学效果进行政府监督和管理，在国际教育活跃的跨境民族地区还要构建与国际接轨的质量评估体系，在学制设定、学历框架、资格认证等方面进行区域内调控和衔接，以适应跨境民族教育在新时代的改革发展。

第二，加强各类办学机构的内部保障。各类办学机构是教育活动的直接参与者，也是完善跨境民族教育保障体系的内生力量。根据其教育行为的实施过程，内部保障包括输入保障、过程保障和输出保障。输入保障指办学机构对基本办学条件如教师队伍、教学设备、图书资料等的保障；过程保障指办学机构根据其办学定位、培养目标合法执行教育教学，保障教育实践活动的开展；输出保障指各类办学机构按照具体教育教学细则，通过机构内外的评估、信息反馈，保证其教育成效，改进和提升质量。

第三，鼓励社会力量的有效参与。在"一带一路"开放合作的教育发展理念下，跨境民族教育将广泛吸纳社会、企业、民众力量，形成办学主体和办学形式的多元化。在保障体系建设中，同样需要有效发动社会力量，吸纳和利用民间资本、民间智慧，建构政府—办学机构—社会间的新型关系，通过社会力量的有效参与，为教育发展提供人、财、物的资源保障。尤其在跨境合作中，建立包括政府、行业、社会力量等多元利益主体在内的评估体系，借助第三方机构的力量，对教育合作的风险与收益、质量与效益进行评估，为政府管理决策、学校办学实践、公众选学或人员聘用提供依据，保障跨境民族教育健康持续发展。

第二节　跨境民族教育的协调发展

跨境民族教育协调发展是教育发展内外部诸要素间存在的系统性、联动性和均衡性的表现。在推动跨境民族教育协调发展的实践中，要结合现状确定教育发展目标，立足社会需求优化教育结构，把握好各级各类教育发展的重点和节奏。

一、协调发展理念的内涵特征

协调发展是中国特色社会主义新时代新发展理念之一。新发展理念回答了要实现什么样的发展，如何实现发展的重大问题，协调发展理念则是解决发展不平衡的问题，强调发展的速度、节奏和整体性。

（一）协调发展理念的科学内涵

社会是一个由多要素多系统构成的，是"经常处于变化过程中的有机体"[1]。这是马克思主义协调发展理论的认识基础。在这一基础上，马克思论述了社会基本矛盾的运动规律，"社会的物质生产力发展到一定阶段，便同它们一直在其中活动的现存生产关系或财产关系发生矛盾。于是这些关系便由生产力的发展形式变成生产力的桎梏，那时社会革命的时代就到来了。随着经济基础的变更，全部庞大的上层建筑也或慢或快地发生变革"[2]。这一运动规律就是实现社会协调发展的运行机制。马克思认为，协调发展就是社会有机体各组成部分和各要素通过

---

[1] 孙代尧等：《协调发展研究》，高等教育出版社2018年版，第2页。

[2]《马克思恩格斯文集》（第2卷），人民出版社2009年版，第591—592页。

矛盾运动相互适应和平衡，实现社会整体最优化的过程，其根本要义在于生产关系必须与生产力发展相适应，上层建筑必须与经济基础相适应。

党的十八大以来，以习近平同志为核心的党中央继承了马克思主义协调发展理论及其中国化的基本成果，从当前我国发展中的不平衡、不协调问题出发，并结合对当代中国经济社会发展规律的深刻认识，提出了协调发展新理念。这一理念的基本内涵表现为协调是持续健康发展的内在要求，在中国特色社会主义新时代，协调发展包括四个方面的内容：一是推动区域协调发展；二是推动城乡协调发展；三是推动物质文明和精神文明协调发展；四是推动经济建设和国防建设融合发展。①这些内容体现了协调发展既是手段又是目标，是两点论和重点论的统一，是短板和潜力的统一，也是发展平衡和不平衡的统一。

跨境民族教育协调发展主要指教育发展内部诸因素合乎规律的变化，组成相互促进、有机统一的整体并与外在环境（经济社会发展需求）形成良性互动的状态。这一内涵包含了两个层面的意思：第一个层面是跨境民族教育内部系统的协调，根据已有相关研究，结合跨境民族教育发展现状，可将其分为结构性协调、区域性协调和要素性协调。其中，结构性协调主要指区域教育内部横向类别结构和纵向层次结构相协调的问题，即"国民教育体系分类"中的"各级各类教育"在区域内合理的布局或比例。区域性协调是指教育发展投入和结果在地域分布上的合理性，根据区域划分的不同视角，涵盖了跨境民族地区城乡之间、同级行政区域之间和跨境民族地区与东部发达地区之间的教育发展协调问题。要素性协调，是教育自身发展要素，如办学指导思想和发展理念等观念性要素，教育体制和机制等制度性要素以及教育发展所需要的人、财、物等资源性要素的配置得当。②第二个层面是跨境民族教育外部系统的协调，即教育与经济社会发展的一致性和互利性，表现为两个维度的协作和相互促进：一是教育为区域经济社会发展服务，通过人才培养和其他社会功能的实现为社会发展作贡献；二是区域经济社会承担促进教育发展的责任，为教育发展提供支撑。

---

① 《中共中央关于制定国民经济和社会发展第十三个五年规划的建议》，人民出版社2015年版，第1—3页。

② 蒋作斌：《论省域教育协调发展》，载《教育研究》，2006年第10期，第49—54页。

（二）协调发展理念的基本特征

第一，系统性。协调发展的根本要义是要解决整体与部分之间的关系，通过在各部分之间以及各部分与整体之间建立协调关系，使整体功能大于各部分之和，实现整体的最优化。在协调发展理念中，社会就是作为整体的大系统，其内部包含了政治、经济、文化、教育以及自然生态等诸多子系统，社会整体发展并不是各子系统功能的简单相加，而是各子系统功能的总和加上子系统之间由于相互联系、协调而产生的新功能；同样，各子系统本身的发展也是其内部各要素之间统一互利协作发展的结果。这充分体现了系统思维的两大原理：一是事物之间存在差异，但可以协调发展；二是整体协作功能必将大于单体分别功能之和，即整体优化发展规律。[①]协调发展理念体现了现代系统论中系统发展变化的总体机制，即系统的发展最终通过整体发展变化表现出来，而整体的发展变化则是要素、层次、结构、功能以及环境因素共同作用的结果。[②]

第二，联动性。马克思主义唯物辩证法认为世界是万事万物相互联系的统一体，任何事物都是统一联系之中的一个部分或一个环节，没有绝对孤立的事物。人类社会也处于人与自然、人与社会以及社会内部各机构各元素之间的相互联系中，在对立统一、矛盾运动的关系中不断由低级向高级发展。目前，在我国，区域间的关系、城市与乡村的关系、物质文明与精神文明的关系、经济建设与国防建设的关系是中国社会发展中必须处理好的几种重要关系，每一种关系对中国社会发展的影响都不是孤立的，与之相关的任何一项改革也必然会对社会其他领域带来冲击和改变，形成连锁反应。协调发展理念正是着眼于这种普遍联系以及各联系主体之间的协同效应，关注整体与内在要素以及内在要素之间的关联度，强调统筹兼顾，在社会整体各组成部分之间建立横向和纵向的连续性，通过社会有机体中各领域、各要素的联系互动，推动社会和谐有序发展。

第三，均衡性。马克思社会有机体理论决定了在社会发展中，不能以牺牲某个要素或某一区域为代价去促进其他要素的发展；否则，将导致社会发展出现

---

① 樊燕萍：《基于整体优化原理对战略并购问题的系统分析》，载《系统科学学报》，2011年第2期，第59—61页。

② 常绍舜：《从经典系统论到现代系统论》，载《系统科学学报》，2011年第3期，第1—4页。

"木桶效应",减低社会有机体整体效能。①协调发展理念正是基于这一认识,针对中国社会现阶段发展中存在的区域差异大、发展不平衡的状况,采用"补短思维",强调在发展中补齐短板、缩小差距,实现综合平衡,形成平衡发展结构。尤其是在区域协调发展中,国家聚焦革命老区、民族地区、边疆地区、贫困地区等欠发达地区,明确提出三大目标,即基本公共服务均等化、基础设施通达程度比较均衡、人民生活水平大体相当。可见,协调发展代表"补阙挂漏,俾臻完善"的发展之路,关注短板对整体发展的制约,在实现路径上主张通过优化资源配置、解决制约瓶颈、促进结构升级等补齐短板,扩大整体的优势和潜力,实现均等、平衡的发展目标。

二、跨境民族教育协调发展的现实意义

跨境民族教育协调发展包含内部和外部的协调。前者强调教育自身各要素、结构、层次和布局的问题,旨在解决教育发展中的内生性问题,并促进教育公平;后者强调教育与其他领域,尤其是经济社会发展的互适性,旨在与区域社会发展形成良性互动。

(一)体现跨境民族教育发展的内在要求

第一,协调发展促进跨境民族教育结构优化。教育结构指构成一个国家或区域教育体系的各个部分及其组合方式。②在我国,教育结构包括了纵向上的教育层级结构(学前、初等、中等、高等教育各个层次)和横向上的教育类别结构(普通教育和职业教育两大类),在教育决策机构及政策文本中,这一概念也常被表述为各级各类教育。协调发展就是要根据区域内经济结构对跨境民族地区教育结构内部各组成部分的配置和比例进行调整,确定教育结构中哪些部分需要优先发展或重点发展,协调好各级各类教育的发展节奏,使教育结构配比、教育发展重心与经济社会发展相一致,满足区域教育需求,有利于各类受教育者的成长和发展。

---

① 田鹏颖:《协调:从发展理念到方法论创新》,载《中国特色社会主义研究》,2016年第3期,第18—23页。
② 王志平:《试论教育结构配比与教育重心相协调的教育发展原则》,载《教育理论与实践》,1998年第5期,第26—30页。

第二，协调发展促进跨境民族教育资源合理配置。教育资源配置是将教育过程所需的人力、财力、物力在各级各类教育或同一层级教育中进行分配，其不仅是教育活动开展的基础性工作，还对教育效率和质量产生影响。在协调发展理念下，跨境民族教育在资源配置中，要从宏观上把握教育体制与区域经济社会发展的关系，因地制宜地通过政策和制度建设，形成自上而下的资源配置机制，根据区域教育发展的速度与水平，调整好教育资源投入的规模与结构，使其保持一种动态有序的状态。在资源配置中，协调发展的核心体现为合理性，即区域内教育资源需求与供给基本平衡，资源投入与教育优先发展或重点发展领域相适配，教育系统内部在资源分配中坚持公平性和有效性，避免资源短缺和闲置，最终实现教育资源的优化配置。

第三，协调发展推动跨境民族教育质量提升。新时代，我国教育也进入了新的发展阶段，国家教育政策重点逐渐从关注规模增长转向追求质量提升。由于跨境民族地区在经济社会、教育等方面与其他地区的客观差距，在国家"教育优先发展"的战略部署下，促进跨境民族教育从以教育普及和增量发展为重心的外延式发展向以质量提升为前导的内涵式发展转变就显得尤为迫切和必要。协调发展理念着眼于跨境民族教育的特殊性，强调多方协同、合理推动，主张采取适宜于区域经济社会和教育发展现实状况的发展策略，既不能拔苗助长又要避免放任自流，通过政策倾斜、经费投入、师资队伍建设、课程改革与实验等多种途径提升跨境民族教育治理方式和人才培养质量，推动其逐渐融入现代化、区域化、全球化发展。

（二）凸显跨境民族地区的社会公平

教育公平指每一个社会公民都享有平等的受教育权利，平等地享有公共教育资源并在教育活动中受到平等对待。促进教育公平是我国教育发展的基本价值取向，也是社会公平的主要表现。目前，我国东西部之间、城乡之间、非少数民族地区和少数民族聚集地之间，在教育发展中存在一定差距，这是我国将促进教育公平作为国家教育发展基本政策的重要现实依据。协调发展强调发展的全面性和整体性，要求通过统筹兼顾，优化跨境民族教育发展中的资源问题、结构问题，实现区域内外各教育要素的协作互补，进而在教育起点、教育过程和教育结果的各个环节逐渐缩小与非少数民族地区的教育差距，促进国家整体教育公平。

第一，协调发展注重跨境民族教育发展的整体性。协调发展理念将跨境民族教育视为一个完整的系统，注重系统内部各要素之间的配合和联动。宏观方面，协调发展是对跨境民族教育发展中的观念性要素、制度性要素、资源性要素进行统筹安排和调节，使教育政策制定、教育资源配置和教育结构调整与区域内教育发展水平相匹配，优化教育发展格局、拓宽教育发展资源，为区域教育发展提供良好的制度环境和文化生态环境；微观方面，协调发展是对教育管理、学校建设、师资配备、课程设置、学生评价等教育活动实施过程中的各个环节进行调控，使其彼此衔接和配合，实现学校—教师—学生、家庭—学校—社会间的协作，为教育活动的开展提供和谐的校园环境、教学环境。宏观和微观层面各要素、各环节间的协同联动，使跨境民族教育成为一个系统内目标明确、行动统一的有机体，在发展中体现出整体性和全面性。

第二，协调发展强调跨境民族教育发展的公平性。跨境民族大多聚集在我国西部边远地区，是我国教育发展不平衡和农村教育发展不足问题最为突出的区域。针对我国教育在长期的历史发展中形成的发展不均衡不充分问题，以及跨境民族地区经济社会和教育基础相对薄弱的现状，协调发展力求通过特殊补偿政策、平衡各方关系、设计差异化发展路径等方式，协调公共教育资源在区域间配置中，向西部地区、少数民族地区、边疆地区倾斜，在区域内配置中，向薄弱学校、向弱势群体倾斜，为跨境民族地区提供更多的教育服务和教育扶持，加强发达地区对边疆少数民族地区的教育反哺，逐渐缩小区域间、城乡间、不同类别学校间在教育理念、办学条件、师资水平等方面的差距，保障不同群体接受各级各类教育的机会公平，实现面向所有人、为了所有人的全面发展的教育。这种补偿性发展原则体现了差异社会发展中的公平正义。

（三）增强跨境民族地区的社会和谐

跨境民族地区地处边境一线，区域内社会和谐治理是边疆稳定、国家统一的重要保障。教育作为个人发展与社会发展的衔接点，是建设和维系跨境民族地区和谐社会的重要系统，教育协调发展有利于提高社会整体文明程度，弥合人才培养与经济建设需求之间的差距，推动社会各子系统协同共进，实现区域内社会全面和谐发展。

第一，协调发展有助于铸牢中华民族共同体意识。跨境民族地区大多是多民族聚集区，文化样态和宗教信仰的多元化使区域内民族心理和文化认同呈现出一定的复杂性，在全球化时代新的政治环境和网络时代信息的跨时空影响力下，处理好这种复杂性，对铸牢中华民族共同体意识，维护边疆社会稳定和谐至关重要。教育协调发展是促进区域内社会民众形成统一的民族认同和国家认同的重要渠道。教育能够提升个体的认知能力，帮助受教育者对现实情境进行辩证分析，加深对社会变迁、族际交往、文化多样的理解，消除由于社会偏见、刻板印象等认知偏差造成的不利于民族团结的消极心理，形成包容、开放的文化心态和进行友好族际交往的能力；更重要的是，通过不同层次不同形式的教育，让不同年龄不同区域的跨境民族群众认识到中华民族不可分割的整体性和共同的文化基础，认识到只有在国家统一、和谐、富强的大背景中，才能实现个人的幸福和发展，实现族群的繁荣与安康[1]，进而建立起正确的国家观念和民族认同，形成维护民族团结、社会稳定、国家统一的心理自觉，从根本上保持跨境民族地区的社会和谐稳定。

第二，协调发展有助于社会各子系统的良性互动。一是教育协调发展是重要的民生问题。民生保障是维护边疆民族地区社会稳定的第一要务，教育能够提升受教育者的学识修养和综合能力，增强其在现代社会中的就业竞争力，从而满足个体生存和发展的需求，是民生问题的重中之重。协调发展的教育是要在跨境民族地区实现幼有所育、学有所教，保障跨境民族群众享有接受良好教育的机会，帮助个人通过接受适宜的教育实现理想抱负，提高区域人口整体素质和社会整体文明程度，体现教育在推进民生保障和社会发展中的基础性、先导性、全局性作用。二是教育协调发展推动社会各子系统的有序互动。跨境民族地区的人口构成、文化生态、经济结构具有多样性和复杂性的特征，教育协调发展能够从人力资源层面为区域发展提供保障，并通过高效的资源利用和文化建设创造和谐的族群互动环境，调和文化与经济、传统生产生活方式与现代社会发展使命间的关

---

[1] 朱筱煦、袁同凯：《论教育与民族地区社会和谐稳定》，载《西北民族研究》，2019年第2期，第97—105页。

系，使教育、文化、经济、生态等社会子系统协同共进，形成教育促进地方经济发展，经济反哺教育、文化、生态的良性互动，保障跨境民族地区的整体和谐稳定。

三、跨境民族教育协调发展的基本要求

跨境民族教育涵盖各个层次、各个类型、各种形式的教育，是一个完整的教育结构体系，也是国家教育体系的缩影。因此，要促进其协调发展，就是要实施遵循教育发展规律、合乎民族精神和时代精神的实践活动，构建符合跨境民族地区经济社会发展实际需求，并能有效支撑教育功能实现的教育体系。

（一）跨境民族教育的发展目标

目标是行动的方向，准确定位跨境民族教育发展目标是践行协调发展理念，推动教育与经济社会协同发展的前提。

首先，要正确判断跨境民族教育发展现状。新中国成立70多年来，在国家对民族教育事业，对边疆建设事业的高度重视和大力推进下，跨境民族教育取得了跨越式发展，建立了现代国民教育体系，完成国家"两基"攻坚任务，并在"一带一路"建设实践中成为教育对外开放的前沿和窗口。但同时，由于跨境民族地区特殊的地理位置和自然环境、复杂的人口结构和文化环境以及区域内薄弱的经济基础和财政支撑能力等因素，跨境民族教育（尤其是西部地区的跨境民族教育）发展整体水平低于全国甚至部分普通民族地区的平均水平。以云南为例，其跨境民族教育发展中的不足主要表现为：教育教学总体质量不高，影响人才培养质量；学校管理水平不高，影响现代学校建设水平；教师队伍质量不高，教育发展支撑乏力；边境一线学校周边自然条件恶劣，安全问题急需保障；学校布局不尽合理，制约教育提升潜力；学前教育发展缓慢，学生起点较低。[①]这些问题是我国不平衡不充分发展的现状在民族教育中的具体体现，也是推动区域教育协调发展，服务边疆地区经济社会建设的着力点。

其次，要科学定位跨境民族教育的发展目标。2015年，国务院在《关于加

---

① 以上结论根据课题组对云南省江城、西盟、孟连等跨境民族地区教育发展情况的实地调研情况总结得出。

快发展民族教育的决定》中，提出"到2020年民族地区教育整体发展水平接近或达到全国平均水平"的整体目标以及这一目标的实现路径：打牢各族师生中华民族共同体思想基础；全面提升各级各类教育办学水平；切实提高少数民族人才培养质量；重点加强民族教育薄弱环节建设；建立完善的教师队伍建设长效机制；落实民族教育发展的条件保障；切实加强对民族教育的领导。在这一宏观指导下，跨境民族教育的协调发展应当注重三个方面的协调：一是跨境民族教育发展必须与国家教育的核心价值取向相协调；二是跨境民族教育发展要与全国教育发展相协调，这既是区域内经济社会发展的需要，也是跨境民族自身发展的需要；三是跨境民族教育自身的协调发展，即合理地确定教育结构、办学形式、发展规模和速度等一系列问题。[1]由于我国教育普及程度的不断提高，当前我国教育发展正逐步从"供给约束型"转向"需求约束型"[2]，跨境民族教育协调发展在实现上述三方面协调的同时，还面临着从以规模发展为主转向以质量提升为主，从追求发展速度转向注重发展效益，从以封闭式发展为主转向以开放式发展为主的时代任务。

（二）跨境民族教育的结构优化

"一带一路"建设推动中国经济与全球经济体系深度融合，尤其为我国西部地区经济发展带来重大机遇，集中于这一区域的跨境民族地区在对外贸易、旅游开发、产业结构、城镇化进程等多个方面产生了实质性的变化和发展，教育作为与地区经济活动密不可分的人力资本的主要提供者，也必须相应地进行结构优化，以与经济社会发展相协调。

首先，要优化跨境民族教育层级结构。教育发展层级结构优化主要是强调办学重心问题。在学前教育、初等教育、中等教育、高等教育的层级结构中，将哪一级或哪几级教育确定为办学重心，不仅取决于国家和地区的实际投入能力，更重要的是要考虑区域发展对人才的需求状况。在新中国成立后的较长一段时间内，结合当时绝大部分跨境民族地区以农牧业为主的生产格局和经济社会发展相

---

① 陈时见主编：《多元共生与多样化发展——西南民族学校教育发展研究》，商务印书馆2012年版，第435页。

② 桑锦龙：《"教育协调发展"内涵初探》，载《教育学报》，2010年第2期，第31—35页。

对缓慢的状况，以及区域内教育观念滞后、学生基础较差的实际情况，国家采取了跨境民族教育低重心发展的策略，即以初等教育为重心，以扫除文盲、普及初等义务教育为主要发展内容，培养具有基本的读写、演算、表达能力的社会主义劳动者和具有基本文化素质的现代公民，为农业、农村发展和较低水平的工业发展提供人才。进入2□□□□，在国家西部大开发战略实施和"一带一路"建设推动下，跨境民族地区□□□□□□□□□□的工业化、城镇化进程需要大量具有市民素质□□□□□□□□□□□待征和综合素养的劳动者。① 相比我国中、东□□□□□□□□□□才需求，现阶段跨境民族地区的人才需求呈现出中高层次□□□□□的专业化人才为主。这也是现阶段跨境民族地区确立办学重心的依据，在"两基"攻坚任务已经完成的基础上，跨境民族教育应当以中等教育为重心，兼顾高等教育发展，从以主要提供廉价的低水平劳动力向提供具有相对较高受教育水平和较高专业水平的人力资源转变。

其次，要优化跨境民族教育类别结构。跨境民族教育类别结构的调整和优化应当以区域产业结构变化为依据，与跨境民族地区在依据资源优势、区位优势实施发展规划过程中对人才、智力、财力等方面的迫切要求相契合。近年来，在我国深化改革开放以及城镇化进程的大背景下，跨境民族地区经济结构和内容也发生了巨大变化，区域产业结构由单一的农业经济向农、工、商多种经济结构发展，大量劳动力从第一产业中分离出来，向第二产业、第三产业转移，农业人口比重下降，工业和服务业人口比重上升。农业生产内部商品化与市场化加剧，生产过程中的科技含量大幅提高，开始注重新技术应用和规模经营，部分跨境民族地区在扩大开放的时代浪潮中被推向对外开放前沿，参与国际产业分工与竞争……这些变化使跨境民族地区的人力资源需求形成新的格局，对劳动者受教育水平的要求普遍提高，需要大量掌握先进技术并拥有较高劳动技能的劳动者，需要大量具有开放视野和创新理念的管理者。结合跨境民族地区在人力资源需求上以中等层次专业化人才为重点的实际情况，当前跨境民族教育应当在发展普通教育的同时，加强职业教育发展，培养区域经济发展需要的生产经营型人才、专业

---

① 褚宏启：《城镇化进程中的教育变革——新型城镇化需要什么样的教育改革》，载《教育研究》，2015年第11期，第4—13页。

技能型人才、社会服务型人才，促进区域发展与产业支撑、就业转移和人口集聚相统一，促进城镇化进程与产业结构转型升级相统一。

（三）跨境民族教育的发展重点

从总体看，我国民族教育事业发展的重点已经从对教育普及和数量的追求转变为对教育质量和效益的追求。在"一带一路"倡议和兴边富民行动计划的推动下，国家教育资源从扩大范围和提高标准两方面对边境地区进行重点倾斜，跨境民族地区基本教育建设加快，学生学习生活条件全面改善，各项教育主要指标快速增长。在这一发展形势下，跨境民族教育要实现持续、稳定、协调发展，需要合理调控各级各类教育的规模和速度，以便集中利用教育资源，使制度、经费、教师、设施等各项资源配置达到效能最大化，提高教育质量，保障教育投入效益。

教育发展的规模和速度要与教育投入能力相适应。教育投入指中央政府和地方政府的教育经费投入，包括教育事业费和教育基本建设投资。跨境民族教育在发展中，要充分考虑国情、国力和民力，根据中央和地方的实际投入能力科学规划各级各类教育发展，既要避免好高骛远，规模和速度超越教育投入带来发展后劲不足，又要警惕因过度压缩，规模和速度低于教育投入而导致资源的巨大浪费。

教育发展的规模和速度要与区域内教育需求相适应。目前，跨境民族地区学前教育中存在"入园难"问题，义务教育和高中阶段教育需求则已经从"有学上"转变为了"上好学"，职业教育中则存在专业设置与社会需求脱节而导致办学吸引力不足的问题。这些问题为规划各级各类教育发展中的规模与速度提供了切入点，如学前教育阶段应当以扩大规模为主，多渠道增加幼儿园数量；义务教育阶段要在保证规模的基础上发展质量，缩小城乡、校际间的差距；普通高中应注重发展速度，以质量提升为主；职业教育则应当在充分考虑县域内产业发展情况、劳动力就业情况、与高等教育的衔接情况等基础上确定发展规模和速度。

教育发展的规模和速度要与现有师资力量相适应。师资队伍是办学的重要条件之一，跨境民族教育发展规模与速度必须考虑到区域内教师的数量和质量。在调研中发现，目前广西、云南等省（自治区）跨境民族地区在教师资源中普遍存在配备不平衡和结构不合理的问题，比如，边境学校与市县属学校教师分布不均，现有教师队伍在学科、年龄、学历等方面结构性矛盾突出。针对这一问题，教育在确定发展规模和速度时就应当有所考量，一方面要根据教师队伍现状适度调整教育规模，尤其要进一步优化城乡学校规划，构建人口分布、师资配备、学校设点相适宜的教育布局；另一方面要加强教师队伍建设，健全边境教师队伍建设保障机制，建立系统的教师培养、培训体系和教师流动制度，通过提升教师队伍综合素质，加快跨境民族教育发展速度，提高教育质量。

第三节　跨境民族教育的包容发展

包容发展理念体现了教育开放性和文化多样性、民族精神和时代精神、文化自觉与文化自信的统一。在跨境教育发展中践行包容发展理念，需要确立文化包容的价值导向，构筑教育包容发展的社会空间，建立协同联动的发展机制。

一、包容性发展理念的内涵特征

要准确理解跨民族教育的包容发展，首先要了解什么是包容发展。

（一）包容性发展理念的科学内涵

包容性发展理念最早可溯源至 2007 年亚洲开发银行首次提出的"包容性增长"概念。该概念强调经济增长应当允许社会的全部成员参与并平等地作出贡献。[1]这一概念的核心是"机会平等的增长"，既要通过经济增长创造就业机会与其他发展机会，同时又要保证这些通过增长创造的经济机会能尽最大可能为所有人所得，特别是弱势群体。经济学家伊夫扎勒·阿里（Ifzal Ali）和贤华善（Hyun. H. son）进一步将包容性增长的四个属性概括为：可持续的和平等的增长；社会包容；赋予权能；安全。可见，"包容性增长"是一个经济学概念，表现为所有人参与增长的组织并公平地获得增长的利益的过程和结果。2008 年，世界银行增长与发展委员会发表的《增长报告：持续增长与包容性增长战略》，将分配公

---

① 王俊：《包容性发展与中国参与国际区域经济合作的战略走向》，苏州大学出版社 2016 年版，第 12 页。

平、社会公平、可持续发展都纳入经济发展的终极目标。2010年，联合国召开的高级别会议提出"2015后发展议程"，将社会、环境和经济并列为全球可持续发展目标体系的三大支柱，经济增长不再囿于传统的单纯减贫和GDP增长，而是被拓宽到更为丰富的系统中，与就业、教育等传统议题以及民主、法治、政治权利、个人安全等诸多新领域共同涵盖在发展的意涵中，使经济"增长"具备了"发展"的内涵，包容性增长从强调收入的增加、经济数量的扩展拓展为关注社会福祉的实现，包容性增长概念也从经济领域拓宽到社会整体领域，成为新时代社会发展的新理念。

作为一种全新的发展理念，包容性发展强调的是一国所有成员共享发展成果，社会与经济同等进步。从字面上看，"包容"和"发展"是这一理念的两大关键词，在现代汉语中，包容有宽宥、容纳之意，具体到包容性发展这一概念语境中，则指对差异的承认和接纳；发展则指事物不断更新，进步变化的过程。可见，包容是为了发展，是要将发展的阻力降低到一个最低限度，用稳定与和谐促发展。[1]包容是手段，发展是目的，包容性发展是不同国家、民族的公民平等参与、共同发展、共享收益的发展模式，是各国互相尊重、求同存异的发展，是人类文明成果互学互用、共建共享的发展。在"一带一路"背景下，跨境民族教育坚持包容性发展理念，就是要正确认识与国内其他民族的共性与差异性，以及与周边国家在文化、政治、信仰等诸方面的差异，在正视并承认差异及其价值的基础上，探寻包容差异和协调差异的有效途径，将差异转变为发展制度包容性和灵活性的契机，在教育思想观念、政策规约、专业标准、人才培养等方面展开平等互动、包容共享的合作，推动区域教育发展。

（二）包容性发展理念的基本特征

包容性发展理念强调在国际合作的语境下，既要重视本土经济社会的协调与共享发展，又要关注全球不同地域个体享有平等的社会参与和自我发展的机会和权利，其内容蕴含了发展目的的人本性、发展机会的公平性、发展过程的有序性和发展成果的共享性。

---

① 郑长德：《中国少数民族地区包容性绿色发展研究》，中国经济出版社2016年版，第5页。

　　第一，发展目的的人本性。包容性发展理念追求所有人的参与和所有人的发展，这与马克思、恩格斯"因为人而为了人"的"以人为根本"的哲学思维范式相一致，体现了人是社会历史主体的历史唯物主义思想。马克思主义认为，一切社会历史活动的本质是且只能是"人"和"人类社会"问题，人类的生存和发展是人和人类世界最基础、最核心和最根本的问题。①社会进步最终依靠人民群众，人的发展是社会进步的根源，也是社会进步的最终落脚点。包容性发展理念着眼于所有人的发展，在发展中强调让更多的人参与和自由选择，更好地融入社会发展过程中，通过加快发展科技、教育和文化事业，全面提高人的素质，使经济社会发展推动更多人的自我实现。这体现了以人为主体，以主体为中心的理性精神，其发展目的的人本性使包容性发展理念成为社会发展和人类进步的正确道路选择。

　　第二，发展机会的公平性。如前文所述，包容性发展理念由包容性增长理论发展而来。包容性增长的核心是"机会平等的增长"②，强调经济增长带来的机会要由所有人，尤其是穷人（弱势群体）平等享有，是社会公平正义思想在经济领域的运用。包容性发展理念继承并发扬了这一平等思想，以实现"所有人机会均等"为核心价值取向，强调所有社会成员权利平等、分配合理、规则透明，是机会均等这一现代社会制度和规则在发展领域的综合体现。这种发展机会的平等性，对个人而言，体现为"在社会的所有部分，对每个具有相似动机和禀赋的人来说，都应当有大致平等的教育和成就前景。那些具有同样能力和志向的人的期望，不应当受到他们的社会出身的影响"③，即不论民族、性别、肤色、出身背景、社会地位的差异，每个人都平等地享有参与社会发展和实现自我发展的机会，享有接受教育、就业、医疗等社会服务的权利。对国家和民族而言，意味着不论贫富，每个国家和民族都拥有平等的发展权利，不应当将文化传统、价值观念、思维方式、宗教信仰、社会制度以及发展模式等作为彼此交流的障碍，或是对抗的理由，而应当提倡多种文明的平等参与，促进多种文化的兼容、互补，共

---

　　① 任保平、王新建：《论包容性发展理念的生成》，载《马克思主义研究》，2012年第11期，第78—86页。

　　② 林毅夫等：《以共享式增长促进社会和谐》，中国计划出版社2007年版，第1—21页。

　　③〔美〕约翰·罗尔斯：《正义论》，何怀宏、何包钢、廖申白译，中国社会科学出版社1988年版，第66页。

同成为全球发展的参与者、贡献者和受益者。

第三，发展过程的有序性。包容性发展强调尊重各个国家的主体性和各国人民的主体性，强调尊重差异、兼容并包，但这并不意味着无序、放任的发展。世界经济在现代化、全球化的浪潮中被重构，各国在国际关系诉求、国际文化治理、国际秩序构建中呈现出多元化格局，各国人民在价值观念、物质利益、生活方式等诸多方面的诉求也日趋多样化；个体之间的差异、群体之间的分歧，个人与群体、国家与社会、国家与国家之间的矛盾冲突一直都存在于人类社会发展中，但在全球化的今天表现得比以往任何时代更甚。面对这些现实性问题，包容性发展倡导和谐、有序的发展，强调尊重各国主权，使其自主选择发展道路和发展模式；强调尊重自然规律，正确处理人类社会系统与自然系统之间的关系；强调和而不同，通过差别化的发展道路和国际责任获得均等机会；强调兼容并蓄，通过互通有无交融发展谋求共同繁荣。不以单一文明为标准来衡量和判断其他文明；不以某一大国意志为中心来影响和制约其他国家的发展；不以牺牲生态和自然换取经济发展，也不以牺牲和平成全霸权主义。可见，包容性发展理念并非对差异性毫无原则的接受和容纳，而是在客观认识差异、分析差异、理解差异的基础上，寻求各方利益的切合点，在取长补短、求同存异中共同发展，在互信互利、平等协作中有序发展。

第四，发展成果的共享性。包容性发展理念摒弃冷战思维和零和观念，主张共建共赢、成果共享，强调发展带来的财富或收益要惠及所有参与者。对国际社会而言，包容性发展意味着世界各国树立命运共同体意识，就人类现代文明中的困境达成共识，就全球发展脱离困境的路径达成共识，在理解分歧、平息争端的基础上，通过平等对话和交流形成更高的价值定位和更大的发展框架，聚集各种文明和智慧，共同把握机遇，共同应对挑战，以合作共赢的方式实现人类社会进步，让发展成果惠及世界所有成员。对国内社会而言，包容性发展意味着限制区域间、社会各阶层间的各种垄断特权，消除人们在参与经济发展、参与成果分配中的障碍，逐步实现"事实上的平等"，使经济社会发展带来的福利广泛地惠及所有民众，让每个社会成员既能公平地享有发展机会、发展资源和发展成果，又能承担与享有权利对等的责任，推动社会的可持续发展。

二、跨境民族教育包容发展的现实意义

跨境民族教育的包容发展是契合时代精神和民族精神的多样性、开放性发展。

(一) 体现文化多样性和教育开放性

教育自产生以来就是具有开放性的人类活动，这种开放性既表现在教育内部诸因素的活动规律中，也表现在教育的外部关系发展中。从教育内部看，教育从根本上是培养人的社会活动，但这一目标必须向时代开放，培养的人是富于时代精神、符合时代发展需求的人，是与时代性相统一的人。其次，从教育过程来看，在教育发展的漫长历史中，其内容和方法一直在不断拓展和完善，这源于对传统和现代各种资源的挖掘，以及中西方教育理念的融合、评析和运用，这体现了教育本身开放性的品质。从教育外部看，作为社会子系统之一，教育与其他子系统如政治、经济、文化以及整个社会发展之间有着千丝万缕的关系，教育必须以开放的姿态，通过自我改革，争取与其他社会子系统以及社会整体生产力状况相适应，进而实现自身的发展，开放性也是教育发展的内在诉求。

包容发展体现文化的多样性。在教育发展中，文化是与其关系最直接的社会系统。教育是人类文化传承的基本手段和文化创新的主要途径；文化则是教育存在的前提条件，是教育发展的内在机制。[①]多样性是文化的根本属性，世界文化孕育生长的过程就是人类不同文明在差异、隔阂中产生摩擦和冲突，在沟通、理解中走向交流和交融的过程。多样性文化是人类的共同财富，它不仅为人类精神和理性世界发展提供养分，还是民族生存权、发展权和参与权在文化上的体现，尊重和保护各民族优秀文化，推动先进文化的兼容并包、和谐共生，是人类共同的文化义务，也是教育发展必须坚持的文化价值取向。

包容发展体现教育的开放性。跨境民族教育包容发展要以开放的姿态办教育，尤其是在"一带一路"建设的伟大实践中，跨境民族地区从传统地缘意义上的边陲之地被推向区域开放的腹心地带，"开放""合作"成为教育发展的新理

---

①　麻艳香：《文化：教育发展的内在机制——教育与文化的关系研究》，载《甘肃社会科学》，2010年第2期，第219—222页。

念。包容发展的跨境民族教育将因地制宜，理性选择区域内各民族先进的、优秀的文化，宽容差异、取长补短，既要吸收国外民族的优质文化，也要将中华各民族文化精髓广泛传播到其他文明中，积极促成我国各民族文化与世界其他文化的相互对话，从更广的范围和更深的层次上促进人文互通、政治互信、价值互利。这不仅体现了教育开放性和文化多元性的统一，也将推动当今中国"一带一路"开放发展的实践主题与先进文化、经济建设与社会建设的协调发展。

（二）凸显民族精神和时代精神

包容发展强调以爱国主义为核心的民族精神。马克思主义认为，社会生活在诸多领域的发展和实践在相当大程度上会受到该社会精神文化的性质和状态的影响。[①]在世界经济融合与竞争并存，各国文化交流和分化同在的时代大背景下，我国将以爱国主义为核心的民族精神和以改革创新为核心的时代精神作为社会主义核心价值体系的重要内容，将其力量熔铸在整个社会发展的凝聚力、创造力和竞争力之中，为社会文明进步、开拓发展提供精神力量，为民族团结、共同奋斗提供精神纽带和不竭动力。包容发展的教育的核心就是要通过富于民族精神和时代精神的价值观教育培育能够践行社会主义核心价值体系、服务中国社会发展的现代公民；通过推动中华文化传承和传播，以及对外来优秀文明的借鉴和吸收，发展社会主义先进文化，更好地构筑中国力量、中国精神和中国价值。

包容发展践行和而不同的时代理念。我国跨境民族地区多为多民族聚居区，民族社会历史文化背景较为复杂，在当前经济快速发展、对外开放全方位展开的新形势下，跨境民族地区正面临生产和生活方式的变革、文化的转型、精神文明和物质文明同步发展等诸多挑战。无论从区域内经济社会发展还是与外部世界的关系来看，建设与国家和时代合拍的精神文明，快速提升人口素质都对跨境民族地区具有重要意义。教育理应承担起这一基本责任。包容发展的教育是在平等与自主、关爱与和谐、正义与责任等具有内在关联性的教育理念基础上，建立从权利主体、民族社会成员、国家公民到世界公民这一依层次推进的认同关系，在保持民族优秀文化，弘扬民族精神与时代精神的基础上，以多元文化和谐共生的知

---

① 王岩：《建设社会主义核心价值体系必须高扬民族精神和时代精神的旗帜》，载《马克思主义与现实》，2008年第3期，第196—198页。

识和经验形塑民族社会成员，引导人们超越民族、城乡、地域以及社会阶层等方面的差异，以博大宽容的心胸融入开放的世界。可见，跨境民族教育包容发展遵循了"万物并育而不相害，道并行而不相悖"的普世价值观，肯定个体内发或者内生的动力，以及其与其他成员、社会整体之间的和谐互动，对内寻求文化的同质性，对外寻求与其他文化对话的切入点和融合途径，尊重差异，包容多样，在和而不同中求发展，是我国民族精神与时代精神的统一，是以人为本的教育价值取向与兼容并蓄的文化发展取向的统一。

（三）增强文化自觉和文化自信

包容发展增强文化自觉。"文化自觉是生活在一定文化中的人对其文化有'自知之明'，明白它的来历、形成过程、所具有的特色和发展趋向……以增强对文化转型的自主能力，取得为适应新环境、新时代而进行文化选择时的自主地位。"[①]全球化进一步加剧了文化间的异质交往，处于国家实体边疆和文化边疆双重语境下的跨境民族教育由此承担起了守护、发扬本土文化和加强文化对话、参与全球治理的双重任务。文化自觉强调对自身文化的觉悟和觉醒，是一个民族自我认识和自我发展的内在动力，中华民族正是通过从"自在"到"自觉"的历史蜕变，形成以中华文化为核心的共同体意识，并自觉演绎为追求国家兴盛和民族复兴的精神力量。通过传统文化教育，将各民族的乡土情怀、人文风俗融入中华民族文化大背景，挖掘共通的思想意涵、观念形态、道德规范，使跨境民族学生在共享历史文化记忆和现实文化形式的基础上形成对"多元一体"的中华文化格局的理性认知，以及继承与传播中华文明的文化自觉。

包容发展促进文化自信。文化自觉和文化自信分别代表对文化的自我选择和自我肯定，是具有内在相关性和连续性的文化论题，彼此支撑、相互呼应，共同构成新时代中国文化发展的行动方案。文化自信是对本土文化的认同，在理性审视的基础上对自身文化理想、文化价值、文化生命力和创造力产生信心。文化自信是文化自觉在新时代的逻辑延伸，坚持文化自信是中国在参与全球竞争，面对与外部世界的新型关系时，处理本土文化与异域文化应当持有的正确态度，体现

---

① 费孝通：《重建社会学与人类学的回顾和体会》，载《中国社会科学》，2000年第1期，第37—47页。

了在当今多元文化并存的国际环境中，中国文化能够在与不同文化的对比和互动中稳住根基，为世界发展提供"中国智慧"和"中国方案"的底气和信心。在包容发展理念下，跨境民族教育既彰显本土文化的民族性和地方特色，也承认并欣赏人类文明的差异性和多样化。一方面，跨境民族教育以培育学生对中华文化的"自知之明"为己任；另一方面，跨境民族教育以促进多元文化的理解和价值共识为使命，尊重不同文化的多样性存在和多元化发展，强调在不同文明之间加强对话，增进理解和认同，尤其在"一带一路"建设中，教育资源的共建共享、教育市场的开放合作、教育成果的互学互鉴，将为推动跨境民族地区社会发展和文明进步提供持续活力，体现中华文化走向世界，共谋世界文明和谐发展的文化自信。

三、跨境民族教育包容发展的基本要求

跨境民族教育包容发展要有正确的价值导向、可供发展的广阔社会空间，以及协同联动的发展机制。

（一）跨境民族教育文化包容的价值导向

"中华文化不仅包括中原文化，也包括周边少数族群文化。"[1]世居我国东北、西北、西南的跨境民族，由于迥异的自然环境和族群来源，形成了形态各异的文化样貌，但在几千年的发展中，他们与其他少数民族一样，不约而同地表现出对以中原文化为基础的汉文明的向往、认同和主动学习，汉文化也始终保持了对各民族文化的容纳和吸收。这种互动融合的文化基调被人类学家李亦园先生称为"融于一体的主旋律"[2]，它最终促成了中华文化的形成，从根本上铸造了强兼容性的中华文化系统。教育与文化的天然关系使跨境民族教育具备天然的包容性品格，在长期的实践中形成各民族文化相互尊重相互借鉴的优秀传统。在与全球化文化大发展的接触中，跨境民族地区原有文化体系的传统性和相对独立性被打破，异域价值和本土价值共时性存在，传统价值与当代价值、主流价值与边缘价

---

① 马戎、郑惠元：《历史演进中的中华文化和中国民族话语》，载《西北民族研究》，2018年第3期，第5—13页。

② 岳小国、陈红：《不被"整合"的向心力——民族走廊"国家化"研究》，载《青海民族研究》，2013年第2期，第37—44页。

值相互交织并发生碰撞，应当在教育中构筑文化包容的价值导向，推动中华文化与其他民族文化的理解与尊重，培育和谐共存的积极情感，促进民族之间、国家之间、民众之间的对话与了解，在教育领域实现国际性与民族性的内在统一。

第一，树立和而不同的文化发展观。早在西周末年，周太史史伯就提出"和实生物，同则不继"。意思是实现和谐，则万物生长繁荣；如果完全一致，则无法发展延续。这一思想对和而不同做了精辟诠释，也使史伯成为第一个对"和"进行理论提升，使其成为事物之本和天地法则的人。和而不同文化发展观的核心是要尊重文化多样性，倡导宽容、对话与合作，通过相互交往打开文化本身的界限，在开放空间中实现文化的百家争鸣、百花齐放，为教育发展提供源泉活水与生机活力。

第二，坚持兼容并包的教育发展观。教育是世界文明的传递者，"世界文明本身就是保持其各自独创性的诸文化在世界范围里的结合"[①]。兼容并包的教育发展观是要摒弃文化专制主义，让各种思想在包容中存在，经过比较、撞击而自由发展或自由淘汰——这是蔡元培大学办学思想的核心，同样适用于跨境民族教育发展。在发展中，既要坚持"兼而容之"，也要坚持"有所不为，择善而从"；既要有"有容乃大"的教育品格，鼓励教育思想、学术理念的相互争鸣，遵循思想、文化、学术存在和发展的客观法则，也要有原则、有选择地容纳和吸收，在避免文化极端态度和泛西方主义，坚持社会主义核心价值观和先进文化建设的基础上兼容发展。

（二）跨境民族教育包容发展的社会空间

在"一带一路"建设背景下，为跨境民族教育提供包容发展的社会空间就是要进一步完善制度体系，加强社会资源支持，为跨境民族教育发展营造具有包容性的公共文化空间和教育合作空间，促进跨境民族地区与周边国家教育融通、互动发展，形成平等、包容、互惠、活跃的教育合作态势和和谐包容、互利共赢的发展局面。

第一，建设包容发展的公共文化空间。包容性文化建设有利于增强国家软实

---

① 〔法〕克洛德·莱维-斯特劳斯：《结构人类学》（第2卷），俞宣孟、谢维扬、白信才译，上海译文出版社1999年版，第392页。

力，也有利于增进跨境民族地区与周边国家的互信关系而推动区域教育发展。《关于做好新时期教育对外开放工作的若干意见》和《推进共建"一带一路"教育行动》等政策文件为跨境民族地区进行包容性文化建设指明了方向。从内容上看，建设包容性公共文化空间要以文化自觉和文化自信为前提，在延续和传播跨境民族优秀文化的基础上深化全球空间格局中的多元文化交往。发挥跨境民族地区与周边国家地缘和文化背景相近，在习俗、宗教或语言等方面存在文化共性的优势，加强对话，将文化共识转化为巩固和扩大与周边国家关系长远发展的社会和民意基础，在文明互鉴和共通中优化社会文化秩序，提高公共文化空间的兼容性和拓展力；在对象上，要强调以"文化民生"为核心的公民文化权利保障，将跨境民族地区全体民众纳入公共文化空间，通过大力发展文化事业，增强公共文化产品和服务供给，使跨境民族群众不论文化背景、受教育程度、社会地位，都能享有平等地参与社会文化生活、接受教育服务的权利。

第二，营造包容发展的教育合作平台。在"一带一路"倡议下，跨境民族教育肩负着为共建"一带一路"提供人才支撑，推动沿线国家民心相通的历史使命。包容发展的跨境民族教育要与沿线国家政府加强沟通协调，寻求双方教育发展最佳契合点和教育合作"最大公约数"，营造互利互惠的合作平台，实现教育的融通、互动发展。一是要推动教育资源共建共享，利用现代信息技术，与"一带一路"沿线国家共建教育资源平台，形成"互联网+"跨界融合资源空间，使知识共享打破政治地理边界和文化差异的藩篱，以新技术和新教育观念促进跨境民族教育转型。二是助推教育市场开放合作，挖掘跨境民族教育服务产业价值，促进资本、人才、技术等要素在教育市场的有序流动，通过开放办学、合作办学等多种形式实现"走出去"和"引进来"双向教育流动。三是开展教育成果互学互鉴，教育成果包括人类创造并积累的思想文化和科学技术、推动人类文化存继的经验与智慧、符合时代发展需求的人力资源，对他国或其他民族教育成果的互学互鉴，将为跨境民族教育融入"一带一路"建设，推动区域内社会发展和文明进步注入持续活力。

（三）跨境民族教育协同联动的发展机制

"一带一路"建设打破了我国过去以东南沿海为主的单向度开放模式和以国

内为主的区域布局，将跨境民族教育推向更大范围和更深层次的开放空间，在当前较为复杂的政治环境、社会形态、文化基础中，推动教育包容发展，需要建立从宏观到微观各级层面的协同联动机制，以适应新的发展思路和要求。

第一，国家层面的统筹引导与政策沟通。进一步完善跨境民族教育治理体系，将其作为推进共建"一带一路"教育行动的重要组成部分；逐步疏通跨境民族地区教育对外开放的制度性障碍，突破政策性瓶颈，建立对外贸易、出入境管理、公共外交等多部门协作机制，放宽对中外合作办学、跨境项目、人员流动的限制；积极签署双边、多边、次区域教育合作框架协议，制定教育合作交流国际公约，在跨境民族地区与周边国家间形成教育共同体，促进教育领域的互惠发展。

第二，地方政府的资源调配和平台支撑。发挥地区文化资源优势，与毗邻区域开展教育合作，形成创新、开放的教育联盟，使跨境民族地区成为区域教育辐射中心和教育对外开放的枢纽。《推进共建"一带一路"教育行动》建立各级教育学历学位认证框架，允许区域内各国学习者在不同种类和不同阶段教育之间进行转换，尤其在高等教育、职业教育中，加快实现学分互认、学位互授联授，逐步实现就业市场的从业标准一体化，推动区域教育联动发展。通过组织和开展与周边国家的社会实践、志愿服务、文艺展演、体育竞赛、新媒体社交等活动，增进跨境民族地区青少年对其他国家文化的体验与理解。

第三，学校的主动参与和有序推进。各级教育机构要在包容发展理念下，科学谋划人才培养、教师培训、课程开发、对外交流等各项工作，实现学校发展、跨境民族地区发展、"一带一路"建设在文化生态和价值主张上的和谐共进。通过多种形式的教育活动，培养学生的文化包容品格，使其成为既有中国立场，又有全球意识，既能充分理解本民族优秀文化价值，又具有足够的文化感染力的生命个体。要有效发动各类社会力量，吸纳和利用民间资本、民间智慧，通过灵活、富有弹性的合作机制促进人文交流，使跨境民族教育的包容发展和文化的和谐共享在更广大的空间得到关注与支持。

第四节　跨境民族教育的共生发展

共生是关于如何和谐相处的智慧，也是教育应对全球化问题挑战的重要策略。跨境民族教育共生发展理念体现了教育全球化与本土化的统一，有利于民族文化的传承与创新。跨境民族教育的共生发展具体表现为多元文化教育资源的和谐共生、教育与区域经济社会的协同共生，以及区域教育与国际教育的互惠共生。

一、共生发展理念的内涵特征

英文中表示"共生"的词语有两个：symbiosis 和 multualism。从词根上看，sym-表示一起，一致；-bio 表示生命的；-sis 表示状态，symbiosis 意为各生命共同生活的状态，即生态学上的"共栖"，而且是生命体间利害关系一致的共栖；multualism 源于"multual"，指尊重、信任、憎恨等情感上相互、彼此的关系，尤指经济学中的互动关系和生物学中互利共存的关系，强调关系体间的互动、合作进而达到互利的状态。从意思上看，symbiosis 寻求生命体存在状态的调和一致；multualism 则强调各方互助协作以实现互惠互利。这两种意思与汉语中共生指"两种不同生物之间所形成的紧密互利关系"相一致，表达出三方面的涵义：一是两个或两个以上独立主体的共时性存在；二是主体间具有互动行为；三是互动的结果是互利。这三个层面的内容决定了共生发展理念的基本内涵和特征。

（一）共生发展理念的科学内涵

共生发展理念脱胎于生物学领域的共生论，这一理论源于植物学界对地衣的研究。1868 年，瑞士科学家西蒙·施文德纳（Simon Schwendener）揭示出地衣是真菌与微型藻类结伴而生的产物，后继科学家进一步研究出这一产物是真菌和藻类"平等合作"的结果——藻类利用阳光制造真菌所需的养分，真菌则提供矿物质、水和保护层。此前并没有与之相对应的词汇来形容这一过程，德国科学家阿尔伯特·弗兰克（Albert Frank）和安东·德贝里（Anton de Bary）从古希腊词汇"共同""生活"中创造性地提出术语"共生"，指不同种属按某种物质联系生活在一起而形成的相互性活体营养性联系，暗示着生物体某种程度的永久性物质联系。[①]1970年，美国生物学家马克里斯（Margulis）提出"细胞共生说"，共生学说由此盛极一时。20世纪中叶以后，共生的思想和概念被广泛用于经济学、管理学、文化学、建筑学等诸多领域，共生已不仅仅用于解释一种生物现象，而是成为一种具有内在逻辑的存在和发展方式了。学者胡守钧就借用生物共生论的基本观点研究社会共生现象，提出了社会共生论，通过对社会共生态具体形式和社会共生发展基本原理的阐述，指出社会的共生发展表现为经济、政治、文化、生态等系统的和谐、互利。吴飞驰从共生在生物界指异种生物间相互依存的现象演绎出其社会学含义，认为共生关系指人类之间、自然之间以及人与自然之间形成的一种相互依存、和谐、统一的命运关系。[②]可见，社会学科对共生理论的运用大多抛弃了其在生物学中的烦琐分类和实现条件，而采用其"互利共生"层面的含义，强调各种社会生产体系各组成部分之间的相互作用和相互依赖，主张万物之间的共存共荣、共同发展。在此基础上，共生发展理念可概括为在人类多元主体及其文化异质性存在的前提下，以某些共同的价值、规范和目标为线索，在人与人、人与社会、人与自然之间发展具有创造性的合作关系，在尊重竞争、冲突的前提下，通过相互作用实现和谐和共同繁荣。

正如共生在自然系统中已经成为物种进化或产生的普遍性原理，共生也是人类社会个体和组织存在和发展的普遍规律。教育在人类历史中产生和发展的过程就是其与自然、与社会、与人形成共生关系，并在这一共生生态中发展进化的过程。教育共生态是与周围环境相互依存和相互作用的开放系统，宏观层面是教育与其他社会功能系统（文化、经济、政治、生态）之间的关系，中观层面是教育内部形态（学校教育、家庭教育、社会教育）之间的关系，微观层面是教育过程构成要素（教育者、受教育者、教育媒介）之间的关系。教育共生发展就是要在

---

① 刘志辉：《共生理论视域下政府与社会组织关系研究》，天津人民出版社2017年版，第36页。

② 刘志辉：《共生理论视域下政府与社会组织关系研究》，天津人民出版社2017年版，第38页。

教育共生态的各个层面，尊重各要素（即共生单元）的独立性和相关性，调整系统结构，使教育与外部社会环境之间、不同教育形态之间、教育过程各要素之间形成对称性互惠共生，优化教育系统的整体功能，促进教育正向发展。

（二）共生发展理念的基本特征

第一，主体多样性。多个主体的存在是共生的前提，这在"共生"这一概念的产生和发展中有明确的体现。如前文所述，最早提出该概念的德贝里认为"共生就是不同生物密切生活在一起的状态"；后续的研究者斯科特（Scott）提出，共生是两个或多个生物在生理上相互依存程度达到平衡的状态；原生动物学家戴尔·S.维斯（Dale S. Weis）指出，共生是几对合作者之间稳定、持续、亲密的组合关系；美国生物学家马克里斯则提出，共生是不同生物种类成员在不同生活周期中重要组合部分的联合。这里的"不同生物""两个或多个生物""几对合作者""不同生物种类"等在共生理论中被称为"共生单元"，指构成共生体或共生关系的基本能力和交换单位，是实现共生的基本物质条件。从这些概念中可以看出，在共生发生过程中，共生单元不止一个，每一个共生单元都有独立的主体，这种多主体存在是共生发生的基本条件。在被借用到社会科学领域后，共生理论仍然保持了"多主体性"的基本特征，正如洪黎明教授所述，"（在共生理论中）普通生物学者深刻体会到群落中生物相互关系的复杂性，鲜明地揭示了个体或群体胜利或成功的奥秘，在于它们在这个群体中密切联合的能力，而不是强者压倒一切的'本领'，自然界如此，人文科学中的生物哲学亦是如此"[1]。这说明共生理论在社会发展中的作用机制仍然是以承认多个主体的参与为前提。具体地说，人类社会中的关系体现为"你—我"或"你—我—他"，只有个人把他人他物看作是具有与自己同样独立自由地位的主体，彼此对等，建立主体—主体的交往关系，才能实现共生。这种主体多样性及其作用方式类似于哈贝马斯在社会交往理论中提到的主体间性，"纯粹的主体间性是由我和你（我们和你们），我和他（我们和他们）之间的对称关系决定的。对话角色的无限可互换性，要求这些角色操演时在任何一方都

---

[1] 胡守钧:《社会共生论》(第二版),复旦大学出版社2012年版,第2页。

不可能拥有特权，只有在言说和辩论、开启与遮蔽的分布中有一种完全的对称时，纯粹的主体间性才会存在"①。可见，共生是物质世界中不同事物的共生，其前提是承认系统中异质者的存在权利并建立彼此间的对称关系，主体多样性是共生发展理念的基本属性。

第二，过程互动性。在产生共生概念的生物学界，共生表达的是生物之间存在的一种关系，一个通过相互作用而共同生活的过程。这种相互作用说明共生不是生物体间静止的并存或并列，而是通过某种机制发生作用，从而实现共生体的生成和发展，这一运动机制就是互动。生物学共生中的互动是物种之间按照自然的方式自发地展开的，蜜蜂靠采集花粉为生，花朵靠蜜蜂身上的绒毛传播花粉；白蚁通过进食为体内的纤毛虫提供养料，纤毛虫帮助白蚁消化纤维素……这些交互关系促成生物物种间物质、能量的转化或转换，使共生成为生物进化或物种创新的重要方式。相对自然生物界无理性的自创共生体而言，人类社会是由无数具有主观能动性和理性思维的个人相互作用而成的共生体，其形成是个体人实践知识的交汇、叠加、衍生、反应的过程，从这个层面来讲人类社会这一共生体有着更为突出的互动性特征，社会体系在人与人的不断互动中不断延展为更为丰富的共同体。这种互动共生的社会系统阐释为"向异质者开放的社会结合方式，不限于内部的共生共荣，而是相互承认不同生活方式的人们之自由活动和参与的机会、积极地建立起相互关系的一种社会结合"②。可见，无论自然生态系统还是社会系统，共生发展理念是适用于整个物质世界的普遍规律，互动的运动机制贯穿这一理念始终。在共生发展过程中，不同事物在内部诸元素及其外部环境所固有差异的基础上，通过碰撞、聚合、协调、创生、交融等多种方式，进行资源、能量的交换，或结构、功能的配置，在互动中不断调整相处方式以形成更加密切的合作，最终达到生存能力更强、功能更完善或效益更高等效果，实现各主体共同适应、共同激发、共同进步的价值目标。尤其是在社会发展中，共生发展本质上是各共生单元在相互作用的基础上共同趋优的过程，其优化路径的本质是各主体

---

① 许锋华：《共生道德教育论》，华中师范大学出版社2012年版，第225页。

② 〔日〕尾关周二：《共生的理想：现代交往与共生、共同的思想》，卞崇道、刘荣、周秀静译，中央编译出版社1996年版，第120页。

的相互依存、相互开放和相互合作，互动是共生发展的基本作用机制，互动性是其主要特征。

第三，结果互利性。科学家对生物进化研究的深入，进一步证明了物种生成和进化等与各生物种类的共存共生紧密相关。如在细胞层面，藻类为真菌提供有机养料，真菌产生的有机酸分解岩石，为藻类提供矿质元素，二者的共生导致了地衣的形成；在动物体内，反刍动物的瘤胃为微生物提供栖身之所和丰富的营养物质，微生物则分解纤维素，为反刍动物提供糖类、氨基酸和维生素等营养；在生物个体之间，犀牛皮肤皱褶中有大量体外寄生虫和吸血蚊虫，为犀牛鸟提供了食物，犀牛鸟通过啄食帮助犀牛消灭害虫，在有敌人靠近时还会发出警报，提醒犀牛加以防范……不难发现，在这些自然界普遍存在的共生现象中，隐含着强烈的"互利"内涵。这种互利表现为三种方式：一是一方的产出成为另一方的输入；二是利他行为同时也是利己的；三是在某种程度上，一定的利己行为必须通过利他来实现。[1]其意义在于"有效增强了共生伙伴在自然界中生存斗争的能力并且推动着生物的不断发展和进化"[2]。共生发展理念对结果互利性的追求与人类世界向前发展的总方向一致，符合人类社会进化的根本原则。在个人层面，互利共生表现为在以个人为主体的共生单元之间，建立以个体权利和义务为基础的人际交往网络，通过交换资源、分享资源，与他者进行频繁的双边、多边互动，提高个体生存和发展能力，形成具有一定稳定性和持续性的共生形态。在国家层面，互利共生表现为在以国家为主体的共生单元之间，着眼于各国利益的一致性和互联性，打破国际合作零和博弈的传统思维，通过开放合作、交流融合实现利益共赢，谋求共同发展。在全球化时代，共生发展的互利性本质契合全球共同生存与发展的根本诉求，有助于建立互依、互惠、协同、共进的人类利益共同体，弥合由人类在政治、经济、文化、价值、宗教等各方面的多样性和差异性带来的冲突和不和谐，体现了人类社会发展合规律性和合目的性的统一。

---

① 武云斐：《合作 共生 共赢——大学与中小学合作变革的内生逻辑研究》，华东师范大学博士学位论文，2012年，第10页。

② 孙军：《你了解共生关系吗？》，载《世界科学》，2001年第6期，第19—20页。

二、跨境民族教育共生发展的现实意义

跨境民族教育的共生发展，要遵循"一带一路"倡议，体现教育全球化与本土化的统一，民族文化传承与创新的协调。

（一）教育全球化与本土化的统一

人类社会于20世纪末进入一个全新的时代，即全球化时代，人类交往的广度、深度和速度由此发生了质的飞跃。教育全球化发生使各国教育政策的制定受到全球共同认可的教育价值观的影响，越来越关注共同未来的发展与命运，各国教育活动的开展也越来越倾向于使学生获得理解国际复杂系统的能力，形成全球观念，学会共同生存。教育与全球政治、经济、文化的共生关系在全球化浪潮的裹挟下比以往任何时代都更为密切，教育内部学生、教师、课程、教材、理论、制度、资金、项目等要素间的双向多边互动也日益增多，在全球范围内呈现出"全息"、网状、立体式的共生状态。在尊重、理解中相互学习，建立起既与国际政治、经济、文化相适应，又能体现本国民族特性的教育样貌，是各国教育必须承载的历史使命和社会责任。这与共生发展理念以尊重多元为前提，通过和谐互利实现共同发展的价值追求不谋而合。

跨境民族教育共生发展就是要遵循"一带一路"建设指导思想，打破以往封闭保守的状态，既立足本土教育实际问题的解决，又保持与国际教育的互动。2013年，"一带一路"建设构想提出，跨境民族地区成为教育开放互动的前沿要塞，日益活跃的人员流动、技术交流、联合办学、学历互认使教育系统（尤其是学校教育系统）内部各共生单元的相互联系和依存更为密切。在教育与经济社会发展、与区域多元文化生态互利共生的关系中，跨境民族地区利用与毗邻国家地缘相近、人缘相亲、文缘相通的天然优势，立足空间地理区位的吸引力，开展跨国教育互动。同时，"中国特色"是跨境民族教育在发展中始终坚持的身份立场，无论教育文化资源的挖掘和利用，还是社会结构对教育系统的支配和规范，对本土化身份的认同使跨境民族教育在自身国际性不断增长的同时，坚持独立的价值体系，实现健康、更具生命力的发展。共生发展理念下的跨境民族教育体现了教育全球化与本土化的统一，呈现出与经济社会发展实际相符合的，开放、科学、

富有活力的状态。

（二）民族文化传承与创新的协调

在人类文化连续没有断点的发展过程中，教育贯穿其中，成为人类文化传播和传递的主要途径。人、文化、教育三者本身就是一个天然的共生系统。民族、民族国家的形成，使人类文化成为融合多种文化基因，涵盖了所有民族发展传统与个性的强大生命体（跨越共时性和历时性的强大的生命体）。任何民族的文化，都先天地存在于人类文化的宏大界域内，在与其他文化的接触、碰撞中实现自审与改造。在由差异性带来的竞争与协同、对抗与合作关系中，那些更善于谋求互补、互化、互生的文化显示出勃勃生机，那些坚持盘踞在根深蒂固的本土价值上，排斥开放、吸收、创新的文化往往因为守旧或封闭导致创造性的萎缩，甚至在人类文化长河中被融化而消失。民族教育的根本，就是要在人类文化的统一性与多样性之间寻求整合的道路。①尤其在全球化背景下，民族教育的文化选择应坚持民族特色与传统文化的独特性，以民族的独特发展参与世界范围的对话与交流。一方面要保持本土族群特色，弘扬民族优秀传统文化；另一方面又要不断地与外来文化交流碰撞，在文明互鉴中促进民族文化的自主性发展。②传承与创新是民族文化建设的基本思路，也是民族教育在传递和传播文化过程中的重要原则和基本价值取向。

跨境民族地区是多民族文化共生区域，教育共生发展就是要在尊重文化异质共存的基础上，注重教育过程中各种关系的和谐与相融，以及各教育要素间的互利与互补，在区域内构建一个和谐、包容、多元共生的教育场域，促进民族文化的传承与创新。这一过程的作用机制表现为两个层面：一是在"人—民族文化—教育"共生情境中，跨境民族教育的共生发展理念将人类文化视为一个巨大的生态系统，坚持整体发展观，以教育为媒介将系统内离散的民族文化分支聚合成联系紧密的联合体，推动民族文化在与教育系统各要素，以及教育与外部世界的互动

---

① 钱民辉：《略论多元文化教育的理念与实践》,载《北京大学学报(哲学社会科学版)》,2011年第3期,第136—143页。

② 倪胜利：《生态·人文·人的发展——西南民族教育文化研究》,西南师范大学出版社2013年版,第10页。

中不断完善和超越自我，进而产生有序的发展，呈现出相容中相长的互利共生状态。二是在"家庭教育—学校教育—社会教育"共生情境中，家庭教育基于生活经验使受教育者感知和习得民族文化；学校教育通过传授科学知识和思维方式塑造受教育者的价值观，培养其成为"活"的文化传递者；社会教育则在开放的空间内通过乡规民约、民俗礼仪等方式实现对系统内成员的文化渗透。不同教育形态相互作用和影响，共同作用于这一共生系统内成员的生活和生命世界，伴随民族文化的更新、融合和发展。无论从哪个层面上看，跨境民族教育的共生发展从根本上说是将教育定位于培养具有足够的智慧和复杂性以适应全新时代的人。这种智慧和复杂性意味着能够在相互交流、兼容并包的文化形态中，进行创新与发展；这种适应则表现为一种共进化的价值观，即对优秀民族文化的继承和发扬。

三、跨境民族教育共生发展的基本要求

跨境民族教育共生发展在教育资源、与区域经济社会协同发展、国际教育合作等方面都提出了具体要求。

（一）多元文化教育资源的和谐共生

教育作为最强有力的文化传承工具，通过对文化系统中已创造的文化进行选择，并基于此进行加工以构成教育的内容。跨境民族地区是一个天然而成的多元文化空间场域，复杂的族群结构和跨境而居的生活方式衍生出区域内繁复多样的文化形态。教育共生发展既要在多元文化共生环境中通过价值规范、思想观念、知识系统的传递维护传统文化的稳定性和连续性，又要在交流互动中实现文化与外部环境的和谐共生，促进民族文化生态系统的再生和更新，为区域发展提供内源性智力资源。

第一，树立正确的多元文化价值观。"一带一路"建设中，跨境民族地区在文化边疆意义更为凸显的同时，也面临更为复杂的人文环境和价值空间。因此，新时代跨境教育共生发展要树立正确的多元文化价值观，厘清三种关系：其一，跨境民族文化与国家主体文化的关系。中华各民族源于炎黄，同是炎黄子孙，共同创造了独立而完整的中华文化大系统，主体文化与各族文化间是一元主导与多

元共生、核心价值与多样文化的关系。其二，跨境民族文化与境外同族文化的关系。二者同根同源，但长期处于不同国家背景、社会形态和经济环境中，并受各自主体文化的熏陶，表现为相似的文化基因、不同的文化价值观，可概括为同源异质的关系。其三，跨境民族文化与世界其他文化的关系。它们都伴随人类发展演化而来，由于族群间迥异的自然、社会条件和历史沿革，这些文化呈现出地域性特征和意识形态差异，二者间是异质并存的关系。跨境民族教育要在厘清以上三种关系的基础上，以"中华民族多元一体"的文化观为基本准则，以维护国家核心价值体系为行为核心，开展多元文化交往，促进理解，增强和平、发展、共享的价值共识。

第二，开发利用在地教育资源。跨境民族地区是多族群文化的原生场，蓬勃多样的文化生态为教育文化共生发展提供了独具民族文化特征的土壤。一方面，跨境民族教育要从民族文化中汲取养分，从渗透于各民族价值追求、审美意识、生活习俗中的文化惯习和具有民族代表性的史诗、歌舞、图腾、节庆、习俗等文化形式中甄选、提炼出教育资源，让学生在富含多样文化元素的教育生态中，获得对文化丰富性的感知与理解；另一方面，跨境民族教育要促进民族文化传承和文化平等交流，撷取当地民族文化资源，融入学校特色发展，通过课程资源建设、文化资源储备和文化资源转化，实现学校教育与民族文化原生场域的连接和共生；通过建立民族博物馆、文化馆，收藏、整理民族古籍、文物，组织民族文学、音乐、舞蹈等艺术创作，开展传统体育活动等多种途径，为学校教育提供丰富的在地文化资源，推动民族特色文化保护和多样性延绵。

（二）教育与区域经济社会的协同共生

跨境民族地区地处边境一线，对边疆治理和国家安全具有特殊意义，其经济、社会发展状况直接影响国家对外形象和社会稳定。"一带一路"倡议将推动跨境民族地区经济社会转型发展，基于多民族共生、多元文化并存的局面，立足于区域经济发展现实，教育共生发展应当定位并着眼于发挥社会建构功能，发挥感化人心、教化人性、规范言行的"柔"性力量，以区域社会发展现实需要为导向，致力教育—社会共生境的协调发展。

第一，通过教育助推边疆文化型治理。文化型治理，是通过建构和传播有利于提高边疆治理效能的文化样态,发挥文化的引导力、规范力和约束力,对边疆复杂的社会主体的思想意识和行为方式进行引导、疏导和管控。[①]跨境民族教育要发挥文化的软约束力,将建设边疆、保卫边疆的理想愿景、行为规范等内化于心、固化于制、外化于行,助推区域内政治、经济、社会发展。例如,通过强化各族人民的政治认同,促进政治文明建设;通过挖掘、整合民族特色文化,推动文化产业化,助力经济发展;通过对社会心理、社会风尚的正面引导,逐渐形成平和、宁静、和谐有序的边疆人文社会环境。

第二,立足区域发展制定教育规划。作为国际关系中的"文化纽带",跨境民族教育不能仅定位于一般意义的区域教育,而是要凸显国家不同区位战略布局的需求。例如,广西是我国北部湾经济区和西江经济带的重要支点,区域内民族和谐文化融合,已基本实现和平跨居,应将扩大开放与交流,为现代产业发展提供竞争性人力资源作为跨境民族教育发展的着力点。相应地,新疆、西藏分别处于中亚、南亚大通道要塞,是传统安全敏感区域,党的十八大以来,国家先后召开第二次新疆工作座谈会和第六次西藏工作座谈会,提出安疆稳藏的战略思路,将"社会稳定与长治久安"作为总目标。[②]跨境民族教育发展规划就应以文化安全边疆建设为根本导向,进一步完善学校教育现代化体系建设,推动边境社会和谐治理和文化睦邻,实现文化戍边、文化固边。

(三)区域教育与国际教育的互惠共生

以普惠共赢为显著特征的"一带一路"建设推动跨境民族地区要以主动融入的姿态开展与沿线国家的教育合作,在开放的教育体系与共享的教育约定中探索多样化的发展模式。

第一,建立从宏观到微观协同联动机制。教育发展涉及政府系统所代表的公共权力、学校系统所代表的办学权益、社会系统所代表的需求权益等多重关系的协调互动。[③]要实现文化共享理念下的教育发展,需要各级政府、学校、社会等利益相关主体共同参与,建立宏观到微观协同一致的联动机制:一是国家层面的

---

① 方盛举:《我国陆地边疆的文化型治理》,载《思想战线》,2017年第6期,第77—85页。
② 邢广程:《新时代中国边疆治理的新思路》,载《边界与海洋研究》,2018年第3期,第5—17页。
③ 陈华:《教育综合改革的利益主体与协调机制》,载《全球教育展望》,2017年第11期,第76—89页。

统筹引导与政策沟通，进一步完善跨境民族教育治理体系，将其作为新时代国家构建教育对外开放新格局的重要组成部分；通过双边、多边、次区域合作框架协议的签署，以学分互认为基础，衔接区域内各阶段、各类型教育，为实现教育成果互学互鉴、先进文化跨越疆界的"地方性流动"提供畅通渠道。二是地方政府的资源调配和平台支撑，发挥地区文化资源优势，探索区域内教育准入资质、教育过程监管、教育结果认证的通用标准，与毗邻区域开展教育合作，形成互联互通、创新开放的教育联盟，将跨境民族地区打造为区域教育辐射中心和教育对外开放的枢纽。三是各级学校的主动参与和有序推进，立足跨境民族人才培养，完善教育教学软硬件建设，科学谋划人才培养、教师培训、课程开发、对外交流等各项工作，实现学校发展、跨境民族地区发展、"一带一路"建设在文化生态和价值主张上的和谐共进。四是社会力量的有效发动，吸纳和利用民间资本、民间智慧，通过灵活、富有弹性的合作机制促进人才培养、科技创新和成果转化，使跨境民族教育发展和文化延续在更广大的空间得到关注与支持。[1]

第二，建立区域教育合作发展机制。在开放共享的新发展理念下，跨境民族教育要积极寻求与周边国家或地区教育共同发展的契合点和突破口，建立以人才培养为核心，以课程建设、教学资源、文凭互认、就业创业等为着力点，协同联动科技创新、社会服务、文化交流的合作框架。一是推动教育资源共建共享，利用现代信息技术，与"一带一路"沿线国家共建教育资源平台，将教育内容通过音频、视频、Flash、VR等信息技术手段转化为数字资源，经由综合信息平台实现区域内跨校际、跨界域共享，形成"互联网+"跨界融合资源空间，以新技术和新教育观念促进跨境民族教育转型。二是助推教育市场开放合作，挖掘跨境民族教育服务产业价值，促进资本、人才、技术等要素在教育市场的有序流动，打破传统以政府为主体的单一办学模式，挖掘、利用国内社会力量或国际资源，鼓励行业办学、企业办学、境内外合作办学，扩大区域教育的包容、开放度和社会参与度，推动"走出去"和"引进来"双向教育流动。三是开展教育成果互学互鉴，教育成果包括人类创造并积累的思想文化和科学技术、推动人类文化存继的

---

[1]周虹、陈时见：《文化共享理念下跨境民族教育提升方略》，载《广西民族大学学报（哲学社会科学版）》，2020年第1期，第197—201页。

经验与智慧、符合时代发展需求的人力资源，对他国或其他民族教育成果的互学互鉴，将为跨境民族教育融入新时代开放发展浪潮，推动区域内社会发展和文明进步注入持续活力。

第三章

"一带一路"背景下
跨境民族教育发展的政策保障

　　跨境民族教育政策是跨境民族教育发展中的重要问题，也是跨境民族教育研究必须要明确的问题。《现代汉语词典》将"政策"释义为"国家或政党为实现一定历史时期的路线而制定的行动准则"。而"体系"则被解读为"若干有关事物或某些意识互相联系而构成的一个整体"。因此，政策体系可以理解为由若干相互联系的政策组成的政策整体，具体涵盖基本政策、核心政策、具体政策以及实施政策的相关措施。美国教育政策学者佛兰德·S. 柯伯思（Fred S. Coombs）认为，国家教育政策体系由教育经费政策、课程政策、学生政策、教师政策与教育管理政策等五部分组成。[1]孙绵涛教授提出由教育质量政策、教育体制政策、教育经费政策、教师政策构成的国家教育改革与发展所必需的基本教育政策。教育质量政策解决的是"为什么"的问题，教育体制政策、教育经费政策与教师政策解决的是"怎么办"问题。[2]因此，"一带一路"背景下跨境民族教育政策体系主要包括教育质量政策（学生政策）、教育管理政策（管理制度、教育经费、课程管理）、教师政策（教育条件政策）等方面的内容。基于教育改革体系的一般理论，结合我国跨境民族教育政策体系的发展实际，我们重点就跨境民族教育的学生政策、管理政策、教师政策进行分析。

第一节　跨境民族教育的学生政策

　　跨境民族教育的学生政策是解决教育对象——学生的政策问题。基于对学生政策的梳理及考察，尤其是民族教育政策中对于少数民族学生的有关政策，以及

---

　　[1]〔美〕斯图亚特·S. 那格尔编著：《政策研究百科全书》，林明、龚裕、鲍克、韩春立等译，科学技术文献出版社1990年版，第442—458页。

　　[2] 孙绵涛：《关于国家教育政策体系的探讨》，载《教育研究》，2001年第3期，第8—10页。

专项出台促进人口较少民族学生等发展的政策均是所要探究的跨境民族教育的学生政策。在此主要以新中国成立后六次全国民族教育工作会议及主要议题为节点，结合国家少数民族教育文献以及云南、广西等地方关于少数民族教育政策文献的综合考量，梳理出跨境民族教育的学生政策。跨境民族教育的学生主要从国内边境跨境民族学生与国外边境跨境的留学生两方面考虑，由此拟从跨境民族教育的学生招生、学生经费、学生管理以及学生就业等方面归纳或提炼学生政策的基本内容，概括其发展特征，进而预测其发展趋势，提出学生政策的发展路径。

一、跨境民族教育学生政策的主要内容

依据跨境民族教育发展的特殊性与独特性等现实状况，跨境民族学生政策总体呈现出鲜明的国家政策倾斜与特殊的社会关怀等时代特征。各民族地区在遵循国家相关法律政策下，因地制宜颁布了具有地方性特色的跨境民族学生政策。

（一）跨境民族学生的招生政策

新中国成立以来，国家历来高度重视少数民族学生教育权问题，尤其突出表现在对于少数民族学生特殊的招生政策。1951年，第一次全国民族教育工作会议在北京召开，首要任务是培养少数民族干部，提高少数民族教育与文化水平。在对少数民族招生政策方面，放宽对少数民族学生招生的年龄限制，根据考试成绩"从宽录取"，这开启了对于少数民族学生降分录取的序幕。在1953年至1962年期间改为少数民族与一般考生"同等成绩时，予以优先录取"的政策。1962年，教育部《关于高等学校优先录取少数民族学生的通知》又重申了少数民族招生政策享受"同等成绩，优先录取"的优惠政策，1964年招考新生规定补充为，报考外国语专业之外的少数民族考生可以申请免试外国语。

1978年改革开放，恢复高考录取政策。"适当降分、择优录取"是这一时期跨境民族学生招生政策显著特征。当时规定"对边疆地区的民族考生，可适当放宽最低录取分数线及录取分数线"。1980年，《关于加强民族教育工作的意见》强调"少数民族学生的录取比例力争不低于少数民族的人口比例"，此后对于民族考生单独划线、设置少数民族班等。1984年，《中华人民共和国民族区域自治法》颁布，为少数民族优惠招生政策提供了政策保障。同年，《关于加强领导

和进一步办好高等院校少数民族班》着重强调，民族班要对学生实行"定向招生、定向培养、定向分配"政策；西部大开发以来，对少数民族考生开始实施"加分录取"优先招生政策。为了加快少数民族人才的培养力度，2004年教育部等五部委决定实施少数民族高层次骨干人才招生计划，"实施定向招生、定向培养、定向就业……适当降分、单独划线"的招生政策，为少数民族地区大力培养研究生等高层次人才的同时，也提供了强大的人力资源和人才保障。

2015年，我国颁布了《关于加快发展民族教育的决定》，从顶层设计角度强化了国家统筹考虑发展民族教育的决心与信心，真正实现"绝不让一个少数民族、一个民族地区掉队"教育初心，尤其在招生制度方面，更加强调公平正义，出台更加翔实的少数民族考生加分的优惠政策。[①]跨境民族地区依据国家招生政策出台了一些地方性政策法规。例如，云南省先后颁布了《云南省扶持人口较少民族发展规划（2011—2015）》、《进一步加强民族工作促进民族团结加快少数民族和民族地区科学发展》（云发〔2009〕13号）、《云南省少数民族教育促进条例》等文件，对人口较少民族和"直过民族"等云南较为特殊的跨境民族采取"划出比例""实行加分"或"定向录取""定向培养"等优惠招生政策，适度增加跨境民族招生数量。[②]

与此同时，地方政府因势利导，陆续出台了一系列地方政策文件。比如，云南省民宗委、教育厅、发改委、财政厅四部门联合颁布《关于做好2019年布朗族基诺族等特有民族本科及大中专班招生工作的通知》，对布朗族、怒族、景颇族、独龙族、德昂族等八个特有民族招生计划给予照顾倾斜，并规定了对于这些特有民族的招生政策和管理办法。这将极大促进跨境民族地区高层次人才培养与人才资源储备，为跨境民族教育提供强有力的人力资本与智慧支撑。另一方面，体现"一带一路"背景下人类命运共同体的教育政策，就是我国边境省份（自治区）诸如云南、广西等对边境地区跨境外籍中小学学生的招生政策。2017年之前，云南省招收国外留学生主要依据1999年《中小学接受外国学生管理暂行办

---

① 张善鑫、马国莉：《改革开放40年来我国少数民族学生政策变迁的回顾与展望》，载《民族教育研究》，2018年第5期，第11—16页。

②《云南省人民政府关于加快发展民族教育的实施意见》，2016年12月15日。

法》与2000年《高等学校接受外国留学生管理规定》等相关政策文件。2017年，国家出台《学校招收和培养国际学生管理办法》，该文件是管理我国新时代义务教育阶段来华留学生的专门政策文件，但没有专门针对边境地区来华留学生的相关制度安排，对于跨境学习外籍学生的入学方面没有做出具体的规定，各边境县市在实施的时候主要根据国家总体政策并结合具体实际采取相应的措施，出台一些地方性管理规定。例如，基于对边境外籍学生跨境学习的现实状况，云南一些边境市县因地制宜出台了针对边境地区外籍学生管理的规定文件。有些地市出台了关于无国籍人员子女享受地方义务教育优惠政策的措施。再如，基于保障外籍学生学习权益，一些地方教育行政部门出台了《外籍学生管理办法实施细则》以及为缅籍学生办理"出入境优先卡"的《缅籍学生出入境管理制度》等优惠政策。①这些地方性政策措施对于跨境民族学生跨境就读起到了积极作用。

（二）跨境民族学生的经费政策

一方面，在对少数民族教育经费政策支持上，政府层面一直贯彻执行对于少数民族学生专项补助的经费政策。这具体体现在以下方面：一是确立差异性、专项补助的教育经费政策。1951年，《关于第一次全国民族教育会议报告》指出，少数民族地区的教育经费，另拨专款，帮助解决少数民族学校设备、教师、学生生活等方面特殊困难。1953年，《关于少数民族教育补助费使用范围的指示》强调，少数民族教育补助费是在一般经费之外特设的一笔补助费用。1990年，国家又设立少数民族教育补助经费，专门用于民族地区教育事业发展。之后，除了中央拨付的各项教育经费和专款，各有关省（自治区）设立民族教育专项补助经费，其数额自定。二是跨境民族学生经费补贴政策。2002年，《国务院关于深化改革加快发展民族教育的决定》明确指出："少数民族和西部地区各级财政也要相应设立寄宿制中小学校学生生活补助专项资金。"云南省为了促进少数民族人才培养，加大对于跨境民族和人口较少民族、"直过民族"学生的生活补助力度。云南省于2016年颁布《关于加快发展民族教育的实施意见》，强调将在独龙、拉祜、佤、怒、阿昌、景颇、普米、傈僳等11个人口较少民族和"直过民族"聚居区实行涵盖学前教育2年、小学6年、初中3年、高中3年总共14年的免费教育；免除在校学生学杂费、教科书本费和住宿费，同时分别给予学前教育、普通高中家庭经济困难的学生生活补助1000元/生·年、3000元/生·年。这些优惠的免费专项政策对于跨境民族学生的学业完成与生活质量提升都起到了积极保障作用。

为了支持边疆教育发展，20世纪50年代至70年代就出现了教育支援边疆、教育援助或教育帮扶。之后在内地设立西藏中学，内地西藏班、内地新疆班，为西藏和新疆培养合格建设人才。1992年，国家教委下发《关于对全国143个少数民族贫困县实施教育扶贫的意见》拉开了对少数民族贫困县定点对口教育扶贫序幕。进入21世纪以来，教育对口支援政策进入成熟期，陆续出台了一系列教育帮扶教育援助政策文件。例如，《关于推动东西部地区学校对口支援的通知》《关于东西部学校对口支援工作的指导意见》《大力推进城镇教师支援农村教育工作的意见》等国家层面政策文件，着重解决西部少数民族地区教育发展不均衡落后问题，并强调通过外部"输血"行为提升民族地区人才培养的内生"造血"动力。实质上，对于民族教育的经费支持呈现出逐步加大发展趋势，2015年以来，国家通过一系列诸如贫困地区义务教育工程以及世界银行贷款等措施，还在高校大力扶持少数民族骨干和民族预科班的贫困学生完成学业。

（三）跨境民族学生的管理政策

为了实现跨境民族地区能够早日多出人才、出好人才的发展目标，党和国家为跨境民族地区采取了一项专门特殊的人才培养措施，即开设民族预科班、民族班。目前，民族班、民族预科班实施数年来，成效显著尤其在对跨境民族学生学业评价政策方面。其一，改革与完善学业评价，强化学生培养质量。在对民族预科生学生评价方面，1993年开始在民族预科生评价制度中引入淘汰制度。1996年又建立升降级制度，[1]实施惩罚机制，对于未取得预科结业证书的学生，对其进行退回生源地区的惩罚；[2]在对民族班学生学业评价方面实行学习成绩合格的"奖励制度"，即依据1992年《关于加强普通高等学校少数民族预科班工作的意

---

① 王谦：《改革开放以来民族教育政策价值取向演变研究——以民族预科教育政策为例》，西南大学硕士学位论文，2016年，第1—3页。

② 《普通高校少数民族预科班、民族班管理办法》，2005年2月28日。

见》规定，学习成绩合格或优异者，无须参加全国统一高考，可直接升入有关高等学校本、专科继续深造。其二，是对内地西藏班、新疆班学生考核与学业评价。为了有效激励内地西藏班、新疆班学生学习动力，实行成长激励机制与过程考核、终结考核相统一的学业评价机制，在德智体美等方面均衡发展或某一方面特别突出的学生，实行积极的奖励机制并给予荣誉称号。对学生在校学习期间的政治思想、学习和劳动技能等表现进行全面考核和综合评定，并将评定结果作为学生奖惩和升留级的依据。①以此提升内地民族班高中生的学习质量与学业成绩。

对于民族学生管理办法，采取如下措施：其一，积极倡导不同民族学生之间相互交流的学生管理办法。《国家教委办公厅关于加强民族散杂居地区少数民族教育工作的意见》（教民厅〔1992〕15号）提倡和鼓励不同民族学生合校分班或合校合班，特别是高中和大中专院校，要积极创造条件……要使各族学生增进了解，广交朋友，促进各族学生交往、交流、交融。这一政策有利于引导各民族之间团结合作和和睦发展。其二，民族预科班、民族班的政策管理价值导向。改革开放后，"规范与科学并举""质量与公平兼顾"成为国家民族预科班、少数民族骨干政策价值导向。2005年，教育部发文确认民族预科班、民族班学生身份，并于当年6月又重申加强民族预科班、民族班的有效管理。2015年，《关于加快民族教育发展的决定》指出，强化内地民族班教育管理服务，全面提高教育管理服务水平。

事实上，跨境民族学生较多的云南省、广西壮族自治区一直致力于跨境民族学生人才的培养，加强对跨境民族学生人才评价机制的探索。例如，云南省鼓励支持省内优质一流普通高中加大对"直过民族"、人口较少民族等招生计划，发展与完善省内高校少数民族班招生管理办法。2016年，广西《普通高等学校少数民族预科和民族班教育发展规划（2016—2020年）》指出，探索高等学校民族预科阶段结业会考制度，促进学生学业水平和综合能力的提高。②

---

① 《内地西藏班、内地新疆班高中班管理办法》，2010年8月17日。

② 《广西壮族自治区普通高等学校少数民族预科和民族班教育发展规划（2016—2020年）》，2016年9月20日。

（四）跨境民族学生的就业政策

跨境民族学生毕业就业涉及跨境民族千家万户，是跨境民族最大的社会民生问题。1980年，教育部所属高校开始举办少数民族班，为少数民族地区培养合格人才。[1]其中，民族班、民族预科班毕业生的分配政策经历了计划分配、定向培养与灵活选择等多重选择交织的就业政策。一是充分关爱少数民族学生，具有浓郁色彩的计划经济的就业分配政策。1984年教育部规定，凡定向招收的民族班学生，根据招收时商定的原则，采取"从哪里来，回到哪里去"的就业分配政策。二是就业政策重视培养与选拔少数民族干部。1950年《培养少数民族干部试行方案》强调了以培养普通政治干部为主的方针政策。1993年《国家公务员暂行条例》、2001年修订的《民族区域自治法》等国家政策都要求地方政府在招聘公务员时要划出相应的配额和职位，优先照顾少数民族毕业生。地方政府层面，比如，2013年《云南省少数民族教育促进条例》规定，在同等条件下，民族地区国家机关应当优先录用、聘用该地区少数民族大中专毕业生。三是就业政策重视少数民族高层次人才的"稳定"效应。为了能够留得住和用好少数民族地区研究生等高层次人才，首次在2006年开始实施少数民族骨干计划，采取违约协议的教育惩戒措施。《培养少数民族高层次骨干人才计划的实施方案》明确规定"硕士服务期5年，博士服务期8年，毕业生不按协议就业者，要支付培养成本和违约金"[2]。四是尊重学生，强化学生就业的"一对一""自主择业"指导。2015年，《国务院关于加快发展民族教育的决定》指出，加强普通高校、职业院校毕业生就业创业指导，对就业困难学生开展一对一就业指导、重点推荐。[3]云南省2019年发文规定，对于布朗族、普米族等15个民族考生以及独龙族、景颇族等8个人口较少民族学生就业采取"强化学生毕业指导，灵活选择、自主择业"的政策措施。[4]

事实上，在不同时期不同发展阶段，为了跨境民族教育的发展，国家和地方出台针对跨境民族、民族班、民族预科班等学生的个性化管理与差异化教育政策措施。当然，后续的学生就业政策研究更需要统筹兼顾国家顶层设计、地方政府特殊需求，以及跨境民族地区教育发展内在诉求等方面的因素，因地制宜，具体情况具体分析。

二、跨境民族教育学生政策的发展特征

基于对我国跨境民族学生政策的发展变迁，我们可以从制度结构、关键节点、自我强化机制等方面，探究我国跨境民族学生政策的内在发展特征。

（一）制度结构与政策调整相吻合

我国历次少数民族学生政策的制定与实施均与该时期民族政策制度改革背景相吻合，均是时代发展的产物。1949年至1956年，中国社会主义改造胜利完成，这一时期初步形成了"集中管理"民族教育政策模式，并在1951年全国第一次民族教育会议上得到确认。"文化大革命"十年，少数民族教育处于制度变迁断裂时期，这一时期民族教育政策几乎被全部否定。1984年《中华人民共和国民族区域自治法》、1985年《关于教育体制改革的决定》、2015年《关于加快发展民族教育的决定》等陆续出台，民族教育发展进入"快车道"，进入"建构性制度变迁"阶段。

进入21世纪以来，国家从政治、经济、教育、文化等全方位加强对少数民族的扶持。先后于2000年启动兴边富民规划、2005年发布《扶持人口较少民族发展规划（2005—2010）》等一系列规划政策。与此同时，边境省份（自治区）也颁布了相应的、更加具体的教育配套措施。例如，云南省为了加快云南特有民族"直过民族"的人才培养，专门颁布在"直过民族"聚居区实行14年免费教育政策（涵盖幼儿2年到高中阶段）。从2016年秋季启动对"直过民族"考取大专以上的学生，给予5000元/人·年的学费奖励。在各种社会力量的作用下，地方免费师范生政策、教育对口援助政策、教育精准扶贫政策等愈来愈兴盛，跨境民族学生政策体系愈来愈完备，教育制度的变迁推动着跨境民族教育学生政策的迁移。当然，对于边境地区外籍学生政策而言，边境省份（自治区）诸如云南省于2003年出台了《云南省接受外国学生管理暂行办法》，这是边境省份（自治

区）出台关于边境外籍学生跨境学习的重要政策文件。实质上，云南省对于外籍学生跨境学习的学生政策，形成了自己独特的外籍学生招生、管理与评价的政策体系。

（二）关键节点与路径选择相调适

历史制度主义理论认为，制度断裂的关键点时期和制度存续的"正常时期"是制度变迁进程中两种重要形态。前者关键节点是最能说明路径依赖的。[①]关键节点可以理解为在历史发展进程中，或在政策制度转折或重大决策的时期，对于后续的政策研究具有较强的影响。当然，关键节点是路径依赖的起点。就跨境民族教育政策而言，以法律法规形式明确了民族教育发展的战略定位始于1984年《民族区域自治法》，开启民族教育现代化征程来始于邓小平1983年提出教育"三个面向"方针政策，坚持教育优先发展的战略地位始于党的十三大以及十一届三中全会做出经济建设为中心伟大决策。这些成为中国跨境民族教育政策变迁的关键节点。

改革开放后，跨境民族教育政策路径调整的原因是多方面的，最主要是由于"文革"期间"以阶级斗争为纲"政治建设严重影响了中国各项事业的发展，导致中国经济建设步履维艰，教育缺失几乎造成一代人才断层。随着我国综合国力的加强，相对封闭、落后的边境民族教育与我国经济实力不相匹配。为了促进少数民族地区教育发展，提升民族地区人才内生的"造血"能力，国家相继实施了"西部大开发"战略、内地民族班政策、少数民族高层次骨干计划等政策，从而推进了跨境民族地区学生教育均衡优质化发展的进程，改变了过去跨境民族学生辍学率持续上升的趋势。例如，云南省由于实施"直过民族"、人口较少民族学生的优惠政策，改变了一些"直过民族"没有大学生的历史，这有效提升了直过民族学生升学率和成才率。因此，在新时代"一带一路"背景下，云南省跨境民族教育的学生将迎来更加融合、多元互动的优质化跨境教育。

（三）政府主导与自我强化机制相协同

从制度变迁的内在逻辑而言，我国跨境民族学生政策的路径选择或多或少是集体行为的最优化结果。跨境民族学生政策自经历变迁路径调整以来，表现出了

---

① 徐书业、郭裕湘：《新中国民族教育政策演变的制度分析——基于历史制度主义的分析范式》，载《教育研究与实验》，2013年第1期，第30—34页。

极强的政府主导特征，使得该政策依据国家政府预设的发展目标前进，表现出了"回报递增"的状态，形成了积极稳健的正向反馈机制。

第一，路径调整。在创建某一制度之前，创始成本比较大，随着该制度的推进与完善，制度带来的收益将会递增，逐渐形成规模的效应。当然，若此时对制度进行改变或取消，成本将会非常大。自从20世纪八九十年代形成民族班、内地班以及培养少数民族高层次骨干人才等一系列跨境民族学生政策以来，国务院、教育部、国家民委等各部委颁布了几十项关于跨境民族教育的政策文件，以及云南、广西出台针对人口较少民族、"直过民族"等特有民族学生的优惠政策及服务制度，对跨境民族学生政策进行了建构与巩固。目前，对于跨境民族地区特有民族学生的招生、经费补贴、学生管理及评价等政策的完备需要耗费较大人力、物力、财力，需要继续提升与完善相关规章制度。

第二，学习效应。学习效应实质上是制度制定者依据习惯思维或决策惯例预测制度产生的效果，进而不断进行调整和适应的过程。因而，在一定程度上，学习速率的变化会影响制度变迁的快慢。当然，在跨境民族学生政策变迁过程中，国务院以及教育部、国家民委等也在不断依据少数民族发展的实际情况采取针对性的具体措施。就现实而言，跨境民族地区已逐步实现了义务教育均衡发展，不过其研究生等高层次人才较为缺乏。这时，政府就通过学习效应旗帜鲜明地指出民族地区教育的发展需要高层次人才作为引领，提升其内生"造血"的能力，而不是仅仅依靠外部推动与"输血"。由此，经过多方调研，2006年国家启动了少数民族高层次骨干计划，跨境民族地区政府对此也大力支持并主动积极参与。其后，围绕该计划，教育决策部门及相关部门也在不断进行着调试与适应，使得该政策能够不断得以发展、巩固与完善。

第三，协同效应。任何一项制度都不是独自发挥作用，均需要其他制度的配合和补充，形成合力，共同规范和约束人们的思维与行为。事实上，跨境民族学生政策是在中国特色社会主义制度大背景下进行制度变迁的。自从实行改革开放以来，以经济建设为中心成为我国社会主义建设的重中之重，促进了我国生产力突飞猛进的发展，这为我国民族教育发展提供了坚实的经济基础。在政治和管理行政机构方面，国家民委与各省（自治区）民委成为协助教育部及各级教育机构的重要民族管理机构。此外，国家发改委、财政部、人事部等部委为跨境民族教育学生政策的顺利实施与推进提供了坚强的经费保障后勤保障。特别指出的是，同时还有一系列教育援助、教育对口帮扶等政策影响跨境民族地区学生政策制度的变迁。这么多的政策和制度交织形成了一个学生政策共同体网络，形成协同效应规约着跨境民族学生政策的变迁方向。

第四，适应性预期。适应性预期（adaptive expectations）是指各经济主体在对经济变量进行预测时，不仅会考量之前对该变量进行的预期，也会积极利用过去预测误差进行适当必要的修正。我国跨境民族学生政策，主要涉及政策制定的主体与政策实施客体两方面。一是我国跨境民族学生政策制定者体现出一致性、连贯性与发展性的特征。自从把民族教育放在优先发展战略地位以来，国家政策制定者先后出台了多种形式、多种类型的提高民族教育学生学习质量的政策文件，当然在不同时期其关照学生政策（比如少数民族骨干高层次人才计划）的重点有所侧重，这也是国家政策制定者在政策实施过程中进行了必要的修正与完善，体现了政策制定者的适应性预期现象。二是从政策实施客体、政策作用对象学生而言，跨境民族学生对我国跨境民族教育政策的认同度愈来愈高。政策认同度主要体现为跨境民族学生对该政策高度认知及效果的反馈。据数据表明，"少数民族骨干"学生对入学前和研究生阶段的政策认知程度整体较高，[①]总体上取得了人民群众满意的教育效果。[②]

三、跨境民族教育学生政策的发展路径

审视跨境民族学生政策的变迁，实际上能窥见我国跨境民族学生政策发展的未来趋势。"对谁优惠政策"和"怎么样优惠政策"构成了目前我国跨境民族学生政策的两个基本问题，值得深入探究。因此，我们应从历史发展轨迹中探寻制度创新的契机，探究跨境民族学生政策未来发展的方向与路径。

---

① 杨友森：《政策认知视角下"少骨"政策的问题及成因研究》，华中师范大学硕士学位论文，2017年，第58—60页。

② 曾鸣鸣、崔延强：《"少数民族高层次骨干人才计划"实施研究》，载《社会科学战线》，2018年第10期，第273—277页。

（一）发挥政府对学生政策的主导作用

跨境民族学生政策变迁的经验表明，历史性因素与结构性因素是制约政策制度发展的重要动因。事实上，跨境民族学生政策制度变迁以渐进式变迁为主，激进式变迁为辅，两者相辅相成。作为政策制定与创新的主体——政府，理应为政策的稳健可持续发展提供强有力保障，并且在此过程中重视制度的学习效应，陆续出台相配套的一系列政策措施，增强协同效应，降低政策变迁成本，发挥制度创新的规模效应。政府需要始终坚持主导与引领作用。

首先，明确跨境民族学生政策发展定位。纵观新中国成立后六次全国民族教育工作会议以及历次全国教育大会涉及学生政策的文件，对学生这一主体进行精准目标定位的观照不足。实际上，确立适宜的跨境民族学生政策的发展定位，是充分发挥政府对学生政策因势利导的必要条件。尤其是当下"一带一路"发展背景下，跨境民族教育从国家发展的"末梢"一跃成为"前沿阵地"，这种教育国际化与全球化的发展态势对于跨境民族教育的学生政策将会产生广泛而深刻的影响，主要表现为教育开放性与包容性将进一步加大，学生选择教育机会越来越多元，与此同时，对于跨境教育质量与水平的期待也愈来愈高，因而，在多重因素综合考量下，作为学生政策的主导者，政府需要针对学生政策的实际问题进行政策的精准设计。

其次，建立跨境民族学生政策评价标准。事实上，从跨境民族学生政策发展的实际而言，注重结果相对忽视过程的学生评价标准显然失之偏颇。为此，政府部门应克服"分数至上"片面的绩效观，应从新制度设计的维度，注重政策背景、过程及效果的综合评价，兼顾过程性评价与总结性评价的有效统一。更为重要的是，依据跨境民族学生发展的现况，尤其是学生招生、管理、经费以及就业等方面的政策采取更为具体的、因地制宜的跨境民族学生政策评价标准。当然，不可否认，多维跨境民族学生政策的评价标准需要充分发挥政府的引领作用，充分调动相关利益者主体的协同治理。

再次，完善学生政策制度创新的监督机制。事实上，为了保障政策的时效性与科学性，需要充分保障政策制度创新的监督机制。尤其在新时代"管办评"分离改革大背景下，迫切需要第三方参与到跨境民族学生政策中来，合力构建政府—学校—社会多方合作的新型关系，三方承担不同的职责，分工合作和协同治理。政府要充分发挥引领作用，学校和社会都要积极主动参与到跨境民族教育管理政策制定、政策评估监督中来。

（二）把握学生政策改革的关键节点

事实上，关键节点时期的抉择与策略选择将会对下一步的新制度的发展方向产生重要的影响。因此，需要把握好跨境民族学生教育改革和创新发展的有利契机，确保改革能够真正沿着制度预设的轨迹前进。目前，我国跨境民族学生政策正处于制度变迁的新时代，需要政府、学校和社会等各利益相关者积极行动起来，寻找跨境民族学生政策制度的关键节点来实现制度创新。

就现实而言，职业教育在我国迎来了发展的春天。跨境民族学生政策创新的关键节点在于学生的职业教育政策。伴随"一带一路"倡议的逐步推进与深入，云南、广西等日益成为辐射南亚、东南亚的"前沿阵地"。《兴边富民行动"十三五"规划》强调，"积极发展符合边境地区实际的职业教育，落实好中等职业教育免学费制度"[1]。职业教育在提升边境人力资本与能力建设中将日益凸显，基于对跨境民族社会与经济发展的现实考量，亟待加强与完善职业教育的学生政策。《中国农村扶贫开发纲要（2011—2020）》指出："更加增强扶贫对象自我发展能力，提高自我管理水平和发展能力，立足自身实现脱贫致富。"[2]这说明跨境民族教育还需要积极提升自身发展水平和质量，只有这样，才能真正锻造内生"造血"的能力，光靠外部的"输血"是远远不够的。因此，职业教育作为教育领域中最能直接作用于脱贫扶贫功效的教育类型，更需要充分发展与大力提高，如加大职业教育学生政策的支持力度，积极颁布职业教育招生优惠政策，以此来进一步促进与发展跨境民族职业教育。

（三）重视学生政策的文化认知

历史制度主义理论认为，文化模式能够探析制度"深层结构"背后最普遍意义的基本因素，文化模式是影响学生政策创新的关键要素。事实上，从文化发展历程而言，自由主义与社群主义是其两大主要文化模式。自由主义认为个体的价

---

①《兴边富民行动"十三五"规划》，2017年5月28日。

②《中国农村扶贫开发纲要（2010—2020）》，2011年12月30日。

值高于社会价值,个体的生存与发展是目的,社会为个体提供必要的基础保障。社群主义则认为个体的存在与发展依赖于社会并受社会制约,社会的价值高于个体价值。这两种文化模式的价值观反馈在教育领域就形成了个人本位教育价值观与社会本位教育价值观。[①]从历史传统及现实发展而言,我国传统文化倾向于社群主义的文化模式,是一种以社会本位为导向的价值取向,国家利益、集体利益与人民利益等至上是其文化模式主要表征。当然在注重社会价值的同时,也要注重学生政策创新观照个体价值的存在与意义。更重要的是,要活化与更新新时代文化对于学生政策制度变革的认知价值。

在未来学生政策创新进程中,除了关注正式制度变革之外,也要更加注重非正式制度在跨境民族学生政策制度创新的关键作用,实际上就是要重视中国社会本位文化模式的改革与创新。一是借鉴中国"和合哲学"的文化模式,传承和活化中国传统优秀文化,实现"美美与共"、文化融通的发展理念,使其在内外政策交流沟通中获得更广泛意义上的文化认同;二是归纳提炼跨境民族学生政策发展的经验与教训,深入发掘其背后蕴含的丰富文化要义,着重突出跨境民族学生政策在交流融通中形成本土特色的制度文化,使其能够在实现跨境民族"公平而有质量"的教育中作出贡献。

(四)完善学生政策的制度性保障

评价的旨归在于诊断和改进,而不仅仅是作为结果予以呈现。当前,跨境民族教育学生政策评价体系亟待改进。首先,需要涵盖不同跨境民族文化特色与学业成绩评价准则,增加对于跨境民族文化特色多样性的考察;其次,需要依据社会经济发展的实际诉求,紧密结合跨境民族学生生涯规划与就业的意向,做到将跨境民族学生"小我"融入跨境民族地区事业发展的"大我"之中,在实现"小我"的成就中提升"大我"的发展境界;再次,需要依据边境地区民心相同的发展愿景,增强跨境民族教育的交流互动。例如,与越南接壤的广西壮族自治区东兴市的边境学校可以增强与越南学校教育的交流与合作,培养旨在促进中越政策沟通、贸易畅通、文化融通的复合型人才。

---

① 项聪:《我国高校基层学术组织变迁的制度逻辑——基于历史制度主义的分析》,载《中国高教研究》,2011年第6期,第23—28页。

当前，学生学费优惠与专项经费补助政策的发展与完善是跨境民族教育学生政策关注的重点。例如，云南省在迪庆藏区实施了涵盖学前2年、义务教育阶段9年、高中3年总共14年的免费教育政策，这是对跨境民族学生学费政策的援助。但不同地区之间存在明显的差异，一些地区还没有制定相关的政策措施。再如，就跨境就读学生的生活补助而言，各个地区或学校采取的措施就存在很大的差异。因此，有必要对各地区的经验和做法进行总结，将好的经验做法和政策措施进行推广，从而促进跨境民族学生教育的可持续发展。

第二节 跨境民族教育的管理政策

教育管理政策作为跨境民族教育政策体系的重要组成部分，主要是解决谁来制定政策以及如何保持政策的平稳运行。就跨境民族教育政策发展实际而言，管理制度、民族教育行政机构、民族教育经费、课程管理等构成了跨境民族教育管理政策的主要组成部分。跨境民族教育管理政策的发展变化体现了跨境民族教育管理的演进逻辑，基于对跨境民族教育管理政策成就与经验的分析，可以窥见跨境民族教育管理政策的发展走向。

一、跨境民族教育管理政策的发展演变

我国跨境民族教育管理政策主要涵盖集中统一领导、分级负责以及"管办评"分离等跨境民族教育管理政策。当然在各个政策发展阶段均有其自身的使命与任务，尤其是跨境民族教育管理政策的重难点及发展侧重点。有鉴于此，简要探析跨境民族教育管理政策在各个发展阶段的主要内容，有其重要的现实意义与实用价值。

（一）跨境民族教育管理政策的初步探索

1949年至1978年，我国教育管理领导体制的显著特征就是中央集权的高度计划管理。新中国成立伊始，在对政治体制与经济体制进行全面改造的同时，国

家也对旧教育进行全面改造，积累经验，为教育管理制度的建立提供基础。由此，少数民族教育是在中国旧教育基础上建立起来的，在1956年之前其属于新民主主义教育，同时应结合各民族发展实际情况采取相应的具体民族形式。[①]实际上，照顾民族特点、兼顾少数民族发展实际，符合民族时代发展诉求等是民族教育管理政策的重要表征。1949年，《中国人民政治协商会议共同纲领》（简称《共同纲领》）规定，人民政府应有计划有步骤地改革旧的教育制度、教育内容和教学法；同时，有计划有步骤实行普及教育，加强中等教育和高等教育。[②]1949年12月30日，教育部副部长钱俊瑞在第一次全国教育工作会议上提出，以老解放区新教育经验为基础，吸收旧教育有用经验，借助苏联经验，建设新民主主义教育。[③]由此，我国的教育应以工农为主体，着重发展工农大众的文化教育、政治教育和技术教育，人才培养必须始终坚持又红又专的方向。

第一，建立和健全民族教育行政机构。设立专门的民族教育管理机构是基于少数民族教育的独特性与特殊性。为了更好完成甚至超额完成少数民族既定教育目标，1952年政务院《关于建立健全民族教育行政机构的决定》要求教育部内设立民族教育司，有关省（行署）、市、专署、县人民政府教育厅（处）根据地区少数民族人口的多少，依照一定的原则，分别设立民族教育行政机构或专职人员。[④]相比较而言，吉林、黑龙江、原热河等省份是做得比较好的，均先后成立了专门的民族教育机构——民族教育科。辽宁、四川、广西、云南、贵州等省份教育厅，虽然之前建科，但随后又撤销，有的根本就未建立，根据需要今后应该建立民族教育科。[⑤]之后，民族教育行政机构逐步健全与完善。此外，1956年第二次全国民族教育会议指出，各地方民族学院今后一定时期的主要任务就是提升民族教育干部的综合能力与业务能力。今后民族学院的设置，应以省为单位建立，西藏和青海可考虑以原民族干部学校或民族公学为基础建立民族学院。各地方

---

① 何东昌主编：《中华人民共和国重要教育文献(1949—1975)》，海南出版社1998年版，第129—130页。

② 中央教育科学研究所编：《中华人民共和国教育大事记1949—1982》，教育科学出版社1984年版，第3—4页。

③ 中共中央文献研究室编：《建国以来重要文献选编》第一册，中央文献出版社1992年版，第86页。

④ 何东昌主编：《中华人民共和国重要教育文献(1949—1975)》，海南出版社1998年版，第1898—1990页。

⑤ 何东昌主编：《中华人民共和国重要教育文献(1949—1975)》，海南出版社1998年版，第637—638页。

民族学院应在当地省委和省人民委员会领导下，作出 1956 年到 1967 年的全面规划。①

第二，建立与完善专项民族教育经费。党和政府历来高度重视与倾斜教育经费于少数民族教育。一是采取中央政府及各省市专款经费原则，大力支援民族教育发展。1951 年全国第一次民族教育会议指出，关于少数民族地区的教育经费，各地人民政府除按照一般开支标准，拨给教育经费外，并按照经济情况及教育工作，另拨专款，以帮助解决少数民族学校的设备、教师以及学生等方面的特殊困难。②1981 年，时任教育部副部长臧伯平指出，妥善解决民族教育必需的经费非常有必要，当前民族教育经费比例严重失调，发展民族教育需要更多的资金。作为少数民族教育补助费，按照新的财政管理体制，国家预算中列有占预算总额约2% 的支援经济最不发达地区发展资金，还有中央专案拨款其事业补助费等。二是除了发挥国家经费拨款的主导作用外，积极尝试多元主体的集体投资。还应鼓励社队集体投资，提倡学校搞勤工俭学，实行两条腿走路。三是设立专项补助奖励经费机制，体现特殊性与倾斜性。为了激发民族地区教育活力与动力，改变之前单纯直接拨款的不足，国家采取以奖代补、奖补结合的办法，主要用于支持一些老、少、边、穷贫困县教育事业的发展。并要求各省（自治区）要根据本地区实际情况，设置民族教育专项补助奖励经费。③事实上，70 多年来国家一直积极筹措经费，采取各种有效的、可行的经费专项补贴政策。

（二）跨境民族教育管理政策的调整与完善

1985 年颁布的《中共中央关于教育体制改革的决定》（简称《决定》）开启了教育改革新征程。④该《决定》与 1984 年《中共中央关于经济体制改革的决定》、1985 年《中共中央关于科学技术改革的决定》等文件成为一个时代社会

---

① 何东昌主编：《中华人民共和国重要教育文献(1949—1975)》，海南出版社 1998 年版，第 637—638 页。
② 何东昌主编：《中华人民共和国重要教育文献(1949—1975)》，海南出版社 1998 年版，第 129—130 页。
③ 何东昌主编：《中华人民共和国重要教育文献(1976—1990)》，海南出版社 1998 年版，第 3299 页。
④ 范国睿：《教育制度变革的价值追求与战略选择——纪念教育改革开放四十年》，载《全球教育展望》，2018 年第 7 期，第 66—75 页。

改革与发展的整体框架。①这一时期，教育管理体制改革的基本原则主要有三条：一是简政放权与加强领导相统一。《决定》强调，中共中央在重视国家宏观调控的同时，强化简政放权意识，适当扩大学校自主办学权。②二是地方负责、分级管理。《决定》规定："基础教育由地方负责，实行分级管理的原则。"③实际上，地方负责、分级管理的管理政策来源于1983年以来部分省（自治区）实行的有关管理政策以及1993年《中国教育改革和发展纲要》所归纳的"分级办学、分级管理"原则。三是加强教育立法工作。《决定》指出，在赋权增能、下放权力的同时，注重教育立法工作。国家有义务与责任加快发展少数民族教育事业。实际上，一系列法律法规如《宪法》《义务教育法》等陆续颁布为我国少数民族教育政策发展的规范化、法治化与科学化奠定了基础。

第一，依法处理跨境民族教育"管办学"之间的关系。1993年《中国教育改革和发展纲要》提出，"实行校长负责制，完善相关法律法规，依法管、办、学"，可以采取多种举措如"民办公助""公办民助"等形式开展办学。④实际上，"管办"分离改革赋予学校更多的自主权，这在高等教育领域得到体现，基础教育领域的改革仍以"地方办学为主"。不过，随着教育法治改革与发展，对教育的评估与评价一直仍由政府主导，这一时期少数民族教育依法治学、依法办学虽然被提上日程，然而并未得到有效的重视。

第二，改革课程管理制度，实行"国家+地方"课程发展模式。"国家+地方"的课程政策模式大致时间是从1985年我国经济体制改革转型开始的。1985年，《中共中央关于教育体制改革的决定》指出，改革教育管理体制，坚决实行简政放权，扩大学校的办学自主权，实行分级管理的原则。这样就逐步形成了

---

① 范国睿：《教育体制改革与教育生态活力——纪念〈中共中央关于教育体制改革的决定〉颁布30周年》，载《教育发展研究》，2015年第19期，第1—6页。

② 廖其发：《论中国基础教育领导管理体制的分类分权改革——以1977年以来的经验教训为依据》，载《西南大学学报(社会科学版)》，2017年第4期，第71—80页。

③ 何东昌主编：《中华人民共和国重要教育文献(1976—1990)》，海南出版社1998年版，第2286—2287页。

④ 范国睿、孙闻泽：《改革开放40年教育体制机制改革的历史与逻辑分析》，载《教育研究》，2018年第7期，第15—23页。

"国家+地方"课程发展模式。[1]1986年,《义务教育法》以法律形式确定了"国家实行教科书审定制度",以"审定制"来替代之前的"国定制",这就进一步确立了地方管理、分级负责的课程管理制度。1992年,李铁映同志在第四次全国民族教育工作会议上强调,要根据民族地区特点,认真抓好民族文字教材编译出版和审定工作。按照跨省(自治区)和本省(自治区)使用的教材两种方式,前者使用的教材审定由国家教委组织,后者由本省(自治区)教委组织审定;同时,明确省(自治区)、地(州)、县(旗)的职责。[2]同年,国家教委发文要求各省(自治区)实行国家课程与地方课程两级课程管理。

1999年,《关于深化教育改革全面推进素质教育的决定》确立了把地方课程作为一种课程形式;同时,赋权增能于学校。同年,第三次全国教育工作会议确立了"国家课程、地方课程、学校课程"三级课程管理制度。此后,三级课程管理制度被公众广泛认知并切实付诸实践,于2001年第八次基础教育课程改革启动。此后,《基础教育课程改革纲要(试行)》《义务教育阶段的课程计划》等一系列政策文件的颁布为三级课程管理制度的顺利推进与变革提供了政策依据。特别是在地方课程建设方面,各地加强了跨境民族团结教育、国家认同教育及国家安全教育等课程。比如,为了实现56个民族一家亲、和谐融洽的民族关系发展目标,依据我国民族教育发展实际状况,1994年国家教委与国家民委联合在全国开展民族团结教育。该项政策实施多年,成效较为显著。作为跨境民族地区的地方课程,云南、广西等一直在开展民族团结教育课程方面做得比较扎实到位,尤其是"三不离开"民族团结理念深入人心,民族之间和睦融洽。比如,2012年4月18日,广西民族大学成立了广西首个民族教育研究中心、广西民族团结教育师资培训基地,成为广西民族团结教育信息资料查询与研究的重要阵地。[3]

---

① 黄忠敬:《我国基础教育课程政策:历史、特点与趋势》,载《课程·教材·教法》,2003年第1期,第21—26页。

② 何东昌主编:《中华人民共和国重要教育文献(1976—1990)》,海南出版社1998年版,第3297—3299页。

③ 黄杰:《广西民族团结教育师资培训基地在广西民族大学揭牌》,载《广西民族大学学报(哲学社会科学版)》,2012年第3期,第9页。

（三）跨境民族教育管理政策的改革与深化

20世纪90年代以来，国家进行了一系列教育管理体制改革，跨境民族教育管理相应地进行了改革，取得了较为显著的效果。

首先，教育管理体制由中央统筹转向地方负责、分级管理、以县为主。实际上这一时期少数民族教育管理体制是由以乡为主向以县为主转变的时期，更加强调省级统筹的作用。1994年，全国教育工作会议指出，要进一步明确中央和地方的管理基础教育的管理权限，多数地区的基础教育的办学责任在于县，除了少数经济发达的地方，其基础教育的管理可以实行县、乡两级管理。[①]1995年，《教育法》对教育领导及其管理制度做了宏观性、原则性的阐释，强调了各级人民代表大会的监督作用。1999年，《关于深化教育改革全面推进素质教育的决定》提出继续完善与发展地方负责、分级管理的基础教育管理体制。2001年，《国务院关于基础教育改革与发展的决定》强调坚持国务院宏观领导，坚持由地方政府负责、分级管理、以县为主的基础教育管理体制。2006年，《义务教育法》对于各级政府承担的义务教育职责进行调整完善，更加强调省级统筹的力度。

其次，教育管理体制从注重效率转向注重公平。2004年，《国务院办公厅关于完善农村义务教育管理体制的通知》等文件政策的出台将政策研究的重点转移到农村地区。尤其是推进义务教育均衡、促进区域内师资队伍优化与资源配置相对均衡等成为全国推进义务教育公平与效率的热点议题。2005年，《关于进一步推进义务教育均衡发展的若干意见》强调重点支持贫困偏远落后的乡村地区和少数民族地区的义务教育均衡发展。

再次，加强与完善少数民族教育专项资金管理。1994年，财政部、国家教委联合出台了《中央教育补助专款项目管理办法》，特别指出中央财政设立包含义务教育、民族教育等专款。其管理方式遵循规划与项目相结合的原则，依据项目管理的办法运行。为了更加规范和加强资金使用效率，2006年11月21日，财政部与教育部联合印发了《少数民族教育和特殊教育专项资金管理办法》，其中

---

① "深化基础教育管理体制改革研究"课题组：《深化基础教育管理体制改革研究报告》，载《教育研究》，1998年第12期，第21—30页。

规定少数民族教育中央补助专项资金，重点用于支持教育主管部门设置的中西部地区义务教育阶段中小学师资培训以及教学仪器等硬件资源建设。[①]同年，《义务教育法》强调，国务院和县级以上地方人民政府根据农村义务教育与民族教育发展实际需要，设立专项资金，扶持农村地区、民族地区实施义务教育。

最后，完善民族地区经费投入管理制度。为了加速与完善跨境民族地区教育，政府陆续出台了一系列的经费投入或专项保障措施。1980年，教育部与国家民委联合发布《关于从民族地区补助经费中适当安排少数民族教育经费的建议》，以保障少数民族教育的经费。2002年，《国务院关于深化改革加快发展民族教育的决定》提出"中央财政向民族地区倾斜"等重要举措。为了让每一个适龄儿童能够充分享受义务教育的合法权利，2005年，国家在中西部实施"两免一补"等优惠政策，随着2007年优惠政策的全面铺开，全国农村义务教育阶段的困难学生均能享受这一政策。2015年，国务院《关于加快发展民族教育的决定》再次突出完善经费投入机制，多维渠道经费支持民族教育。只有充分发挥多方力量，采取多项举措协同治理跨境民族教育，跨境民族教育经费才能更有保障。

二、跨境民族教育管理政策的发展特征

从跨境民族教育管理政策发展历程可以看出，跨境民族教育管理政策在理念层面、价值层面、内容层面都体现了一定的演进逻辑，呈现出一些基本的变革性特征。

（一）管理到治理的转变

事实上，理念是客观见之于主观的认知与体验，是指导人们做好事情的依据。每项教育管理政策出台或执行的背后均隐喻着一种潜在的理念。就我国跨境民族教育发展实际而言，教育管理政策理念总体呈现出从管理取向到治理取向的发展态势。

1949年至1976年，我国少数民族教育坚持人民民主专政的教育方针，其价

---

① 何东昌主编：《中华人民共和国重要教育文献(2003—2008)》，新世纪出版社2010年版，第1233页。

值取向着重在于培养少数民族干部，同时进行旧教育的改造与新教育的建设。"文革"期间，少数民族教育管理政策损失殆尽，秩序混乱。随着十年动乱结束与党的十一届三中全会的召开，我国少数民族教育管理逐步走向法治化道路。少数民族教育政策发展的一大变革就是由"管理"转向"治理"。1985年之后，少数民族教育管理改革逐步从"管""管办"分离走向"管办评"分离。从1985年实行基础教育管理改革的地方负责、分级管理，到2004年要求深入推进依法办学、治学，再到2010年《国家中长期教育改革和发展规划纲要（2010—2020年）》强调的"管办评"分离，一系列教育管理政策文件的陆续出台，要求多元利益相关者主体的参与，强调"治理"模式替代"管理"模式。

进入新时代以来，人类命运共同体、责任共同体等理念为我国跨境民族教育政策的变革带来了新的启示。管理政策创新，胜在理念。跨境民族教育管理政策要坚持树立多边共赢的合作理念、空前包容的开放理念、均衡协调的发展理念。①跨境民族教育需要进行创新性的价值构建，既要打造区域教育发展的治理共同体，又要加强国内外的教育联动发展。②

（二）公平与效率的平衡

跨境民族教育管理政策的教育效益是指在有效的单位时间内完成的政策有效工作量，注重政策效果的产量与数量。在新中国成立之初，我国少数民族教育价值取向就是要在有效的时间内完成尽可能多的教育任务或目标。这一时期教育政策价值主流导向是"培养社会急需的各类人才，愈多愈好，尤其是少数民族政工干部"。其衡量政策价值合法合理性的标准就是要尽可能在短时间内"培养当下社会急需的各类人才"。随着我国经济与社会的发展，注重教育公平与教育卓越的价值取向逐渐占据主导。为人民服务、注重社会公平正义是社会主义的本质诉求，反映在教育领域，就是注重教育政策的公平合理性。不过由于我国少数民族地区的特殊性与差异性，历来我国制定教育政策时会在教育公平之外，适当倾斜

---

① 王义桅：《"一带一路"机遇与挑战》，人民出版社2015年版，第162—164页。

② 陈时见、王远：《从"边境"到"跨境"："一带一路"背景下跨境民族教育的转型发展》，载《华东师范大学学报（教育科学版）》，2020年第4期，第18—29页。

或专门照顾少数民族地区教育政策。

新时代教育管理政策的理想追求是"公平而有质量的、人民满意的教育",实际上就是教育卓越。教育卓越是对当前教育质量不能满足人民多元化和个性化需求目标的积极反馈。从本质上而言,教育卓越是对优质教育质量与教育公平双重复合价值的追求。随着"一带一路"建设的逐步推进与深入,跨境民族教育要积极承担起兼容并蓄、开放自如、互联互通的教育时代重任。

（三）管理与服务的统一

跨境民族教育管理政策内容的嬗变反映了各个阶段教育政策不同的质量价值追求。事实上,跨境民族教育管理政策内容仅仅关注教育政策所达到的结果或者效果是不够的,在注重政策时效性的同时,也要注重政策对少数民族地区人才质量与社会需求的考量。在我国跨境民族教育政策发展的早期,跨境民族人才的匮乏,需要注重人才数量的增长,"以数量保质量"的政策观念体现了教育政策产生的效应与结果。

随着我国社会经济的迅速发展以及治理能力现代化的提高,跨境民族地区办学条件日趋完善,对口援助西部民族地区教育的效果非常明显,因此,先后实施了"用条件保少数民族教育质量""用结构调整促进质量提升"的倾斜和照顾的专项政策。进入新时代,我国的社会主要矛盾已经发生了变化,即人民日益增长的美好生活需要和不平衡不充分的发展之间的矛盾。这为新时代我国少数民族教育快速发展吹响了号角、指明了前进方向。"教育的基本矛盾已转化为人民群众对教育的多样化、个性化需求与教育的单一,粗放供给之间的矛盾。教育主要矛盾已转化为教学育人与全程育人之间的矛盾。"[①]由此,跨境民族教育管理政策必须依据教育矛盾的时代转化做出相应的调整和完善。跨境民族教育管理政策务必关注全过程的政策调研、政策服务、政策执行、政策评估和政策效应等各环节的全程治理,注重"公平而有质量"的少数民族教育管理政策,真正让教育管理政策内容的流变满足人民对美好教育发展的诉求。

---

① 葛道凯:《从矛盾变化看新时代教育改革发展的基本走向》,载《教育研究》,2018年第12期,第4—8页。

三、跨境民族教育管理政策的发展路径

现代教育管理政策的制定，不仅仅是决策者的事，更是涵盖教育内外各种"利益相关者"的一个"社会建构"的过程。[①]为使我国跨境民族教育管理政策具有适切性、合理性、合法性，并真正得以有效性实施，需要从转变政府职能、加快民族教育立法、发展与完善少数民族教育经费专项管理等方面着手，这对于进一步完善与发展我国跨境民族教育管理政策大有裨益。

（一）完善跨境民族教育管理的政府职能

《国家中长期教育改革和发展规划纲要（2010—2020年）》提出："推进政校分开、管办评分离。适应中国国情和时代要求，建设依法办学、自主管理、民主监督、社会参与的现代学校制度，构建政府、学校、社会之间新型关系。"随着国家治理体系与治理能力现代化快速推进，传统管理模式强调"政府是全能型政府，学校是附属机构，只是政府决策机构的执行者。社会、企事业等第三方没有纳入到国家教育管理制度中来"的状况将要被改变。政府—学校—社会多方合作的新型关系，将充分发挥政府的主导调控作用，让学校和社会等第三方主动积极参与到教育治理与政策决策中来，有效发挥三方的联合作用效应。

新时代，需要转变政府角色，改革政府管理教育发展模式。一方面，政府角色定位要变革。政府需要由直接控制的行政机构领导者转向宏观调控引导者的角色。在治理权力结构中充当少数民族教育的组织者和协调者，迫切需要政府做人民满意教育服务产品的提供者。另一方面，政府要转变教育管理职能。政府应调整直接管理学校的模式，可以综合运用拨款、奖励、专项经费、立法和规划等手段宏观引领，尽可能减少直接干预学校办学自主性。政府管理模式应转向服务型、调控型等职能模式。

（二）提升跨境民族教育的治理能力

保持跨境民族教育政策稳健持续的发展，确保跨境民族教育管理政策的有效

---

① 周川：《中国高等教育管理体制改革的政策分析》，载《高等教育研究》，2009年第8期，第49—54页。

运行，需要提升跨境民族教育的治理能力。一方面，重塑"管理控制机制"的跨境民族教育政策体系，强化约束与惩戒的力度，健全跨境民族教育管理责任制，规范跨境民族教育政策主体行为，同时实行责任追究制。积极动员社会力量，鼓励多元的群体或个人主动参与到教育管理体制的立法工作中，逐步形成与完善跨境民族教育管理政策法制化。另一方面，增强跨境民族教育治理的能力建设。党的十八届三中全会提出了"推进国家治理体系与治理能力现代化"的宏伟目标。跨境民族教育治理体系与治理能力现代化是国家治理体系与治理能力现代化的重要组成部分。新时代，我国跨境民族教育管理政策改革的目标就是"国家宏观指导，学校自主办学、社会积极参与"新体制。因此，进一步激发和调动民族教育地区学校办学的主动性和创造性，增强其内部治理能力是当前跨境民族教育管理政策的着力点。

（三）坚持跨境民族教育经费的专项管理

民族教育专项经费是对少数民族教育倾斜、照顾性与优惠性等实施的重要制度。国家历来高度重视对其专项经费资助支持力度。中央财政从新中国成立初期就开始向西藏等部分少数民族地区直接提供财政补助，这显著有别于其他地区。随着中央转移支付规模的提高，少数民族地区所得到的中央教育财政经费呈现出整体性的上升趋势，地方财政争取中央支持的热情也不断高涨。[1]当前，随着中国经济综合国力提升，中央财政转移支付力度的加大，如何更有效地促进少数民族地区教育发展，完善与改进专项经费保障制度迫在眉睫。为了提高农村义务教育经费保障机制及加强中央专项资金管理监督机制改革，财政部于2006年起开始在中西部22省（自治区）实行国库集中支付，探索建立中央补助地方专项资金支付管理新机制。[2]实际上，实行国库集中支付的中央专项资金拨款机制，避免了支付过程中过多的过程环节，有力提高了资金支付的使用效率与效益。中央

---

① 刘明兴、张宸珲、张文玉：《我国民族教育财政政策中的攀比效应研究》，载《教育经济评论》，2017年第4期，第63—81页。

② 王东伟：《中央补助地方专项资金支付管理机制的创新》，载《中国财政》，2007年第4期，第51—53页。

专项资金国库集中支付的管理政策取得了比较显著的成效，在制度衔接、账户设置、支付管理以及动态监控等方面进行了卓有成效的探索。

新时代，发展与完善跨境民族教育专项经费预算管理、实行严格科学预算编制以及完善的预算管理体系可以有效提高专项经费使用效率。专项经费拨款机制是民族教育经费来源的主渠道，其使用的规范性、科学性、合理性以及有效性等均会影响到跨境民族教育的可持续健康发展。因此，如何使用好、管理好专项资金，并且完善专项资金管理监控机制是跨境民族教育管理政策的重点之一。[1]为此，完善跨境民族教育专项经费管理，提高政策执行的有效性与科学性，需要从三个方面进行努力：一是强化系统科学的预算编制体系。依据不同跨境民族地区教育发展实际，抓好预算编制的宏观调控，实行跨境民族教育申报制度，进行充分的论证与实地调研相结合。二是加强经费预算执行力度。对于跨境民族教育实行"项目预算负责人追究制度"，实时动态监控经费预算的执行力度。三是建立绩效考核制度。构建跨境民族教育专项经费绩效考核体制，充分吸纳社会公众参与到对跨境民族教育经费使用考评中来。秉持定性考核与定量考评相兼顾、合法性与合理性相兼顾、特殊性与全面性相兼顾等原则，对经费使用效率与效益实时追踪、监督和考核。

第三节　跨境民族教育的教师政策

教师政策是教育政策的核心部分，教师政策是党和国家为调动教师的积极性，提高教育质量和水平，对教师的要求、待遇及管理等方面做的战略性、准则

---

① 魏欣、奚晓雪：《高等学校专项经费管理研究》，载《天津大学学报（社会科学版）》，2014年第6期，第557—560页。

性的规定。①伴随着我国教育历次改革与发展，国家出台了一系列少数民族教师政策文件，极大地促进了我国少数民族教师专业发展与教师队伍建设。少数民族教师政策研究兼具民族教育研究与普通教育政策研究的双重属性，既有普通意义上的一般规律，又有自身特殊性发展规律。总体而言，跨境民族教师政策制度变迁大体经历了革命性制度变迁与渐进性制度变迁两大阶段。从历史发展逻辑而言，我国跨境民族教师政策制度变迁具有强烈的路径依赖特征，为了避免落入"路径锁定"桎梏，需要通过制度创新等方式来克服路径依赖，不断发展与完善跨境民族教师政策。

一、跨境民族教育教师政策的时代诉求

经济合作与发展组织发布的《有效的教师政策：来自 PISA 的见解》分析了高绩效系统中教师政策所具备的三个特点：其一，入职前必须提供长期的实践性课堂教学培训；其二，提供入职后的教师专业发展机会；其三，具有以教师持续发展为重点的教师评价机制。②作为教育政策重要组成部分的教师政策，它是为教育目的实现而服务。基于有效教师政策是实现教育目的的主要因素的现实考量，在此主要依据新中国成立以来中共中央、国务院、教育部等各部委相关的政策文件，结合六次全国民族教育大会精神，对不同时期我国少数民族地区教师队伍尤其是中小学教师队伍政策作一简要梳理与检讨。

（一）全面增强师资队伍的建设力度

教师作为跨境民族教育发展关键因素，一直以来受到政府的高度重视。新中国成立以来，党和国家重点解决少数民族教师队伍数量不足、质量不高的发展困境。基于对少数民族教师政策的纵向历史梳理与分析，增强师资队伍建设主要从如下方面展开：

第一，大力解决少数民族师资，内地支持边疆民族师资。1951 年 11 月，教育部部长马叙伦在第一次全国民族教育会议指出，当前少数民族教育师资较为匮

---

① 孙绵涛等：《教育政策论——具有中国特色的社会主义教育政策研究》，华中师范大学出版社 2002 年版，第 318 页。

② 王静：《什么是有效的教师政策？》，载《人民教育》，2018 年第 Z2 期，第 8 页。

乏，急需解决的是少数民族师资和教材问题，为此必须依靠贯彻培养本民族教师实现民族学校现代化的目标。因此，需要特别重视和培养少数民族教师工作，着重长期培养工作，明确民族学校教师来源，主要依靠专设的培养民族师资的学校和班。同时会议通过了《培养少数民族师资试行方案》《关于加强少数民族教育工作的指示》等四个文件，其中《培养少数民族师资试行方案》特别指出，培养、提高少数民族师资是发展少数民族教育的重要工作之一。1956年，教育部采取新措施支援边疆民族师资，颁布了《关于内地支援边疆地区小学师资问题的通知》，要求内地通过调配、短期培训或扩大中等师范招生比例，培养边疆民族地区所需师资。1974年，颁布的《关于内地支援西藏大学、中学和专科师资问题的请示报告》规定，上海、江苏等六省市对口支援西藏师资。1976年，国务院再次发出支援西藏师资的重要通知。在这一时期，少数民族学校师资数量的缺乏得到极大缓解与补充，通过一系列后续教师政策相继出台，少数民族教师队伍质量也在不断提升，这对少数民族教师队伍整体质量的提升大有裨益。

第二，高度重视民族中小学教师在职培训。为了迅速提升民族中小学教师水平与质量，急需加强民族教师在职培训力度。学历提升与学历补偿是这一时期培训政策的主要特征。1977年，教育部组织召开中小学师资培训工作座谈会，着重强调在职培训的目标要求及战略部署。其一，着重以教材教法为目标的教师在职培训，提升民族中小学教师教育教学能力。"文革"之后急需复兴教育，提高教师教学能力成为当务之急。本着"缺什么补什么"的原则，各级教师进修学院通过各种渠道和方式兴办"各学科教材教法"培训班，基本上能够解决部分教师教材教法不过关问题。其二，以"学历补偿"为特征的民族中小学教师培训政策。所谓"学历补偿"就是对民族中小学教师学历尚未达标的在职教师进行学历提升培训；同时，健全与完善在职教师的考核评价制度。教育部于1980年颁布《教育部关于进一步加强中小学在职教师培训工作的意见》、1983年《关于加强小学教师在职进修工作的意见》等政策文件，就小学教师进修的若干问题提出意见。其三，民族中小学在职培训注重教师专业能力的发展。1990年，国家教委在"全国中小学教师继续教育工作座谈会"指出，经过近十年中小学教师在职培训纵向深入，已从根本上扭转了教师不能胜任教学工作的窘境。今后工作重点将是大力开展在职教师的继续教育，提升整个民族教育质量。为此，1991年国家教委颁布《关于开展小学教师继续教育的意见》等一系列继续教育政策文件。综上所述，以"学历提升"与"学历补偿"为特点的民族教师进修培训政策顺利推进，民族中小学教师合格率大大提高。这一时期教师在职培训呈现两个特点：一是培训目标转变。早期培训内容着重中小学教师的教材教法，之后注重教师专业能力发展。二是培训走向改变。尝试开展中小学继续教育试点。

第三，从法律角度规定培养少数民族教师，给予民族教师待遇与编制特殊倾斜。1993年《教师法》颁布，首次从法律的视野规定了教师的法律地位、权利与义务，开启了我国教师政策法制化的发展道路。1995年出台的《教育法》，1995年国务院《教师资格条例》、1999年《关于深化教育改革全面推进素质教育的决定》等法律法规、政策从教师资格政策规定以及制度建设等方面，更加明确了教师依法执教的教师法制化发展路径。这使我国教育走上了有法可依、有法必依、依法治教的法治化教育道路。其一，从法律法规角度规定鼓励支持少数民族教师培养。1992年《全国民族教育发展与改革指导纲要（试行）》强调，办好各级民族师范学校和少数民族师资培训中心，大力培养少数民族教师。《民族区域自治法》（2001修正）明确规定，国家帮助民族区域自治地方培养和培训各民族教师。《教师法》要求，各级地方政府应该鼓励并支持教师从事民族地区的教学工作。2002年《国务院关于深化改革加快发展民族教育的决定》特别强调，加快民族教育立法工作，把民族教育工作纳入法制化轨道。其二，给予少数民族教师特殊的待遇与编制倾斜。一方面，改善少数民族教师工作待遇。《全国民族教育发展与改革指导纲要（试行）》要求，各地方制定一些优惠政策，以稳定与发展民族地区、牧区、山区等教师队伍；同时，在专项补助经费、教育事业费用等方面对民族师范院校实行倾斜。另一方面，对民族学校教师编制适当倾斜。《关于加强民族教育工作的意见》指出，少数民族地区根据实际需要，教职工编制应适当增加。1993年《民族乡行政工作条例》《全国民族教育发展与改革指导纲要（试行）》以及《国务院关于深化改革加快发展民族教育的决定》等均强调了这一精神。

第四，加强乡村教师队伍建设，提高民族贫困、边远地区教师职业吸引力，强化民族教师"引、育、管、用"。2002年，《国务院关于深化改革加快发展民族教育的决定》开启了振兴民族教育的新征程，把加快民族教育地区师资队伍建设作为重中之重的任务来抓。同年党的十六大提出的"科学发展观"与2012年党的十八大提出的"立德树人"教育目的观等政策理论均为振兴民族师资提供了方法论指导。2017年，党的十九大做出了新时代我国社会矛盾转化的论断，实施乡村振兴战略，推动城乡教育一体化发展战略，尤其是2018年颁布了新中国成立以来中央层面出台的第一个关于教师队伍建设的政策文件《中共中央　国务院关于全面深化新时代队伍建设改革的意见》，真正吹响了新时代教师队伍建设发展的号角。这一时期，对薄弱地区、边疆地区乡村教师队伍进行倾斜和扶持成为民族教育工作的重点。为了振兴边境、富裕边民，国家在1999年启动的兴边富民行动规划是统筹考虑边境发展而实施的优惠扶持政策，实施20年来，极大改善与促进了边境各方面的快速发展。就专门促进边境地区教育发展而言，就是启动《乡村教师支持计划（2015—2020）》（简称《计划》），推进了义务教育均衡发展。其一，实施城乡教师流动机制。《计划》为了破解乡村教师质量带动、优秀教师向乡村流动等难题，主要从"县管校聘"管理体制改革、多举措推进城乡教师流动、防止城乡教师"逆向流动"等方式和途径保持乡村稳定的教师队伍。其二，拓宽乡村教师补充渠道。其中，对于乡村教师补充力度最大的莫过于"特岗计划"。2006年，教育部等四部委联合颁布《关于实施农村义务教育阶段学校教师特设岗位计划的通知》，主要针对县以下农村义务教育阶段师资数量匮乏、总量不足、结构不合理以及保持教师稳定等问题。其三，建立乡村教师荣誉制度，提升乡村教师职业吸引力与职业荣誉体系。《计划》对从事乡村教育30年以上的教师给予国家层面荣誉证书；同时，省（自治区）和县级分别对从事20年、10年的教师予以相应奖励与补助。这极大提升了边疆地区乡村教师的职业吸引力，补充了一定数量的优质师资。其四，提高乡村教师生活补助，稳定发展乡村教师队伍建设。为了能够维持与逐步发展乡村教师队伍建设，国家和地方各级政府出台乡村教师专项计划，逐步提高集中连片特困地区教师生活补助。

第五，采取各种形式完善培养免费师范生。国家免费师范生政策与地方师范生政策相协调。师范生免费教育政策是新时期我国出台促进乡村师资质量提升与结构优化的政策之一，在一定意义上提升了教师社会地位。2007年，国家开始在北京师范大学等六所部属师范大学实行免费教育政策。2018年，《教师教育振兴行动计划（2018—2022年）》提出，改进完善免费师范生免费教育政策，将免费师范生改为公费师范生，同时对公费师范生的任教年限调整为六年。与此同时，部分边疆省份（自治区）也结合各自情况颁布了具有地方特色的免费师范生教育政策。2016年，广西教育厅《广西中小学教师培养"十三五"规划》着重指出建设有广西特色的地方师范生免费教育模式。2017年，云南省教育厅等四部门颁布了《云南省公费师范生教育实施办法（试行）》，开启了云南省"三位一体"的协同培养地方公费师范生机制。

（二）探索创新师资队伍的管理机制

少数民族教育行政机构及其运行机制是确保少数民族教师政策发展与完善的后勤保障。事实上，从1949年以来，少数民族教育行政机构历经了独立设置、恢复和加强、科学规范建设等发展阶段。

第一，提升民族教育师资水平，建立少数民族教育行政机构。其一，开始建立少数民族教育行政机构。1951年，政务院《关于第一次全国民族教育会议的报告》决定在教育部和各级人民行政部门，建立少数民族教育机构。1952年，政务院《关于建立民族教育行政机构的决定》规定，教育部内设民族教育司，各大行政区教育部或文教部，应设民族教育处或科室专职人员，专门掌管少数民族教育；同时，对民族教育机构的设置原则及注意事项作了规定。1955年，《全国民族教育行政领导问题》明确要求充实与健全民族教育行政机构，强化民族教育行政机构工作范围。截至1955年，全国28省市民族教育行政机构基本建立。其二，采取提升或抽调等方式补充民族教育师资。民族教育的均衡优质化发展迫切需要优秀的师资予以补充。为了解决民族教育师资结构问题与初高中师资匮乏问题，1952年，国家和政府先后采取了如下措施予以补充和完善：一是提升优秀小学教师担任初中教师，提升优秀初中教师担任高中教师；二是抽调职员改任教员；三是积极吸收和培训失业知识分子担任初高中教师等政策措施。然而，从长远而言，部分学历高但缺乏教学技能或专业知识的人员加入，不利于整个民族地区教师队伍的持续健康发展。

第二，深化民族教师教育改革，加强民族教育管理机构建设。"文革"导致了我国教育的停滞甚至落后。党的十一届三中全会开启了以经济建设为中心的伟大变革。这一时期主要是恢复与发展我国民族教育管理行政机构，深化民族教师教育改革，尤其是对学历不达标或教学岗位考核有待提高的在职教师采取"补偿性培训"等重要举措。其一，健全与发展民族教育管理机构。1981年，第三次全国民族教育会议重申了1952年《关于建立民族教育行政机构的决定》，要求各省市逐步恢复、健全与发展民族教育管理机构。1992年，《全国民族教育发展与改革指导纲要（试行）》要求地方政府加强和建设民族教育行政管理机构。其二，成立西北、西南等少数民族师资培训中心，强化民族师范教育机构培训职能。为了加快民族教育师资质量建设，适应民族教育日益发展的诉求。1985年，国家教委批准西北师范学院成立西北少数民族师资培训中心。1988年，国家教委召开工作会议，强调该培训中心三年来取得成就，并对其办学思想、教育管理体制以及培训、加强协作等方面做出重要指示。其三，重视中等师范学校教育规划与教学问题，大力培养合格的中师人才。中等师范学校规划问题，是这一时期教育政策重点。具体措施包括：一是规划发展三年制中师学校教学方案、教学计划等具体政策，以适应小学教师培养需要，比如国家先后颁布《关于调整中等师范学校教学计划的通知》《三年制中等师范学校教学方案（试行）》等政策文件；二是中师培养注重面向农村的师资；三是重视中师学生思想品德教育，比如1990年国家民委颁布《中等师范学校学生行为规范（试行）》对规范与培养中师学生良好行为习惯具有很强的指导作用。

第三，科学规范民族教师管理制度，出台对口支援民族地区教育扶贫政策。科学有效的管理制度改革是推动事物变革的重要推动力，因此规范教师管理制度、变革教师管理办法就显得尤为必要。其一，加大少数民族地区义务教育师资对口支援力度。教育对口支援虽然起源于1956年支援边疆小学师资政策，不过专门出台大规模针对民族地区中小学教师的政策文件则始于西部大开发，1992年，教育部《关于对全国143个少数民族贫困县实施教育扶贫的意见》通过培训和派出等方式提高民族地区师资队伍水平和质量。1997年国家教委和国家民委联合下发《进一步加强对口支援民族和贫困地区发展教育事业的通知》、2000年

《关于推动东西部地区学校对口支援工作的通知》以及2002年《关于深化改革加快发展民族教育的决定》等政策文件的密集颁布对加快少数民族地区师资质量提升与规模水平大有裨益。其二，实行科学规范的教师资格制度与考核评价制度。一方面，1993年《教师法》强调国家实行教师资格制度及教师聘任制度。这是我国建设法制化与规范化教师队伍的重要标志。另一方面，加强教育督导与评估制度。1999年《关于深化教育改革全面推进素质教育的决定》要求"进一步健全教育督导机制，完善教育督导制度"。这为我国新时代民族教育督导与评估提出了新任务、新要求。

（三）充分发挥民族师范教育的优势作用

师范教育是培养与培训教师的重要教育形式。民族师范教育承担着本土化少数民族师资培养的重要职责。民族师范教育及民族学院为民族师资队伍的发展与完善作出了重要的时代贡献。大力发展与提高民族师范教育，培养一大批具有本土立场与国际视野的民族师资队伍，是有效冲破跨境民族教育教师发展桎梏的良方。

第一，独立设置民族师范教育机构。我国政府历来高度重视师范教育机构设置及师范教育培养。新中国成立之后，中央人民政府迅速恢复和发展了师范教育体系。1951年，时任教育部长马叙伦在第一次全国初等教育与师范教育会议上指出，师范教育在整个教育体系中占有重要地位，强调了师资问题是当下需要务必解决的重要难题。为了快出师资、多出师资的人才目标，我国采取了"独立设置"方式开办普通师范教育机构。每一大行政区至少建立一健全的师范学院，由大行政区教育部（或文教部）直接领导；现有师范学院，应加以整顿和巩固；现有大学中的师范学院应陆续以"独立设置"为原则，同时增加文理方面的系科。依据民族教育师资发展实际，急需设立高等师范学校培养少数民族师资。中等学校民族师资的培养，采取"集中培养，各区互动"的办法。为了解决三五年内民族中小学所需的师资，各省（自治区）可在民族师范或中学附设速成师范班。1956年，教育部副部长林砺儒指出，今后应以省为单位建立与管理民族学院，原西南、西北和中南民族学院，由于大行政区撤销，今后逐渐转为省属民族学院并由省领导。1957年，教育部《关于解决各地民族学院师资问题的意见》指出，民族学院高等师资的需求，除积极争取外援外，应以自己培养为主。总之，民族师范学院的专业设置遵循"独立设置，兼顾特殊"的原则，符合当时急需培养民族地区师资水平和生源的实际需要。

第二，确立师范教育体制。"文革"期间，民族教师队伍遭受到严重摧残。民族教师遭遇数量匮乏与质量低下双重困难，真正胜任教学的教师很少。据研究表明，"文革"结束后，当时广大农牧山区教师中不能胜任教学的一般占百分之六七十。因此，急需民族师范教育改革，开拓师范教育新发展路径。其一，确立三级师范教育体制。《关于加强民族教育工作的意见》强调恢复1958年取消的民族学校与民族教育机构，大力发展民族师范教育，培养少数民族教育需要的各类型人才。同年，第四次全国师范教育工作会议确立了"中等师范学校、高等师范专科学校、高等师范本科"三级师范教育体制。其二，进一步重视和加强民族教育师资，兴办一批民族师范学校。1976年，教育部等发出通知，要求在全国136个边境县（大多数是民族地区）的民办教师经考核合格转为公办教师。1980年，《教育部关于师范教育几个问题的通知》明确规定民族地区小学的多数教师，应由合格的少数民族教师担任。此后，为保障民族地区师范学校教育质量，我国从20世纪80年代陆续改善民族地区师范学校办学条件，开设兴办了一批民族师范学校。截至1989年，全国已有189所民族师范学校。1992年，国家民委《关于加强民族教育工作若干问题意见》提出，优先办好民族师范学校，尽快提高民族教师队伍水平。

第三，提升民族教师教育质量。民族地区教师教学水平与教育质量的提升，离不开民族地区教师的继续教育。构建民族贫困地区中小学教师继续教育模式无疑是非常重要的。其一，构建民族贫困地区中小学教师继续教育模式，提高民族教师综合素质。2000年，教育部首次启动"民族贫困地区中小学教师综合素质培训"项目，旨在解决民族贫困地区中小学教师继续教育难题。2000年至2004年，培训了西部教师近60万名。2004年，教育部颁布《关于启动新一轮民族、贫困地区中小学教师综合素质培训项目暨新课程师资培训计划（2004—2008年）的通知》，一系列培训民族中小学教师项目的有效实施，大大改善了民族地区教师教育质量与水平。其二，提出三级师范教育转向二级师范教育体系。1996年，国家教委主任朱开轩指出："师范教育将由外在规模数量为主要特征转向内在的教育教学质量及办学效益的发展新阶段。"同时，《关于师范教育改革和发展的若干意见》强调，优化教师学历结构，提升教师本科学历以上的比重。此后，为了提升教师学历层次及教育质量，教育部先后在1999年印发了《中学教师进修高等师范本科（专科起点）教学计划（试行）》、2000年印发了《关于改进中等师范学院德育工作的几点意见》。1999年，教育部《关于师范院校布局结构调整的几点意见》着重指出了由三级师范向二级师范教育体系过渡的全国机构布局，以及对新补充教师学历的要求。

第四，推进教师信息技术能力提升。为了加快教师教育全域数据信息化，克服传统教师队伍信息治理困境，教育部于2014年启动了全国教师管理信息系统建设工作。该系统主要涵盖教师信息指标系统、教师业务管理系统等两大方面。2017年，《国家教育事业发展"十三五"规划》提出，新理念、新使命引领教育现代化发展事业，统筹推进教师教育综合改革，不断改进完善教师教育培养机制、教师教育模式、教师教育课程，努力探索教师教育质量监测评估制度体系。2018年，《教育信息化2.0行动计划》要求大力支持以"三区三州"为重点的深度贫困地区教育信息化发展，着重加强教育信息化领导力与教师信息化教学能力培训。2018年，出台了21世纪之后第一次具体针对教师队伍建设的里程碑式政策文件《关于全面深化新时代队伍建设改革的意见》，这为新时代我国大力聚焦、培养创新型专业型的教师队伍发展提供了重要的理论依据。《教师教育振兴行动计划（2018—2022年）》作为其配套政策文本，是主动适应大数据时代教育信息化对教师队伍发展新要求。当然这些政策也为我国教师队伍信息化未来发展指明了方向，做了前行战略规划。

二、跨境民族教育教师政策的发展特征

历史制度主义理论认为，深层结构分析主要是寻找制度背后更具普遍意义的基本因素——制度的深层结构，然后用这些具有普遍意义的基本因素来解释特殊

的、复杂的制度现象。①当然，这些深层结构一般包括政治体制、经济体制、文化观念、科学技术体制等。探寻少数民族教育教师政策背后的深层结构，可以发现影响教师政策制度变迁的共性因素。因此，我们尝试从政治制度、经济制度、管理模式、文化模式等视域探寻影响少数民族教育教师政策的主要因素。

（一）政治体制对教师政策的影响

自古以来，我国就是统一的多民族国家。就现实而言，我国民族分布特点是"大杂居，小聚居，交错居住"。不过总体而言，从省域划分来看，我国少数民族主要分布在五个自治区；从地区来看，我国少数民族主要分布在西南、西北以及东北等地理空间。实质上，少数民族区域的地理分布对于发展与完善我国少数民族教师政策有较为显著的影响。具体而言，由于少数民族聚居区域一般位于边疆地区或较为贫困的落后地区，与之相应的则是对于少数民族政策的倾斜与照顾。这典型地反映了在新中国成立以来对于少数民族特殊政策，比如内地西藏班、内地新疆班等政策的颁布与实施。另外，则是对于少数民族地区教师师资队伍的专项帮扶与支援政策，这是由我国社会主义国家的政治性质所决定的。所谓"一方有难，八方支援"，典型地反映了我国各族儿女和谐共生、协同发展的良好态势。实际上，专项对口支援民族地区与贫苦地区的师资，比如东部、中部发达省份对于西部省份（自治区）的高校师资的对口支援、对口帮扶等政策，凸显了我国政治体制中集中管理的政治思维。

第一，强有力的政治制度对于少数民族教师政策发展起着积极的引领作用。实质上，新中国成立之后，我国就建立了民主集中制。这反映在教育政策领域，就是构筑了典型的民主集中制的管理模式。就其教师政策管理制度而言，这从20世纪50年代至70年代《关于建立民族教育行政机构的决定》《全国民族教育行政领导问题》等一系列政策文件中可以得到印证。实际上这一时期，政府的行政指令指引着少数民族教育教师政策的发展方向与规模，很大程度上决定着少数民族教育教师政策的质量与水平。改革开放以来，以经济体制改革为基础的深刻变革使得政府职能发生了转变，要求政府对于教育的管控逐渐由"计划"走向

---

① 周光礼：《公共政策与高等教育——高等教育政治学引论》，华中科技大学出版社2010年版，第123页。

"合作"、由"管控"走向"治理"。特别是20世纪90年代以来，中国教育建立与完善了"中央与省级共管，省级统筹"的教育管理体制。与此相应，少数民族教育教师政策的管理则是"省级统筹，县级为主"的管理制度。不可否认，中央统筹管理少数民族教育教师政策的发展对加强少数民族地区师资力量起到巨大推动作用。但在此过程中，民族地方政府与地方高校获得了发展本土化教师或者地方免费师范生教育的部分权力。

第二，我国少数民族教师政策变迁反过来促进与适应政治制度的发展。中国少数民族教育教师政策的变化迁移大多是一种激进的制度变迁，主要体现为制度断裂较为突出，制度路径转向较为显著。新中国成立之后，我国少数民族教育教师政策主要从国民党解放前的旧制度中完全转向苏联的教育模式。在"文革"期间，少数民族教育教师政策制度损失殆尽，尤其是管理民族教育及其教师的民族行政机构职能瘫痪或被撤销，属于制度大断裂阶段。20世纪后期的高校院系大调整及专业设置变革，借鉴模仿西方发达国家高等教育管理模式替代了苏联高等教育发展模式。进入新时代以来，我国教师教育模式借鉴西方发达国家优秀经验，转化为本土的教育模式，并一直在前进的路上。新中国成立之后，我国一直执行免费的师范教育，直到1997年为了应对金融危机等多种因素取消了该教育政策，代之以收费的师范教育政策。从1997年开始，免费师范教育政策的调整可以称之为教师政策的制度性突破，这是对原有师范教育政策体系的制度断裂。[1]当外部政治和经济环境等急剧变化引发新的冲突，原有制度又在路径依赖情况下失去效用时，就会导致原有制度发生决裂。从另一方面而言，"制度断裂是制度的历史'否决点'，是制度创新的重要契机"[2]。实际上，制度断裂时代的制度大变革是我国少数民族教育教师政策变迁的显著特征。

（二）经济制度对教师政策的影响

在1978年改革开放之前，我国一直奉行的是计划经济体制。在此背景下，

---

① 闫建璋、王换芳：《改革开放40年我国教师教育政策变迁分析》，载《教师教育研究》，2018年第5期，第7—13页。

② 周光礼、吴越：《我国高校专业设置政策六十年回顾与反思——基于历史制度主义的分析》，载《高等工程教育研究》，2009年第5期，第62—75页。

我国少数民族教育教师政策系统与外部环境形成相对封闭的关系，由中央统一领导，中师—师专—本科三层次的师范教育体系，由中央和地方两级管理的教育管理体制。为了照顾民族地区教育发展，我国独立设置了民族学院与一批民族师范学校，由省（自治区）领导，专门培养民族地区人才和干部，并作出了1956年至1967年民族学院的发展规划，以保证民族教育可持续发展。

1978年改革开放之后，市场机制逐渐进入经济领域，尤其是1992年党的十四大正式提出建立社会主义市场经济体制重大决策。高等教育管理被政府管理过多、统得过死的现象有所松动。1993年，《中国教育改革和发展纲要》提出，建立与社会主义市场政治经济体制和科教文卫体制改革相配套的新教育体制，以更好为社会主义现代化建设服务。在社会主义市场经济体制下，高校培养教师的政策不得不关注市场，面对灵活的市场体制做出积极应，真正实现以"政府计划办学"转向"按照市场需求办学"。同时，民办高校陆续发展起来，以及少数民族地区诸如云南、广西培养地方免费师范生政策相继出台，也是为了回应当地乡村教师资源缺乏以及补充优秀师资队伍的必要性。

（三）教师管理模式对教师政策的影响

新中国成立之后，中国教育政策与教师政策的发展历经了"法师苏联"阶段，而后，逐渐建立起符合中国实际的社会主义的集中管理教师政策管理模式。这主要表征为教师教育的招生、办学与管理权力等归属中央政府与教育部等国家行政机关。

第一，政府"自上而下"管理模式对教师政策发展的影响。"自上而下"教师政策管理模式在新中国成立初期强有力促进了教师队伍的规模化发展与有效管理，尤其在少数民族教育教师数量的补充与完善等方面取得了较为显著的成效。然而，在少数民族教育教师队伍规模得到增长的同时，这种少数民族教育教师政策管理模式的弊端日益显现。由于国家政府部门不能很好地兼顾到各个少数民族地区的教师教育发展实际，不能完全掌握少数民族地区教育发展的实况，故而上级政府部门在制定相应的教师政策与少数民族教育教师师资需求方面存在一定的沟壑与脱节。为此，国家从2007年在国家六所部属师范大学实行定向或订单式的免费师范生政策在一定程度上是有效弥补普通教师政策的不足。同时，各少数民族地区诸如广西、云南等边境民族省份（自治区）实行本土化的免费师范生政策，定向各个民族地区县级以下的中小学培养师资。这使得中央集中管理的模式逐渐向地方政府放权，使得各个少数民族地区能够根据自身实际实行本土化的、更加契合本区域教育发展的教师教育发展模式。

第二，政府的理性抉择对民族教师政策发展的影响。为了贯彻落实我国科教兴国、人才强国的战略目标，确保我国少数民族地区"公平而有质量"的教育目标，促进义务教育阶段乡村教师政策的平稳可持续发展，作为教育政策制定和执行的主体——政府，一直秉持宏观调控、权威控制的管理体制。因此，国家颁布的教师政策表现了国家和政府的愿景。一直以来，政府综合运用各种政策手段、法律手段或经费保障手段等来倾斜和照顾少数民族地区教育资源，实现特定的国家教育政策意志，能够确保我国少数民族地区以及集中连片特困地区等教师教育质量的稳健可持续发展。正是由于旧制度这种结果的可预期性，使得政府能够对政策预期效应处于可控范围。然而新制度不一定能够提供这种可控性，而且历史制度主义理论认为，一个特定制度形成后，为了该制度的顺利推进，一般会有相应的配套措施，形成这个制度的矩阵结构，一旦改变这种结构的话，成本花费巨大。[1]正是由于制度的协作效应和预期收益等作用，极容易导致保持原来的发展路径，而不敢轻易去变革。

就集中管理的模式而言，我国历次教师政策发展改革均是国家主导的。在一定意义上，我国少数民族教育教师政策存在许多在原有制度框架内制度渐进性变迁的地方，表现为制度变迁的路径依赖。1999年，《关于师范院校布局结构调整的几点意见》提出的"由三级师范向二级师范过渡"师范教育体系，就是在20世纪五六十年代中师—师专—本科三层次师范教育体系基础上的一个制度微调，曾经为我国教师教育作出重大贡献的中师在制度微调中已然退出历史舞台，进而促进了当今师专—本科二层次师范教育体系的形成，以适应教师教育质量提升的内在要求。进入21世纪以来，为了促进我国义务教育均衡发展，促进城乡教育一体化发展，注重本土化优秀师资培养，能够使教师引进来—留得住—教得好，

---

① 黄容霞：《我国高等教育质量保障政策60年演变（1949—2009年）——基于历史制度主义分析视角》，载《现代大学教育》，2010年第6期，第69—76页。

国家从2007年开始首次在六所部属师范大学实施免费师范生教育，2018年进一步提出，将免费师范生改为公费师范生。[1]当然，新时代公费师范生教育政策回归，带来了各省（自治区）地方公费师范生教育政策的兴起，并被赋予新时代民族教育内涵。尤其是国家民委直属高校以及地方民族院校加大对少数民族学生，比如云南省加大对"直过民族"、人口较少民族等学生的招生力度，实施"订单式"或"定向本土化"培养等民族师范教育模式。从历史制度主义理论视角来说，当教育决策者利用原有制度来制定新的发展目标愿景时，旧有制度也有可能为新目标服务，从而出现制度转换。从免费师范生到公费师范生政策的演变发展，从国家免费师范生政策到地方依据实际情况制定符合自身发展公费师范教育政策迁移，无不折射出教师政策的制度转换，当然，教师政策的制度转换均是为了提升我国的教师教育质量，实现教师教育振兴而服务。

（四）社会文化模式对教师政策的影响

自由主义与社群主义是两种主要的文化模式。前者认为个体的生存与发展是目的，实现个体价值优于社会价值。社群主义则认为个体的存在与发展依赖于社会并受社会制约，社会的价值高于个体价值。这两种文化模式的价值观反馈在教育领域就形成了社会本位教育价值观与个人本位教育价值观。[2]从历史传统及现实发展来看，我国传统文化倾向于社群主义的文化模式。我国少数民族教育教师政策的价值判断关系到少数民族教育质量的定位，新中国成立70多年来我国在民族教师政策的价值理念上表现出一种社会本位和人民本位的政策定位，体现了国家至上、社会至上、人民利益至上的价值观，历次教师政策的变革都是为了更好培养社会主义需要的各类型人才，均是为了教育公平和教育质量。

第一，文化模式对于少数民族教师政策发展的影响。一方面，1993年《教师法》是为了规范管理教师队伍，提升教师教育法制化管理水平而出台的，体现了社会控制取向的社会文化模式；另一方面，一系列内地支援边疆民族师资政策的有关法案陆续出台与实施，也有力证明了民族教育教师政策具有典型的"国家

① 《教师教育振兴行动计划（2018—2022年）》，http://jwch.sdut.edu.cn/2021/030/c5196a415822/page.htm.

② 项聪：《我国高校基层学术组织变迁的制度逻辑——基于历史制度主义的分析》，载《中国高教研究》，2011年第6期，第23—28页。

控制"的导向，强化外在社会本位的文化模式，支援或扶贫边疆民族师资队伍建设。不难看出，我国大多数民族教师政策过多强调了社会本位的价值需求，而相对忽视教师个体自身价值追求。在工具理性政策的包裹之下，教师群体很难成为被关注的内在个体。进入新时代以来，面对大数据与信息化时代发展诉求，新时代教师政策开始兼顾教师个体自身内在发展，"遵循教育规律和教师成长发展规律"，"优先谋划教师队伍建设需要，优先保障教师工作投入"等政策要求无不折射出对于教师个体的强烈关注。实际上，这在服务于国家与社会教育事业的同时，更注重教师自身价值的实现和个体的健康发展，融"小我"于"大我"之中，辩证实现了两者的统一。

第二，高校的理性选择对于教师政策发展的推动作用。高校作为我国人才培养的重要组织者，是举办各级各类教师教育的主体单位。依据我国现行法律法规，高校具有办学自主权与师范专业设置的权力。然而，长期以来，师范教育是在计划经济体制之下形成的，是在借鉴苏联经验的结果。最初的选择提供了强化现有组织的惯性与刺激的手段，因而按照已有的组织变化路径发展，总比另辟路径简单得多。故而，高校仍然没有跳出对已有路径的依赖。实际上，不同层次的高等学校享有的权力是不一样的，重点大学与地方大学培养教师类型与层次是有差异的，高等教育体系俨然是一个等级森严的金字塔结构。我国民族高等院校比如西北民族大学、中央民族大学、大连民族大学、中南民族大学、西南民族大学、北方民族大学等六所大学是国家民委直属高校，受教育部与国家民委的双重领导，其他地方民族院校则不是这样。作为国家民委领导的重点或省级民族师范大学，培养教师教育层次比较齐全，设施比较完备，也可自主设置专业。例如，中央民族大学始于1941年建立的延安民族学院，主要就是培养民族干部和从事民族事业的教职员工；西北民族大学是新中国成立后我国成立的第一个民族学校，其前身就是1949年在兰州成立的藏民学校和藏民问题研究班。2009年，国务院学位办《关于开展教育博士专业学位教育试点工作的通知》拉开了面向一线造就复合型、职业型的实践性高技术博士教师人才的帷幕。由于这些重点高校拥有的利益得到极大保障，对于旧制度具有较强的依赖性，故而对于新制度、新路径的需求就没有那么强烈，其他地方高校的师范教育处于制度的下层，只能无奈接受已有制度的安排。即使有改变的愿望，也很难有效地加以实现。

三、跨境民族教育教师政策的发展路径

优先发展教师教育是坚持优先发展教育战略的重要举措。新中国成立70多年来，据不完全统计，我国国家层面出台了200多个教师政策文件，这为我国教师队伍建设提供了良好的制度环境。70多年来，教师政策的变迁可以折射出我国教师教育发展的演进逻辑。由此，分析这些涉及少数民族教育教师政策发展的阶段特征、规律及其经验，对于进一步加强在"一带一路"背景下我国跨境民族教师政策体系的发展与完善大有裨益。

（一）坚持因地制宜的原则

随着中国社会对于高质量教育的发展诉求，跨境民族教育教师政策面临新的机遇与挑战。跨境民族教育以培养本土化与国际化兼顾的，能够实现社会与民生良好互动的师资队伍为目标。而实现这一目标，需要充分集合各方面力量，协同发展好跨境民族教师教育。

第一，依据跨境民族教育区域特征，采取适宜本土化发展的教师政策。事实上，跨境民族教育具有跨境性、差异性、多维性与复杂性等特征，[①]这对跨境民族教育的教师政策提出了新要求。由于身处跨境民族地区，位于国家之间的接壤区域，故而跨境民族教师政策呈现出本土性与国际性交织、特殊性与民族性交涉、内生性与外推性兼具的复杂关系。当然，这就需要跨境民族教师队伍具备更为复合的综合能力，诸如多元文化教育能力、双语教育乃至更多语言教育能力。若要使跨境民族教育教师队伍持续发展，协同发展的、内生动力式的跨境民族教师发展共同体的发展机制务必建立起来。

第二，正确处理教师政策中"离农"和"务农"的关系。由于跨境民族地区大都处于边境乡镇及村落、山区等偏远区域，乡村性、跨境性等是其鲜明的时代特征。不过，从现有的课程体系、教学方式乃至评价考核等方面而言，城市取向的教育政策特征显而易见，这不利于培养民族地区师范生本土化的"知农、懂

---

① 陈时见、胡娜：《"一带一路"视域下跨境民族教育的价值意蕴与创新路径》，载《清华大学教育研究》，2019年第2期，第83—88页。

农"意识，也不利于培养"知行合一"的乡村教师。乡村教育改革家陶行知的乡村教育实践或许会对我国跨境民族教师政策的发展提供借鉴。

第三，加大跨境民族教育教师政策的协同治理。实际上，若要实现跨境民族教育教师政策的本土化与国际化兼顾，则要加大同相关邻国教师教育的协同合作。自从"一带一路"倡议提出以来，跨境民族地区成为面向周边国家交流与合作的前沿阵地。尤其是教育作为民心相通的重要中介，是促进文化融通、经济畅通、贸易联通的重要抓手。因此，依据跨境民族地区跨境性与辐射性等特点，教师政策务必观照教师的国际化知识的熏陶与培训力度。究其原因，是因为多元力量的协同加入能够促使教师政策的事半功倍。例如，澜湄国际职业学院是云南民族大学的二级学院，该学院是中国与缅甸、老挝、越南、泰国、柬埔寨六国合作，是"一校六国"培养模式，立足云南、面向中国、辐射东南亚湄公河国家的新型国际合作模式，其办学具有沿边性、国际性与应用性等特色。实质上，借鉴已有的澜湄国际职业学院模式，可以培养具有跨境能力、多元复合型的语言性人才的教师，颁布具有国际视野、跨境复合能力与协同治理的跨境民族教育教师政策，真正实现因地制宜。

（二）建立科学稳定的长效机制

跨境民族教育教师政策的发展逻辑表明，新时代我国教师政策总体呈现出从合格转向卓越、从职前教育走向教师教育一体化、从被动参与转向主动治理的时代特征。要使跨境民族教师政策健康有序、平稳发展，需要建立跨境民族教师政策的长效机制，通过政府、社会、企事业、学校、家庭等多元主体力量，专项项目、经费保障等多元手段来提高跨境民族教师的质量。

第一，坚持少数民族地区教师政策的"顶层规划"与"战略定位"。高度重视跨境民族教师政策的战略意义与特殊价值，强化跨境民族教师队伍政策的"国防属性""公共属性""职业属性"等时代特征，要凸显本土化的跨境民族教师政策；同时，要在经费补贴、专项项目等方面予以倾斜支持。事实上，真正确保能够在跨境民族地区建设一支数量充足、质量精良的教师队伍，需要政府从跨境民族教育的战略高度，做好跨境民族教师政策的战略规划，其定位应该在遵循国家政策的前提与基础上，设计科学合理的、适合跨境民族地区学生发展的教师队伍；同时，也要适当兼顾教师发展的一般性原则。面对日益活跃的跨境民族地区教育发展，其教师政策也要与时俱进做出适当改变，以应对跨境民族教育纵向深入交流的发展态势。

第二，继续完善跨境民族教师优惠政策。强化"特岗计划"、公费师范生、"订单培养"等对跨境民族教师培养的支持力度，着重发展跨境民族教育需要的"双语教师""职业规划教师"等。就跨境民族教育教师的发展实际而言，本土化培养跨境民族教师的"订单式"政策、地方政府的免费师范生政策等一系列具有地方特殊性的政策，确实在充实跨境民族教育教师数量方面起到重要作用。为了持续稳定发展跨境民族教育的教师政策，有必要加大教师政策优惠力度与强度，依据不断变化的跨境民族教育实况，进行与时俱进的政策调整与优化。

第三，持续提高跨境民族教师的经济待遇。跨境民族教师群体起到安边守土、固边富边、强化国防等重要责任，应对他们在工资待遇、生活补助及教师进修等方面予以特殊照顾。2019年，《关于深化教育教学改革全面提高义务教育质量的意见》强调："依法保障教师权益和待遇，落实乡村教师乡镇工作补贴，集中连片特困地区（多是边疆地区、民族地区和革命老区）生活补助和艰苦边远地区津贴等政策。"[1]事实上，作为维护国家安全与固边安边守边的跨境教育，一直在肩负着边境两侧教育沟通交流、民心相通的时代重任。为此，需要积极设置专项经费与生活补助予作为支持跨境民族教师的后勤保障，切实让跨境民族教师能够安心稳定下来，进而促进跨境民族教育教师发展的长效机制。

（三）加强质量评估与常态监测

政策是时代变迁的产物，政策应随着时代的变化而变化。为了追求跨境民族教育的长远利益，需要对教师政策的稳定性与应变性做出必要适当的调整。这要求，统筹设计跨境民族教师政策的调控机制、反馈机制、评估机制、监测制度与听证制度。

第一，建立与健全教师政策的教育督导机制。教育督导是提高教育治理与治理能力现代化本质要求，是促进教育管理不断科学化与民主化的有效手段。2014

---

①《关于深化教育教学改革全面提高义务教育质量的意见》，载《中国教育报》，2019年7月9日。

年，国务院教育督导委员会强调要形成督政—督学—评估监测"三位一体"的教育督导体系。①就跨境民族教育而言，教师政策的教育督导需要依据法定程序、第三方教育评估、学校及家庭的参与治理，定期对现有的跨境民族教师政策实施追踪调研，进而不断完善与发展跨境民族教师政策体系。动态调整教育督导利益相关者需要充分广泛吸纳政府、社会团体、家长、教师和学生等利益相关者，组成教育督导的发展共同体；同时，及时有效地公布监测结果，让社会能够准确及时了解有关信息。②实质上，科学有效的教育政策督导机制的建立有赖于治理能力现代化水平的提高。而教育质量监测也成为我国教育改革的热点议题。当然，质量监测与督导机制的建立与完善需要政府引领，充分发挥第三方相对较为客观的督导机制的作用。

第二，发展与完善教师政策发展的听证制度。就政策制定与颁布而言，为了有效弥补专家学者与行政人员的局限性，有必要增加风险沟通的意识与民众的参与能力。③而听证制度则是扩大政策决策与政治民主化的重要途径。就跨境民族教育教师政策的发展实际而言，需要教师政策充分兼顾到国家意志与教师利益、集体利益与个人利益，做到有机统一，这应是跨境民族教育教师政策未来发展趋势。充分尊重跨境民族教师合法权益，为跨境民族教师能够合法合理表达自己声音提供多维通道，建立教师听证制度。当前，"我国教师政策存在的最大问题就是教师的价值诉求表达不充分"④。因此，跨境民族教师政策的听证制度建设迫在眉睫。其一，注重相关法律法规建设，尤其是在法律法规层面规定教师政策听证制度，使其规范化、科学化与法律化。其二，谨慎颁布跨境民族教师政策。教师政策关涉教师权益，需要听取教师群体意见与心声，故而制定政策需要能够代表广泛性教师群体的代表参与到听证会中来。事实上，只有充分吸纳有关利益相关者的意见，尊重相关教师的发展诉求，才能从最广泛的层面上达成教育政策民

---

① 《深化教育督导改革转变教育管理方式的意见》，http://www.gov.cn/gzdt/2014-02/18/content_2612480.htm.

② 何秀超：《教育督导推进教育"管办评"分离的思考》，载《教育研究》，2019年第2期，第124—130页。

③ 李宝庆、刘方林、李海红：《教育决策风险沟通机制的建构》，载《教育发展研究》，2013年第12期，第52—57页。

④ 王继平：《合理调整我国教师政策价值取向初探》，载《教师教育研究》，2005年第6期，第5—11页。

主化与科学化。

第三，注重推进与实施教师政策的问责制度。事实上，之所以要加强与推进跨境民族教育教师政策的问责制度，是因为在风险决策中需要依法依规追究造成政策失误或不良后果的责任。究其本质而言，惩罚不是目的，而是政策失误的预防，防患于未然。就跨境民族教育教师政策逐步推进与实施而言，做到有法可依、有法必依很有必要。为了有效减少政策执行的失误，造成不必要的损失，亟待加强与完善教师政策的问责制度。其一，明确教师政策问责的范围、要义，明晰职权划分。实质上，实施责任追究制度的首要条件与前提就是确定政策制定主体或执行主体在教师政策过程中有无过失的判断。《现代汉语词典》将"责任"解释为"要求做成某件事或行事达到一定标准，分内应做的事；没有做好分内应承担相应的过失"。不难看出，从责任的释读而言，所谓追究教师政策的责任就是追究没有做好分内之事而应承担的某种否定性后果。一旦赏罚分明，责任到人，就能较好地保障人尽其才、物尽其用。其二，建立教师政策过失的问责制度保障。完善相关教育政策立法，将教师政策制定与执行的失误、过错等纳入法律法规的保障制度。对于政策执行造成的后果或损失，需要视具体情况采取不同的惩罚措施如行政处分、警告、严重警告、责令辞职、引咎辞职，严重的则需要追究相关责任人的法律责任。简言之，依法实行跨境民族教育教师政策问责制度，将极大提升教师政策执行的科学化与民主化，降低相应决策过失，提高政策效益。

第四章

"一带一路"背景下
跨境民族教育发展的文化融通

伴随着"一带一路"建设的不断推进，沿线各国的多样文化在交流中不断得到丰富：各种文化间空前广泛的交流与共享促使沿线国家各民族可以平等享有各种形态的艺术、科学、技术以及其他所有文化资源。这种文化共享极大推动了各民族文化对自身社会、经济、技术的利用与挖掘，促进各民族文化的共同发展与创新。与此同时，异质性的文化冲突与挑战也伴随着文化共享而来，并可能会在强势文化的渗透与扩张中对国家主权、文化传统、经济安全、社会稳定等方面产生侵犯与威胁。[1]作为"一带一路"倡议的重要组成部分与"一带一路"建设的核心内容，教育应在弥合文化冲突、增进民族信任、促进国家理解等方面承担起重要的人文交流责任与人才培养功能。为此，基于教育的文化交流主体与环境同时面临跨国境、多民族的多重文化特性，跨境民族教育的本质规定性决定其具有"加强政治文化认同、推动地区经济发展、促进民族文化整合"的教育使命。[2]当面对"一带一路"沿线各个国家、民族的多样性文化时，跨境民族教育应采取提升跨境民族文化选择、文化认同和文化互鉴等能力的文化融通发展路径。

第一节　跨境民族教育文化融通的功能定位

"一带一路"建设东联东亚，经东南亚、南亚、中亚、西亚延伸至非洲和欧洲，涉及沿线众多国家。由于这些沿线国家涉及的民族种类繁多，在种族、语言、风俗习惯、社会制度、意识形态以及利益诉求等方面存在着诸多差异，所以如何消除沿线国家之间各民族的文化误解与管控分歧，进而实现在政策、设施、贸

---

① 〔美〕塞缪尔·亨廷顿：《文明的冲突与世界秩序的重建》，周琪等译，新华出版社2001年版，第6页。

② 钟海青、王瑜：《论跨境民族地区跨文化教育的历史使命》，载《广西民族大学学报（哲学社会科学版）》，2016年第1期，第12—17页。

易、资金、民心等方面的互通共建成为了建设进程中的关键议题，而跨境民族教育则是其中重要且有效的推动路径。一方面，跨境民族教育可以针对性地培养出熟知沿线国家民族语言、文化风俗、人文地理以及社会制度等推动"一带一路"建设的国际人才。这些人应当具有坚定的国家认同感、较好的跨文化交往能力，能够在尊重不同国家的民族文化传统、生活习俗以及价值信仰基础上平等地、互利地推动国家间的合作，实现共同发展的利益目标。另一方面，通过跨境民族教育可以有效推进沿线各国间的人文交流，突破传统的双边或多边合作模式，强调沿线国家的各个民族作为整体共同参与，以共同利益与共同责任为建设核心，以团结互信、平等互利、包容互鉴、合作共赢为精神宗旨，突出各民族之间的主体平等性、信息交互性、目标共营性，通过学术访问、文化交流以及其他教育合作等方式，实现不同国家和民族之间的文化、政治和经济融合。总之，不同于普通意义上的教育活动，跨境民族教育会涉及两套或两套以上的文化体系的相互交流、冲突与融合，也因此会在政治稳定、经济发展、文化传承等不同领域中衍生出更为丰富与复杂的使命与功能，如维护国家主权和统一、推动地区间经济的交流与合作、促进民族文化的传承与创生。伴随着"一带一路"建设的不断推进，沿线国家、各民族之间的文化交流与对话活动将不断开展，跨境民族教育的文化融通发展路径将在维护民族团结、促进民心相通和增强文化自信等方面具有重要的时代性功能。

一、维护跨境民族地区社会稳定

伴随着历史的变迁和国家领土的变更，起初共同生活在传统聚居地的同一民族在漫长的历史进程中逐渐被国界分隔，形成了跨居于两个或多个国家的跨境民族，并随之产生了民族共同体和国家共同体相互交错的现象。[①]在长期的民族变迁历程中，这些跨境民族在地域、政治等原因的影响下形成了较其他普通民族更为复杂的政治属性与文化属性，这往往会对我国与邻国之间的政治关系产生积极作用抑或消极影响。"一带一路"倡议的提出为我国主要民族省份（自治区）和

---

① 何跃：《云南与周边国家跨境民族教育研究现状述评》，载《学术探索》，2009年第6期，第128—134页。

大部分民族聚居地区提供了重要的发展机遇。而跨国境毗邻而居的跨境民族也将在"一带一路"建设中发挥着与周边国家互联互通的重要纽带作用。跨境民族所具有的文化同源性、语言相通性、地缘相近性以及习惯相似性，使其既能较好地推动我国与邻国边境地区贸易的合作与往来，又能成为两国文化交往与交融的纽带与媒介。正是通过这种相互交织、同根同族的文化联系，跨境民族往往能成为促进两国在政治、经济、文化等各方面和平共处、共同发展的友好使者与桥梁。

（一）增强跨境民族交往与交流

民族间的交往、交流、交融是一个不可分割的有机整体，跨境民族教育通过跨文化人才的培养与跨境教育的合作交流对沿线民族的交往、交流、交融发挥积极作用。而将民族交往、交流、交融拆分为民族交往、民族交流与民族交融，则是从理论逻辑出发探讨跨境民族教育在推动三者中的积极作用。首先，民族间交往的本质是一种社会交往，它是最终能形成利益共同体意识、责任共同体意识乃至命运共同体意识的基础前提。这与马克思所认为的"社会是人与人交互作用的产物"①不谋而合。共同体意识的形成与维持离不开持续与紧密的社会交往。或者说，族际之间持续进行的社会接触与社会互动就构成了民族交往。而在与"一带一路"各民族的交往中，不同民族所具有的不同文化特质会赋予消费者多样化的消费偏好与精神需求，也就随之不断产生出新的贸易需要。这就使得跨境贸易、商品流动首先成为了"一带一路"沿线各民族交往的主要互动形式。在这种持续性的商品交互和经济交往中，源自不同国家的商品蕴含着不同民族的独特文化与文明，这使得跨境的各民族间实现互利共赢成为可能。截至2018年，中国同沿线国家贸易总额已经超过5万亿美元，年均增长1.1%。②对此，跨境民族教育应重视开展对沿线国家语言文化的各类教学活动，普及培养能了解、理解、掌握和欣赏沿线国家语言文化的跨文化人才，以此满足中国与沿线国家日益增大的经贸交往所提出的人才需要。

其次，在共同体意识的形成过程中，民族交流起到了基础性的纽带作用。民

---

① 《马克思恩格斯选集》（第4卷），人民出版社1995年版，第532页。

② 《"一带一路"倡议取得重大进展　我国与沿线国家贸易额超5万亿美元》，载《北京日报》，2018年8月28日。

族交流的本质是在生产生活方式、风俗习惯、文化传统、宗教信仰等广义层面的民族文化间交流。伴随着社会交往的不断深入，两国民众会从事物层面的显性文化认识逐渐转为价值层面的文化感知。其中，双方固有的文化差异性不仅仅催生了双方强烈和稳定的经济交往需要，同时也可能会因为刻板印象或是想象性解读而产生出文化偏见，这会阻碍双方深层次的文化交流。而这一过程中文化冲突的解决需要双方民众既要对本民族文化具有足够的认识与热爱，对本国的核心价值观具有坚定的信仰，以免在多元文化冲突中对本民族和国家产生质疑甚至蔑视；又要对合作民族的文化有较为深入的认识与了解，对外来文化始终持有平等、尊重、包容的态度，以此才能形成由多元文化、多种民族所共同建设的，能够广泛且良性的交流互动的发展平台。跨境民族教育正是要针对这种文化交流需求提供相应的跨文化教育教学活动、交流项目以及跨文化研究，提升跨境民族与沿线国家民族、本国其他民族的文化交流能力。

最后，民族交融是建构人类命运共同体的稳定支撑，其本质是民族个体与民族群体通过社会结构与日常生活而进行的交互融合。如果一个社会关系中存在有多种民族，那么各民族之间在社会结构与日常生活的充分交互融合就决定了民族间关系的稳定以及共同体意识的形成。多民族国家政府应极力避免出现民族社会结构断裂的"平行社会"状况，即少数民族在政治、文化乃至社会各层面避免与主流社会进行接触而最终固化出现的一种结构性孤立状态。[1]与此相对应，一种被称为民族互嵌型社会结构的社会形态被认为是理想状态，即各民族能通过频繁且有序的交往、交流、交融，进而形成一个结构相连、利益相关、情感相通的共同体的社会形态。[2]显然，在多民族聚居的边境地区，跨境民族教育应当能够通过学校教育、培训、交流等不同教育途径积极整合各民族文化。这将沿线民族较为简单的社会交往关系逐渐深化到内在文化心理联系，并将对本民族的民族认同与民族情感逐渐融入到更为广泛的民族联系中，进而建构出独具"一带一路"文

---

① Claus Mueller."Integrating Turkish Communities: A German Dilemma", *Population Research and Policy Review*, Vol 25, No5, 2006, pp.419-441.

② 郝亚明：《中华民族共同体意识视角下的民族交往交流交融研究》，载《西南民族大学学报（人文社科版）》，2019年第3期，第9—13页。

化特征和富含文化情感的民族互嵌式共同体社会。

(二)促进地区社会和谐发展

伴随着"一带一路"建设的深入推进,一些国家受新干涉主义影响会尝试通过挑起竞争、国内部的阶层矛盾、民族矛盾来制约其社会的稳定与和谐发展,进而获得相对快速发展的国际竞争优势。因此,国外敌对势力对"一带一路"涉及的边境地区进行"分化"渗透的现象持续发生,不断破坏着边境社会的稳定发展。其中,在意识形态上的安全尤其谨慎:一些境外敌对势力或反华势力基于不良的政治动机,妄图强化跨境民族的极端民族主义与分裂主义思想,通过泛民族主义言论、宗教渗透以及挑起民族事端等多种方式来进行意识形态层面的渗透与冲击,破坏我国边疆地区社会稳定与祖国统一。与此同时,聚居在边境地区的跨境民族也开始面临诸多政治安全与民族团结方面的挑战。由于边境地区地处偏远,往往在经济、文化上与我国的中东部经济发达地区存在较大的发展差距,还同时与邻国的跨境民族在政治地位、经济水平上存在差异。跨境民族会在心理认同方面表现出明晰的双重特性:一方面是源自于依靠族群情感纽带而建立起来的心理认同,这种认同是对本民族族源、文化的原生自然性认同,是每个民族成员与生俱来的、超越时空限制的情感关联,具有非理性的特点;另一方面则是来自于国家政策支配下对国籍所在国的主观认识,这种带有国家政治诉求而产生的心理认同会受到成员个体的政治环境、经济水平、文化地位、教育引导等多方要素影响。心理认同层面的双重特性使得跨境民族在对国家认同和民族认同的关系上往往较普通民族更为复杂。这种复杂性既源于跨境民族在民族与文化身份上的历史同源性,又源于其在国家与政治身份上具有的现实相异性,而复合多样的社会层级结构与经济水平参照更会使得跨境民族在相互对比中产生出复杂和矛盾的认同心理。这在实践中往往会表现出更强的自我意识或心理反差,也更容易在中华民族文化认同和中国社会主义核心价值观认同上出现一定的认识不到位或错位。为此,防范他国对本国在政治、宗教、文化等方面的渗透成为了边境地区的首要安全任务,也是我国与沿线国家能够共建"一带一路"的重要核心内容之一。

正是因为边境民族地区同时具有跨越国境、多个民族、地处偏远等特殊的政治、文化与经济属性,跨境民族教育在实践中难以清晰地进行发展定位。模糊的办学定位、较为单一的教学方式以及统一的课程设置使得边境地区学校教育水平提升较为缓慢，使得边境地区教育难以较好满足边境地区社会发展需求，更难以适应当前"一带一路"建设在人才培养、人文交流等方面的特殊要求。在西南边境地区的调研中发现，当前不少促进民族团结的跨境民族教育停留在说教层面，与当地各民族的日常生活、风俗习惯相对脱离。[1]这种做法在理论上毫无疑问是正确的，但是在实践中却往往会因为过于抽象而与广大学生、民众的具象生活产生距离。事实上，"生活即教育"，"过什么生活，便是受什么教育……我们想受什么教育，便须过什么生活"[2]。要实现维护主权统一、社会稳定、民族团结等功能，跨境民族教育必须是一种贴近民众生活、融通民族文化的实践性教育活动。为此，坚持国家意识形态与核心价值观念的主导性与唯一性是跨境民族教育的基本原则，但这并不意味着纯理论教育可以等同甚至取代跨境民族教育在维护民族团结目标方面的实践内容。跨境民族教育可以与边境地区各族民众的地方文化生活相互作用并最终融于其中，使各成员自发自觉地在日常社会交往活动中参与到跨境民族教育活动中，进而产生出团结奋斗、共善共荣的生活体验。

二、促进跨境民族地区民心相通

"一带一路"倡议是在世界经济缓慢复苏、各国经济发展分化、国际贸易格局深刻调整的大背景下提出的，是中国秉承平等开放的区域合作精神，通过与亚欧非大陆的其他发展中国家互利合作，共同破解不断加剧的、二元对立的竞争发展难题，实现世界各国的共同和谐发展。国之交在于民相亲，民相亲在于心相通。民心相通是"一带一路"合作共建的根基。要实现合作中的政策沟通、设备联通、贸易畅通和资金融通，最重要的就是培养两国人民在内在文化要素上的尊重与理解。在相互交往与交流的过程中，两国人民基于文化传统、价值观念、利益诉求等方面的理解与信任是实现民心相通的关键，而这也是促使沿线国家寻求共同利益和担负共同责任的基础所在。

① 雷振扬、哈正利:《民族团结进步政策创新的若干建议——基于江苏省民族工作经验的调查》,载《广西民族研究》,2012年第1期,第34页。

② 陶行知:《中国教育改造》,商务印书馆2014年版,第170—185页。

（一）推动跨境民族交流互鉴

要实现民心相通，首先需要明确合作交往双方具有共同的利益目标，这是相互间产生信任的内核。在政治制度、经济水平和文化传统存在巨大差异的各个民族国家能建立起一种"命运共同"的合作信任关系，是因为他们都有着共同的、互利互惠的利益目标。"一带一路"倡议能获得越来越多的国家的认同和参与，其根本原因在于能从中获得共同发展的利益。这里的利益主要指的是国家利益与民族利益，涉及各合作国家和民族的经济、政治与文化等方面利益。沿线各国应本着共商、共建、共享的合作原则，让民心相通成为经济合作的社会基础、经济合作成为民心相通的物质保障。①而文化领域中所追求的弘扬丝路精神、推进文明交流互鉴更是民心相通在各国人文交流中的利益体现。可以说，各国在政治利益、经济利益和文化利益的统一是民心相通的利益基础和动力来源。

在利益共享、责任共担、命运共同的"一带一路"共建发展道路上，很难想象若参与者和建设者们缺少跨文化能力，如何能够实现民心相通，又如何能够合作共赢？在《关于做好新时期教育对外开放工作的若干意见》中，我国政府明确提出："要实施'一带一路'教育行动，促进沿线国家教育合作。加强教育互联互通、人才培养培训等工作，对接沿线各国发展需求，倡议沿线各国共同行动，实现合作共赢。扩大中国政府奖学金资助规模，设立'丝绸之路'中国政府奖学金，每年资助1万名沿线国家新生来华学习或研修。"对外教育交流合作与跨文化人才培养是促进我国与沿线国家民心相通的有效路径，而大力开展跨文化教育、提升我国与沿线国家民众的跨文化能力更是其中的关键。近20年来，由于在文化本质主义中的静态文化观以及在实践中引发的族群分离现象，多元文化教育逐渐衰退，各国的文化多样性教育开始从关注"谁是文化主体""是否存在文化差异""差异能否弥合"等问题转为强调"个体间的文化交互""多种身份的文化整合"等主题。具有文化自主性、动态性、交互性等核心特征的跨文化教育逐渐成为文化多样性教育的核心。联合国教科文组织在1992年就提出了跨文化教育这一概念："面向全体学生和公民设计的、促进对文化多样性的相互尊重与

---

① 金鑫、林永亮：《民心相通：为"一带一路"建设筑牢社会根基》，载《求是》，2017年第11期，第16—17页。

理解和丰富多彩的教育，它能促进学生的文化融入和学业成功，增进国际理解，并促使与各种歧视现象作斗争成为可能。"①作为对外教育合作与人文交流的前沿区域和关键部分，跨境民族教育的文化融通策略应当利用边境跨境民族在历史、文化、地域等方面的特殊优势，大力开展跨文化教育，提升合作双方的跨文化能力。

　　一般而言，在经济合作发展的外部实践需求下，许多国家往往首先关注的是跨文化教育的经济促进功能，即通过将跨文化教育等同为培养涉外语言人才的教育。也就是说，使学生掌握合作国家的语言和沟通技能，并掌握两国合作交往中所涉及的最基本涉外能力。然而，随着"一带一路"建设的深入推进，沿线国家间以及民族间在经济、文化等社会领域的交往逐步深化，一般意义上的语言交流难以完全满足国家间或民族间相互合作、共建共享的发展需求，这时候的跨文化教育将不再局限于具备多种工具性语言或静态文化背景，而是需要一种在面对文化差异时能平等、积极进行文化沟通、理解的能力。这种能力使得跨文化教育不仅仅停留在一般的沟通技能层面，而是通过深层次的文化教育活动使跨文化教育从语言工具教学向培养跨文化人才的学术认知与文化建构发展。由此，跨文化教育的文化整合功能将不断受到重视，只有通过深层次的文化教育活动，才能促使合作国家的各族文化在共同参与与共同建构中进行交互渗透与相互滋养。就"一带一路"建设而言，我国跨境民族教育不仅需要加大对沿线中小国家语言和文化人才的培养力度，还需要持续加大对国际汉语人才的培养，"多语种+"跨文化人才将成为未来卓越国际化人才的培养趋势。相应地，我国跨境民族教育的文化融通路径在人才培养中应当分为三个层面：具备基本日常语言沟通能力的基本交际型通用汉语人才与外语人才，为合作双方的普通大众提供基本的交往与交流基础；具有学科专业特点的复合型国际汉语人才和外语人才，为合作双方的经贸、科技和人文合作提供足够的人才保障；能够熟知本国文化、精通本国语言的高级汉语人才和外语人才，在文化交流中加大对中华文化的传播，让外界能真正了解中国的线路精神与"和合"文化思想，进而消除对中国的认识偏差和误解，实现民心相通。

---

　　① 联合国教科文组织：《全球教育发展的历史轨迹：国际教育大会60年建议书》，赵中建译，教育科学出版社1999年版，第498—499页。

（二）弥合沿线国家文化冲突

冷战结束后，传统的国际政治经济格局在经济全球化进程中被打破，以美国为代表的一些发达国家在经济上仍然奉行着冷战思维、威胁意识、对抗心态来对包括中国在内的发展中国家实施"零和"博弈与"极限"谈判，试图在"本国优先"口号中推行其所谓的"民主"与"平等"。在这种"以我为主""国强必霸"的竞争理念与斗争思维中，世界上许多国家和地区开始出现混乱且无序的状况，人类的命运与发展让人忧心忡忡。在"一带一路"建设不断推进的过程中，中国与沿线国家获得了共同的发展机遇，也都一定程度上共同担负着挑战与问题。其中，存在于各国、各民族间的文化误解、文化矛盾乃至文化冲突已经成为沿线国家必须面对的重要问题，也成为推进"一带一路"建设和建构人类命运共同体不可回避的重要议题。一般情况下，文化冲突产生的根源可分为相对具象的根源和相对抽象的根源。前者是不同文化群体间在文化实然维度的差异过大，以及由此产生的陌生感和不信任感；而后者则是不同文化群体间在交流的过程中存在的固定的价值误解或价值偏见，以及由此产生的防范或敌视态度。[①]

从前者来看，因文化差异而产生的冲突具有普遍性、深层性和根本性。文化不同于政治制度与经济模式，它是一个民族在一段历史时期中全部物质文明与精神文明的成果体现。文化往往作为民族间相互区分的坐标，规定着该民族成员在社会生活中的思维方式与价值态度。因此，文化具有很强的内在稳定性、延续性与继承性。正如亨廷顿在"文明冲突论"中提及的那样，新的世界中存在着最普遍、最重要和最危险的冲突，这种冲突是源自不同文化实体的人民之间，而非源自阶层、贫富或集团之间。[②]"一带一路"倡议目前涉及国家众多，涵盖了40亿以上人口，包含了多种文化形态，如佛教文化、伊斯兰文化、波斯文化、西方文化等；涉及七个主要文明，即中华文明、日本文明、西方文明、印度文明、伊斯兰文明、东正教文明、非洲文明；以及复杂的宗教信仰，如伊斯兰教、天主教、佛教、东正教、犹太教。众多的国家与人口、悠久的历史与传统、

---

① 刘宝存、张伟：《文化冲突与理念弥合——"一带一路"背景下新型世界公民教育刍议》，载《清华大学教育研究》，2018年第4期，第56—64页。

② 〔美〕塞缪尔·亨廷顿：《文明的冲突与世界秩序的重建》，周琪等译，新华出版社2001年版，第6页。

多样的宗教信仰与文化形态决定了"一带一路"的共建过程必然会面临各国间政治体制、价值信仰、风俗习惯等方面巨大的文化差异问题。文化的差异问题可能会影响到国家的利益取舍以及国家间的合作关系，这是因为有着不同文化实体的人们在进行相互的交往、交流时，内存于文化实体的价值观念以及理想信念会因为不同民族文化间所存在的差异而产生分歧、冲突乃至分裂。

就后者而言，在一些民族国家中所实施的政策行为往往会被认定为是与该国家主体民族的文化价值紧密相关，这一现象存在于世界许多民族国家中，其产生于民族国家与民族文化之间内在的同构性与相关性。国家蓬勃发展而产生的国民自豪感、国际影响提升或是文化宣传拓宽都会容易让其他国家解读为"大国崛起""强国必霸""价值入侵"等富有竞争或斗争色彩的国家主义观念，进而在社会交往和文化交流中成为相互理解与沟通的绊脚石。毫无疑问，伴随着中国改革开放以来不断取得的瞩目经济发展成就，"中国威胁"等声音不绝于耳。这在对外交流中往往容易引起国民个体对国家地位和国家行为的非理性期待，进而造成其他国家的误解和反感。随着"一带一路"建设的不断推进，不少沿线国家也产生了新的担忧：中国悠久的历史以及正处于不断发展崛起的现实，让一些国家会担心中国是否会通过"一带一路"倡议的方式来实现自身势力的扩大，进而对已有的国际秩序进行破坏。同时，也有一些国家会害怕本国的经济发展、政治主权以及文化传统等方面会在交互过程中受到中国的影响、干预或侵蚀。这些国家对该倡议存在质疑、对抗或戒备的文化心理都是可以理解的，其需要在"和合"的发展理念与共建行动中逐渐化解和弥合。

基于这样的大背景，中国传统文化中和而不同的理念将推动着"一带一路"建设的深入发展。这一文化发展理念倡导尊重差异、包容差异、美人之美、美美与共，其反对文化二元、文化进化、文化同化等文化斗争思维，促使各国在维护安全、增进友谊、促进发展等方面达成了广泛共识。作为文化事业的重要内容，跨境民族教育应当在消解和弥合不同民族间的文化矛盾和理念冲突中发挥重要的功能：跨境民族教育应大力倡导"利益与责任共同体"理念和"文化与命运共同体"理念。具体来说，一方面，跨境民族教育倡导以互利互惠为基本原则，通过培养公民开放、包容、自信的心态，不断消解在交流中因"大国威胁"

而产生的戒备与敌对；通过培养公民理性对待利益关系（如本国利益与他国利益、个人利益与国家利益、民族利益与国家利益）的能力，使民众可以去尊重、理解、协调不同主体的利益诉求与责任关系。另一方面，跨境民族教育倡导互融互信的基本原则，通过培养公民具有主动地、平等地去认识、理解、欣赏来自不同国家、民族文化的跨文化交流能力，使其能在民族情感、国家情感的基础上产生出对全球各民族的"世界主义情感"[①]，以文化共生[②]、命运共同的主人翁姿态去弥合因文化差异而产生的分歧与冲突。

三、铸牢中华民族共同体意识

与氏族和部落单纯以血缘关系为纽带的存在不同，民族共同体是以共同文化为核心的存在，其包括了共同的地域、共同的语言、共同的生活等共同特征。民族成员在共同体中获得身份、地位、权利等方面的认同，共同承担和抵御外在风险，并在这过程中满足承认感、归属感等情感需要。根据共同体意识的层次结构，共同体意识会包含共建国家的命运与共意识，共享文化的共有精神家园意识，"你中有我、我中有你"的心理认同意识和共同发展的团结互助意识。[③]对于中华民族共同体意识而言，这四种共同体意识分别阐发了共建中华民族、共享中华文化、共通民族情感、共享发展成果的价值追求，彰显了中华民族伟大复兴中各民族"一个都不能少"的价值目标。中国近些年来在政治、经济、文化等方面的发展受到世界许多国家的认可，中华民族共同体是人类命运共同体的重要组成部分，中国"部分"的"铸牢"可以为人类"整体"的"构建"提供发展经验。"一带一路"倡议的提出就是这种经验的体现，它尝试将"中国智慧""中国方案"向世界"整体"延伸。由此，跨境民族教育将成为一种重要的教育活动内容与教育活动形式，通过这种教育活动积极挖掘中华文化的内在价值，不断增强中华民族的文化自信，铸牢中华民族共同体意识，可以有助于在"一带一路"建设

---

① 刘宝存、张伟：《文化冲突与理念弥合——"一带一路"背景下新型世界公民教育刍议》，载《清华大学教育研究》，2018年第4期，第56—64页。

② 孙杰远：《文化共生视域下民族教育发展走向》，载《教育研究》，2011年第12期，第64—67页。

③ 范君、詹小美：《铸牢中华民族共同体意识的文化方略》，载《思想理论教育》，2018年第8期，第49—55页。

中弘扬中华文化，将共同体意识培养的成功经验推广到众多沿线国家和民族中。

（一）增强中国特色社会主义文化自信

2011年，《中共中央关于深化文化体制改革、推动社会主义文化大发展大繁荣若干重大问题的决定》提出要"培养高度的文化自觉和文化自信，努力建设社会主义文化强国"。此后，习近平总书记在不同场合多次谈到文化自信。他提出，中国有坚定的道路自信、理论自信、制度自信，其本质是建立在5000多年文明传承基础上的文化自信。党的十九大报告中也明确指出："文化兴国运兴，文化强民族强。没有高度的文化自信，没有文化的繁荣兴盛，就没有中华民族伟大复兴。"[①]这里说的文化是包括了在5000多年文明发展中孕育的中华优秀传统文化，在党和人民伟大斗争中孕育的革命文化和社会主义先进文化，积淀着中华民族最深层的精神追求，代表着中华民族独特的精神标识。这种文化自信主要基于中国特色社会主义文化的三个特征，即科学性、价值性和创新性。这种文化自信具有正确的科学真理作为基础和指引，能够凝聚社会发展规律，并能在人民认识世界、改造世界的生产实践中提供科学与理论依据；能体现人民群众的根本利益诉求、符合国家与社会的发展需要；具有跨越时间与地域限制不断发展的文化基因，能够在与其他文化交流中与时俱进、创新发展。可以说，文化自信是我国各族人民在对中华民族文化全面与深刻认识的文化自觉基础上逐渐产生出的一种高度文化认可，并进而对中华文化价值生出一种坚不可摧的信念与信仰。这种自信积淀着千百年来中华民族情感和对美好生活的价值观念与精神追求，对"一带一路"倡议的顺利开展具有积极价值与重大意义。

一方面，在"一带一路"建设中增强文化自信将有助于中华文化传播。在与沿线国家推进政治互信、经济融合的共同体建设中，针对不同文化间的差异予以包容是相互信任与合作的基础。在此基础上，如何积极地、正面地弘扬、传播中华文化，使中华文化能够"成为凝聚全球中华儿女的精神家园、情感纽带与身份

---

① 习近平：《决胜全面建成小康社会　夺取新时代中国特色社会主义伟大胜利——在中国共产党第十九次全国代表大会上的报告》，人民出版社2017年版，第40—41页。

标识，并为世界各国人民解决和平发展难题提供精神营养、智慧源泉和心灵慰藉"①是增强文化自信的主要任务。古代丝绸之路创造了当时东西文化交流、经济交往、民族交融的历史盛况，而今的"一带一路"更是通过海陆联动，将创造出更加广泛、辉煌的文化气象。在这共建过程中，中华文化将再次融汇到沿线各国文化当中，中国的文化形象将在互往互鉴中不断获得塑造，变得更加丰富多彩。另一方面，"一带一路"倡议的顺利推动需要足够的文化自信提供保障与支撑。在与沿线各国、各民族交往合作中会面临大量的文化差异、文化误解甚至文化冲突，这需要我国各族成员能够对中华文化有着深刻的认识与文化自觉，并对中华文化价值有着坚定的信念与文化自信。这样才能在各种干扰、误解以及不实舆论的影响中，用深刻的文化自觉和坚定的文化自信去对"一带一路"合作立场与内涵进行明确和说明，积极凝聚沿线各国的力量与共识，积极建构友善的身份认同关系，共同建立以相互尊重、求同存异为前提的互学互鉴的文化共同体。

　　这里所言的文化自信是对中国整体文化的自信，是中华民族在长期发展的过程中形成的对历史传统、风俗习惯、价值信仰等方面的高度认同与深切体验。它既包括了对中国传统文化积淀的自信，又涵盖着对中国近现代文化发展的自信，更体现为对中国特色社会主义文化的自信。首先，中华优秀传统文化是中华民族在长期实践中所积淀的知识智慧与理性思辨。它蕴藏着中华民族独特的内在价值追求与精神力量，是可以与世界各国文明共享互鉴的宝贵文化遗产和人类智慧。"一带一路"的提出本身就是源自对中华文化的文化自觉和文化自信，其秉承着开放、包容、自由、和谐的"丝路精神"，富含着中国优秀传统文化的精髓与魅力。其次，文化自信并不仅仅只是对古代中国和传统文化积淀的自信，还包括了对近代中华儿女不屈不挠、顽强拼搏、努力奋斗等精神与价值认同的自信。在多元文化并存、不同民族交往、多种势力交错的边境地区，我国与沿线国家民族间的文化碰撞、冲突开始凸显，尤其是在面对一些强势文化的同化侵蚀或是敌对势力的恶意渗透，我国民众需要保持足够理性的警觉，坦然地面对和承认近代中国所遭遇的曲折和坎坷，积极地从近代革命文化中汲取奋斗、拼搏的精神力量。最

---

① 郝士艳、王海云、苗艳丽：《"一带一路"战略中文化自信的彰显》，载《青海社会科学》，2017年第3期，第24—28页。

后，作为一个具有时代性特征的动态概念，文化自信还意味着对当代中国文化与世界不断交融创生的自信。一个民族的精神、文化不是一段停留在某个辉煌或衰败时代的历史记忆，而是一个民族不断与时俱进、创新发展的活力基因与精神生机。中华传统文化并不是所有成分都能符合当前时代需求，近代文化的奋斗精神也不能照搬到当今的社会情境中，中华民族的文化自信需要在与世界其他文明的不断交互中审时度势地去创造、转化、创新符合现代社会发展的现代文化。

由此，跨境民族教育的文化融通应包含中华优秀传统文化、中华民族近代革命文化以及社会主义先进文化三种文化意蕴。构建文化融通的教育体系，一方面要围绕"培养共同体意识"这个根本方向；另一方面要突出文化发展的动态性、历史性和生成性的逻辑特征。为此，拓展和完善跨境民族教育不同文化内涵的融通路径对于学生能力的培养以及文化自觉的形成具有十分积极的作用：一是可以提升面对不同民族、不同国家间交流的跨文化能力；二是可以提升对本民族文化的理性审视能力；三是可以提升对本民族文化变迁的历史反思能力；四是可以提升对本民族文化与中华文化的文化自觉；五是可以提升认识和处理民族文化间相互关系的理性能力，进而最终实现各民族学生群体间的和睦相处，实现各民族个体对民族认同与国家认同的认识统一。

（二）增强中华民族共同体的价值认同

习近平总书记在2014年5月的中央第二次新疆工作座谈会针对我国民族问题提出了要在各民族中"牢固树立中华民族共同体意识形态"的要求，同年9月的中央民族工作会议中更是明确要积极培养中华民族共同体意识。2017年，党的十九大报告进一步提出要铸牢中华民族共同体意识，并在会议中将推进"一带一路"建设写入党章。对于我国各民族人民来说，中华民族共同体是中华民族成员与中国公民两种身份的概括。这不仅包含了中华各族人民在千百年的相互交往、相互交融的过程中形成的情感共识与文化基础，还包含了中国56个民族在社会变迁和生产生活中所共同持有的精神信仰、核心价值与利益诉求。"当一个社会群体中有占一定比例的成员认为他们自成一个民族时，或表现得已是一个民族时，该民族就已经实际存在了。"①中华民族各成员对其所共有的地域空间进行开发与利用的过程，伴随着中华民族共同体意识的形成。也就是说，作为中华民族存在的核心，中华民族共同体意识的形成离不开中华民族各成员之间互利的经济交往、互通的语言交流以及共同的心理活动。这种思想观念是伴随着中华文化而产生的，是中华文化的重要组成部分，并且与中华文化具有共生、共在、共意的同构关系。②

首先，中华民族共同体在漫长的历史演进中不断调整其所占据的地域空间，并持续积淀着中华文化这一由科学知识、价值观念构成的物质与精神财富。所以，中华民族共同体诞生并不断发展的过程，与中华文化出现并不断累积的过程存在历史共在性。中华民族共同体意识的形成是一个动态的过程，具有历时性的文化特征。中华民族成员要融入共同体中，就要对自身身份、归属感以及价值体系进行整体的认识，要对中华民族以及文化的历史有深刻的认识与认同。

其次，中华文化与中华民族共同体意识能够互惠互利、相互依存地作用于中华民族，并促使民族成员在心理和精神层面形成统一的认同。中华民族共同体意识秉持"和合"的发展理念，强调民族共同体内部各民族成员能在政策帮扶、资源共享、教育牵引等多方路径中不断加强对"各美其美"的多样性文化的承认与认同；中华文化则能够预置民族成员的思维图式与认知背景，在其与外界的文化实践与观念交互中为中华民族共同体认同提供情感助力。

再次，民族成员在中华民族历史脉络、存续立意和发展向度等重要问题上会始终坚持中华文化与中华民族共同体意识所共同崇尚与共同遵循的价值理念，如历史脉络中的责任观念与大局意识、存续立意上的和谐思想与包容态度、发展向度上的奋斗精神与独立原则。这些优秀的处世智慧与民族品格在中华文化的浸润与强化下，不仅被民族成员普遍接纳与共同遵循，而且在新时代的语境中成为整个民族所秉持的民族意志与发展夙愿："让中华民族以更加昂扬的姿态屹立于世

---

① Hugh Seton-Watson. *Nations and States: An Enquiry into the Origins of Nations and the Politics of Nationalism*, Boulder, Colo: Westview Press, 1977, p5.

② 范君、詹小美：《铸牢中华民族共同体意识的文化方略》，载《思想理论教育》，2018 年第 8 期，第 49—55 页。

界民族之林。"①

为此，跨境民族教育的文化融通将大力弘扬中华文化，加强在中华文化知识、中国历史、社会主义核心价值、中华民族情感等方面的认识与学习，不断提升跨境民族对中华民族的历史认同感、心理认同感和价值认同感，促进铸牢中华民族共同体意识和构建人类命运共同体。

第二节　跨境民族教育文化融通的基本原则

在外部环境不断变迁的过程中，本民族文化与其他民族、其他类文化交流与碰撞，进而对本民族和其他民族的优秀文化成果进行继承、融合和发展。在某种意义上可以认为，跨境民族教育实施的一个主要目的就是以多元文化的平等交流为根本前提，以促进不同民族之间、不同地域之间、不同时代之间的文化互动、文化交流、文化整合为根本旨归，最终实现各跨境民族和中华民族的文化的保存、传承、发展以及创新。在这一过程中，跨境民族教育应遵循文化发展的基本规律，明晰两组主要的辩证关系：民族文化的多元冲突与整合、民族文化传统与现代的阻碍与发展。这两组辩证关系是各民族文化发展的源动力，也是确定跨境民族教育实施原则的根本前提。跨境民族教育的文化融通就是要使各族成员在国家主导价值的框架下，妥善地处理好这两组辩证关系，让各跨境民族文化在相互间的交流、理解、吸收和借鉴中实现文化生态的多元共生。为此，跨境民族教育的文化融通发展应遵循坚持民族文化发展多样性和国家意识主导性相统一、坚持民族文化传承的传统性与社会发展时代性相结合、坚持民族文化融通的城市性与民族教育本土化相统一的导向性基本原则。

---

① 习近平：《习近平谈治国理政》（第二卷），外文出版社2017年版，第63页。

一、民族文化多样性与国家意识主导性相统一

在"一带一路"建设过程中，我国的一些边境地区很可能会受到境外各种势力的干扰和破坏，跨境民族教育因此成为了抵御境外势力进行意识"分化"渗透和保护国家统一发展的最重要手段。如前所述，受到历史发展、地域环境等多方因素影响，跨境民族在自我身份认识方面有着较其他民族更为复杂的影响因素与特殊性，在中华民族认同和国家核心价值认同方面会容易出现一定程度的错位或不到位。这使得跨境民族教育在实践中明确了维护边境地区意识形态的秩序稳定和促进跨境民族交往、交流、交融的文化安全与发展使命。跨境民族教育的文化融通必须是以培养学生坚定的中国特色社会主义核心价值观为基本前提，以培养中华民族共同体意识为核心目的的教育活动。

（一）民族文化面临多样化与同一性的博弈

民族文化具有多样性与同一性的内在特性，二者共同构成了人类文明的存在与发展。具体来说，民族文化的多样性是民族价值观念与精神信仰存在于世的独一无二的有效证明，它体现了各民族的文化传统与表达形式的多样性和独特性，以及在此基础之上产生的民族传统与民族风俗；民族文化的同一性为各民族文化继承优秀传统文化以及吸收外界文化的优秀成分提供了基础，这使得民族文化可以实现自身的创造与发展。也就是说，民族文化的同一性为人类的自我实现以及共同文明财富的创造提供了可能性。进一步说，文化的多样性使民族跨文化交往的过程中无法避免冲突与对抗；而文化的同一性使得民族跨文化交往终将走向共生与融合。民族文化就是在这样的冲突与融合的平衡中实现自身的不断发展。[1]

正如福山描述的："我们在当代世界看到奇怪的双重现象：一方面，现代经济与技术以及理性认可作为世界唯一的合法性基础的理念在普及，并促使人类不断地同化；另一方面则到处都在重新确定（至少在政治层面上）抵制这种最终会强化人民和民族之间隔绝的文化价值。"[2]在全球化的时代背景下，各民族文化发

---

① 〔美〕欧文·拉兹洛：《多种文化的星球——联合国教科文组织国际专家小组的报告》，戴侃、辛未译，社会科学文献出版社2001年版，第154—168页。
② 〔美〕弗朗西斯·福山：《历史的终结及最后之人》，黄胜强、许铭原译，中国社会科学出版社2003年版，第276页。

展遵循着冲突与整合的内在发展规律。一方面，文化通性乃至"全球认同"随着各民族、国家间文化交流与对话的不断开展而产生。各民族、国家之间的文化交流与对话活动使得人们不仅对本民族的文化有了深入的了解，也使得人们对世界其他民族和国家的文化逐渐地产生了了解、理解与认同，并在相互尊重与理解的基础之上产生具有人类普遍意义的文化通性和超越民族或国家边界的"全球认同"。[①]另一方面，在全球经济一体化的发展背景下，受全球市场规则的一致性要求，许多非西方国家及其民族在不同程度上面临着"现代化"的文化转型。由于在经济与科技发展水平的弱势地位，这些国家不得不遭遇西方主流文化与价值的侵蚀，国内原有的许多"传统社会"文化秩序与价值观念面临着被部分甚至全面颠覆的处境。在这样的背景下，所谓的"现代化""世界文化"往往在一定程度上变成了西方文化霸权主导的同一性文化。广大发展中国家及其民族的文化和历史很容易会在西方意识形态与价值观念的强行输入与融合中出现一定程度的解构与碎化，甚至出现一些民族、国家因自身传统特质与文化身份被抹杀而走向破裂与消亡。[②]为此，对于现代民族国家而言，在当前跨越地理空间和国家边界的全球信息交互背景下，文化的多样性与同一化是各国维护国家安全与社会稳定必须考虑的辩证关系。

（二）国家意识的主导性地位

正是基于民族文化多样化与同一性的矛盾，"一带一路"建设涉及的许多边境地区在文化交往中会持续遭受敌对势力的干扰与破坏，国家政治文化安全受到极大挑战。在这样的背景下，如何抵御境外敌对势力的意识渗透、维护国家主权统一将成为不可回避的现实问题，而跨境民族教育则是解决这一问题的重要工具。由此，跨境民族教育必须以培养学生牢固的国家主流意识与坚定的政治立场为根本前提，处于不同地域或发展环境中的跨境民族则应该根据本民族发展的实际情况采取不同层次或动态的教育政策。目前，我国的主流意识就是集中体现当代中国精神、凝聚各族人民共同价值追求的社会主义核心价值观体系。坚持社会

---

①陈学金、滕星：《全球化时代"三种认同"与中国民族教育的使命》，载《广西民族大学学报（哲学社会科学版）》，2013年第3期，第75—79页。

②王瑜：《论全球化时代民族跨文化教育的合理性发展》，载《教育科学》，2016年第1期，第13—20页。

主义核心价值观的主导性地位就是要将各族语言、文化传承与传播等整个民族教育的文化融通过程都置于中华民族认同的范畴规约中。也就是说,坚持社会主义核心价值观的主导并不意味着对跨境民族文化传承的削弱,而是以中华民族认同的大范畴确保核心价值观成为各族人民共同的精神支柱与价值皈依。可以说,对中华民族核心价值的建构与认同体现了我国各族人民当家作主,各族文化间尊重、平等的关系,是我国"民族平等、民族团结和各民族共同繁荣"这一民族政策在教育领域的具体表现。[①]

与此同时,我国的跨境民族教育应培育跨境民族学生正确的民族观与国家观,使学生认识到作为具体某个民族成员与中华民族命运共同体是一致的而非对立的。通过跨境民族教育来强调民族认同与国家认同的一致性、文化身份与政治身份的共通性,以此来帮助跨境民族成员能理性正视本民族在不同国家的发展差异而可能形成的心理对比差异。其中,在教育实践中应该积极加强跨境民族学生对本族历史和国家历史的认同,不能单向性和强制性地价值灌输或语言植入,更不能人为割裂地去实施所谓的"民族认同教育"和"国家认同教育",从而不断提升学生对民族身份、公民身份的理性反思能力。为此,跨境民族教育应强调培养具有自主理性选择能力、民主法制观念、民族与国家情感以及现代化学科知识的中华民族成员。跨境民族教育的文化融通发展就是要实现个体民族成员在保持本民族文化特性和自我文化认同基础之上的文化交流与整合,既要对本民族文化的个性进行保持并加以提炼,使这种文化个性得以生存与传承;又要对非本民族文化的共性进行发现、选择与融合,使得这种文化共性得以创造与发展。[②]

二、民族文化传承与民族社会发展相整合

作为一个"想象的共同体"[③],民族认同的根本和决定性因素在于其共同的

---

① 王瑜、钟海青:《论跨境民族国家认同的多维特性及其教育路径》,载《贵州民族研究》,2019年第2期,第208—212页。

② 王瑜、钟海青:《论跨境民族国家认同的多维特性及其教育路径》,载《贵州民族研究》,2019年第2期,第208—212页。

③〔美〕本尼迪克特·安德森:《想象的共同体:民族主义的起源与散布》,吴叡人译,上海人民出版社2003年版,第5—23页。

文化，而并非其共同生活的地域或共同使用的语言。而民族文化并非一个悬置于某一固定历史时期的静态产物，它是本民族文化与他族文化在时空中交流、交往的选择性结果。也就是说，要实现中华民族文化的传承与保护，就需要将其置于创新与发展的动态过程中去适应和满足不同时期主流意识的需要和社会发展的诉求。

（一）民族文化传统性与现代化的冲突

作为一种在漫长的历史积淀中形成的文化特质与文化意识，民族文化传统对本民族的现实生活始终保持着巨大的影响，并明确着各民族自身的独特性。正是在各民族间差异性文化的交流互动中，各民族成员的文化认同与民族认同也因而不断加强。而现代化则是在科学技术革命影响下的社会变化，它不仅包含了社会信息化、民族化、法制化、工业化等全方面的社会结构的变化，还包含了人们在思想观念、思维方式以及生活方式等方面所发生的重要变化。也就是说，当生产方式发生结构转型时，"新"的文化要素也随之引发，民族群体就会面临着现代性的文化要素与传统的民族文化要素之间的冲突与排斥。在我国民族地区转型的社会背景下，这一现象表现得尤为明显，主要体现为传统伦理体系向现代伦理体系的转变。前者是以家族本位、小农经济、宗法关系为基础；后者则是以公民本位、市场经济、契约关系为基础。[1]

与此同时，科技的进步使得许多西方国家率先完成了现代化的转型，而工业革命以及海洋运输为这种转型奠定了商业文化基础。在经济全球化进程中，这些商业文化要素逐渐被定义为具有普遍意义的"现代化"的文化特征，如实用主义、信用制度、个人主义。经济实用性效果成为了西方发达国家试图向发展中国家制定并推广"现代化"文化范式的一种形式。伴随着现代文化与政治疆界的融合体而来的是各国为抵御"文化霸权"或"文化殖民"而出现的民族主义，许多民族成员表现出对本民族文化价值的珍视和对本民族利益的维护。在这种民族文化的自我保护与对外发展过程中，民族主义在现实中产生出理性的与非理性的两种类型：理性的民族主义是创新的、解放的；而非理性的民族主义则是暴力的、

---

① 王瑜：《论全球化时代民族跨文化教育的合理性发展》，载《教育科学》，2016年第1期，第13—20页。

恐怖的。许多跨国界、跨民族的文化排斥与冲突开始不断在全球化时代中爆发，如一些多民族国家内部的分离运动、民族—国家之间的冲突对立事件都是这种排斥与冲突的体现。由此，传统性与现代性的排斥与冲突成为了各国文化变迁与发展过程中必须面临的核心问题和主要矛盾关系。[①]

（二）民族文化传承的动态性与交互性

正是基于民族文化传承的传统性与现代化冲突，民族地域文化和传统文明的不断衰落、消亡超越了地区间或民族间在政治地位或经济发展上的差距不足，成为当前跨境民族教育实践中最深的失衡危机。这种衰落的产生一方面可能是因为许多以农业文明为根基的民族传统文化在以工业化为主的现代标准中遭遇"污名化"；另一方面则是民族乡土文化往往在实践过程中被简单地解读为一种狭义、封闭、静态的文化内涵，即民族乡土文化是一种静态悬置于固定的历史空间的，或是某个民族群体所特有的"传统文化"。显然，这种文化观念会使民族传统文化在现代科技导向下处于落后地位，其文化价值甚至遭到本族成员的质疑或贬损。[②]显然，在这种充满自我怀疑和否定的文化环境中，民族成员难以实现对本民族文化的自觉，也就更不可能对中华文化产生坚定的文化自信。

事实上，作为一个动态变化的时代性与价值性概念，民族文化可以说是在客观历史变迁中由不同时代的强势群体反复否定和重新记忆的主观产物，并在各方利益博弈中选择性承接与传播。而跨境民族文化则会因为在不同政治体制、经济环境、主体文化等影响中而各自产生出新的文化特色。当与沿线国家跨境民族开展合作交流时，应当秉持一种尊重、平等和欣赏的态度去面对这种文化变化，而不是用"正统""旁支""先进""落后"等价值标签进行评判。若缺少这种平等、包容的文化态度，在合作交流中会容易被一些别有用心者加以利用或煽风点火，比如"中国威胁论""中国傲慢论""中国新殖民主义论"[③]等歪曲言论在"一带一路"建设中轮番登场。在文化融入的跨境民族教育实践教育过程中应极力避免

---

① 王瑜：《论全球化时代民族跨文化教育的合理性发展》，载《教育科学》，2016年第1期，第13—20页。

② 王瑜、钟海青：《论跨境民族国家认同的多维特性及其教育路径》，载《贵州民族研究》，2019年第2期，第208—212页。

③ 胡健：《"一带一路"战略构想及其实践研究》，时事出版社2016年版，第45页。

出现"文化进化主义"或"西方中心主义"的想法，即认为文化存在着先进与落后之分，西方发达国家文化会因为其经济或科技的先进性而要优于中华民族文化；也应注意避免出现"文化部落主义"或"极端文化相对主义"的苗头，即认为本族文化尤其是本族传统文化才是最正统的优秀文化。对此，跨境民族教育应当坚持动态整合的文化观以及在发展创新中实现保护与传承的文化发展理念，使学生对于本民族和其他民族文化在时间层面与空间维度上都能有充分的了解和理性的认识。与此同时，跨境民族教育应始终坚持树立多元文化立场，在各民族成员彼此间的文化尊重、理解、包容中消解那些因民族文化发展冲突而可能导致的"民族中心主义"倾向。尤其应重点强调跨境民族学生与其他民族学生（尤其包括主体民族）在民族教育活动中的共同参与，通过各跨境民族文化间的交互建构，才能实现跨境民族内部与外部"各美其美、美人之美、美美与共、天下大同"的文化自知、文化自主、文化自信。①

三、民族文化现代化与民族教育本土化相统整

在与"异域"进行比较的过程中，社会发展水平的高低有可能会对跨境民族的国家认同感产生影响，但提升跨境地区经济和社会发展水平并不会必然导致跨境民族国家认同水平的提高。这就要求在推进跨境民族教育文化融通过程中应特别注意不同发展水平地区的差异性问题。一方面，在经济高速发展的地区，其地区社会的现代化发展与民族历史文化传统保留可能会产生冲突，从而造成跨境民族的国家认同弱化；另一方面，在经济发展水平较为落后的地区，境外同一民族日益提升的经济水平可能会使本国跨境民族产生失落感，由这种发展差距而产生的不公平感也可能会对其国家认同产生偏差。为此，跨境民族教育的文化融通要根据地方实际情况进行本土化发展。这已经不是一个简单的教育发展问题或文化融入问题，而是涉及政治、经济、文化、教育、民族历史条件等多方因素的综合问题。

---

①王瑜、钟海青：《论跨境民族国家认同的多维特性及其教育路径》，载《贵州民族研究》，2019年第2期，第208—212页。

（一）民族文化乡土性与现代化的矛盾

乡村地域文化是由世代居于当地的民族在漫长生产生活中逐渐形成的语言风俗、信仰价值、行为准则。言传身教是乡村地域文化传承的主要方式，村落学校则是将主流文化与乡村文化融合而一的主要场所。然而，随着城市化的不断推进，城乡统筹、一体发展等城市化发展思路却将乡村教育发展简单归为教育资源优化配置和标准化办学的经济问题或管理问题，而非文化问题。乡村学校不再被视为传承村落文化的载体，而是被当成了一个在整体资源配置与发展规划中可以不断被拆解的资源库。边境村校在城镇化统筹调整与学校撤并的过程中逐渐成为了"游离"于边境村落文化之外的文化"孤岛"。另一方面，因为边境民族地区的各民族族群杂居分散、村落布局稀疏等地理分布特点，边境学校的服务半径相较于普通农村地区要更大、更广，许多边境学校在有限办学资源条件下，往往会采取寄宿制的办学形式来保障学生的受教育质量。对于边境地区的农村适龄儿童而言，过早地离土离乡到乡镇或县城进行寄宿制教育，意味着他们从农民生活、农村社区以及农业文明中被剥离出来，造成了乡土地域文化传承者的缺场。从一定程度上看，伴随着边境地区乡镇学校教育质量提升的是已有乡村学校的终结和传统乡土文化的中断。[1]

与此同时，我国的大部分边境地区因地处偏远、交通不便，在经济水平上与内地发达地区长期存在着发展差距。政府也一直希望能通过补偿性、专项式的教育资源配置与经费投入来调节地区间的公共资源差异，进而实现教育均衡与促进经济发展的相辅相成。然而，尽管在政府的不懈努力与大力扶持下，我国不少边境地区各项办学条件近年来获得大幅改善，外部性教育资源配置获得显著提升，但并未能获得与之相匹配的教育质量提升：一些民族学生往往会因为相较于普通学生遭遇更大的语言与文化认知困境，而难以在脱离当地实际生产生活并以升学考试为目标的学校教育中获得更多向上流动的教育可能。边民家庭对其子女的巨大教育投入与急迫教育期望在学校教育与地方生产的双重标准中，很容易产生出"学的无用，用的没学"的教育评判，并进而滋生出"读书无用"或"读书无

① 王瑜、郭蒙蒙：《论广西边境地区基础教育发展的价值困境及路向思考》，载《民族教育研究》，2017年第6期，第20—26页。

望"①的价值观念。也就是说，在乡村城镇化和农业工业化的现代化进程中，单纯依靠发展地区经济或是进行大水漫灌式的教育资源投入并不能改善跨境民族遭遇的各类文化冲突与困境。②为此，尽管许多边境地区在"一带一路"建设中将会获得千载难逢的经济发展机遇，但也同时面临着如何进行意识形态建设、民族文化建设等方面的挑战。

（二）民族教育文化融通的本土化路径

为促进文化现代性与本土性的融合，实现边境社会与跨境民族个体的共同发展，"民族教育文化融通的本土化"将是可行的路径。以"育人"为核心的文化融通策略不会是静态悬置话语中"恢复乡土"的"乡村化"教育或"远离传统"的"城市化"教育，而应该是在动态发展的视角下，承认农业文明、面向本土生活、认同乡土文化、寻求适合自身发展的本土化的学校教育。

首先，本土化应该重视并满足个体利益的发展。在本土化的教育关系网络中，学生应该是核心的价值主体，教师应该是依存的价值主体，家庭应该是扩展的价值主体。具体来说，跨境民族教育文化融通的本土化应当重视并满足个体的教育需求，并充分利用边境地区"一户一哨所"的特点，以就近入学为基本原则深度调整学校布局，充分利用各种资源，通过各种途径使学生能在家庭与社区环境中接受自然化的教育，使村落学校不仅在地理上，而且在文化上都扎根于边境地区，实现村落学校的双重意义；同时，还应该通过"走教""捆绑"等多种形式实现教育资源配置的倾斜，进而促进教育教学质量的提升，以此减少因教育失衡而产生的生源流失，发挥学校教育在缩小城乡差距方面的弥合作用。其次，培养本土教师对于跨境民族教育文化融通本土化的实现具有重要的意义。来自村落农家的本土教师能够自发地将源自乡土的地方性知识与国家层面的普遍性知识进行结合，并基于教师的深刻理解进行言传身教，使得跨境民族学生在耳濡目染中逐渐习得普遍性知识以及间接性经验。此外，由于这种学习并未脱

---

① 谢爱磊：《"读书无用"还是"读书无望"——对农村底层居民教育观念的再认识》，载《北京大学教育评论》，2017年第3期，第92—108页。

② 王瑜、郭蒙蒙：《论广西边境地区基础教育发展的价值困境及路向思考》，载《民族教育研究》，2017年第6期，第20—26页。

离地方性知识与直接经验，所以跨境民族学生仍然保持着对乡土与地方的深刻情感与认同。最后，跨境民族教育文化融通的本土化，就是要求学校教育发展必须面向地方本土需求。这就需要当地教育主管部门、当地学校对边境家庭的实际需求开展深入、精准的调查，并通过动员、宣讲、救济、申诉等多种公共治理渠道合理地建构并疏通边民，从而使学校教育发展摆脱改革的"创新思路"，真正地归于本土化的发展道路。[①]

第三节 跨境民族教育文化融通的主要内容

正如"民族"一词在不同地域、不同时代背景中有着不同的概念蕴意，对跨境民族的理解也会根据不同国家的政治、经济、文化状况以及邻国双方关系等差异而有所不同，所以并不存在一种能够界定、分析甚至解决跨境民族问题的固定模式或模型。针对跨境民族身份认同的复杂性，最关键的并不在于民族成员同时拥有国家身份、民族身份甚或宗教身份等多重角色定位，而是在于其如何将这些不同层面的身份归属进行主次优先排序。在以民族—国家为政治单位的当今世界，各国政府都会通过将政治人类学概念中的"民族"与国家主权进行一体化结合，以达到保持公民民族同质性、增强主权统一与维护国家稳定的目的。这就决定了存在于国家内部的各民族成员必须将其作为国家公民的政治属性优先于其作为民族成员的文化属性，当然对这两种身份属性的认同必须相互统一、共同构建成对民族—国家的命运共同体认同。为此，在"一带一路"建设背景中，跨境民族教育应根据跨境民族所独具的文化与认同特殊性，有针对性地培养跨境民族学生的共同体意识、提升跨境民族学生的跨文化素养以及增强跨境民族学生的文化自信。

---

① 王瑜、郭蒙蒙：《论广西边境地区基础教育发展的价值困境及路向思考》，载《民族教育研究》，2017年第6期，第20—26页。

一、培养跨境民族学生的共同体意识

在社会学、政治学和民族学中，共同体有"团体""社区"以及"社群"之称，它更多的是强调群体和个体之间的空间关系和人际关系，即个体之间所存在的地理上的同一性关系和邻里关系。"社区"最初是由社会学家滕尼斯在其著作《社区与社会》中提出来的，是指一个社会共同体，代表传统的血缘关系、地缘关系以及相同的价值取向和同质性文化的统一体。①而现如今，全球一体化的推动和科技文明的不断发展，社会分工和生产生活发生变化，社会利益也随之不断细化和分化，人与人之间的交往一方面超越了时空的隔阂，向着共同利益靠近；另一方面，个体和群体间的密切交往早已不能更好地囊括社会对其赋予的美好期望，即形成共同命运、共同责任的共同体。因此，无论是"社区"，抑或是"团体"，都不能只是单纯基于传统的血缘关系（亲族关系）、地缘关系（地域关系）概括共同体，其概念开始超越血缘、地域等传统因素限制，不断深化为高度心理认同、精神一致、责任统一、价值趋同的社会共同体，从单纯的社区、村落、族群延伸至全球化，是一个超越种族隔阂、走向全球共通的命运共同体概念。如上所说，共同体可以被认为是一个社会生活群体，在这个群体中通过特定的社会纽带将社会各成员、群体普遍联系在一起。②而社会纽带就代表着社会成员和个体普遍接受和认可的行为方式、共同的利益诉求、共通的价值信念，并长期保持相对聚合、持续的关系。社会变迁和发展使得共同体这一概念又被衍生出许多新名词，比如全球各类信息、技术充分交互的环境中生成利益共同体、责任共同体、文化共同体和命运共同体等相关概念。因此，共同体在超越"社区""群体"概念的基础上不断深化和演化，结合亲缘关系和地缘关系等因素，成为在一定的地域范围和空间领域内包含特定历史文化、人际交往关系、共同利益诉求、持续社会活动特征以及共同心理素质的集合体，这种结合体高度反映共同的意识状态，是社会成员所共同秉持的社会意识。

建设中华民族共同体实体是实现中华民族伟大复兴的重要创举，而铸牢中华

---

① 〔德〕斐迪南·滕尼斯：《共同体与社会：纯粹社会学的基本概念》，林荣远译，商务印书馆1999年版，第5—6页。

② 刘海江：《马克思实践共同体思想研究》，中国社会科学出版社2016年版，第6页。

民族共同体意识是我国为建设中华民族共同体实体提出的伟大方向性概念。铸牢中华民族共同体意识与构建人类命运共同体有内在联系。一方面，铸牢中华民族共同体意识是为了实现中华民族伟大复兴，从而更好地与全球各国融合在一起，构建人类命运共同体；另一方面，铸牢中华民族共同体意识又为构建人类命运共同体奠定了基础，最终实现世界各国共同繁荣的发展方向。同时铸牢中华民族共同体意识与构建人类命运共同体同频共振，二者以我国所提出的"一带一路"倡议为实践平台，实现中国与世界各国的连接，尤其是中国与边境民族地区的发展与交往。习近平总书记在党的十七届五中全会中提出建设中华民族共有精神家园，这是中华民族共同体意识这一概念的雏形；2014年，习近平总书记在中央民族工作会议上提出"积极培育中华民族共同体意识"，使得这一概念正式成为实现中华民族伟大复兴和构建中华民族共同体实体的政治概念。2017年，习近平总书记在党的十九大报告中将"积极培育"升华为铸牢中华民族共同体意识，并对其概念和内涵进行深化和拓展，进一步强调了铸牢中华民族共同体意识的重要性和时代方向，同时也体现了我国政府对中华民族共同体的认识与定位是由浅入深、由表及里的深刻演化。习近平总书记在2013年莫斯科国际关系学院中提出构建人类命运共同体这一理念，并在2017年瑞士达沃斯出席世界经济论坛开幕式发表了主旨演讲，强调构建人类命运共同体，实现共赢共享。从习近平总书记对人类命运共同体和中华民族共同体的一些系列讲话中可以清晰认识到这两者并非相互孤立的两个概念，而是共同组成了层次分明、相互嵌入、共振共鸣的理论体系。

铸牢中华民族共同体意识是建设中华民族共同体的前提和基础，也是构建全球人类命运共同体的"中国方式"，因此铸牢中华民族共同体意识是面向国内和国外的中介和纽带，国内与国际共同体也是部分与整体的关系。具体而言，国内共同体的铸造与国际共同体的构建是共同体建构从部分到整体，从国内到国际的两个主要建设维度。中华各民族在其特殊的地理环境和生产生活方式演进变迁中形成了各具特色的文化符号、价值观念和行为规范。在文化变迁过程中，"我"民族与"他"民族交往、交流、交融打破了各民族固有的民族文化和传统思维，多民族文化的变迁、整合与发展使得各民族成员意识到中华文化的共同性、延续性和多样性，并形成中华民族基于共有、共在和共建文化的文化共同体。基于这种共同历史文化和共性文化符号，中华民族共同体意识以一种群体和社会集体的意识集中出现，成为各民族成员中华文化认同的心理开端。中华民族共同体意识在文化层面体现为继承和发扬中华民族优秀传统文化的基因组合，各民族传统文化、观念、制度等以符号、规训等特定形式表达，并由本民族成员或群体传承和认知。而对于国际人类命运共同体的构建，中国与世界各国通过"一带一路"建设平台，在交往、交流、交融中共同构成逻辑联系清晰、发展层次分明的共同体建构体系。可以说，在多元文化结构中，我国各民族价值观念和思维方式经过文化交流变迁后形成共有的文化基因，人们尊重和理解本民族与他民族之间的文化差异，实现对全球多元文化的理性认知和情感认同，并向外弘扬中华共有文化的精神内涵和思想观念。

为此，对跨境民族学生进行共同体意识的培养应当是由内而外的过程。跨境民族教育首先培养跨境民族学生牢固的中华民族共同体意识，让各民族能像石榴籽一样紧紧抱在一起。在中华民族共同体意识牢固的基础上，跨境民族教育还需不断加大培养跨境民族学生共商、共建、共享的人类命运共同体意识，实现由内而外、和谐共振的共同体意识良性形成，让我国能在"一带一路"的合作交流中与各国共享"百花齐放"的大花园。跨境民族教育文化融通应一方面考虑到跨境民族学生在地域特性方面所提出的特殊的身份认同需求，另一方面则要意识到跨境民族学生在文化特性方面所具备的独特的文化认同优势。

（一）增强跨境民族学生的中华民族身份认同

作为在地域上具有模糊性的国家成员，跨境民族由于生活在两个或多个相邻国家，往往会遭受较其他民族更强烈、多元的价值冲击。一方面，地域广阔、人口稀少、交通不便通常是边境地区的普遍特征。地区经济发展的不平衡则成为了多民族国家中民族问题尤其是跨境民族问题的主要症结所在。与沿海地区和中心发达城市相比，跨境民族的经济文化发展和居住环境显得相对落后，并且在资源配置与政策支持中更多地显示出弱势和匮乏的地位，往往依附于发达地区。另一方面，在自我意识树立和自我身份建构方面，跨境民族的独特性使他们不得不有意识地参照其他民族，通过与其他民族进行比较、参照和类比，审视自身的民族特性和跨文化特性；同时，跨境民族不仅会与本国的其他各民族进行比较，还会与本国其他地区的同族展开对比，甚至还会将境外的同族作为参照。

正如学者埃里克森所说："族群的身份认同被有意识地操作和应用于经济竞争中。"①身处不同经济发展水平地区的各少数民族往往会在各自相互的生活境遇中进行比较，从历史发展、地域环境等方面对当前的生活境遇进行合理化解释，并在国家政府的政策关怀与补偿中产生积极的家国情怀与认同。然而现实情况是，跨境民族在将自身与其他民族或是其他地区的同族进行比较参照时，其可能会发现无论是经济发展水平，还是民族文化，抑或是生态资源都存在显著差异。落后的一方很可能会将这种差异感不断放大，进而引起对所在国家现实政治制度的不满或是对政府政策执行力度的质疑，导致跨境民族对其政治身份和国家认同的弱化。归根结底，这是由于跨境民族与参照民族两者具有相似的宗族历史、地域环境和深厚的文化传统，而后天因素类似于国家政策支持、政党意识形态及当地发展等差异造成了一种民族心理失衡。这并非是客观事物与物质条件上形成的绝对差异和心理失衡，而是结合跨境民族成员对于政治、经济和文化等资源的期待与其实际获得的资源与支持产生的心理落差。②例如，若是境内跨境民族的发展水平与地位要优于境外跨境民族在其国内的地位时，该跨境民族会对自身的国家身份更为自信和认同。而这种自信与认同又会在相互交往、交流、交融中进一步提升双方进行参照比较的敏感性。正是由于跨境民族对于国家身份认同建构时具有的参照特性，导致其在单边或双方国家为主体民族的交往实践中出现政治制度、政策支持和资源配置不均衡等情况，其国家身份的建构与认同会更容易出现失衡。为此，在与沿线国家跨境民族进行合作交往过程中，无论我国在经济水平、文化底蕴、政治影响、国际地位等方面是处于相对优势或劣势位置，对本国和本民族的身份认同以及对合作方持有尊重、平等态度是合作共建的前提条件。

经济发展水平虽然对跨境民族国家认同、乡土归属感和文化认同产生较大的影响，但也不只是唯一的影响因素，边境地区经济发展是影响当地跨境民族国家

---

① 〔挪〕T. H. 埃里克森：《族群性与民族主义：人类学透视》，王亚文译，敦煌文艺出版社2002年版，第78页。
② 钟海青、王瑜：《论跨境民族地区跨文化教育的历史使命》，载《广西民族大学学报（哲学社会科学版）》，2016年第1期，第12—17页。

归属与公民身份建构的主要因素，但绝不是唯一因素，因此并不能简单归因于经济发展与跨境民族身份认同存在直接联系。其国家认同的增强需要政治制度、经济发展、法律保障、文化交融等各个方面共同作用。为此，当前的"一带一路"倡议无疑会促使大国加大对相关边境地区的资源投入，但这些边境地区经济的快速发展，若不能在文化、教育等领域有相适应的发展和政策保障，那么反而可能会造成跨境民族在其公民身份、民族身份的建构与相互关系方面产生新的问题。注重增强学生的中华民族身份认同就是要重视对跨境民族、中华民族文化的学习与认同，不能单纯培养具有工具性、功利性价值取向的经贸、科技人才，还需要努力将跨境民族优秀传统文化与国家核心价值理念、现代主流文化进行契合，促进跨境民族双方在民族身份和国家身份相统一的自觉与自信。

（二）增强跨境民族学生的中华民族文化归属

民族文化是民族构成的核心要素和重要组成部分，其通常是以发展历史、宗教信仰和传统文化习俗等复合体形式对民族成员的自我身份识别与定位进行动态影响。跨境民族因为其相似或相近的习俗与传统而会产生共同的民族归属感，具有历史共通性与发展变迁性并存的文化特征。一方面，跨境民族的边境特性使其与其他跨国民族或移民集团产生差异，许多边境地区长期进行民间交往、交流活动，例如节日庆典、文化交流、贸易交易、探亲访友和通婚互市等活动，持续地积累着稳固的文化认同感与民族内聚力。因此，大部分跨境民族在民族内部仍保持着许多共同的文化习俗、共有的价值观念和互通的民族特色，不会因为国境线的阻隔而使得情感、信念等心理层面的民族归属与认同消失。[①]毫无疑问，这种深层次的情感归属、文化认同和身份认同将促进我国与沿线国家进行密切的交往、交流和交融活动，有助于实现"一带一路"沿线合作国家的利益互通和民心相通。但是，也不免会出现跨境民族由于文化历史的同源性和价值观念的相似性进而产生民族群体内部的持续靠拢，甚至严重导致跨境民族文化与本国主流文化背道而驰，转而向国外同族文化靠拢等可能性。这就需要国家政府提前预防和警惕这种行为的发生，以免出现本国跨境民族文化相对封闭、心理相互防范、民族与

---

① 钟海青、王瑜：《论跨境民族地区跨文化教育的历史使命》，载《广西民族大学学报（哲学社会科学版）》，2016年第1期，第12—17页。

国家产生离心倾向等紧张局面。[1]对此，各国政府通常都会采取增强官方文化交流与民间文化交往的交错整合、着重传承主流文化与民族文化的文明精粹等方式进行求同存异的文化治理。

另一方面，不同于政治边界以及政治身份的稳定性，民族文化在实践中更多是呈现出一种动态的变迁特性，民族文化内容会在横向传播与纵向传递过程中发生变化，一般是根据当下社会的主流需要而被选择性地承接与记忆；同时，民族文化的边界会随着民族成员特定的地理环境、地域边界以及现代网络传播、媒体舆论而出现语言边界的漂移与扩散。而作为现代民族国家的衍生物，世界各跨境民族主要出现在第二次世界大战后的亚、非、拉地区。由于经历过民族间、国家间的分离、战争、合并等历史事件，跨境民族在文化身份方面面临着许多困惑：如应当以哪个文化主体作为认同对象，是最初的母体文化还是所居住国家的主体文化？本民族母体文化是作为本国主体文化还是文化支系存在？母体文化在本国将面临何种归属？由于分布在两个或两个以上的民族国家，跨境民族在文化身份的认同方面呈现出一种模糊性，其需要国家通过民族政策、文化措施、教育手段不断进行澄清。我国在民族政策方面履行"坚持民族平等、维护民族团结、实施民族区域自治、发展少数民族地区经济文化事业、培养少数民族干部、尊重和发展少数民族语言文字、尊重少数民族风俗习惯、尊重少数民族宗教信仰自由"等原则，这充分体现出了一种平等、团结、互助、和谐的民族关系倾向。为此，我国跨境民族在与其他民族进行参照比较的同时，不仅追求文化传播与传承的持续性，还会在不同的政策环境中明确自己的文化属性，实现兼容并包的文化态度，并对民族文化进行创新性发展和创造性转化，实现一种"你中有我、我中有你"的文化和谐局面。而对于跨境民族内部的不同文化支系而言，由于内部群体各自接受的是所在国家和民族尤其是主体民族的文化影响，所以会在民族不断的交往、交流、交融中创生出新文化分支和特色，以文化"涵化"和"濡化"实现民族文化变迁，最终达到具有跨境民族稳定政治意识和文化相似性的"和平跨居"文

---

[1]周建新：《和平跨居论——中国南方与大陆东南亚跨国民族"和平跨居"模式研究》，民族出版社2008年版，第390—400页。

化形态。①基于此，跨境民族教育的文化融通就是要培养跨境民族的文化识别与适应能力，使其能够在各族杂居的边境区域文化体系、各自所属的国家文化体系以及网络媒体的全球文化体系中平等地、自信地、友好地与他族展开文化交流，并能够在理性选择与相互碰撞中更好地形成中华民族文化归属。

二、提升跨境民族学生的跨文化能力

跨文化能力在英文中被称为intercultural competences或cross-cultural competences，主要是指个人在不同文化背景中开展有效、适当、互动的认知、情感和行为所需的知识、技能与素质。②在已有文献中，跨文化能力往往首先会与身份认同相关联，跨文化能力会对个体的跨文化认同产生影响。而跨文化认同则是一种从单一文化到逐渐复杂和多样的文化变化的包容过程。具备了跨文化能力的个人可以更好地超越传统社会范畴，用自身清晰的、独特的自我视角去看待"自己"与同样作为独立个体的"他人"。基于这样的理解，学界对跨文化能力的理解也从最初认为跨文化能力等同于跨文化交际能力，即主要语言交际能力、跨文化意识、交际策略等内容③，转为更强调内在的跨文化态度与文化意识。在2008年欧盟发布的《有关跨文化能力的结论公告》（Council Conclusion on Intercultural Competences）中提到了跨文化能力是跨文化对话中不可或缺的能力，其由特定的知识、技能和态度构成，主要包括了使用外语交流的能力、社会与公民素养，以及文化识别和表达能力。④鉴于该能力在对文化多样性的尊重与理解方面的重要促进作用，联合国教科文组织在1992年的第43届国际教育大会中首次提出了跨文化教育这一概念，并在2006年发布的《跨文化教育指南》和2013年发表的《跨文化能力：概念与操作框架》中对跨文化能力、跨文化教育进行了阐释，明确提出了跨文化教育是一种文化融通的公民教育而非语言教育。

跨境民族文化融通教育的目的应是基于政治、文化、经济等方面社会需求确

---

① 钟海青、王瑜：《论跨境民族地区跨文化教育的历史使命》，载《广西民族大学学报（哲学社会科学版）》，2016年第1期，第12—17页。

② D. K. Deardorff. *The sage handbook of intercultural competence*, CA: Sage, 2009, p9.

③ 杨盈、庄恩平：《构建外语教学跨文化交际能力框架》，载《外语界》，2007年第4期，第13—21页。

④ 蒋瑾：《欧洲青年跨文化能力培养的战略研究》，华东师范大学博士学位论文，2017年，第68页。

立的，其教育活动的实施需要遵循文化变迁与教育实践要素的内在运动规律。在"一带一路"建设背景下，虽然沿线各国难免会在文化背景、政府政策、意识形态、经济发展方面存在较大的差异，但合作国家政府都希望为"一带一路"建设和发展培育出能满足交流合作所需要的跨文化人才，即具有较强的跨文化能力的文化交流人才。这种跨文化能力不仅对于语言的习得和文化背景有较高的要求，在沟通技巧和人文素养方面也有所期待，因此跨文化能力更多聚焦于一种跨文化交际能力和应用能力，使学习者不仅掌握双方静态的语言知识和沟通技巧，还需要面向多元文化差异和国情背景时所表现出来的兼容并包的态度、国际理解能力和综合沟通能力，这些都是基于文化较深层次理解的基础上才能建构出来的一种能力，也是提出文化融通教育的根本原因。可以说，跨文化人才培养是跨境民族文化融通教育的目的，而跨文化能力的培养则是跨境民族文化融通教育的本质内容。同时，文化融通教育的巨大价值并不局限于培养适应"一带一路"建设发展的经贸或科技人才，其更大的价值是通过将边境地区和跨境民族的义化融通教育经验不断推广到全国各地各民族中，促进未来中国公民对于中华民族共同体与多样性文化的认同，不断减缓在未来社会中更加多样的异质文化摩擦，并促进个体间文化的整合。文化认同是一种多层次、多方位、多范畴的文化认同，包含着基本的价值理念和民族身份认同，反映在人类文明进程中实质上就是一种超越狭隘族群边界范畴内的族群认同或国家认同。因此，跨境民族文化融通教育的内容选择应侧重于培养民族成员乡土情怀与公民理性相融合的教育、学术认知与文化建构相统一的教育。不仅要理解和接纳中华民族文化，还要认同和维护国家政治主权和领土完整，同时遵循"一带一路"建设和发展的需求，提高其跨文化交际能力、跨文化语言能力和跨文化适应能力。这具体应包含三个层面的发展内容与目标：培养跨境民族学生公民意识和国家认同的公民教育内容；培养跨境民族学生乡土情怀和族群认同的乡土教育内容；培养跨境民族学生全球意识和全球认同的全球跨文化教育内容。最终培养出以民族成员个体为原点，结合民主法治、民族情感和国家认同等纽带，具有批判理性意识、民族乡土情怀的全球公民。

(一) 培养跨境民族学生的公民意识

在以人权、民主、平等、法治等为核心的人类共同价值领域下，结合网络、媒体、传播等技术充分发展的时代背景，民族间与国家间的思想文化交流早已经摆脱了地域空间、语言障碍、族群差异等传统束缚，形成一个基本的共同体。在这一人类社会所共同秉持的观念领域中，各国成员必须在充分且复杂的信息交互与沟通中自主选择个人对其社会身份、民族身份和国家身份的价值认同。其中，与民族身份认同和社会身份认同更多受到原生家庭的经济、教育和文化要素影响有所不同，个人对国家身份的认同更多反映的是个体对国家的认可与服从。正如西塞罗认为的，国家是基于一致的法律和共同的利益所开展的事业。①民族—国家的建构和建设让民族成员对本民族文化历史产生疆域归属感，使其作为当今世界格局的基本治理单位与现实生存世界的某个政治社会联系在一起。国家公民通过参与到国家各项事业建设、社会治理和经济发展中达到对国家的初步认同。面对不同文化背景与价值信仰的沿线国家民族文化时，我国跨境民族必须要有强烈的国家认同感，具有明晰和维护国家法规和利益的信念与能力。为此，跨境民族文化融通教育应能帮助跨境民族在多样化的文化交流与选择中形成理性的价值判断力，正确处理其自身民族身份与国家身份间的关系。这种文化价值判断与选择并不是一种基于经济利益或政治利益的博弈，而主要是本民族文化中的优秀传统与国家宪法精神、核心价值观所进行的契合。我国宪法精神中所包含的自由、民主、平等、和谐等核心价值观并非一蹴而就、凭空产生的，而是根植于中华民族文化和每个中华民族成员而存在，体现着整个中华民族的文化精神气质。

(二) 培养跨境民族学生的乡土情怀

要在交往中实现中华文化与他国文化的互鉴与交融，实现两国民族文化的成果共享和共同发展，除了要具有理性的公民意识与开放的全球意识，还需要培养学生首先具有对本族群浓厚的归属与情感，这也是实施爱国主义教育和公民教育的前提与根基。若仅仅依靠政治意识形态去建立一个国家，那这个国家和政府将会是没有生命力的，因为单纯的政治信仰无法让公民产生或者维系强烈的国家认

---

① 徐大同主编：《西方政治思想史》，天津教育出版社2002年版，第56—57页。

同感，还需要每位公民对这个国家和国家民族炙热的情感。[①]这种情感无法仅仅依靠政治口号或经济利益而产生，它是一种来自于每个个体对自身原生环境自发产生的乡土情怀与族群情感。具有坚定国家精神与理想信念的共同体不仅需要有共同的利益基础、明确的政治理念去支持与引导，还需要平凡、质朴的家国情感去连接。而这种家国之情无法通过来自外在的、单向的知识性灌输或口号式的宣扬来获得，而是需要基于民族文化、历史故事、风土人情等文化要素以及融入和贴近生活的各种交流，才能不断熏染和激发出根植于每个个体血脉中的家人爱恋、家乡眷恋、家国依恋等从家庭、民族到整个国家的情感，最终发酵为对中华民族共同体的自豪感与忧患意识和对中华民族伟大复兴事业的不竭动力。为此，跨境民族的文化融通教育既要以法制、民主等主导价值观教育为前提与核心，也要以民族历史、故事、风俗等内容培养民族文化情感。这两方面内容相辅相成，不能将二者作为两个相互孤立的教育课程或体系对待，而是要作为两种需要不断探索与思考的教育要素融入教育实践中，实现民族文化与国家文化、民族情感与国家情感的整体凝聚，并最终形成中华民族共同体文化的选择、传承与弘扬。

（三）培养跨境民族学生的全球意识

随着"一带一路"建设对人才的迫切需要，人才结构和人才质量与以往相比有所不同。过去对跨境民族人才的培养是一般意义上的思想品质、知识技能或文化素养，而现如今更多强调对全球性文化背景的掌握和文化差异的理解，重在培养全球性的跨文化理解和创新能力。"只有通过对其他民族或民族文化的视野来认识本族文化与行为时，才能全面而深刻地理解本族文化。"[②]一般来说，文化价值观念的强加并不能产生积极的作用，反而会更让人产生排斥感，而文化价值观念的相互检验、批判而形成的一种"视域融合"才会增进文化理解。伽达默尔曾说："理解是一种内在认知的增长，它会被作为一种新的经验被纳入已有的知识经验结构。"[③]跨文化理解力也可以说是一种知识经验的不断增长和能力的不断提

---

①〔美〕塞缪尔·亨廷顿：《我们是谁？——美国国家特性面临的挑战》，程克雄译，新华出版社2005年版，第281页。

②滕星、苏红：《多元文化社会与多元一体化教育》，载《民族教育研究》，1997年第1期，第10—15页。

③〔德〕伽达默尔：《科学时代的理性》，薛华等译，国际文化出版公司1996年版，第97页。

升，通过不同历史背景和现实中对于多元文化进行客观理解和对话，使得不同的观点被建构和吸收，在新的批判中产生文化认知，并巩固原有的文化认知，因此跨文化理解能力是一种文化认知经验的增长。科学文化素养的提升和跨文化理解力的培养会促使学习者在多元文化与学术认知的交互中突破先前单一文化带来的思维局限，在多维信息中逐步对专业知识进行检索、比较、迁移、融合、创造，最终实现本民族文化与知识的创新与突破。简单地将语言和外显文化作为跨文化能力提升的内容传授给学生是对跨境民族文化融通教育狭隘的理解，这既不利于跨境民族学生跨文化意识与跨文化能力的培养，更可能使学习者对本民族文化产生错误的认知和理解偏差。因此，跨境民族文化融通教育应是一种融入式教育，重在以为学习者搭建学术认知载体、建构文化交流平台为指向的教育方式，以社会认知中内隐的文化性与知识性涵盖外显的工具性，并以社会与学术认知语境为中心的文化建构与交流，也就是说以学科内容为驱动，强调知识和文化的整合，以学生当前认知水平建构的文化交互情境。①

三、增强跨境民族学生的文化自信

文化自信并非是一个凭空产生的自然产物，我国文化体系以中国特色社会主义文化为核心，根植于中华民族伟大复兴中国梦的实践中，包含了我国优秀传统文化、革命文化和社会主义先进文化在内的中华文化。文化自信包括了对少数民族传统文化的自信，这是中国整个历史演进中文化自信的根基，同时也包括了对中国近代革命和建设过程中的近代革命文化的自信，还包括着对中华文明与西方文明交流碰撞中诞生的社会主义先进文化的自信。②在跨境民族融通教育实践活动中，要注重将这三种相互孤立的文化知识体系进行融合与深化，再进一步传授给学生。

---

① A. R. Holliday. *The Struggle to Teach English as an International Language*, Oxford: Oxford University Press, 2005, pp.66-89.

② 沈江平：《文化自信建构中的三种"文化传统"》，载《中共福建省委党校学报》，2018年第10期，第104—109页。

（一）培养中华民族优秀传统文化自信

中华优秀传统文化是文化自信的根基，也是中华民族最深厚的精神积淀和坚实基础。党的十八大报告指出要"建设社会主义文化强国"、党的十九大报告强调要"推动中华优秀传统文化创造性转化、创新性发展"，这充分证明我国政府高度重视中华优秀传统文化的传承与创新，并将其作为建构文化自信的首要条件。中华传统文化经过朝代更迭和历史变迁，为我国留下了丰富的物质文化和精神文化，并持续影响和改变中国的发展，引领着我国核心价值观的构建。我国各少数民族优秀传统文化在各民族漫长的历史发展与交往、交流、交融中相互影响、交融吸收、兼容并蓄，呈现出各族文化稳定、独立且基本价值交互、共通的特征。①国务院于2009年颁布的《关于进一步繁荣发展少数民族文化事业的若干意见》明确提出："尊重、继承和弘扬少数民族优秀传统文化。加强宣传引导，营造尊重和弘扬少数民族优秀传统文化的社会氛围……不断开辟传承和弘扬少数民族优秀传统文化的有效途径，推进和谐文化和中华民族共有精神家园建设。"可以说，这些自然生成和人为创造的能够彰显民族特色和文化底蕴的符号系统，通过代际传递和时空交流，内生为本民族对自身文化的自尊自信，外显为各民族间通过多形式、多主体、多方位践行中华民族伟大复兴中国梦的交流方式。对于少数民族成员来说，其生长的原生环境和地理空间使其认同本民族文化并接受本民族文化，进而对所生活的文化空间和乡土社会产生依恋。"从基层上看去，中国社会是乡土性的。乡土社会在地方性的限制下成了生于斯、死于斯的社会。"②当少数民族优秀传统文化和乡土元素互为融合并进一步融入学校教育活动中，就会使学生潜移默化地接受这种文化熏陶，使得乡土情感、文化认同和国家认同相互连接，进而能"自然"且"自发"地产生对家人和家乡的眷恋、对中华民族和国家的归属。③

---

① 孙舒景、吴倬：《社会主义先进文化框架内少数民族优秀传统文化的当代价值》，载《青海社会科学》，2015年第3期，第136—143页。

② 费孝通：《乡土中国》，北京出版社2011年版，第1—7页。

③ 王瑜、陈晓琪：《"文化自信"观照下民族文化进校园的文化内涵及路径》，载《民族教育研究》，2019年第1期，第12—18页。

（二）培养中华民族近代革命文化自信

对于中国特色社会主义文化自信的内涵而言，中华文化不仅包含了中华民族优秀传统文化，还包含了中华民族近代革命文化，即五四运动以来中国共产党领导中华各族人民为民族解放和建设民族国家、推翻封建帝制而不断进行斗争、反抗形成的中华民族红色革命文化体系。它是蕴含中国独特精神追求、精神品格和精神力量的先进文化体系，比如从革命时期的井冈山精神、延安精神、西柏坡精神到社会主义建设时期的大庆精神、"两弹一星"精神、航天精神、北京奥运精神等，中华各族人民不畏艰辛、英勇抵抗、奋起反抗的精神和行动凝结成这些富有时代特征、民族特色的精神财富与智慧结晶。[①]从整体上看，近代革命文化是以马克思主义理论、毛泽东思想、邓小平理论等为核心的文化体系，其凝结了人民群众共同抵御外敌、共同建立国家、共同发展等实践经验，是当代中华民族坦诚面对动荡的近代历史，摆脱对西方文化的盲目推崇，坚定建立共产主义社会的革命理想以及实现伟大复兴中国梦的不竭动力。[②]然而，共同性中必然有差异性存在，革命文化也存在差异。应意识到各民族以及各民族地区共同努力奋斗取得中华民族革命的伟大胜利，革命文化从整体上包含着中华各族人民共同的革命理想与革命精神，但是在具体表现形式上却存在不同地域、时期、民族的差异性表征。例如，抗战时期东三省、解放战争时期的辽沈战役以及第二次国民革命战争时期的广西百色起义中，分别形成了抗联革命文化、内蒙古骑兵师革命文化等少数民族革命文化。而在差异性中无疑蕴含着近代政治变迁与社会矛盾的斗争性元素，不断驱使着中华民族文化在各族地区改革与建设中不断丰富与完善，发展为文化自信的重要支点。优秀革命精神、革命道德、革命思想蕴含在中国共产党人的心中，不因地域和民族而产生差异，共同成为增强国家认同、培养理性爱国的重要文化资源，以及联结中华文化与中国共产党价值理念的历史桥梁。因此，跨境民族文化融通教育应将中华民族红色革命文化的历史底蕴和价值元素深度融合，剖析中华各民族文化的内涵和思想精髓，以便学生从历史变迁的整体性视角

---

① 韦朝烈：《坚定革命文化自信需要科学把握三个基本问题》，载《中共石家庄市委党校学报》，2016年第10期，第8—12页。

② 刘松：《革命文化是文化自信的精神支柱》，载《山东社会科学》，2018年第2期，第24—29页。

和文化变迁的动态性过程理性认识本民族优秀传统文化与本国主流文化的相互形成关系，促进学生对民族身份与国家身份认识统一。①

（三）培养社会主义先进文化自信

文化是交流、变迁和动态建构的过程，中华文化始终是在中华各族人民交往、交流、交融中实现创生和繁荣发展，各民族间的文化、各民族文化与中华文化、地方与国家以及传统与现代文化之间应是相互关联、互为依存、紧密联系的关系。过去文化体系缺乏对整体与个体的关系把握，各民族文化差异和多样性很容易使得各族文化陷入孤立和封闭的状态，难以生成和汇聚成中华优秀传统文化。现如今国家大力弘扬中华优秀传统文化，以开放的视野、包容的心态与世界各国进行文化交流，以培养社会主义先进文化为核心构建中华优秀传统文化，以统合、协调与关联引导文化共存，形成"各美其美，美美与共"的中华文化生态模式。具体看来，我国社会主义先进文化同样是以马克思主义为指导，以培育有理想、有道德、有文化、有纪律的公民为目标，发展面向现代化、面向世界、面向未来的当代中华民族文化。②同时，社会主义先进文化不是现代化进程中形成的，而是中华民族5000多年来优秀传统文化的时代结晶与近代革命信念、奋斗理想的精神升华。基于文化的同源性与先进性，当代中华民族先进文化已经超越了地域、风俗和语言界限，将中华各民族成员紧密联系在一起，形成共同历史、共有文化和共同利益的中华民族文化共同体。③各个共同体成员在相互文化交往中逐渐将自身命运与中华民族命运紧密相连，进而构成"你中有我、我中有你"的中华民族命运共同体。④而在今天，中华民族将与世界各族人民共同推动人类文化共同体建设，最终形成全球共生的人类命运共同体。除了中华民族优秀传统文化和近代革命文化，中华民族文化的传承、发展和传播还需要与世界各民族先进文化进行广泛、深入和持续的交流，不断镜鉴、吸收世界各民族先进文化，逐渐形

---

① 王瑜、陈晓琪：《"文化自信"观照下民族文化进校园的文化内涵及路径》，载《民族教育研究》，2019年第1期，第12—18页。

② 张春美：《社会主义先进文化是当代中国新文化》，http://news.eastday.com/c/whzx/u1ai10906144.html.

③ 刘林元主编：《中国马克思主义的新境界》，南京大学出版社2003年版，第311页。

④ 王鉴：《中华民族共同体意识的内涵及其构建路径》，载《中国民族教育》，2018年第4期，第17—20页。

成适应中华民族发展要求的先进文化范式。显然,革命文化和革命精神同样能够为我国在"一带一路"建设与发展中提供指引。[①]而且,社会主义先进文化自信的培养也是一个自觉、自知的文化过程,是在与他民族文化交往、交流、交融过程中产生对自身文化的认同和信任。也正因如此,中华文明中所蕴含的文化基因才能跨越时空隔阂、突破地域限制,持续在新时代环境中守正创新。为此,跨境民族文化融通教育应以学校为主要教育场所,构建符合跨境民族学生认知的中华文化体系,不仅培养学生具备现代社会的基本知识技能和中华文化核心素养,而且培养其对多样性文化的跨文化理解能力。

第四节　跨境民族教育文化融通的实施策略

众所周知,"一带一路"共建的不仅仅是一条经济合作通道,更是一条富含着历史人文要素的文化通道。追溯其历史文化渊源,"一带一路"可以理解为是一个文化共同体,是我国在朝代更迭中形成的与各民族、国家交往、交流、交融的文化共同体,如东亚文化、欧洲文化、东南亚文化都是"一带一路"在漫长历史长河中所形成的文化高地。当下核心议题是在已有文化的基础上如何进一步与其他民族文化整生、融合与发展创新,以和谐、共生的交往与交流推动各合作国家与民族的利益共同、责任共同乃至命运共同,这也是跨境民族教育文化融通的重要议题之一。如前所述,"一带一路"背景下的跨境民族教育应当是一个可以根据不同教育对象、教育目的、教育内容分步骤、有计划进行文化融入的教育系统:核心价值层面,应根据中华民族多元一体的基本国情,以中国共产党革命文化为载体,以奋斗精神和核心价值观为核心,在社会主义核心价值观的框架下培养共同体意识;心理情感层面,应承认沿线不同国家发展状况差异较大的现实状况,以中华优秀传统文化中的"和合"精神为基础,以跨境民族情感

---

① 王瑜、陈晓琪:《"文化自信"观照下民族文化进校园的文化内涵及路径》,载《民族教育研究》,2019年第1期,第12—18页。

和历史文化相通性为纽带,在中华文化自信培养中展开各项跨境民族人文交流;发展理念层面,应借助互联网技术、信息传播渠道等,以世界各民族先进文化为平台,以人类命运共同体认同为方向,在国际理解教育中推动各项跨境民族教育合作。也就是说,跨境民族教育文化融通应是一种能将民族团结教育、理想信念教育、国际理解教育等不同类型教育整合在中华民族共同体意识培养的教育系统。

一、构筑教育人文交流平台

根据国际政治学家罗伯特·基欧汉提出的"文化距离"(cultural distance),不同国家间在进行经济区域合作中存在的远近亲疏关系并不只是地域所限,在很大程度上也取决于国家间的文化相似性。[1]从历史经验看,文化异质性越大的国家之间经济与政治合作的深度与广度就越有限;反之,文化同质性越高的国家间合作就更加紧密。[2]沿线合作国家能够顺利展开合作、谋取共同利益的核心是增强信任感,这来源于"一带一路"建设的历史底蕴早已在沿线国家形成共通的历史文化记忆、语言同源性和习俗相似性,有利于不断推动双方在利益协调、资源配置、产业合作等方面一体化发展。我国政府高度重视沿线国家的密切合作,因此在2015年颁布《推动共建丝绸之路经济带和21世纪海上丝绸之路的愿景与行动》,并明确指出:"要支持沿线国家地方、民间挖掘'一带一路'历史文化遗产,联合举办专项投资、贸易、文化交流活动。"此后,文化部在2016年制定的《"一带一路"文化发展行动计划(2016—2020年)》中提出了"构建文化交融的命运共同体"这一发展目标。

文化领域中存在着物质底层、社会组织和语言工具这三个基本事实,[3]具体对应着物质、制度和精神等三个文化层面。从文化共同体建构来看,中华文化在长期的对内与对外文化交流中都呈现出"多元一体、和谐共生"的包容形态。具

---

① 宋姗姗、柳建文:《试论"一带一路"倡议与"文化圈"合作》,载《广西民族研究》,2018年第6期,第93—101页。

② 〔美〕罗伯特·基欧汉、瑟夫·奈:《权力与相互依赖》,门洪华译,北京大学出版社2004年版,第247—248页。

③ 吴文藻:《吴文藻人类学社会学研究文集》,民族出版社1990年版,第194页。

体而言，在精神层面上，中华文化提倡的社会主义核心价值观是超越民族、社会、国家等边界，人类社会所共通的普世性价值理念和价值原则，如富强、民主、自由、平等、爱国、敬业等价值理念在与沿线国家和民族交往时都能相互认同；在制度层面上，中华文化中提倡的互联互通、开放包容、协同创新、合作共赢等制度理念可以较好推动合作双方的共建、共商、共享；在物质层面上，中华文化提倡的和合、互惠、共生等理念，在资源开发、利用与合作方面有重要指导意义。

（一）秉持"丝路精神"建立合作信任

文化共同体的构建实质上是一个"社会建构"（social construction）①的过程。与经济或政治联盟不同，文化共同体的核心是共同的价值观念和行为准则，这也是特定地域内形成的共同文化的集中反映。所以，文化共同体的建构就是去找寻和挖掘沿线各国家和民族间共同的历史底蕴、共享的文化意识和共有的价值观念，并通过一定的政策手段来建立起基于共享观念和价值观的文化联盟。例如，在2004年的东盟第十次首脑会议中通过了《东盟社会——文化共同体行动计划》，提出了要强化东盟国家所共有的信仰、价值观念等文化要素。然而，民族国家是近现代才出现的政治单位概念，包含历史共同体与文化共同体在内的政治共同体，具有高度的政党意识和民族意识，其核心价值观往往反映的是这个国家的民族文化精髓与政治理想。从现有的世界各国政治图景来看，在"一带一路"建设沿线中的大多数国家都属于多民族国家，在已有的一些文化冲突、种族问题、宗教信仰林立等现实背景下，不少国家在民族认同和国家认同方面都面临着不同程度的认同问题。为了确保国家主权独立和民族团结，我国在与各个国家开展教育合作与文化交流时既要提高警惕、防患于未然，避免我国的意识形态和核心价值观受到威胁，也要向他国积极表达出共建合作、尊重包容的诚心与善意。对此，跨境民族教育人文交流需要各国秉持一种求同存异的态度，不断加大对共有精神文化的建设。作为"一带一路"倡议发起国，我国跨境民族教育人文交流将始终秉持和平合作、开放包容、互学互鉴、互利共赢丝绸之路精神，积极传播

---

① Mohammed Ayoob. "From Regional System to Regional Society", *Australian Journal of International Affairs*, No 3, 2010, pp.249–260.

共建共享的教育合作理念。

2014年6月，中国国家主席习近平在中阿合作论坛第六届部长会议开幕式中提出了和平合作、开放包容、互学互鉴、互利共赢丝绸之路精神。随后，中国政府颁布的《推动共建丝绸之路经济带和21世纪海上丝绸之路的愿景与行动》再次强调丝绸之路精神的传承与延续，不仅推进了人类文明进步，同时促进沿线各国共同繁荣发展。可以说，"丝路精神"是丝绸之路的沿线各民族通过彼此间的经济合作交融与文化交流互鉴，在千百年的交往、交流、交融中积淀产生的。首先，沿线各民族开展合作交往的前提是基于共同的利益诉求和互利共赢的民族交往。自古以来，丝绸之路沿线各民族间的社会交往一直存在着相互经济竞争与利益博弈，只有在开放包容、互利共赢的共同发展利益目标下，千百年来不同民族才能克服复杂的交流障碍，维持和谐的交往关系，维护畅通的贸易之路。其次，沿线各民族间尊重、包容、互学、互鉴的文化交流是相互合作的基础。沿线各国在友好的文化对话中找到各自民族文化优势，进而彼此形成互相补充的合作分工，不断促成得以共同发展的共同利益契合点。相互尊重、包容、理解、吸纳的文化沟通使得不同国家的民心相通相连，为相互开展区域经济合作以及共同承担社会稳定职责提供民意基础。再次，沿线各民族间和平相处、互信互敬、安宁富裕的生活交融是相互合作的目标。丝绸之路的众多民众间长期存在着大小、强弱、先进与落后等差异，不同民族为了谋求更好的生存与发展，共同遵守着互相尊重、互利合作的发展理念，通过互利而非掠夺、尊重而非霸凌的合作方式实现丝绸之路的共同繁荣发展。这一宝贵的历史文化遗产与精神财富将继续为当前的"一带一路"合作建设提供思想智慧与智力支持。

（二）引导社会力量共建保障制度

教育合作平台的搭建有着明显的"社会资本"色彩，文化共同体构建也并非单纯依靠政府力量就可以完成，它更需要民间非政府组织、跨国企业等社会力量的共同参与和协同配合。从已有国际经验看，民间人士的往来互动会更容易降低合作国家间在意识形态等文化安全方面的防御心态，进而实现文化的自然融合。为此，文化共同体构建不仅需要政府在资金、技术等方面提供物质保障，更需要从制度设计和机构设置上对合作予以指导与支持。目前，在东南亚常设有500多个来自发达国家的文化类、宗教类国际非政府组织进行价值观和文化的宣传，来自于沿线国家的则是寥寥无几。以教育合作交流的文化平台和组织机构目前较为匮乏，而跨境民族文化融通教育则需要尽快构建文化教育体系，形成系统全面的文化教育内容，以促进"一带一路"文化建设。因此，我国应鼓励和引导更多社会力量参与到跨境民族教育与交流平台的搭建中。一是增强教育的区域性和教育共同体的建设，如中国—东盟教育交流周、中日韩大学交流合作促进委员会、中阿大学校长论坛等不同教育合作平台，不断加强双方在彼此合作需求和教育资源上的互利共享；二是可以利用跨境民族文化同根、血脉同源的民族情感，积极发挥海外华人社团的力量；三是应鼓励大型跨境企业在经贸合作过程中积极开展文化公益活动，以此不断扩大本国的文化吸引力和影响力。政府、学校、社会等多方力量共同形成联动机制，通过双边或多边的区域性教育合作框架来为沿线国家间的人文交流磋商和丝路教育合作提供制度保障。

具体而言，这一合作框架应首先明确是一种平等协商、相互尊重的包容性合作政策，能体现出各沿线国家在经济、政治、文化等方面的国情差异，又能指向合作国家的共同发展目标。其次，该合作框架应配套能符合共同利益与共同责任的法律法规，应在互利共赢基础上签订国家政府间教育合作协议，建立国家间教育部长联席会议制度，以及建构多层次的组织协调体系。再次，应建立起国家间的学分转换系统、学位互授机制以及资格框架制度，使各国学校教育能够在相对统一可比的学业或专业标准中展开教师培训、教师流动、课程开发、课程共享等项目，促进沿线国家间教育资源的深度开发、共享互惠。最后，应共同建立教育质量检测与保障体系，通过相对统一的教育质量评价标准使相互的学分转换、学位认证、资格准入等有所保障，共同建设沿线国家间的教育共同体质量保障体系。

（三）提供专项资源保障物质基础

"一带一路"沿线国家大多是曾经遭受过殖民统治的发展中国家，不少国家仍面临着贫困、饥荒、动乱等发展困扰。针对这一情况，教育部在2016年颁布的《推进共建"一带一路"教育行动》中提出了丝绸之路教育援助计划，拟通过不断加大教育援助力度，重点投资于人、援助于人、惠及于人，实现共同发展。

然而，文化共同体的构建一定是基于双方具有共同利益、互利互惠之上的，是一个从优惠走向互惠、从援助走向合作的过程。因此，我国政府在这一政策中推行的教育援助不同于传统以往的援助，其更注重在国家、民间等多方资源的整合与双向互动，更强调由单向输出的"输血式"帮扶转为双向互动的"造血式"共建，在秉持不附加条件的合作原则下尊重并帮助受援国自主发展。这既能让受援国在平等、和谐的气氛中自主地参与到教育与文化共建中，又能让我国在合作行动中消除文化理解偏差或冲突，树立良好大国形象。

跨境民族教育人文交流平台搭建不管是政府的正式组织机构，还是民间资本操作的非正式机构，都需要雄厚财力支持，因此资金融通在"一带一路"建设显得尤为重要。目前，我国设立了丝绸之路中国政府奖学金等项目，用于沿线国家教育的投入，帮助各国学生来华留学完成学业，同时设立其他相关的专项教育发展基金，共同推进教育共同体和文化共同体的建设。厦门大学、西安交通大学等部分高校也开始设立用于"一带一路"教育发展、留学生发展的专项基金，为吸引沿线国家留学生来华学习，了解、传播以及推广中华文化提供了重要的资金保障。此外，教育合作平台搭建在物质基础方面还需要有强大的大数据技术支撑，通过对海量数据的精准分析与有效整合，才能针对各个沿线国家间错综复杂的社会要素与问题制定合作策略。这一大数据资源与平台的建设需要各合作国家政府公共数据的开放共享，需要共同制定数据资源开发、使用、保护的相关法规与管理制度，需要共同推动教育信息的采集、储存、安全等技术攻关。可以说，文化共同体的构建过程在很大程度上也将是各方信息数据资源共同开发、创新的过程。

二、健全跨文化教育体系

跨文化教育是以非本质主义文化差异观与身份认同观为基础开展的跨文化能力培养活动。联合国教科文组织从1945年成立以来，发布了三个具有里程碑意义的报告：在电子计算机等为代表的科学技术发展背景下，1972年发布的《学会生存——教育世界的今天和明天》提出了学习化社会和终身教育的重要概念；在资本主义与世界经济蓬勃发展时期中，1996年发布的《教育——财富蕴藏其中》赋予了教育应增加生产力和财富的重要功能；在历经"9·11"恐怖事件和2008年世界金融危机后，2015年发布的《反思教育：向"全球共同利益"的理念转变?》则谈到了教育在尊重生命与人格、维护和平等这些方面的可持续发展责任。三个重要报告反映了三个时代中教育的时代蕴意与价值，而跨文化能力正是当前文化冲突不断加剧、贸易纷争持续进行的国际环境中所迫切需要的重要能力。所谓能力，通常由态度、知识与技能三类要素构成。从这三个维度可以进一步将跨文化能力进行二级分解，即跨文化能力的态度要素可以分为宽容、尊重、开放、移情等四要素，知识要素可以包括文化理论知识、文化差异知识、文化与个体以及群体关系的知识，技能要素则分为阐释技能、自我管理技能和关系技能。[1]在学校教育的实践中，跨文化能力的培养应是通过解决跨文化情境问题为指向，以交互性、动态性和情境性作为课程设置与实施原则。这就要求在培养过程中，学校必须能通过融入学科课程、综合校本课程等设置促进跨文化能力在各门学科课程与活动课程中的渗透，使跨文化能力、学科知识、社会交往等不同培养相互促进。这种强调情境性、交互性的跨文化能力培养要求学校在教学上注重活动教学、合作学习、考察参观、情境体验等多方式的多元开展。

正如前文提到的，边境地区是国防战略中的重要部分，而跨境民族也是国家文化安全保障方面的重要对象。应我国国防理念"一户一哨所，一人一哨兵"在边境地区的现实要求，国家领土完整与边境社会稳定离不开跨境民族的稳定与团结。跨境民族文化融通教育一方面应继续提升边境民族地区民众的边防意识和国家意识，自觉培养跨境民族成员理性的文化判断力，使其坚守民族信仰和文化自信；另一方面则不断提升跨境民族地区民众的跨文化理解能力和国际理解能力，使跨境民族成员不仅能对本民族文化和中华各民族文化的知识体系有充分的了解和学习，还能对沿线国家的文化知识体系具有一定的掌握。

（一）注重互惠共赢的跨文化理念

跨文化能力的培养首先强调的是一种动态的、非本质主义的文化观念。"一带一路"倡议是一个跨越了半个地球的伟大合作构想，其中涉及不同洲、国家和

---

① 姜亚洲：《跨文化教育的理论与实践研究》，华东师范大学博士学位论文，2015年，第148页。

地区的各种文化。在这样巨大的文化差异现实下，若是采用本质主义的文化观念去固化跨境民族的身份，往往会造成民族间的误解或隔阂。跨文化教育应当是秉持动态的文化观念，强调文化交往中存在的多样性、动态性和包容性，利用跨境民族在地域和历史方面的特性，不断将合作双方民族与国家边界淡化，促进个体主体间文化的交互性和自主性发展。其次，跨文化教育应注重构建一种共同交往的过程性学习观。跨境民族学生的自尊心和自我效能感的提升往往会受到来自于族群中亲情关系与同侪关系的影响，这就使得其在遭受来自外部的身份偏见与文化歧视时，容易产生消极的自我认同感或是"我族中心"的民族主义思想，不利于民族间的团结交往与交融。对此，跨文化教育应注重避免对民族身份的过分强调，从基于补偿的"民族优惠"观念转为共同繁荣的"民族互惠"观念，无论是与国内其他民族或是国外跨境同族交往都能有着包容和平等身份认同。

观念矛盾与价值分歧是"一带一路"建设中不可避免的文化冲突表征，跨文化教育要探索的是如何在这些分歧与冲突之下实现跨境民族间积极交往、合作共赢。除了培养学生基本人际交流技能（BICS）外，跨文化教育还要转而培养学生高层次的学术认知水平（CALP），其目的是既要提升学生的跨文化交流与理解能力、多元文化知识整合与建构能力，以及共同价值理念，又要发展学生语言认知能力，以提高对人权的理解与尊重，对多元文化的认知和理解。因此，跨文化教育对教师的跨文化整合能力提出了较高要求：教师不再是文化知识体系的传播者，而是要提高其组织能力、教授能力和辨别能力，帮助学生建构文化知识体系，创造最真实的语境和内容，促进学生多元化、个性化的思维发展，实现静态身份到动态身份的转变。

（二）重视文化融入的跨文化课程

对于我国而言，我国学校大多是将英语作为第二语言进行学习，这无疑是改革开放以来我国顺应国际化和全球化发展的成果举措。从"一带一路"沿线国家语言文化分布版图来看，小语种的实用性较强，符合沿线国家老挝、越南、蒙古等国家的交流需求，但目前我国在语种数量、人才数量、培养质量方面存在很多问题，比如专业语言教师队伍缺乏，无法满足合作共建的人才市场需要。对此，跨文化课程的一个基础内容与目标就是要首先帮助学生学习跨文化交流的语言工具。与此同时，在"一带一路"合作大背景下，强调实用理性的跨境民族跨文化教育不能简单定位为对学习者的知识传递和语言训练，而是应关注其终身性学习能力、多元化文化视野与全球化科技素养等方面培养。

换言之，随着与沿线国家间或民族间的经济、文化进入较深层次交往，外语工具将成为跨文化互动交流的基本工具而不是目的。跨文化教育应是一种以学科专业知识为教学载体、以文化建构为指向的融入式教育。"主体间性""文化间性""话语间性"将成为跨文化教育的主要特征，以构建社会文化情境、学术认知语境为指向的教学将会是未来提升学习者跨文化思维与认知能力的主要模式。对此，跨文化教育的课程应是形式多样且与学科课程紧密结合，能够在课程学习中为学生提供持续的文化互动与交流的融入体验。在诸如语文、物理、数学等学科课程中，学生除了掌握相关学科知识外，还应当学会辨别该课程中是否存在文化偏见等问题，使学生能通过多样的社会科学视角去看待不同学科领域中的文化概念与现象。此外，要让学生能够对本族文化、中华民族文化以及世界文化有清晰的认识，并在不同文化的学习与比较中逐渐形成文化自觉，这就需要跨文化课程中有丰富深入的历史文化课程、乡土文化课程和文化实践课程，让学生有对不同文化族群的跨文化体验。目前，将地方课程、乡土教材和学校文化活动融入我国边境民族地区的学校课程建设，并与国家主流意识形态、地方文化意识生态和个体意识心态相结合，构建语言、文化、传统习俗等学科知识体系，提高学生的文化鉴别能力。

（三）强调实践渗透的跨文化教学

跨文化教育不仅仅是一种教育理念，更是一种贯穿于校园环境到课程设置的教学实践活动。整个跨文化教育教学活动的实施会受到当地社会条件影响，也会受到国家核心价值观念与民族文化传统的制约。这意味着跨文化教育教学的实施既要接受国家教学大纲的指导，也要包括地方性文化知识，其教学方式是多种多样的。具体而言，跨文化教育的教学方式可以分为正规教育方式与非正规教育方式。[①]一方面，正规教育方式是指由学校明确设置，将国际跨文化教育方面的相

---

① 宋隽：《全球化时代的跨文化教育研究——文化互补论的视角》，山东师范大学博士学位论文，2017年，第196页。

关文献应用到学校各门课程内容中，并通过正规的学习方式与评价手段展开教学。这类方式注重教学活动开展的系统性、规范性、层次性，着重强调对学生跨文化态度以及跨文化立场方面的培养。在这种教学方式中，教学实践是帮助学生能广泛理解各类文化观念、整合学科与文化知识、探索文化沟通与发展的重要途径。教师需要在教学设计、教学策略、教学组织、教学评价、教学反思等多个环节中充分支持学生积极参与到教学实践的文化建构中，在公开讨论、个体反思的过程中形成理性的跨文化观点和独特的认知策略。此外，正规教育方式还包括对教师提供的跨文化能力培训、跨文化模拟环境布设、师生对外交流项目、双语或多语教育等。

另一方面，非正规教育则是包括了学校教育之外的社会教育和家庭教育，其实施方式主要是由学校、家长、文化机构等组织的各类可选的、非强制性的体验式活动，比如各类跨文化相关的竞赛、仪式、节庆、参观。这些非正规教育活动对于正规教育起到了重要的补充作用，能更好地提升学生的跨文化问题处理能力、多样性文化的识别与选择能力。非正规教育方式因其具有正规教育所不具备的灵活性与可选性特征，应更加注重激发学生的主动性、创造性，如各项国际性活动、社会文化团体演出活动、各类跨文化知识演讲、辩论会、各类跨国人文交流。可以说，学校教育应当是跨文化教育的重点，但是社会实践活动也会对学生的跨文化能力产生重要影响，这两者应当整体设计、相互补充。目前，我国许多边境地区学校开始将爱国主义教育、国家认同教育、乡土情感教育以及国家文化安全教育融入学科教学和集体活动中，以开展校本课程、编订校本文化教材以及主题参观等活动方式实施教学。同时，考虑到跨境民族地区学生"跨国境""多民族"的生源特点和民族特性，教师尽可能整合中华优秀传统文化资源、地方文化资源，以及沿线边境民族和国家的文化资源，注重知识的系统性传播和价值观传递，尽力避免单纯的知识或价值观传递，帮助学生在活动体验中生成对中华文化的认知、理解和自信。

三、增强中华文化认同教育

在"一带一路"建设中，我国应充分重视和挖掘中华文化的教育价值，用文化教育人、凝聚人、鼓舞人，让跨境民族学生在对中华文化的学习与认识中形成浓厚的民族情感与文化自觉，进而使其在与沿线国家民族交往中对中华民族文化有着坚定信心。根据马卡连柯的集体主义教育理论可知，学校可以在集体教育过程中培育优良的集体作风与传统，通过讲座授课、参观考察、阅读经典、环境设置、现场体验等多种方式集体开展文化自信教育。学生们在各项文化融入的教育活动中"春风化雨"式地学习到中华民族历史与中华民族文化的内容，并能将两者进行相互关联与系统的思考，进而形成对中华民族的整体认识与信心。

（一）加强中华民族历史的学习与认同

"故欲知其国民对国家有深厚之爱情，必先使其国民对国家以往历史有深厚的认识。"[①]任何民族的发展历史都是其在共同生产生活中经过漫长时间积淀而形成的集体记忆，凝结着各民族成员的深厚情感。对于每位中华民族成员而言，夏朝是中华民族历史上第一个在中原地区建立的国家政权，夏族从此产生。夏族民众在与外族进行交往、交流过程中，因其在服饰、饮食等文化特征而被其他民族称为华夏族。随着疆域的变动，华夏民族不断与中原地区四方生活的东夷、西戎、南蛮、北狄各民族相互交往、交流。由此，中国开启了分久必、合合久必分的朝代更迭，各民族的相互交融也始终贯穿于整个中国古代历史脉络中。到了19世纪中叶，西方列强打开了中华民族共同抵御外敌的革命与奋斗近代史。在与西方文明被迫接触与互动中，中国通过洋务派的新式人才培养与经商办厂的工业化改革开启了国家忧患与民族自强的热爱之情。从辛亥革命以来的以国聚族的政治现代化发展中，中国共产党通过思想教育、组织动员等方式团结和带领各民族广大劳动人民共同参与到以"民主"与"科学"为思想启蒙的民族民主革命中。在中华民族遭遇日本全面侵略的危急时刻，中国共产党进一步倡导了各族共聚的革命统一战线，并最终取得了革命胜利和中华民族的自主独立。[②]新中国成立后，在共同历经社会主义改造过渡时期、全面建设时期、开放发展时期等发展阶段，中国共产党带领着各民族劳动人民在国家建设事业中不断缔造着

---

① 钱穆：《国史大纲》"引论"，商务印书馆1996年版，第2—3页。

② 林尚立：《人民共和与统一战线：中国共产党建设国家的政治方略》，载《经济社会体制比较》，2011年第4期，第1—6页。

以族兴邦的奋斗历史。可以说，中国近现代史是中华各族儿女共同抵御外敌、捍卫祖国统一、积极投入国家建设、实现中华民族伟大复兴的革命与奋斗历史。这段共御外敌、保家卫国、共同团结、共同繁荣发展的一百多年历史也是中华各民族区别于其他国家民族最独特的、不可复制的集体记忆和宝贵财富。为此，要培养跨境民族牢固的中华民族共同体意识必须加大对中华民族历史的教育。这一方面包含了对各民族相互融合发展历史的学习，聚焦于中华民族形成与发展过程中各民族交往及其文化交流作用，中国统一多民族国家对多元化民族的整合作用，注重将学生对本民族的原生情感体验关联到对由各族共同形成的中华民族历史感知中；另一方面则应加强对中华民族发展历史的学习，要注重将中华民族古代文明史、近代革命史与当代发展史进行系统的、整体的、变迁的学习和审视。

最为关键的是，一个民族或国家往往以历史教育来制度化地传递集体记忆。显然，引导跨境民族群众认识和了解中华民族的历史根基和各民族的奋斗史、发展史已成为跨境民族文化融通教育的重要内容，同时也成为民族成员延续中华民族共有历史基因的基本方式。纵观中华各民族荣辱与共、团结奋斗的发展史、革命史和建设史，中华民族形成和发展的古代史、救亡图存的近代史和繁荣发展的现代史，是系统理解中华民族共同体多元与一体历史发展的增量过程，让各民族成员认知共有历史、感悟共同命运以及认同共同政治实体是十分必要的。因此，将历史的学习融入学校教育生活中不仅能更好地实现中华民族优秀传统文化的传承与发展，更能让学生对本民族与中华民族、本民族与国家间的关系与价值有更为辩证的认识与理解。

（二）加强中华民族文化的学习与认同

作为不同民族的共同精神纽带，中华文化是具有不同生产生活方式、价值信仰的各民族在漫长交往、交流、交融中相互作用、相互影响、共同凝结的智慧结晶。从地域性划分，中华文化是一个集地域文化特性在内的大文化系统，包括中原文化、巴蜀文化、百越文化、荆楚文化；从民族特性划分，中华文化是各民族情感联结和价值共通的文化系统，凝结汉族文化、藏族文化、蒙古族文化以及其他少数民族文化。对此，对中华文化的学习与认同是共同体意识培养的重要内容，其包括对本民族文化的认同以及对整个中华文化的认同。每位跨境民族成员与生俱来地具有着对本族文化的深厚情感。这种情感、价值是一种自发的、非理性的、融入血脉的文化基因，是对本民族文化、个人民主身份的深刻认同。如前所述，中华文化是由各族文化在漫长融合与变迁过程中所共同凝结而成，代表着各民族文化中最优秀的、共有的智慧结晶。而社会主义核心价值观富强、民主、文明、和谐，自由、平等、公正、法治，爱国、敬业、诚信、友善是能代表各族文化的价值核心，反映了当代中华各族共同的发展诉求和共同的责任担当。文化认同是最深层次的认同，是建设跨境民族精神家园的基础和前提。文化认同意识的培育和铸牢是全员、全程、全方位的，它渗入跨境民族地区国家、社会和个人的方方面面，融入包含政治、经济、文化、精神等在内的社会主义核心文化价值体系。首先，从国家层面来说，文化认同意识引领中华民族优秀传统文化的价值观念，形成中国特色社会主义核心价值体系和文化内容，以外显的方式作用于文化共同体的发展与创新。例如，爱国主义题材影视作品的拍摄、网络媒体的正能量宣传和红色革命文化的发扬，不仅营造社会主义核心价值观导向的舆论氛围，加强对各族成员的正面引导，还能引导中华各族成员爱国主义情感的升华，让广大人民群众自觉接受爱国主义的熏陶，进一步使各族人民树立正确的国家文化观。其次，从社会层面来说，加强文化认同以社会文化行动为实践机制，引导跨境民族成员形成正确的历史文化观。例如，通过组织开展历史实践活动、社会组织对外开放的历史博物馆、抗战纪念馆和民族文化博物馆，使跨境民族成员了解中华民族背后"同呼吸、共命运、心连心"的奋斗历程，唤醒荣辱与共、命运一体的历史文化观。最后，从学校层面来说，铸牢中华民族共同体意识有利于各民族优秀传统文化和中华民族共有的文化价值观念深入各族学生的头脑中。例如，通过"民族文化进校园"等文化活动和文化类校本课程开发等认知体系建构，将中华民族共同体的历史发展脉络和中华共同文化基因融入校园文化体系中，在继承中华民族上千年的优秀传统文化和崇高民族精神的同时培养跨境民族学生的传统文化观。

为此，在中华文化融入的教育设计中，学校应该不断加强学生对少数民族优秀传统文化的学习，在民族乡土知识的交流、建构中不断生成对家乡故土的情感。一方面，是要挖掘民族文化资源，将各民族优秀文化和中华优秀传统文化融入学校教育。中华文化是主干，各民族文化是枝叶，民族地区作为文化"原产地"，文化多样性和本土化特征成为了民族地区学校教育教学的优势，民族文化校本课程的开发也成为学校场域建设的重要依据和选择。学校应充分利用地方文化资源，整合各民族"枝繁叶茂"的文化资源，构建与族群原逻辑思维和文化心理场、各民族物质文化空间和精神生活空间相契合的文化交流互鉴场域，建立文化资源、人文资源、教育资源的有机联系，实现学校教育文化共享和文化互鉴的相辅相成。具体来说，要从民族文化和地方知识中挖掘优秀文化基因。例如，少数民族传统节日活动习俗、宗教信仰、婚丧嫁娶、服饰建筑等原有文化，这些文化基因是本民族或多民族群体所产生情感共鸣与交流互鉴的基础，也是切实可行的教育资源和文化产品。通过析出共有文化特性和共同价值观念，融入学校学科课程和活动课程资源的开发和实践活动的开展中，以直接的认知、交流和体验方式实现传统与现代知识体系的融合。另一方面，应注重跨境民族地区学校制度文化的建设，依托实际的物质文化载体进行生产和再生产。学校教育与社会教育具有高度相似性，在中华民族共同体意识培养方面具有高度一致性。学校制度文化建设中应注重将学校场域与中华文化认同教育相关联。首先，学校要搭建具体可感的物质文化空间，使各民族成员能够从直接的物质文化设施和象征符号（比如课程和教材、班级管理、图书馆、校园文化环境）感知中华民族文化的价值观念和民族文化底蕴，并在这一集体中衍生出共有的行为准则和情感体验。其次，学校为跨境民族成员搭建交往、交流、交融的实践平台，通过赋予学校实际意义的交往互动、交流学习和交融情感，不断增进跨境民族学生的文化认知、文化认同和身份重构认同等心理变化，在交往、交流、交融中产生强烈的中华文化自信和文化认同，不断铸牢中华民族共同体意识。

然而，在教育实践中一些学校认为少数民族优秀传统文化仅仅是那些只具有象征性意义的传统服饰、生产工具，往往采取单纯的知识传递或价值灌输，或是简单地、零碎地将一些民族传统要素静态陈列在博物馆中、文化长廊中或是特定表演活动中。这些活动在主题、内容乃至话语等都脱离学生日常生活，使学生对民族传统文化教育活动缺乏兴趣甚至产生抵触情绪，制约了学校教育中民族文化的传承质量。只有充分利用家庭教育和社区教育在地方性知识的资源优势，比如聘请当地少数民族优秀文化传承人，学生家长以故事会、兴趣班、表演队等形式交流互动，才能促使传统文化与主流文化、学科知识进行互融。只有具有现代性、地方性的知识内容与融入方式，才能促使各民族学生更平等地去看待本族文化、各族文化以及中华民族文化之间的关系与地位，使其在心理上产生对乡土社会的需要与尊重，对本民族优秀传统文化产生自觉意识与自豪感。同时各级政府、学校、研究机构以及博物馆等社会其他文化机构要共担教育责任，通过各机构的协同共享、各司其职，构建民族文化传承共同体，促使跨境民族教育在"一带一路"建设社会体系中发挥出应有的文化价值与功能。

第五章

"一带一路"背景下
跨境民族教育发展的模式创新

　　跨境民族地区作为"一带一路"基础设施联通的桥梁地区，对内有助于实现整体发展，对外有助于推动国际联通，具有重要战略地位。由于跨境民族所处的地理区位不同、自然资源不同、历史文化不同、经济发展不同，这就决定了跨境民族教育外部环境的特殊性。在此，基于跨境民族教育发展的现实背景和时代要求，重点从办学目标、投资方式、学校结构、教学体系、管理体制和运行机制六个维度探索建构跨境民族教育发展的四大模式。学区模式拟解决跨境民族地区义务教育资源配置问题，旨在实现跨境民族地区义务教育优质均衡发展。联盟模式拟解决跨境民族地区职业教育专业结构及中高职衔接问题，旨在实现跨境民族地区职业教育整体办学水平提升。集团模式拟解决跨境民族集中连片特困地区教育质量问题，旨在实现跨境民族集中连片特困地区教育事业的优质发展。开放模式拟解决高等教育服务输出能力问题，旨在实现跨境民族地区国际性教育生态圈建设，提升高等教育服务输出能力。

第一节　跨境民族教育的学区模式

　　近些年来，全国各地纷纷开展义务教育学区制改革试点，涌现出了北京东城区、广州越秀区等改革成效显著的重点试验区。但是，学区模式在跨境民族地区义务教育阶段的改革尝试尚不多见，改革经验积累尚不丰富，改革成效尚未显现。跨境民族教育的学区模式是基于跨境民族地区义务教育发展的现实需要及已有的实践经验，从共同体理论、规模经济理论视角，探索构建的跨境民族地区义务教育发展模式，以支撑跨境民族教育事业优质高效发展。

一、跨境民族教育学区模式的现实背景

跨境民族教育学区模式的提出是基于跨境民族地区义务教育事业发展从不均衡到基本均衡、从基本均衡到优质均衡的现实需要，既符合国家对跨境民族地区义务教育事业发展的政策导向，又符合新时代对跨境民族教育发展的价值诉求。

（一）学区模式的政策依据

2000年，我国完成了普及九年义务教育85%的目标，到2010年我国实现了100%的普及目标①，保障了各族人民教育起点的公平。2012年，随着《国务院关于深入推进义务教育均衡发展的意见》（国发〔2012〕48号）的颁布，全国义务教育均衡发展开始进入督导评估阶段。截至2018年，国家累计投入2544亿元用于义务教育"全面改薄"、均衡建设，全国有2717个县实现义务教育基本均衡发展，占全国总县数的92.7%。②跨境民族主要聚居区的9个边境省（自治区）中，内蒙古自治区101个县全部通过验收、辽宁省114个县中106个县通过验收、吉林省70个县中60个县通过验收、黑龙江142个县中112个县通过验收、广西壮族自治区110个县中94个县通过验收、云南省129个县中120个县通过验收、西藏自治区73个县中56个县通过验收、甘肃省98个县中70个县通过验收、新疆维吾尔自治区112个县中69个县通过验收。边境省（自治区）义务教育基本均衡发展的县数占比已达83%。③为推行义务教育均衡发展建设计划，国家投入了大量的人力、财力与物力，惠及广大跨境民族地区，使得跨境民族教育事业获得了长足发展，80%以上的跨境民族义务教育县域范围实现了基本均衡。

跨境民族地区教育事业发展在保持现有政策成效的基础上，应积极思考促进义务教育进一步优质发展的新的政策改革走向。关于民族教育政策的研究，有的学者认为，"我国的民族教育政策是指党和国家为实现少数民族教育事业发展目标和任务所制定的行动准则，是党和国家制定的关于发展少数民族教育事业的政

---

① 司晓宏：《义务教育均衡发展论纲——以西部农村为研究对象》，人民教育出版社2013年版，第25页。

②《教育部：全国92.7%的县（市、区）实现义务教育基本均衡发展》，http://edu.gmw.cn/2019-03/28/content_32689022.htm。

③《教育部历年全国义务教育发展基本均衡县（市、区）名单》，http://www.moe.gov.cn/fbh/live/2019/50415/sfcl/201903/t20190326_375276.html；《中华人民共和国行政区划》，http://www.gov.cn/guoqing/2005-09/13/contont_5043917.htm。

策体系"①；有的学者认为，"民族教育政策制定的根本目的是根据国家不同民族群体的不同需要进行的利益分配，并以此协调各民族之间的关系。我国民族教育基本的、关键的政策领域都应以人为本、教育公平、效益优先、均衡发展等为其基本价值"②；有的学者认为，"民族教育政策的制定始终离不开民族性、文化性以及发展性"③。因此，跨境民族地区教育的政策调整应在观照跨境民族教育政策制定特殊性以及现实需要的基础上，沿着进一步缩小区域内教育质量差异，从基本均衡向优质均衡迈进。跨境民族教育学区模式是以具有区位优势、文化优势的多所不同发展水平的学校组成的共同体，是同一学段的优质校、标准校与薄弱校在学校教育教学设施设备硬件资源、教育教学管理运行软件资源以及教师人力智力资源的共建共享模式。跨境民族地区义务教育学区模式不仅有利于实现跨境民族地区县域范围内义务教育全面均衡发展，而且有利于义务教育发展从基本均衡向优质均衡迈进。因此，跨境民族教育学区模式改革符合跨境民族地区义务教育质量优质均衡发展的政策演进逻辑。

（二）学区模式的现实意义

我国传统的学校教育办学模式多以单个学校独立办学，即以单一学校作为独立法人办学机构，各学校间师资聘用独立、教育经费核算独立、教育资源配置独立，并独立开展教育教学活动。但是，随着时代的发展，传统的单一学校办学模式不利于开展跨校际交流合作，不利于跨校际资源流通共享，单个学校间从生源到师源的各类教育教学资源竞争已成为教育质量优质均衡发展的主要制度性障碍。尤其是进入新时代，"一带一路"倡议的提出，基础设施互联互通的实现，信息通信互联互通的加强，为学校办学模式改革朝着互联互通、开放共享方向发展提供了理论支撑、创造了现实条件。跨境民族教育学区模式的基本意涵是指当地教育行政部门按照一定的民族性、文化性、发展性原则，把不同发展水平和结构特征的学校组建成一个学区，学区内实行统一的管理体制和运行机制，以实现教育教学设施设备、教学课程与活动、师资人力与智力等教育教学资源的共商、

---

① 金东海：《少数民族教育政策研究》，甘肃教育出版社2002年版，第3页。
② 王鉴：《我国民族教育政策体系探讨》，载《民族研究》，2003年第6期，第55—59页。
③ 苏德等：《民族教育政策：质性研究与案例分析》，教育科学出版社2014年版，第5页。

共建、共享，整体优化学区内各学校之间的教育资源配置，缩小学区内学校间的发展差距。[①]跨境民族教育学区模式的提出旨在解决传统的独立学校模式下资源配置问题，通过构建不同学校间共商、共建、共享的发展共同体，促进校际优质资源互联互通、开放共享，以实现互惠共赢。

学区教育模式改革使现有的静态优质教育存量转为动态的优质教育增量，打破各级各类学校间的壁垒，成员校从封闭走向开放，教育单元从一元走向多元。[②]跨境民族地区实现从单一学校办学模式到联合学区办学模式的转变，学区内实行统一的管理体制和运行机制，有利于将传统的校际教育教学优质资源的竞争关系转变为学区内校际优势资源互补的合作关系；有利于充分发挥学区内地理联通优势，尝试名师走教的教学模式以及学生走校的人才培养模式；有利于非经常性大型硬件资源的整体规划建设、统筹协调使用，避免低质量重复建设，以提升资源利用率，实现学区教育系统的绿色协调发展；有利于精准分析跨境民族地区不同学区内经济发展资源、历史文化资源、自然生态资源，并集中力量整体开发具有跨境民族文化特征的优质学区课程，形成学区品牌优势，并探索同课异构方案等。打破跨境民族地区学生为追逐优质教育教学资源的向城性流动，从而导致的城镇化拥挤的"超大班额"与边境乡村地区无人的"复式教学"的强烈对比；打破跨境民族地区教师为追逐更高收入待遇、更大个人发展平台、更优个人事业空间而产生的远离边境的向城性流动，从而导致的边境乡村教师资源匮乏，教师专业学科结构不合理，招不来、留不住等现实问题。同时，"一带一路"背景下，在跨境民族聚居的边境地区，以学区共同体的整体教育资源作为跨境民族教育跨国输出的整体力量，其竞争优势将远远超越单一学校主体的教育输出，学区共同体教育资源的多样性、丰富性也将为邻国跨境民族提供更多的、灵活的教育服务选择，以增强我国跨境民族教育的吸引力，并通过跨境民族教育做好边境民心相通基础性工作。

---

① 魏红梅、黄明东：《义务教育学区制改革：制度逻辑、实践困境及优化路径》，载《教育科学》，2017年第4期，第17—23页。

② 吴晶：《基础教育学区化办学研究》，华东师范大学博士学位论文，2018年，第3页。

二、跨境民族教育学区模式的理论基础

跨境民族教育学区模式的建构既要关注跨境民族教育事业发展的现实背景，又吸收借鉴了社会学的共同体理论以及经济学的规模经济理论中的合理内核。

(一) 共同体理论

共同体理论最早是由19世纪德国社会学家斐迪南·滕尼斯 (Ferdinand Tonnies) 在其成名作《共同体与社会：纯粹社会学的基本概念》中提出。"共同体"一词的德文是gemeinschaft，英文是community。滕尼斯认为，共同体是由促进、方便和成效组成的，它们相互间有来有往，被视为意志及其力量的表现，通过这种积极的关系而形成族群。[①]在斐迪南·滕尼斯的观点里共同体是一种人与人、人与物休戚与共、共建共享的伙伴关系。美国社会学家罗伯特·雷德菲尔德 (Robert Redfield) 在《小社区》中赞同滕尼斯的观点。他聚焦于小的共同体范围，并指出在小的共同体内部，人们的交流是全面的、经常的。[②]社会学共同体理论中人与人、人与物休戚与共、共建共享的伙伴关系以及经常性的全面而充分的交流等合理内核，为构建跨境民族地区学区共同体提供了有益的理论借鉴。

首先，跨境民族地区学区共同体的构建需基于天然的联系纽带，或是建立在地理联通等的自然基础之上，或是建立在民族文化相通等历史因素的基础之上，或是建立在共同的发展目标、价值取向的思想因素的基础之上。跨境民族地区学区共同体联系纽带的天然性、先验性影响着学区共同体的亲密性、稳定性。

其次，跨境民族地区学区共同体的管理体制、运行机制不仅需要考虑学校、教师、学生、家长等人与人的主体层的内在关系，而且需要考虑办学目标、学校结构、教学体系等人与物的要素层的内在关系，以形成相互促进的、积极的内在关系群，通过共同体的集体意志及力量统一地进行内部关系协调、内部资源配置，以及对外发挥作用，彰显效益。

此外，跨境民族地区学区共同体需要且有利于开展经常而全面的沟通，学区

---

① 〔德〕斐迪南·滕尼斯：《共同体与社会：纯粹社会学的基本概念》，林荣远译，商务印书馆1999年版，第52—54页。

② Robert Redfield. *The Little Community, and Peasant Society and Culture*, Chicago: University of Chicago Press, 1971, p4.

内部良好的沟通氛围是以共同体天然的族群联系纽带为基础，地理联通、文化相通、习俗相近等共同因素使得学区共同体内部的各个主体间享有共同的话语体系、具有共同的情感体验以及相似的目标追求，共同体内在价值的一致性与共同体内进行全面而深入的沟通构成了良好的相互促进关系。

（二）规模经济理论

规模经济理论是经济学里的一个基本理论，意指其他因素一定的情况下产品平均成本及其产量的反向关系。规模经济可分为三种情况：当企业生产规模扩大过程中引起平均成本的下降是规模经济，当企业生产规模扩大过程中平均成本基本不变是规模经济不变，当企业生产规模扩大过程中引起平均成本的上升是规模不经济。[1]规模经济理论为考察学校的办学规模提供了新的理论视角。教育经济学家纷纷将规模经济的理论引入教育学领域来分析教育的规模经济问题。冯克诚和田晓娜主编的《中国学校办学模式》从办学经济效益出发，阐述了农村学校的规模效益模式。他们指出办学不仅要着力提高教育教学质量，还要着力提高办学经济效益。这对充分而合理地使用教育领域的每一份人力、物力和财力资源，使有限的教育资源得以发挥最大效益，用以培养更多更好的人才，做到人尽其才、物尽其用、财尽其利，促进教育事业发展有极其深远的意义。[2]

从已有的研究文献中，不难看出学校办学效益一直是需要关注的话题。查克拉博蒂（Kalyan Chakraborty）和李维斯（W. Cris Lewis）等使用犹他州学区的面板数据，对学区和学校级别的教育经济规模做了估计。结果表明：学区存在显著的规模经济效应，而学校的规模经济效应相对较弱。[3]多校联合的学区模式的经济效应超过单个学校的经济效应。在我们引入规模经济理论探讨跨境民族教育学区模式建构时需要牢牢把握一点，规模经济理论考量的是成本与产量的关系，教育是培养人的活动，教育的产出不仅需要关注人才培养数量，还需要关注人才培养质量。因此，我们考察跨境民族教育成本问题时，不仅包含单一的生均成本维

---

① 张学敏、叶忠：《教育经济学》，高等教育出版社 2014 年版，第 294—295 页。

② 冯克诚、田晓娜主编：《中国学校办学模式》，国际文化出版公司 1997 年版，第 219 页。

③ Kalyan Chakraborty, Basudeb Biswas, W. Cris Lewis. "Economies of Scales in Public Education:An Econometric Analysis", *Contemporary Economic Policy*. Vol. 18, No2, 2000.

度，还包括学生交通成本、学生及家长时间成本、学生优质资源获得成本等维度的内容，如办学思想、办学理念、管理制度、校园环境和文化积淀。引入规模经济理论不在于精确计算跨境民族地区学区模式的最优规模大小，而在于形成人尽其才、物尽其用、财尽其利的学校办学模式改革的思维意识。

此外，将跨境民族地区大量存在的、对于维持跨境民族地区人口数量及结构、维护边防安全和社会和谐具有重要隐性调节价值的小规模学校、完小、教学点等在不进行"撤点并校"、不改变学校实体结构的前提下整合为学区，将不具备规模经济的学校整合为经济效应更佳的学区共同体，可以优化办学效益。在跨境民族地区以学区共同体为单位来核算教育成本，配置教育资源，将教育要素中具有整体性、不可拆分性的稀缺优质教育资源如名师，在学区范围内共享，从而实现学生培养数量与质量由规模不经济到规模经济的转变。

三、跨境民族教育学区模式的体系建构

"一带一路"背景下，为了充分发挥跨境民族教育的人力资本价值与多元文化融通价值，基于跨境民族地区各民族世居村落地理联通、语言文化相通、民风民俗相近等特点，以及当前跨境民族地区义务教育发展的不平衡性、不充分性等现实需要，以共同体理论以及规模经济理论为支撑，构建跨境民族教育发展的学区模式十分必要。当地教育行政部门按照一定的民族性、文化性、发展性原则，把不同发展水平和结构特征的学校组建成一个学区，学区内实行统一的管理体制和运行机制，以实现教育教学设施设备、教学课程与活动、师资人力与智力等教育教学资源的共商、共建、共享，整体优化学区内各学校之间的教育资源配置。

（一）学区模式的办学目标

跨境民族教育发展的学区模式主要适用于跨境民族义务教育学段，通过改革学校管理体制、运行机制，实现学区内各学校管理一体化，促使同一学区各学校在教育理念、校园文化、德育活动、教学管理、发展规划、师资力量等方面协作探索、共建共享、交流合作，不断缩小城乡间、校际间的办学差距，有效提升小规模学校、教学点的办学效益与教育质量，有效缓解城镇"超大班额"问题和城区"择校热"问题。其办学目的是学区内各学校间全面联通，教育教学资源共

商、共建、共享，以实现跨境民族义务教育从不均衡走向基本均衡，从基本均衡走向优质均衡。2018年，全国教育工作大会提出"努力培养德智体美劳全面发展的社会主义建设者和接班人，培养担当民族复兴大任的时代新人"。"一带一路"视域下跨境民族教育需在国家人才培养目标框架下，充分考虑"一带一路"发展的历史使命，明确跨境民族教育人才培养价值取向及目标。文化使者型公民教育正是跨境民族教育结合自身特点践行"培养担当民族复兴大任的时代新人"的最好诠释。跨境民族文化使者型公民教育强调培养受教育者成为本民族文化传承的使者、多民族多元文化融通的使者、肩负"一带一路"文化传播的使者，其核心价值取向是"民主、平等与亲善"。将文化使者型公民教育寓于跨境民族教育中，通过形塑价值观念，实现培养目标。

（二）学区模式的投资主体

1986年全国人民代表大会通过了《义务教育法》，2006年全国人民代表大会常务委会对其进行修订，其中第四十四条明确规定了我国义务教育经费投入实行国务院和地方各级人民政府根据职责共同负担，省、自治区、直辖市人民政府负责统筹落实的体制。根据《义务教育法》，跨境民族教育经费实行中央和省级政府、县级政府、乡镇政府三级分摊模式。跨境民族乡村地区教育经费投入中，中央和省级政府仅分担了一成左右，县级政府承担了一成左右，而乡镇则负担了近八成的教育经费开支。[①]近些年来，中央财政逐步向老、少、边、穷地区倾斜，中央和省级政府财政对跨境民族教育的投资有了较大幅度提升。始于1999年岁末的兴边富民行动、始于2004年的"寄宿制学校建设工程"、始于2005年的"两免一补"政策、始于2009年的"国门学校建设工程"等专项政策逐渐加大了各种专项建设资金以及各级行政资金对跨境民族地区义务教育发展的投入。以边境普洱市为例，2014年至2018年的"全面改薄"五年总规划，项目覆盖766个农村义务教育学校，总投资15.01亿元，其中中央资金7.48亿元、省级资金5.27亿元、市级资金0.78亿元、县级资金1.48亿元。

---

① 施威、杨琼、耿华萍：《城乡义务教育非均衡供给的理论、历史与现实逻辑》，载《教育发展研究》，2017年第6期，第8—14页。

跨境民族教育学区模式主要适用于义务教育学段，因此，其投资主体依然重点由中央财政、省级财政、市级财政、县级财政逐级分担。跨境民族地区义务教育发展由于其特殊的桥梁作用在促进"一带一路"优质高效发展的过程中具有多重价值意蕴。在"一带一路"倡议推进的第二个五年关键期，跨境民族地区义务教育发展可尝试以跨境民族地区省、市级地方教育行政部门牵头的项目化发展载体寻求"丝路基金"①的投融资服务。"丝路基金"在其社会责任中明确指出优先支持"一带一路"框架下的五通建设，跨境民族地区义务教育属于典型的民心相通工程。因此，跨境民族教育义务教育学区模式的改革可以项目化多渠道筹措发展资金，以缓解当前地方财政教育投资不足的困境。

（三）学区模式的学校结构

学校结构一般是指在一定地域范围内各类教育的构成和生态分布关系。②跨境民族教育学区模式学校结构是按照"城乡统筹、强弱搭配"原则，由当地市级教育行政部门牵头，因地制宜，将全市义务教育学段学校科学地划分为若干学区。学区的具体划分应在有效的实地调研，广泛的征求意见，充分论证各成员校的自然因素、历史因素、思想因素以及发展特色的基础上划分。一般来讲，一个学区应由一个优质学区中心校牵头，统筹若干所不同发展水平、不同结构特征的成员学校。同时，针对一些跨境民族地区地域分布广、学校布局分散、存在大量的小规模学校的特征，提出复式学区的学校结构，即一所学校可以是发展水平更优的A类学区的成员学校，也可以承担发展水平欠佳的B类学区中心校的角色。这类B学区主要是为了全面统筹邻近的村完小和教学点，实现义务教育学段学区模式全覆盖。复式学区模式主要是为了避免单一学区垂直辖区幅度过大而造成规模不经济，同时又有利于实现不同发展层次学区之间的跨学区交流互动、协同发展。例如，广西的东兴市是与越南接壤的边境地区，是典型的跨境民族地区，近些年探索实施学区制改革，共划分有8个学区，其中中学学区2个、小学学区6

---

① "丝路基金"是由中国外汇储备、中国投资有限责任公司、中国进出口银行、国家开发银行共同出资，依照《中华人民共和国公司法》，按照市场化、国际化、专业化原则设立的中长期开发投资基金，重点是在"一带一路"发展进程中寻找投资机会并提供相应的投融资服务。

② 赵庆典等：《高等学校办学模式研究》，人民教育出版社2005年版，第97页。

个。这里面包括3个复式学区：马路镇中心小学既是东兴市小学一学区的成员学校，又是东兴市小学六学区的中心学校；江平镇中心小学既是东兴市小学二学区的成员学校，又是东兴市小学五学区的中心学校；东兴镇中心小学既是东兴市小学三学区的成员学校，又是东兴市小学四学区的中心学校。

（四）学区模式的教学体系

一般认为，教学体系是指学校内部与管理体系、服务体系相区别，紧紧围绕教与学开展工作的部门或院系，教师、学生、课程是教学体系的重要内容。根据《义务教育法》，教育行政部门根据适龄儿童、少年身心发展的状况和实际情况，确定教学制度、教育教学内容和课程设置、考试制度。学校和教师按照确定的教育教学内容和课程设置开展教育教学活动，保证达到国家规定的基本质量要求。2001年修订的《民族区域自治法》明确了民族自治地方发展民族教育的自主权，规定了自治机关对当地教育的管理权限和范围，明确要求根据国家的教育方针决定本地方的教育规划，各级各类学校设置、学制、办学形式、教学内容、教学用语和招生办法。[1]因此，跨境民族地区义务教育学区模式的教学体系需要在国家教育方针框架下，由当地教育行政部门自主组织开展教育教学工作。跨境民族教育学区模式的教学体系应在保证国家法定课程教学的前提下，积极探索建设体现跨境民族地区不同跨境民族历史文化的学区课程，比如活动课程、民族团结教育课程，将国家课程与学区课程作为学区教学体系开展教育教学工作的重要载体。

（五）学区模式的管理体制

教育体制是教育机构和教育规范这两个要素的结合体。[2]跨境民族教育学区模式的管理体制是保障学区模式正常运行的管理机构及与其相适应的制度规范的集合。基于已有调研材料，我们提出了跨境民族教育学区模式"六中心、一平台"的管理体制。设置学区管理办公室并将其作为统领学区事务的管理机构，学区管理办公室建制由教育行政部门以及各成员学校主要负责人组成，并通过校长

---

[1] 钟海青、高枫：《守望边疆教育：广西边境民族地区教育质量保障与特色发展研究》，人民出版社2011年版，第35页。

[2] 孙绵涛、康翠萍：《教育体制改革与教育机制创新关系探析》，载《教育研究》，2010年第7期，第69页。

联席会议制度推进日常工作，教育行政部门工作人员在其中主要发挥指导与服务的作用，各成员学校主要负责人具体商议并规划学区建设及管理工作。学区管理办公室下设实体秘书处与虚拟信息管理平台，秘书处工作人员主要由各成员学校中层骨干组成，且秘书处工作人员在学区内实行轮岗制度，秘书处主要通过信息管理平台开展学区日常事务性工作。以虚实结合的方式通过一个信息管理平台，架构起德育管理中心、课程资源中心、硬件资源中心、校长培养中心、教师研修中心、质量监控中心六个平行维度的组织载体，并配套各组织载体的相关工作规范与共享制度，让学区管理工作在制度保障下有序开展；同时，需结合跨境民族

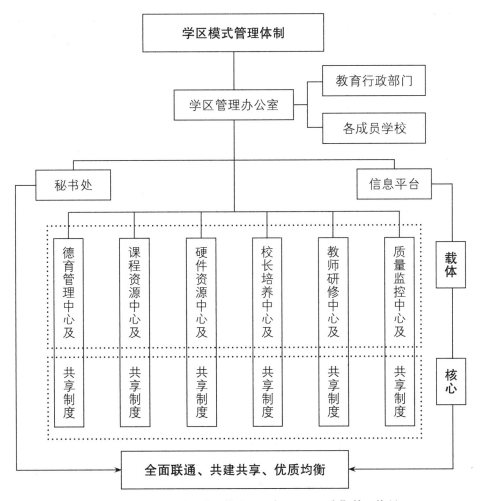

图5-1 跨境民族教育学区模式"六中心、一平台"管理体制

各地不同类型学区特点，关注学区本身的差异性。例如，A类学区与B类学区，在具体架构虚实结合的"六中心、一平台"管理体制时可进行有侧重、有选择性的中心建设。再如，覆盖一定数量小规模学校的B类学区，由于这部分小规模学校多分布于偏远、穷困的乡村地区，交通成本较高，学区内部的设施设备硬件资源共享存在一定障碍，建设B类学区管理体制时，就应弱化硬件资源中心，而突出教师研修中心等其他中心的建设。以跨境民族教育学区模式"六中心、一平台"管理体制的理论架构为图纸，结合广大跨境民族地区教育事业的实际情况，因地制宜，灵活建设。

（六）学区模式的运行机制

运行机制是指教育各部分之间的相互关系及其运行方式，这些方式主要有如下三种基本类型和九种子类型。一是教育的层次机制，包括宏观、中观和微观三种机制；二是教育的形式机制，包括行政—计划式、指导—服务式和监督—服务式三种机制；三是教育的功能机制，包括激励、制约和保障三种机制。[①]跨境民族教育学区模式的运行机制是在学区管理体制框架下，保障学区模式顺利运行的各个教育现象之间的相互关系及其运行方式。从层次机制来看，跨境民族教育学区模式属于中观层面，是以学区办公室为载体，通过校长联席会议制度统整学区发展。从形式机制来看，在跨境民族地区推广学区模式的初期，需要自上而下的行政—计划式调控，在教育行政部门的督促下，实现科学划分学区、推动学区信息管理平台建设，以及完善学区"六中心、一平台"各项工作配套制度。进入成熟期，通过自下而上的自主运行，以实现学区内设施设备硬件资源、教育教学课程软件资源以及师资人力资源等的共建共享。从功能机制来看，在跨境民族地区实施学区模式改革初期，宜采用激励功能，通过示范学区计划，以项目及配套经费的形式推进示范学区建设，以树立榜样，探索建设经验。在改革成熟期，宜采用保障功能，通过广泛推广标准化学区建设计划，在改革政策、改革经费、改革各方资源保障的条件下进行学区建设达标性验收。

---

① 孙绵涛、康翠萍：《教育机制理论的新诠释》，载《教育研究》，2006年第12期，第22—28页。

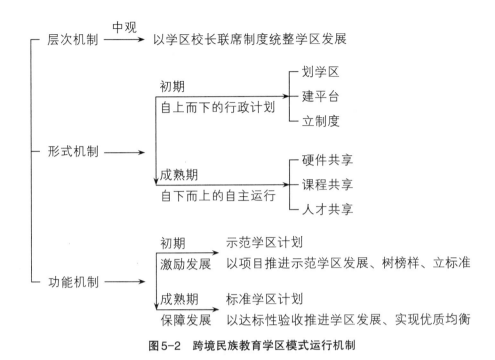

图5-2 跨境民族教育学区模式运行机制

四、跨境民族教育学区模式的实施策略

为切实推进跨境民族教育学区模式改革落地以发挥应有实效，还需要调动学区内部与学区外部的共同力量，多层面保障跨境民族教育学区模式改革的顺利推进。

（一）发挥教育行政部门的主导作用

跨境民族教育学区模式需要教育行政部门在改革初期结合国家教育政策走向，通过自上而下的行政计划手段做好顶层设计，由点及面、由示范性榜样建设到标准性达标建设有序推进。义务教育学区制改革是党的十八届三中全会明确提出的政策要求，在跨境民族地区推广学区模式符合国家义务教育改革的政策需要。由于跨境民族分布于偏远的边境且多为高寒高海拔地区，经济发展落后，教育事业发展起步晚，呈现明显的滞后性与不平衡性。我国拥有35个跨境民族，存在35个相联系又相区别的文化样态，教育文化呈现多样性特征。"一带一路"沿线的东北亚经济带与东北3省接壤国2个，涵盖6个跨境民族；中亚和东北亚经济带与西北6省（自治区）接壤国8个，涵盖11个跨境民族；东南亚和南亚经济带与西南 3 省（自治区）接壤国 8 个，涵盖 23 个跨境民族。① "一带一路"倡议提出以后，跨境民族教育的区位特征更加凸显。因此，跨境民族教育事业先天发展的滞后性、不平衡性、多样性与当前发展环境的开放性，决定了跨境民族教育改革的复杂性。而义务教育位于人才培养的前端，跨境民族义务教育对于传承跨境民族的多元文化，提升跨境民族人力资本价值，维护边境地区社会安全稳定，形塑跨境民族的中华民族身份认同与国家意识具有基础性的重要作用。跨境民族教育系统内部先天的孱弱，与跨境民族教育系统当前需要面对的复杂的外部环境，决定了单凭跨境民族教育系统内部力量推动学区模式改革举步维艰。因此，教育行政部门需要发挥推动跨境民族教育学区模式改革的主导作用。尤其在推进学区模式改革试点初期需要通过强有力的自上而下的行政计划形式，破除传统单个学校办学各自为政的发展意识局限，建立起城镇学校与乡村学校、优质学校与薄弱学校共谋发展的学区共同体意识，划分好学区，调整好学校结构，搭建起学区模式的组织架构和人员配备。从传统学校的独立法人资格向学区模式统一法人资格过渡，资源配置从传统的学校范围向学区范围过渡，办学经费核算从传统的学校单元向学区实体过渡等关键性问题都需要教育行政部门做好顶层设计。同时，教育行政部门还需要变革教师编制政策、学生学籍政策，破除教师与学校、学生与学校的固定身份关系，建立起教师与学区、学生与学区更具备规模效益的灵活的身份关系，给予学区模式改革以政策保障和时间保障。

（二）完善学区模式的制度体系

发挥好教育行政部门的主导作用，通过行政计划的手段在跨境民族地区划分好学区，做好顶层设计，做好政策保障之后，还需要学区层面构建起保障学区模式自主管理、自发运行的制度体系，以规范学区模式日常事务性工作，最终形成自下而上的学区管理自主运行体系。不断完善学区模式管理制度体系需要学区层面共同商议、共同制定满足不同成员学校发展诉求的以"六中心、一平台"为管理框架的制度体系。分别制定学区德育管理共享制度以统一学区内的德育工作，从爱国主义、民族团结德育课程教材建设到德育实践活动开展等多方面保障学区

---

① 陈时见、胡娜：《"一带一路"视域下跨境民族教育的价值意蕴与创新路径》，载《清华大学教育研究》，2019年第2期，第83—84页。

内德育教育教学工作的规范性并整体提升区内德育工作质量。制定学区课程资源建设及共享制度以统一学区内的课程建设及教学使用，如语文、数学等国家课程的教辅资源建设，教学方式转变的集中培训，又如民族音乐、民族服饰等地方性民俗文化学区课程的教材开发及教学设计。制定学区硬件资源共享制度以统一学区内各分校硬件资源的配置和使用。制定学区校长培养共享制度以统一学区内各成员学校的校长交流轮岗以及校长培养工作。制定学区教师研修共享制度以统一开展学区内教师的集中培训、集中教研、集中备课说课等工作。制定学区质量监控共享制度以整体监测学区各成员分校教学运行情况，以便及时发现问题、及时纠正问题以保障学区教育教学质量的整体提升。通过完善的管理制度体系以充分调动学区共同体各分校的发展积极性，通过共同体的集体意志及力量统一地进行内部关系协调、内部资源配置。在人与物的要素层，首先，需要清理学区共同体内部各成员学校不同的设施设备硬件资源、不同的教育教学课程软件资源、不同数量及结构的师资资源、来自不同跨境民族的学生资源，并将学区内现有各类教育教学资源在学区信息管理平台登记入库。其次，在不改变现有资源具体结构及归属关系的前提下，各管理分中心在具体的共享制度规约下，组织各分校开展资源发展性的优化讨论，学区内部进行全面而充分的沟通以实现资源建设与资源需求的供需平衡。在人与人的主体层，通过教师学区人的身份实现优质教师资源学区走教流动，通过学生学区学籍的身份实现学生学区上课的走校流动，以充分激活从教师资源到学生生源的流动，彻底改变优质师资的学校壁垒以及优质生源争夺，以实现学区各成员学校优质均衡发展。

（三）激活学区共同体的内生动力

跨境民族教育学区模式需要充分激活学区共同体的内生发展动力，在主体层树立起学区共同体意识，在要素层开展学区共商、共建、共享。建立在地理联通自然因素以及民族文化相通历史因素等先验性基础之上的跨境民族教育学区共同体具有较稳定的共同体意识基础，激活学区共同体的内生动力，还需要统一发展目标、统一价值取向以构筑更加牢固的思想因素。一方面，依托校长培养中心以及教师研修中心的组织载体及制度体系进行思想统一工作，从教育行政部门的政策层到学区学校的制度层开展广泛而深入的文件解读、讨论，以形成统一的学区发展目标认识。另一方面，关注学区模式下校长及教师的发展性需求，通过各级各类培训提升校长及教师适应学区模式日常管理工作及教学工作的能力；通过学区校车计划保障学区内的教师走教流动以及学生走校流动；通过绩效改革的激励性政策调动校长及教师们参与学区事务的积极性，以形成教师个体发展诉求与学区发展规划相统一的价值认同，以激活学区内各主体层的内生发展动力。此外，还需要充分挖掘跨境民族的传统文化资源，以激活学区要素层的内生活力，在学区内部重点开展跨境民族文化课程资源的融合建设。一方面，将德育工作中的思政课堂体系整合进跨境民族传统文化课程的建设之中，以融合性课程开展思政教育，既尊重了跨境民族的多元传统文化，又深刻而稳定地实现了中华民族的身份认同与国家认同教育。另一方面，将跨境民族的语言优势整合进跨境民族语言课程建设中，以契合"一带一路"发展对多语种语言人才的需要。例如，中国西北陕甘回民与中亚哈萨克斯坦、吉尔吉斯斯坦等国的东干人是同一跨境民族，东干语是我国陕甘方言的特殊变体。该地区的跨境民族语言课程建设应在汉语学习的基础上，加强东干语的学习，以及扩展对哈萨克语、柯尔克孜语等的了解和学习，以跨境民族自身语言能力的丰富和提升来带动汉语的使用。[1]通过不同跨境民族传统文化与语言资源等的整理及建设，以要素层为载体挖掘学区发展活力，激活学区发展动力。

第二节　跨境民族教育的联盟模式

为贯彻落实《国家职业教育改革实施方案》（国发〔2019〕4号）和2019年《政府工作报告》关于高职大规模扩招100万人的有关要求，全面深化职业教育改革，教育部等六部门联合印发了《高职扩招专项工作实施方案的通知》（教职成〔2019〕12号）。方案中明确指出在现代服务领域扩大中高职贯通培养招生规

---

[1] 陈时见、胡娜：《"一带一路"视域下跨境民族教育的价值意蕴与创新路径》，载《清华大学教育研究》，2019年第2期，第83—84页。

模，加大贫困地区特别是连片特困地区分配扩招计划。改革开放以来，跨境民族地区职业教育获得了较大发展，但是当前大部分跨境民族地区仍属于连片特困地区，分布着大量的贫困农村人口，职业教育发展，尤其是中等职业教育发展面临诸多现实挑战。进一步深化跨境民族地区职业教育办学模式改革，对积极回应新时代的政策要求具有重要现实意义。跨境民族教育联盟模式是基于跨境民族地区职业教育发展的现实需要以及已有的实践经验，从社会分工理论、范围经济理论的视角，探索构建的跨境民族地区职业教育发展模式。

一、跨境民族教育联盟模式的现实背景

跨境民族教育联盟模式是基于跨境民族地区职业教育发展的现实分析，既符合国家提升职业教育办学质量、打通职业教育培养通道、构建职教与普教平行的人才培养体系的政策规划，又符合"一带一路"背景下跨境民族地区职业教育发展的时代需要。

（一）职业教育联盟模式的政策依据

跨境民族职业教育得益于改革开放以来党和政府大力发展民族职业教育的一系列重大政策举措获得了较大发展。总体来讲，跨境民族地区职业教育发展经历了三个阶段，1978年至1998年，以改革中等职业教育结构为主的民族职业教育政策的恢复阶段；1998年至2010年，以促进职业教育质量提升为主的民族职业教育政策的发展阶段；2010年至今，以推动民族品牌产业发展为主的民族职业教育政策的提升阶段。[①]不仅如此，党和政府把发展职业教育，尤其是高等职业教育作为缓解就业压力、解决高素质技能型人才短缺的战略之举，不断加强职业教育内涵建设。自2006年开始，教育部、财政部联合发布《关于实施国家示范性高等职业院校建设计划加快高等职业教育改革与发展的意见》（教高〔2006〕14号），在全国推进100所高等职业院校示范性建设项目。边境9省（自治区），其中内蒙古1所、辽宁3所、吉林2所、黑龙江3所、广西1所、云南2所、西藏1所、甘肃2所、新疆2所，共计17所高等职业院校全部完成国家示范性建设。

---

① 祁占勇、王锦雁：《改革开放40年民族职业教育政策的演进逻辑与展望》，载《青海民族研究》，2018年第7期，第35—40页。

2010年，教育部、财政部再次联合发布《关于进一步推进"国家示范性高等职业院校建设计划"实施工作的通知》（教高〔2010〕8号），进一步推进第二轮的100所骨干高职建设，边境9省（自治区），其中内蒙古2所、辽宁3所、吉林1所、黑龙江3所、云南1所、甘肃2所、新疆2所，共计14所高等职业院校全部完成国家骨干建设，建成了一批具有示范引领效应的高等职业院校。

边境9省（自治区）得益于示范、骨干高等职业院校建设计划，共计31所高职院校加强了内涵建设，实现了优质发展，但是总体来看，跨境民族地区优质高等职业院校数占比较低，仅为15.5%。2015年，教育部印发了《高等职业院校内部质量保证体系诊断与改进指导方案（试行）》（教职成司函〔2015〕168号），将促进职业教育内涵式发展的政策继续扩大至自我诊改、自我保证层面，并将政策观照从高等职业教育领域延伸至中等职业教育领域。参与本次职业院校内部质量保证体系诊断与改进第一批试点的高职院校共27所，其中边境省市第一批试点院校共6所，即内蒙古、黑龙江各3所；参与试点的中职院校共27所，边境9省（自治区）无一所中职院校参与。跨境民族地区职业教育内涵式发展过程中，形成了一批具有示范效应的高职院校，但是还有相当数量的高职院校还未实现内涵式发展，绝大多数中职院校发展举步维艰。跨境民族地区如何发挥先发展起来的优质高职院校的示范引领效应，带动更多的后发职业院校，实现职业教育整体办学水平提升、职业教育学科规划与区域经济发展和谐共生，架设中高职衔接的人才培养立交桥是职业教育领域办学模式改革需要重点关注的话题。跨境民族职业教育联盟模式是以不同发展水平、不同专业背景、不同学段的多所职业院校组成的发展共同体，学校发展规划、专业布局调整、中高职衔接以及实习实训基地共建共享的联合办学模式。以联盟模式整合跨境民族地区职业教育资源，有利于形成以示范骨干院校带后发院校，有利于以高职院校带中职院校，整体提升跨境民族地区职业教育发展水平。因此，跨境民族教育联盟模式改革符合跨境民族地区职业教育整体发展的政策演进逻辑。

（二）职业教育联盟模式的现实意义

随着"一带一路"倡议的提出，跨境民族地区迎来了前所未有的发展机遇期与政策红利期。跨境民族地区作为政策沟通、设施联通、贸易畅通、资金融通、民心相通的前沿地区，承接着能源输入、产能输出的总桥梁作用，其产业结构调整、产业转型升级正发生着深刻的变革，与区域经济发展相适应的高素质技术技能型人才需求巨大。发挥职业教育培养高素质技术技能型人才优势，对提升跨境民族地区人力资本价值，支撑区域产业经济转型升级，对接"一带一路"发展需求具有重要意义。现阶段，我国跨境民族地区职业教育办学形式依然以单一院校独立办学为主，"校企合作""政校合作"联合办学为辅，职业院校中高职衔接不畅通，"政行企校"协同育人机制不健全，各级各类职业院校专业设置不协调，职业教育领域的国际交流与合作不深入等问题突出。

跨境民族聚居的边境9省（自治区）国土面积占我国领土面积的62%左右，然而边境9省（自治区）现有示范、骨干高职院校仅占全国示范、骨干高职院校的15.5%，无论是高等职业教育发展规模，还是高等职业教育发展质量，都严重滞后于其他地区。从项目组开展的调研情况看，当地的中等职业教育更是长期处于垫底的教育层次类型，不仅中职院校数量锐减，而且各地仅有的中职院校也长期处于生源不足的状态，调研的跨境民族地区中职院校招生完成率长期处于60%左右。调研访谈中"职业教育兜底"的观念普遍存在，如"读职高以后，学生基本上成了干活不如老子，家务不如嫂子的人"，"谁愿意把孩子送到职业学校来学种地、学推土这类事情，家里就能学到"。可见，跨境民族地区职业教育发展困难重重、举步维艰，职业教育专业结构缺乏吸引力，职业教育从业人员缺乏办学积极性，职业教育质量长期得不到当地老百姓的认可等，这与跨境民族所处的区域性重要战略地位严重不匹配。

因此，变革跨境民族地区职业教育办学模式，不断提升跨境民族地区职业教育质量具有重要的现实价值。通过建构职业教育联盟模式，以优质院校带动后发院校、以高职院校带动中职院校的联合办学模式，将有利于架设中高职衔接的人才培养立交桥，推进系统化培养高素质技术技能型人才；有利于推进"政行企校"开展协同育人，提升职业教育人才培养质量；有利于统筹协调、科学规划专业设置，以匹配区域产业经济转型升级的需要；有利于发挥职业教育的社会服务功能，构建普教与职教相协调的人才培养格局，多种形式不断提升跨境民族人力资本价值，助力教育精准扶贫的实现；有利于扩大跨境民族地区职业教育吸引力，以职业教育联盟的品牌优势深入开展跨境民族地区的国际交流与合作。

二、跨境民族教育联盟模式的理论基础

跨境民族教育联盟模式的提出符合国家职业教育发展的政策导向，观照了跨境民族地区职业教育发展的现实困境，吸收借鉴了社会学与经济学相关理论的合理内核，以跨学科的视角探索创新跨境民族地区职业教育发展的模式。

（一）分工理论

分工理论的发展具有鲜明的时代特征，最早柏拉图在《理想国》中比较系统地探讨了社会分工，从职业关系划分了农、工、商、教育等职业分工。[1]亚当·斯密在《国富论》的开篇，用一个扣针制造业的事例来说明生产过程内部的分工。[2]马克思在《1861—1863年经济学手稿》和《资本论》中对分工形式做了进一步探讨，论述了生产内部的分工和社会分工的本质区别。从总体上看，马克思把分工分为两大类，即自然分工和社会分工。自然分工主要包括在纯粹生理基础上产生的性别分工和由自然地理因素决定的地域分工；社会分工包括三种类型，即"一般的分工""特殊的分工"和"个别的分工"。[3]自然分工与社会分工的专业化发展与商品交换形成了一对基本的经济学范畴，促进了经济形态的发展。在经济全球化与"一带一路"的时代背景下，经济交换空间越加宽广，促使分工的专业化程度越加精细。同时，人类的需求多样性也刺激着分工的多样化发展，分工的专业化、多样性通过全球化的经济交换空间得到优势积累，从而形成了基于自然分工的优势产业经济区，以及基于社会分工的优势产业经济区。区域经济优势产业发展总是与分工效益息息相关，经济学界对此的认识经历了自然资本理论、人力资本理论、社会资本理论的发展历程，然而所有的认识最后都汇聚到人才的专业化培养这个焦点上。

区域经济转型升级发展其核心动力还在区域教育人才培养的协同发展，尤其

---

①苏文捷：《基于集团化扩张的学校竞争力研究》，武汉理工大学博士学位论文，2009年，第14—16页。

②徐丹：《马克思分工理论的演变逻辑及其学术意义》，载《江苏社会科学》，2015年第5期，第108—113页。

③钱书法、周绍东：《新国际分工格局的结构性矛盾——马克思社会分工制度理论的解释》，载《当代经济研究》，2011年第11期，第1—7页。

是高素质技术技能型人才适合区域经济发展需求，能胜任特定分工工作，能体现并有助于持续发挥和积累区域经济的自然分工优势与社会分工优势。"一带一路"背景下，跨境民族地区职业教育发展不仅需要充分考虑跨境民族地区特有的自然资源、人文资源、历史资源汇聚形成的经济发展特征及分工优势，而且需要呼应与其地理联通的"一带一路"沿线国家的自然资源、人文资源、历史资源凝聚的经济发展特征及分工优势，以做好各级各类职业教育人才培养规划，专业结构布局，以形成良性的职业教育发展与区域经济发展的协同共生关系。跨境民族地区的职业教育联盟模式通过职业教育的区域性合作，形成与区域经济发展相适应的专业结构布局，通过深化中高职衔接，以优质校带后发校的形式，不断提升跨境民族地区职业教育质量，提前布局跨境民族职业教育服务的跨境输出，以培养具备高匹配度、高胜任力、适应"一带一路"发展需要的专业化分工人才。

（二）范围经济理论

潘扎尔（John C. Panzer）和威利格（Robert D. Willing）最早提出了范围经济概念。范围经济是指"单个企业联合生产两种产品或两种以上的产品时，其成本要比将它们分别放在不同的企业生产要节省"[1]。国内学者平新乔认为："当一个企业以同一种资源（或同样的资源量）生产一种以上的产出品时，由于生产活动纬度的增加（即生产范围在横向上的扩展）所带来的效益增进（或利润上升或成本节省），叫做范围经济。"[2]范围经济理论最初应用于银行业、交通运输业等具有多产出组织特征的各种行业里。直到1989年，美国学者科恩（Elchanan Cohn）等人将范围经济概念引入高等教育领域，充分运用现有资源，以提高高校效率。他将高等教育机构定义为一种多产出的组织，说明高等教育机构是从事多产出生产活动的。它的产出主要包括两大类：教学产出、科研产出，而其中的教学产出又被划分为本专科产出和研究生产出两种。[3]可见，范围经济的基本特点：第一，企业必须生产经营两种或两种以上的产品；第二，产品的单位成本由此而降低。

---

[1] J. C. Panzar. , R. D. Willig. "Economies of Scope", *American Economic Review*, Vol 75, No 2, 1981, pp.268-272.

[2] 平新乔：《微观经济学十八讲》，北京大学出版社2001年版，第127页。

[3] E. Cohn. , S. L. W. Rhine, M. C. Santos. "Institutions of Higher Education as Multi Product Firms: Economies of Scale and Scope", *Review of Economics and Statistics*, Vol 75, No 7, 1989, pp.284-290.

高等职业教育具有高等教育属性，而且职业教育的本科化发展，打造应用技术大学是职业教育发展与改革的未来趋势。因此，我们尝试进一步将范围经济的概念引入职业教育领域，从职业教育人才培养与用人单位人才需求的人才供需关系维度来看：第一，职业院校毕业生，根据学科专业不同进入企业从事的专业性分工工作不同，毕业生的专业多样性符合产品的多样性条件；第二，由相邻专业构成的专业群在人才培养过程中，师资课程等软件资源配置、教学场地等硬件资源配置，以及专业化实习实训基地配置等可以实现一定程度的资源共享，从而有利于降低整个专业群的人才培养整体成本。由此看来，职业院校人才供给依专业区别了毕业生岗位胜任能力的不同，即毕业生分工的不同，亦可用经济学话语表述为学生产品类型的不同。以专业群形式增设横向临近专业使得各专业的人才培养生均成本降低，满足了范围经济理论的基本条件。建构跨境民族地区职业教育联盟模式可以借鉴范围经济理论的合理内核在跨境民族地区充分论证、科学分析当地产业经济特点，呼应"一带一路"地理联通国家的产业经济特点的基础上合理布局职业教育专业结构，实现联盟内部的范围经济，以整体提升跨境民族地区职业教育办学效益。

三、跨境民族教育联盟模式的体系建构

"一带一路"的地缘特征，决定了基于自然分工、社会分工的"一带一路"经济发展鲜明的多样性特征。东北3省联通着东北亚经济带，西北6省（自治区）联通着东北亚和中亚经济带，西南3省（自治区）联通着东南亚和南亚经济带。始于中国大陆，辐射全球的六大经济走廊建设，各走廊资源禀赋不同，经济发展方向不同，所需的高素质技术技能型人才不同。新亚欧大陆桥经济走廊重点发展经贸和产能合作。中国—中亚—西亚经济走廊构建以能源合作为主轴，以基础设施建设、贸易和投资便利化为两翼的合作格局。中国—中南半岛经济走廊推进中越陆上基础设施合作。中巴经济走廊重点开展公路基础设施建设，瓜达尔港自由区建设，地区能源电力建设。[①]跨境民族职业教育联盟模式是以不同发展水平、

不同专业背景、不同学段的多所职业院校组成的共同体，学校发展规划、专业布局调整、中高职衔接以及实习实训基地共建共享的联合办学模式。基于跨境民族地区职业教育发展的现实需要，以分工理论和范围经济理论为思维视角构建联盟模式，以整合跨境民族地区职业教育资源，提升跨境民族职业教育质量，培养符合跨境民族地区以及适应"一带一路"各经济带发展需要的高素质技术技能型人才。

（一）联盟模式的办学目标

跨境民族教育联盟模式主要适用于跨境民族地区职业教育领域。通过改革职业院校管理体制、运行机制，以促进跨境民族地区职业教育交流与合作，服务"一带一路"经济建设。其办学目的是联盟内各学校通过资源的优化配置，增强办学效益与经营活力，在人才培养、教学科研、实习实训、就业指导、产业开发、信息咨询、技术服务等方面加强校际、校企、校政协作，通过联盟协商制定各学校发展规划、专业布局调整、中高职衔接政策以构建一体化的职业教育体系，并朝着职业教育本科化的办学目标发展，最终形成畅通的职业教育人才培养通道。跨境民族地区以建设职业技术型大学为办学愿景，以充分调动职业教育联盟各成员学校发展积极性，引导跨境民族地区职业教育优质高效发展。此外，还要针对跨境民族地区多为贫困乡村地区的特殊性，以培养新型职业农民为目标，开展项目式研讨，促进联盟内各职业院校结合自身办学实践经验，制定符合政策需要的职业教育联盟模式的整体发展规划和人才培养标准等。

（二）联盟模式的投资主体

根据1996年颁布的《职业教育法》相关规定，各省、自治区、直辖市人民政府应当制定本地区职业学校学生人数平均经费标准；国务院有关部门应当会同国务院、财政部门制定本部门职业学校学生人数平均经费标准。职业学校举办者应当按照学生人数平均经费标准足额拨付职业教育经费。高等职业教育方面，1999年，教育部、国家计委联合印发《试行按新的管理模式和运行机制举办高等职业技术教育的实施意见》强调高等职业技术教育事业费以学生缴费为主，政府补贴为辅。中等职业教育方面，2009年，经国务院同意，四部委联合印发《财政部 国家发展改革委 教育部 人力资源社会保障部关于中等职业学校农村家庭经济困难和涉农专业学生免学费工作的意见》，这是第一部专门针对中等职业教育免费的政策性文件，确立了西部地区、少数民族地区、贫困地区和民办中等职业教育的免费倾斜和扶持政策。国家法律规定的职业教育各学段办学经费投资主体不同，跨境民族地区职业教育联盟模式既包括高等职业院校，又包括中等职业院校，因此联盟内各成员院校独立法人资格不变，各院校各项业务经费支出独立核算。联盟办学模式运行经费主要有四个来源：一是政府专项拨款；二是社会捐赠；三是在核准的业务范围内开展活动或服务的收入；四是经济实体的经营创收，通过科研项目、课题研究、社会培训、教材编写、实训基地有偿使用等多种方式筹集联盟模式发展资金。

（三）联盟模式的学校结构

跨境民族教育联盟模式是在政府相关部门指导下，跨境民族地区中高职院校在自愿、互利、友好、协商的基础上，坚持"政府引导、资源共享、合作办学、优势互补、共谋发展"的原则，组建集人才培养、社会培训、科学研究、技术服务、国际合作为一体的区域性、非营利性的非法人社会组织。一般来讲，联盟应由一所优质高职院校牵头，统筹若干所不同发展水平、不同专业背景、不同学段的成员学校。针对跨境民族地理区位的特殊性，以职业教育联盟模式非法人社会性组织特征吸收跨境民族地区国际、国内的中高职业院校入盟；同时，为跨境民族地区职业教育的国际服务输出提前布局，以教育搭桥，助力民心相通。例如，广西职业技术学院牵头，5所高职院校（广西职业技术学院、广西经贸职业技术学院、广西国际商务职业技术学院、广西农业职业技术学院、云南西双版纳职业技术学院）和10所中职学校（东兴市中等职业技术学校、凭祥市中等职业技术学校、宁明县职业技术学校、龙州县职业教育中心、大新县职业技术学校、靖西县职业技术学校、天等县职业技术学校、德保县中等职业技术学校、那坡县中等职业技术学校、广西右江民族商业学校）联合组建了职业教育发展联盟，通过联盟不仅加强职业院校之间的联系，而且整合相关教育资源，带动区域职业教育的创新发展。

（四）联盟模式的教学体系

2017年8月，教育部职业教育与成人教育司联合策划，国家教育管理信息中心制作，在中华人民共和国教育部网站上专题公布了职业教育国家教学标准体系，系统地介绍了普通高等学校高等职业教育（专科）专业目录及专业简介（截至2019年）、中等职业学校专业目录及专业简介（2010年修订）、高等职业学校专业教学标准、中等职业学校专业教学标准（试行）、中等职业学校大类专业基础课程教学大纲、中等职业学校公共基础课程教学大纲、职业学校专业（类）顶岗实习标准、职业院校专业实训教学条件建设标准（职业学校专业仪器设备装备规范）。[1]因此，跨境民族地区职业教育联盟模式的教学体系需按照国家教育行政部门规定，开展教育教学工作，在保证国家法定课程教学及教学标准、实习实训标准的前提下，积极探索与跨境民族地区历史文化特征与经济发展特征相协调的课程体系。

（五）联盟模式的管理体制

跨境民族教育联盟模式的管理体制是保障联盟模式正常运行的管理机构及与其相适应的制度规范的集合。基于调研材料，我们提出了跨境民族教育联盟模式"互联网+六平台"的管理体制。联盟模式通过联盟理事会履行联盟事务日常运行及管理工作，联盟理事会由教育行政部门、行业协会以及中高职各成员学校主要负责人组成，并通过成员单位理事会制度推进日常工作。教育行政部门与行业协会工作人员在其中主要发挥指导与服务的作用，各成员学校主要负责人具体商议并规划联盟建设及管理工作。联盟理事会下设秘书处与"互联网+信息管理平台"，秘书处工作人员主要由各成员学校教务或科研管理工作骨干组成，且秘书处工作人员在联盟内实行轮岗制度，秘书处主要依托"互联网+信息管理平台"开展联盟日常事务性工作。以"互联网+信息管理平台"的方式架构起六个工作推进平台。一是师资培训交流平台，开展合作院校青年教师、骨干教师培养，建立人才资源库，实现人才资源合理配置等；二是实训基地共享平台，建立联盟开放性实训基地，整合联盟成员单位优质实训教学资源，面向联盟成员单位开放使用，发挥资源综合效应，提高资源使用效率；三是中高职合作办学平台，以专业为纽带，由边境高职院校牵头，联合跨境民族地区中职学校开展"2+3"、"3+2"、五年一贯制等多种合作办学模式；四是产学研合作办学平台，建立联盟

---

[1]《职业教育国家教学标准体系》，http://www.moe.gov.cn/s78/A07/zcs_ztzl/2017_zt06/.

学校、企业、科研机构紧密合作的科研及技术服务机制，面向跨境民族地区产业需求及企业升级发展需要，开展应用研究和技术开发等；五是国际交流合作平台，充分发挥跨境民族地区的地缘优势，依托国际职业教育展、东盟职业教育展等积极与中国边境地区国家、跨国企业开展合作交流；六是成果转化分享平台，发布毕业生就业信息，孵化职业院校实用新型技术研发成果等。通过以上六个核心维度的组织载体，并配套各组织载体的相关工作规范与管理制度，让联盟管理工作在制度保障下有序开展。以跨境民族教育联盟模式"互联网+六平台"管理体制的理论架构为蓝图，结合广大跨境民族地区教育事业的实际情况，因地制宜，灵活建设。

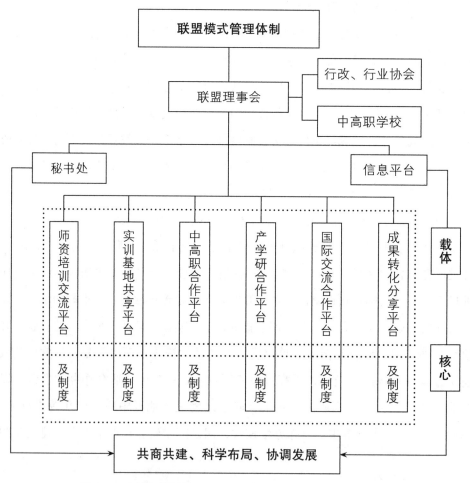

图5-3 跨境民族教育联盟模式"互联网+六平台"管理体制

（六）联盟模式的运行机制

跨境民族教育联盟模式的运行机制是在联盟管理体制框架下，保障联盟模式顺利运行的各个教育现象之间的相互关系及其运行方式。从层次机制来看，跨境民族教育联盟模式属于中观层面，是以联盟理事会为载体，通过理事会制度统整联盟发展。从形式机制来看，在跨境民族地区推广联盟模式，需要通过指导—服务的形式机制，在教育行政部门、行业协会的帮助下分阶段发展，具体包括：第一阶段，以优质高职院校牵头，联合中职院校，形成自愿结盟的各成员学校名单；第二阶段，各成员学校共同协商、制定联盟模式"互联网+六平台"的管理组织架构及配套的管理制度；第三阶段，促进联盟模式自主运行，实现师资培训、资源共享、中高职衔接、产学研合作、国际交流与合作以及成果转化共享等。从功能机制来看，在跨境民族地区实施联盟模式改革分为：第一阶段，宜通

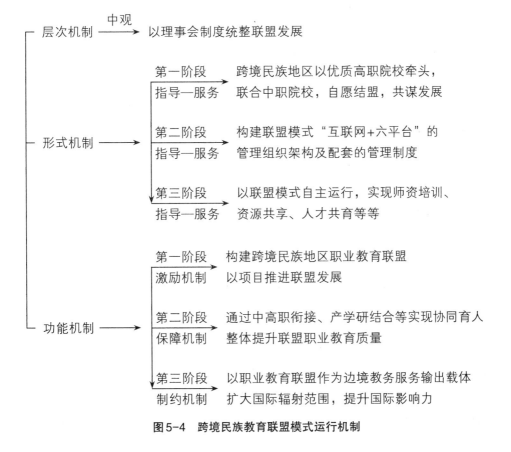

图5-4 跨境民族教育联盟模式运行机制

过激励机制，以项目形式推进跨境民族地区职业教育联盟构建；第二阶段，宜通过保障机制，以中高职衔接、产学研合作等形式实现协同育人，整体提升联盟教育教学质量；第三阶段，宜通过制约机制，在国际交流与合作中，关注各国文化差异、法律差异等影响因素，有所为有所不为，以职业教育联盟作为边境教务服务输出载体，扩大职业教育国际辐射范围，提升国际影响力。

四、跨境民族教育联盟模式的实施策略

开展跨境民族教育联盟模式改革需要优质高职院校牵头并以联盟为主体加强跨境民族职业教育联盟同地方教育行政部门，以及行业协会的联系与沟通，以形成"政行企校"相互促进的发展关系，以获得各种外部发展资源支撑；同时，也需要联盟内部加强教育教学质量建设，充分发挥联盟模式的办学效益。

（一）建立联盟与政企之间的紧密联系

跨境民族职业教育联盟模式既包括中职院校，又包括高职院校，而联盟内中职与高职院校的投资主体、办学经费来源存在较大差异，跨境民族地区中职院校实行的是免费教育政策，而高职院校实行的是收费教育政策。在联盟内部各成员学校办学经费独立核算前提下，为有效推进联盟模式改革，首先，需要加强联盟与教育行政部门的沟通联系，以争取教育行政部门的政策支持。具体包括："政行企校"多元主体协商制定跨境民族地区职业教育联盟内中高职衔接教育的招生政策；校企协同育人的人才培养政策；学生跨校流动、跨国就读的学籍政策；教师跨校兼职、跨国交流的绩效政策；实习实训基地建设及营运政策，等等。其目的是以完善的政策体系保障联盟内学生的升学渠道畅通，扩大联盟教师的职业发展空间，增强联盟内外的国际、国内交流与合作，以激发跨境民族职业教育联盟模式的办学活力。其次，还需要加强联盟与行业的沟通联系，构建跨境民族职业教育联盟与当地行业协会的和谐共生关系。一方面，以行业协会发布的职业技能标准指导联盟内各院校各专业的标准化建设；以行业协会组织的职业技能资格认证为依据，评价联盟院校人才培养质量；以行业协会组织的技能大赛为平台，促进联盟内部与外部院校间的交流合作，展示联盟院校教育教学成果。另一方面，以行业协会为桥梁，促进职业院校人才培养与用人单位人才需要的供给侧结构性调

整，充分考察论证跨境民族地区产业经济发展特色及未来发展方向，以范围经济的理论视角，在联盟范围内进行专业结构布局调整以及人才培养方案修订，以培养具备高匹配度、高胜任力的专业化分工人才。通过加强联盟与政企之间的紧密联系，发挥好联盟模式的办学效益。

（二）加强联盟外部的项目驱动

跨境民族教育联盟院校在自愿结盟的基础上，根据联盟所在跨境民族地区的现实需要，各成员院校充分协商、沟通，以跨境民族教育联盟模式"互联网+六平台"的管理体制为探索框架，因地制宜、各有侧重地构建联盟模式的组织架构、管理平台以及维持各平台正常运行的制度体系。由于跨境民族教育联盟模式结盟的灵活性、自愿性以及联盟内部运行经费的独立性等特征使得联盟管理及运行工作难度较大。因此，需要来自联盟外部的项目驱动其有效构建，有序运行。重点在于以跨境民族地区职业教育联盟为主体，依托"一带一路"愿景与行动寻求专项发展支撑。例如，西南边境等地方政府在《三亚宣言》等文件基础上制定了《澜沧江—湄公河合作五年行动计划（2018—2022）》。该行动计划对接了"一带一路"倡议、《东盟愿景2025》、《东盟互联互通总体规划2025》和其他湄公河次区域合作机制愿景，致力于将澜湄合作打造成为独具特色、具有内生动力、受南南合作激励的新型次区域合作机制，助力东盟共同体建设和地区一体化进程。该行动计划明确指出加强职业教育培训，支持在中国设立澜湄职业教育基地，在湄公河国家设立澜湄职业教育培训中心，在中国—东盟教育交流周期间举办活动，加强澜湄国家合作。以优质高等职业院校牵头的跨境民族职业教育联盟应充分分析自身发展优势，以"一带一路"各类衍生项目为契机，积极对接，获得外部政策及资金扶持。此外，跨境民族地区职业教育联盟依托自身优势以指导社区教育，开展社会培训，助力教育扶贫，推动跨境教育服务输出，打造产学研经济生态链等社会服务功能的外部效益及经济效益，积极与政府对接寻求教育行政部门的专项教育发展政策及经费支撑，或者以政府为担保的"丝路基金"、商业银行及其他金融机构的专项发展贷款或融资。加强联盟外部的项目驱动，以专项发展经费的形式，给予跨境民族教育联盟模式改革以经费保障，调动院校发展积极性，引导跨境民族地区职业院校在自愿结盟的基础上，形成既包括高职院校又包括中职院校，既包括优质院校又包括后发院校，既包括经济发达地区院校又包括经济欠发达地区院校，以专业为纽带、以发展为愿景的联盟院校结构，推动跨境民族地区职业教育联盟模式改革并发挥效益。

（三）完善联盟教学质量保障体系

质量是企业的生命线，教学质量是学校的生存基础。当前，跨境民族职业教育最大的现实困境就是教育教学质量得不到当地老百姓认可。中职和高职院校发展基础参差不齐，教育教学质量存在较大差异，现实情况复杂。因此，开展跨境民族教育联盟模式改革的核心工作就是解决当地职业教育教学质量问题。通过完善的职业教育联盟的质量保障体系建设，切实提升跨境民族地区职业教育教学质量，增强当地社会对职业教育发展的认可度，夯实职业教育联盟发展的社会基础。具体来讲，可结合2015年，教育部职业教育与成人教育司启动的职业院校质量保证体系建设"诊断与改进"工作要求，将跨境民族职业教育联盟管理体制改革整合进各成员院校"诊断与改进"工作中去。在联盟层面上，在全国性的"诊断与改进"工作理论探索、试点建设氛围中，让各成员院校统一思想认识，质量是学校的生命线。在组织层面上，将基于"互联网+"架构起的师资培训交流平台、实训基地共享平台、中高职合作办学平台、产学研合作办学平台、国际交流合作平台、成果转化分享平台，通过质量"诊断与改进"循环不断优化各个平台的工作实绩，真正落实联盟模式改革，不断提升联盟教育教学质量。在个人层面上，让联盟内各成员院校的广大教职员工知道联盟模式改革、认同联盟模式改革，并将联盟模式改革带来的业务关系变化、工程流程变化、个人发展空间变化等融入广大教职员工个人工作质量"诊断与改进"考核中去。此外，以跨境民族地区职业教育联盟形式申报教育部职业教育与成人教育司组织开展的质量保证体系"诊断与改进"工作试点，一方面，突破尚无边境省市中职院校参与"诊断与改进"工作试点，仅极少数高职院校参与"诊断与改进"工作试点的数量短板；另一方面，以跨境民族地区中高职整体打包发展的改革尝试争取更多"诊断与改进"工作的政策观照，借助优势外部力量助推跨境民族联盟模式自我保障教学质量工作能力的不断提升。因此，契合质量保证体系"诊断与改进"工作推进联盟模式改革的落实，以联盟模式改革促进质量保证体系"诊断与改进"工作高效开展，两者相互促进，不断提升跨境民族地区职业教育教学质量，发挥联盟院校整体办学效益。

第三节　跨境民族教育的集团模式

习近平总书记特别强调教育是阻断贫困代际传递的治本之策，扶贫先扶志、扶贫必扶智、脱贫防返贫，把教育摆在优先发展的战略地位。[1]全国14个集中连片特困地区中有11个都是少数民族地区，滇西边境山区、西藏、新疆南疆3个集中连片特困地区是"一带一路"沿线跨境民族主要聚居区。跨境民族地区贫困问题的解决不仅关系到全面实现小康社会，而且关系到民族复兴中国梦以及"一带一路"倡议的实施。习近平总书记指出，教育投入要向民族地区、边疆地区倾斜。[2]因此，深化跨境民族地区教育模式改革，发挥教育精准扶贫作用具有重要现实意义。[3]跨境民族教育集团模式是基于跨境民族地区教育发展的现实需要以及已有的政策背景、实践经验，从公平理论、公共政策理论的视角，探索跨境民族集中连片特困地区的教育发展模式。

一、跨境民族教育集团模式的现实背景

跨境民族教育集团模式是紧跟时代步伐，顺应政策需要，基于跨境民族地区教育事业发展滞后、自然资源贫瘠、经济基础薄弱、边境防务严峻等现实困境提出的促进跨境民族地区教育发展的模式改革与创新。

（一）集团模式的政策依据

2012年，国务院印发《关于深入推进义务教育均衡发展的意见》提出，发

---

[1] 转引自袁利平：《论习近平教育扶贫战略思想》，载《甘肃社会科学》，2018年第3期，第30—36页。

[2] 习近平：《中央民族工作会议暨国务院第六次全国民族团结进步表彰大会上的重要讲话》，http://cpc.people.com.cn/n/2014/0930/c64094—25763749.html.

[3] 习近平：《摆脱贫困》，福建人民出版社2014年版，第129页。

挥优质学校的辐射带动作用，探索集团化办学，提倡对口帮扶，整体提升学校办学水平。"一带一路"沿线跨境民族集中连片特困地区是指滇西边境山区、西藏、新疆南疆地区。这3个集中连片特困地区的跨境民族教育事业发展不均衡现象普遍存在，牧区、农区、镇区，不同地区间的跨境民族教育教学质量差距明显。由于自然及历史原因，西藏作为这部分集中连片特困地区的典型代表，其民族教育政策变迁轨迹体现了不同时期跨境民族教育发展的不同诉求及其特征。改革开放前的十多年间，在特殊的时代背景下，西藏提出了"县县有中学、区区有完小、队队有民小、普及小学教育"的教育发展路子，此时的基础教育经历了与本地区社会经济发展不相适应、脱离本地实际、盲目追求数量的发展时期，单西藏那曲地区的公办和民办小学就从119所增加到了1432所，增幅达到12倍以上。随着改革开放，特别是1980年3月中央召开第一次西藏工作座谈会，国家教委和西藏自治区人民政府增加了教育投资，西藏的基础教育开始步入更为理性的、切合实际的良性发展轨道，开始以"公办学校为主、藏族学生为主、基础教育为主、寄宿制学校为主、助学金为主"的布局结构调整。到1984年底，那曲地区的小学由原来的1306所减到185所、中学由原来的7所减到3所。20世纪80年代中期到90年代初，西藏进入了教育改革与发展的重大转折时期，中央和19省市政府在逐年加大对西藏基础教育发展资金投入的同时，出台了一系列切合实际的智力援藏的方针和举措，为了适应藏区人口稀少、居住分散的实际情况，逐步采取了适度集中办学、适度规模办学、以"寄宿制"为主的办学模式。截至2014年，那曲有各级各类学校234所。[1]教育不是孤立的系统，教育发展需要与时代发展，与地区自然资源、经济结构、历史文化发展等因素相适应才能促进该地区社会大系统的良性发展。藏区民族教育政策的不断演进正体现了跨境民族教育事业不断探索适合当地社会发展需要的发展模式，集中办学、规模办学成为与当地社会发展相适应的发展模式的主要时代特征。跨境民族教育集团模式主要针对跨境民族集中连片特困地区教育发展的现实需要，以对口援建集团与当地城镇优质学校双主体协同推进牧区、农区、镇区不同发展层次学校组建成教育集团，以

---

① 班觉、次仁德吉：《西藏牧区基础教育的新发展——以那曲县罗玛镇为案例》，载《中国藏学》，2016年第4期，第65—73页。

教育集团模式整合经济资源与教育资源，以促进教育集团内各分校优质高效发展。跨境民族教育集团模式的提出符合集中连片特困地区跨境民族教育事业发展的现实需要，符合民族教育政策发展的时代特征。

（二）集团模式的现实意义

贫困问题一直是一个世界性问题，各国学者从不同的角度多有论述。英国管理学家本杰明·西伯姆·朗特里在其专著《贫穷：对城市生活的研究》一书中提出了著名的"收入贫困"的概念。诺贝尔经济学奖得主、印度经济学家阿玛蒂亚·森提出了"能力贫困"的概念。联合国开发署在《1997年人类发展报告》中提出了"人文贫困"的概念。[①]由此可见，贫困的界定不仅仅只是经济概念，它更是一种社会问题，关乎到公民的发展权利与文化能力的获得。而贫困的摆脱不论从舒尔茨的"人力资本理论"、布迪厄的"文化资本理论"，还是后来的"社会资本理论"来看，教育都发挥着至关重要的作用。目前，我国跨境民族集中连片特困地区人民群众所拥有的经济资本、文化资本、社会资本普遍较少，而优质且公平的教育是帮助广大跨境民族人民群众获得经济资本、文化资本以及社会资本的主要渠道。跨境民族集中连片特困地区脱贫攻坚任务的实现要以教育为重要抓手。跨境民族教育集团模式的提出主要针对解决集中连片特困地区教育事业发展滞后问题。该模式是扶贫援建集团提供经济帮扶资源，城镇优质学校提供教育发展资源的双主体模式，是将深度贫困的牧区、农区的完小、小规模学校、教学点整合进教育集团内，以多种资源相整合的对口帮扶政策促进集团内各层次、各类型学校的协同发展。改革跨境民族集中连片特困地区教育事业发展模式，集结全社会的力量，尤其以大型国企、民企牵头快速注入经济发展资源，再结合当地城镇优质学校的本土化教育资源，形成经济帮扶加教育帮扶的双主体集团模式，为跨境民族集中连片特困地区教育事业发展提供各种资源保障。通过先实现集团内的教育优质均衡发展，再实现集中连片特困地区广泛的教育优质均衡发展，以两步走的策略，充分发挥教育的精准扶贫功能，从根源上解决贫困问题。跨境民族教育双主体集团模式是实现跨境民族集中连片特困地区教育跨越式发展的制度性

---

① 郑智勇：《精准扶贫视野下职业教育集团化办学模式研究》，西南大学硕士学位论文，2017年，第10—11页。

创新探索，具有重要的现实意义。

二、跨境民族教育集团模式的理论基础

跨境民族教育集团模式的建构不仅要基于跨境民族集中连片特困地区复杂的现实背景的考量，而且要基于社会学、政治经济学以及教育学相关学科的跨学科理论视角辨析，从而使跨境民族教育集团模式的探索建构同时具备实践价值与理论价值。

（一）教育公平理论

教育公平是世界人民追求公平正义的理想目标，也是我国全面实现小康社会的重要指标。学者们对于教育公平的认识逐渐趋同于詹姆斯·科尔曼（James Coleman）等在《关于教育机会平等性的报告》[①]中对教育公平提出的标准："一是进入教育系统的机会均等；二是参与教育的机会均等；三是教育结果均等；四是教育对生活前景机会的影响均等。"[②]由此，学者们划分了四种类型：第一种是极端的人道主义方式。为了使不同民族学生间的平均学习成就趋于相同，不惜成本、不计效益的教育资源投入。第二种是弱化的人道主义方式。为使不同民族学生间的教育成就尽量接近，而采取积极的差别待遇，对教育条件不利的贫困地区的学生投入更多的教育资源。第三种是功绩主义的方式。这种观点强调教育资源投入均等，即使不同民族间的每位学生的能力和努力程度存在差异，但是提供给学生的资源却是相同的。第四种是功利主义的方式。教育资源的投入是以效益为原则，不同民族间学生学业成绩的高低是决定教育资源获得的关键因素。从世界范围来看，极端与弱化的人道主义方式是普遍采用的促进教育公平的两种方式。通过更多的教育资源投入，甚至是不惜成本的教育资源投入的差别待遇来帮助提高处境不利群体的教育成就，使他们与社会中高教育成就的地区或群体之间的差

---

① J. S. E. Coleman, C. Campbell, J. Hobson, A. MC Part-land, F. Mood, Weinfeld, and R. York. *Equality of Educational Opportunity*. Washington, D.C. : U. S. Government Printing Office, 1966: pp.3-31.

② 马晓强：《"科尔曼报告"述评——兼论对我国解决"上学难、上学贵"问题的启示》，载《教育研究》，2006年第6期，第30—33页。

距在一个合理的范围内，①以促进教育公平，进而有效抵御贫困。因此，在探究促进跨境民族集中连片特困地区教育事业发展的过程中应坚持教育公平的人道主义视角，采取积极的差别待遇，以组团式对口支援方式，充分调动全社会力量，不计效益地为该地区投入更多的教育发展性资源才能促进当地教育事业健康发展，实现教育公平，有效缓解当地贫困问题，助力全面建成小康社会。

从教育本身来讲，推动教育公平是为了实现教育对人的培养，并且使人能够在教育教化过程中最终成为社会人；从教育公平角度来说，推动教育公平有利于维护社会秩序，稳定社会发展。无论从哪种视角来看，推动教育公平都是为了保证受教育者的社会感知和获得社会竞争过程中的公平性竞争机会，降低因社会不公而造成的低社会认可度，降低社会风险，维护社会稳定。②跨境民族集中连片特困地区由于所处的国际、国内环境的复杂性，当地人民群众不仅以内地经济发达地区作为比较的对象，而且以境外同一民族的现实发展情况作为比较的对象，极易导致社会认可度的认知偏差，激发社会矛盾。由于历史、自然、人文等多重原因导致跨境民族集中连片特困地区各项事业发展滞后，当地人民群众当前存在获得资源的不平衡性。但是，正如发展经济学家阿尔伯特·赫希曼（Albert Otto Hirschman）所说，偏离平衡恰是进一步发展的动力，先期的非均衡能够有效促进发展并最终实现整体的相对均衡。因此，以不计效益的方式优先为跨境民族集中连片特困地区投入更多的教育发展资源，以帮助当地人民群众从教育公平建设中获得经济资本、社会资本以及文化资本以实现自身智力的发展和志气的提升。通过教育系统内部公平问题的解决，进而推动教育系统外部贫困问题的解决，以巩固跨境民族地区国家安全。

（二）公共政策理论

从世界范围来看，一个国家的贫困是与政府政策息息相关的，单靠处于贫困境地的人民群众自身的力量在短时间内改变自身困境是不可能的，解决贫困问题还需要通过政府行政以及各种社会力量的集中介入。有学者认为，反贫困类似国防

---

① 万明钢：《"积极差别待遇"与"教育优先区"的理论构想——西部少数民族贫困地区教育发展途径探索》，载《教育研究》，2002年第5期，第21—25页。

② 张彩霞：《实现城乡教育公平的政治学分析》，中共吉林省委党校硕士学位论文，2019年，第11页。

一样，也是一种典型的公共物品，具有效用的非排他性和利益的非占有性。[①]扶贫的公共产品特征决定了政府在扶贫中的主导与核心地位，政府是反贫困制度的最大供给者，政府持什么样的贫困观直接决定实际行动的反贫困治理结构，同时政府还是扶贫资源的组织者、分配者，处理资源使用过程的主导者。反贫困是政府的一项基本职责，在市场经济的环境下实施一般的经济增长战略难以让落后地区和贫困阶层从经济增长中受益。考虑到公平性，政府必须实施一系列直接面向贫困地区和贫困群体的反贫困政策。[②]

教育扶贫是改变贫困人口劣势地位，防止贫富差距过分拉大的有效公共政策措施，然而教育自身所具有的公共产品属性决定了教育需要全社会力量共同助力发展，以获得教育的溢出效益，发挥教育扶贫功能。尤其是在跨境民族集中连片特困地区，单靠政府政策或教育系统自身力量要实现教育水平的有效提升是不可能的。因此，在跨境民族集中连片特困地区引入组团式的对口帮扶企业集团，这种以经济资源为主的社会外部力量，作为政府公共政策的有益补充，为跨境民族集中连片特困地区教育事业发展快速注入经济资源保障。通过双主体的教育集团模式不仅实现集团内部各分校教育教学质量优质均衡发展，而且有利于当地社会广泛的教育质量优质均衡发展，经由当地教育教学水平的整体发展来提升跨境民族集中连片特困地区人群的经济资本、文化资本、社会资本，才能从根源上帮助这部分贫困人口摆脱贫困问题，同时推动当地社会形态的向前发展，维护跨境民族地区社会稳定。

三、跨境民族教育集团模式的体系建构

跨境民族教育集团模式是基于跨境民族集中连片特困地区实现精准脱贫，从优先发展教育的国家战略高度提出的一种双主体办学模式。在跨境民族集中连片特困地区，以大型国企、民企牵头组团式对口帮扶为当地教育发展提供所需的经济资源，再以城镇优质学校牵头联合辖区内的牧区、农区、镇区不同发展层次学

① 康晓光：《90年代中国贫困与反贫困战略》，载《中国扶贫论文精粹》，中国经济出版社2001年版，第356—372页。

② 汪三贵：《反贫困与政府干预》，载《管理世界》，1994年第3期，第40—46页。

校组建成教育集团。城镇优质中心校提供统一的管理制度和运行机制，实现集团内部统一的教育教学计划、统一的课程教学资源、统一的教师教研教培、统一的移动教学实验设备、统一的信息化共享平台等，从而整体提升教育集团内所有学校的教育教学水平，以跨境民族集中连片特困地区教育的发展来带动当地社会的发展，从根源上保障公平，实现脱贫，以维护跨境民族地区的社会稳定。

（一）集团模式的办学目标

跨境民族教育双主体集团模式主要适用于跨境民族集中连片特困地区。通过创新跨境民族集中连片特困地区的办学方式，集结全社会的力量，组团式快速注入经济发展资源，再结合当地城镇优质学校的本土化教育资源，形成"经济帮扶+教育帮扶"的双主体的集团模式，由双主体协同推进牧区、农区、镇区不同发展层次学校组成教育集团，为跨境民族集中连片特困地区教育发展提供各种资源保障，实现教育集团整体优质高效发展。在跨境民族集中连片特困地区优先发展教育，不断提升教育教学质量，不仅是教育公平的内在需求，而且是阻断贫困代际传承的有效措施，也是促进跨境民族集中连片特困地区社会稳定的有效措施。因此，跨境民族教育集团的办学目标不仅仅停留在发展教育本身，而是具有解决贫困问题和政治问题的多重目标取向。

（二）集团模式的投资主体

跨境民族集中连片特困地区是集边境性、民族性、乡村性等诸多特征于一体的极度复杂地带，党和政府一直以来积极采取各种政策措施不断加大教育资金的投入，助力边境集中连片特困地区教育事业发展。以西藏为例，从1984年开始，内地19个省市为西藏开办内地西藏班（校），并将包吃、包住、包基本学习费用的"三包"政策逐渐在全区普及推广；制定了到2000年牧区基本普及三年义务教育，农区基本普及六年义务教育，主要城镇基本普及九年义务教育的目标；在20世纪末进一步明确了到2010年全区分阶段有步骤地基本普及九年义务教育、基本扫除青壮年文盲的"两基"发展目标；21世纪初，西藏基础教育的各项发展目标均按计划按时间逐一实现。[①]然而由于藏区多处于高寒、高海拔等不利的

[①] 班觉、次仁德吉：《西藏牧区基础教育的新发展——以那曲县罗玛镇为案例》，载《中国藏学》，2016年第4期，第65—73页。

自然环境，各种生产、生活资源缺乏，经济以及社会形态发展迟缓，贫困问题始终困扰着当地人民群众，其教育质量与其他跨境民族地区以及中、东部地区相比存在较大差距，仍长期处于垫底水平。为了全面实现小康社会发展目标，一直以来，这样的跨境民族集中连片特困地区的教育事业发展都是党和国家的投入主体，各种社会团体以对口支援、各种捐赠的方式提供了大量的教育事业发展资源。伴随"一带一路"倡议与"乡村振兴"战略的相继提出，边境集中连片特困地区由过去远离改革开放发展战略的边缘地区，转变为国家战略的核心地带。其战略地位的转变需要党和政府以及全社会给予更多的关注，不计效益地投入教育发展资源，不断提高当地教育发展水平，彻底根除贫困问题。因此，跨境民族教育双主体集团模式主要是国家教育财政拨款与大型企业集团组团式常规性经济帮扶并行的方式。

（三）集团模式的学校结构

跨境民族教育双主体集团模式的学校结构是按照"企校合作、对口帮扶、整体发展"原则，由大型国企、民企与当地城镇优质学校共同牵头，在当地教育行政部门监督管理下，将邻近的牧区、农区、镇区不同层次、不同类型的学校组建成教育集团，为教育集团提供经济及教育发展资源保障，以实现教育集团内所有分校协同发展。教育集团的组建应因地制宜，对口帮扶企业集团的引入应在国家政策以及当地教育行政管理部门的制度安排下，优先考虑大型国企、民企，尤其是与"一带一路"沿线经济发展联系紧密的大型企业集团，如输油、输气、输电等能源输送及维护集团，建路、建桥、建码头等基础设施建设及维护单位，畜牧业、制奶业等地方资源特色企业。同时，教育行政管理部门还需要协调当地优质城镇学校提供教育发展资源保障。一般来讲，一个教育集团应由一个大型企业和一个优质城镇学校牵头。以西藏那曲的班戈县为例，班戈县面积3万多平方公里，平均海拔4745米，是典型的高海拔贫困县。班戈县所有学校划分成了两大教育集团：第一教育集团由5所学校构成，县完全小学牵头联合北拉镇完小、新吉乡小学、保吉乡小学、德庆镇小学；第二教育集团由6所学校构成，县中石化小学牵头联合青龙乡完小、马前乡小学、门当乡小学、佳琼镇小学和尼玛乡小学。班戈县的第二教育集团具有明显的跨境民族教育双主体集团模式特征。2012

年，中国石油化工集团公司投资3600万元援建了班戈县中石化小学，整个学校建筑面积1.27万平方米，包括1座教学楼、6栋学生宿舍、4栋教职工宿舍等一系列配套设施，该校海拔4700多米，是目前海拔最高的援藏小学。班戈县为进一步扩大优质教育资源，提高教学质量，推进优质教育均衡化、普及化，以班戈县范围内的优质学校教育资源为依托实施"优质学校+潜力"、学校"1+X"的集团化办学模式，基本实现了优质教育资源区域内均衡覆盖，小学教育办学水平明显提升。同时，班戈县充分利用小学第一教育集团与拉萨市第一小学、小学第二教育集团与拉萨市实验小学结对帮扶交流的平台，更新教学理念，丰富教学手段，提高教学效率，努力打造高素质教师队伍。[1]

（四）集团模式的教学体系

西藏那曲班戈县的教育集团主要由当地的小学构成，义务教育学段所有学校的教学体系需严格按照国家教育行政部门相关规定，开展教育教学工作，在保证国家法定课程教学的前提下，积极探索能体现当地民族文化特色的地方性课程，尤其需要将思政教育的内容整合进民族文化课程中去，以适宜的方式在"一带一路"跨境民族地区开展思政教育、中华民族认同教育。单就跨境民族教育集团模式所涵盖的学校类型而言，不仅仅局限于义务教育阶段学校，职业教育或成人教育甚至高等教育阶段学校均可作为教育集团的成员校。因此，包含职业教育或成人教育等的跨境民族教育集团模式的教学体系就具有更大的复杂性，不仅需要符合国家教育行政的相关规定，集团内部考虑到学段的连续性，教学内容的衔接性需要集团内部多元主体共同商议、共同制定，并共同执行以发挥集团模式的整体效益。

（五）集团模式的管理体制

跨境民族教育集团模式的管理体制是保障集团模式正常运行的管理机构及其相应的制度规范的集合。基于已有调研材料，我们提出了跨境民族教育集团模式双主体的管理体制。设置集团管理委员会作为统领集团内部各项工作的管理机构，集团管理委员会是在教育行政部门监督下，由企业集团以及优质学校主要负

---

[1]《班戈县小学教育集团化办学实施方案》（班委发〔2016〕80号）。

责人组成，同时吸收各成员学校校长及中层骨干作为管理委员会成员。教育行政部门工作人员在其中主要发挥指导与服务的作用；企业集团与优质学校负责人主要负责教育集团发展的远期规划制定、发展资源筹措等战略性问题；集团内所有成员共同商议制定各组织架构及配套管理制度，以保障教育集团在制度框架下开展日常教育教学工作。双主体管理体制是让企业集团参与到教育集团的具体日常管理和运行中，突破跨境民族集中连片特困地区单一教育主体难以集聚支撑教育事业优质高效发展的各种资源的困局。集团管理委员会通过虚实结合的信息平台，架构起移动教学设备中心，主要针对深度贫困且地广人稀的跨境民族牧区各教学点、不完全小学，以移动校车的方式，装备上各种实验设施设备或音

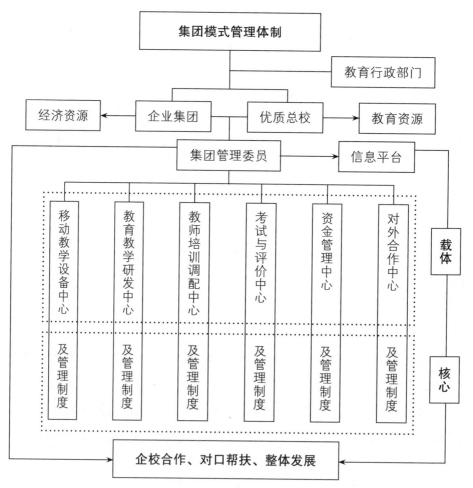

图5-5 跨境民族教育集团模式"双主体"管理体制

体美等各种教学用具，以一车一专门学科、一车一专业教师的方式对集团内所有学校开展移动教学；教育教学研发中心主要负责国家标准化课程教学设计、教学资源建设、教学经验总结与分享，以及将国家思政教育需要与地方历史文化相融合开发突显当地跨境民族文化特色，并符合跨境民族学生心理需求的地方融合课程；教师培训调配中心，主要负责集团内教师培养、培训，以及集团内所有分校教师轮岗等师资调配以及管理工作；考试与评价中心，主要负责集团内考核标准制定、考核过程实施、考核结果分析，并为后续教育教学研究工作提供诊断与改进意见；资金管理中心，主要负责国家教育经费拨款，以及企业集团捐赠资金的统一管理，在集团内部统一规划，为整体改善各集团分校教育教学硬件及软件环境提供资金保障；对外合作中心，主要负责各种对口援助项目的接洽与落地，如教师培训输出，学生联合培养输出，特岗教师、交流轮岗教师、支教教师等的输入，同时还负责与邻国跨境民族学校开展各种教学交流与互动，发挥教育的"柔"性外交价值。通过以上六个组织载体，并配套各组织载体的相关管理制度，让教育集团管理工作在制度保障下有序开展。同时，结合跨境民族贫困地区的地区差异性，充分发挥集团模式的延展性，如以中国石油化工集团公司为主体的教育集团，可考虑在集团内部整合进中职或高职教育资源，对口培养符合中国石油化工集团各项工作需要的职业技术人才，这样的教育集团可以着重加强教育教学研发建设，畅通从初等教育到职业教育的人才培养渠道，既为"一带一路"沿线能源企业发展提供人才支撑，又为跨境民族学生的职业发展提供保障，让学生及其家庭通过教育实现彻底脱贫。以跨境民族教育集团模式双主体管理体制的理论架构为图纸，结合跨境民族集中连片特困地区教育事业的实际情况，因地制宜，灵活建设，实现整体发展。

（六）集团模式的运行机制

跨境民族教育集团模式的运行机制是在双主体管理体制框架下，保障集团模式顺利运行的各个教育现象之间的相互关系及其运行方式。从层次机制来看，跨境民族教育集团模式属于中观层面，是以集团管理委员会推动教育集团整体发展。从形式机制来看，在跨境民族集中连片特困地区推广集团模式，需要通过指导—服务的形式机制，在教育行政部门协调下进行。组建期，在国家扶贫政策框

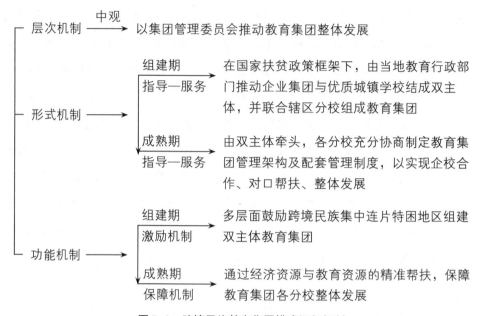

图5-6 跨境民族教育集团模式运行机制

架下,由当地教育行政部门推动企业集团与优质城镇学校结成双主体,并联合辖区分校组成教育集团;成熟期,由双主体牵头,各分校充分协商制定教育集团管理架构及配套管理制度,以实现企校合作、对口帮扶、整体发展。从功能机制来看,在跨境民族集中连片特困地区实施集团模式改革,在组建期宜采用激励功能,通过企业集团的社会声誉提升企业品牌形象,以及通过教育捐赠抵税的形式多层面鼓励大型国企、民企对口帮扶跨境民族集中连片特困地区实施教育集团模式改革,组建起双主体教育集团。在改革成熟期,宜采用保障功能,通过经济资源与教育资源的精准帮扶,保障教育集团各分校整体发展,通过教育行政部门的监督以及社会监督促进教育集团履行好社会责任以及教育使命。

四、跨境民族教育集团模式的实施策略

跨境民族集中连片特困地区开展教育集团模式改革的难点在大型企业集团经常性经济资源的引入。因此,需要政府牵头以"筑巢引凤,修路架梁"的思想为企业集团的经济注入创造条件;同时,也需要城区总校发挥好引领作用,以教育集团内教育教学质量的整体提升彰显效益,回馈国家和社会。

(一）鼓励企业集团对口帮扶

跨境民族集中连片特困地区教育集团模式改革的关键是引入企业集团的经济资源，加速推进跨境民族集中连片特困地区教育事业发展，发挥教育的扶贫功能、社会稳定功能，从根本上帮助该地区人民群众摆脱贫困、提升社会认可度。国家政策大力鼓励大型企业集团发挥勇于承担、敢于担当的社会责任意识，助力国家脱贫攻坚工作，为全面建成小康社会贡献力量。因此，在国家战略及政策框架下，实施跨境民族地区教育集团模式改革，具有重要现实意义及操作可行性。调动企业集团对口帮扶积极性，集结全社会力量促进教育集团改革。首先，国家层面应鼓励大胆尝试金融帮扶、项目帮扶、旅游帮扶、电子商务帮扶等多种形式的对口帮扶集中连片特困地区的帮扶机制。积极探索企业集团用于教育事业发展的经常性捐赠资金额可进行相关应收税款冲抵的法规政策，不断落实大型企业集团助力贫困地区教育事业发展的鼓励政策导向。其次，地方层面应契合"一带一路"行动框架，探索产能输出、能源输入的现实需要，积极完善吸引大型企业集团落户跨境民族贫困地区发展的各项土地流转、资源开采、税收减免等配套性政策，不断加大地方政策的吸引力，为吸引企业集团落户营造良好的发展环境。最后，集团层面充分发挥企业集团与教育集团的服务支持功能。一方面，激活企业集团需求。跨境民族集中连片特困地区引入的大型企业集团多是与"一带一路"沿线经济发展联系紧密的能源输送及维护集团、基础设施建设及维护单位、地方资源特色企业等。因此，企业集团自身发展需要当地教育培养、输送对口的高素质技术技能型人才，为企业集团发展提供坚实的人才保障。另一方面，激活教育集团需求。以企业集团带来的经济资源快速改善贫困地区教育教学基础设施设备硬件条件；以企业集团带来的先进发展理念影响当地人民群众的生产、生活观念，增强当地人民群众尊重知识、尊重人才，自力更生谋发展，教育改变命运的思想意识；以企业集团带来的产业工人需求为当地人民群众提供更多的工作机会，不仅为当地教育与经济协调发展指明了科学方向，而且为当地学生谋划了更多更美好的未来生活图景。

(二）发挥城区优质总校引领作用

跨境民族集中连片特困地区教育集团模式是以组团的对口援助方式促进当地

教育事业整体发展，教育教学水平不断提升的教育发展模式创新。集团模式办学效益的有效发挥重点在城区优质总校引领下各种优质教育教学资源、先进教育教学经验的共商、共建、共享。城区优质总校由于各种因素积累了一定的教育资源优势，形成了一定的教育品牌效应，在整合为教育集团之后，必然存在自身品牌价值以及优势教育资源被稀释的种种担忧。因此，教育集团组建初期，一方面，需要在优质总校进行全面的动员与讨论，统一思想认识，让全校教职员工认识到在全面建设小康社会的脱贫攻坚关键期，以教育扶贫助力跨境民族群众彻底摆脱贫困是重要的国家战略，激发广大教职员的历史使命感、教育使命感、社会责任感，以优质总校为基地为集团辖区内偏远的牧区、农区学校进行集中性的教育教学水平提升帮扶计划。另一方面，需要转变优质总校全校教职员工的发展观念。滇西边境山区、西藏、新疆南疆地区作为"一带一路"沿线跨境民族集中连片特困地区，历来是各种扶贫政策的重点关照区，也是教育扶贫资源重点投放区。组建教育集团，以集团模式整合全社会的教育援助力量，以城区总校为基地对各种援助资源进行专业的本土化改造及适宜性调配，优质总校承担着各种资源整合枢纽的重要作用。因此，通过统一思想工作，转变发展理念，激发优质总校全校教职员工组建教育集团的内生动力。维持教育集团高效运行需要优质总校对外与全国甚至全世界最先进的教育教学理念以及教育技术保持同步，对外输出教师培训，整体规划集团全体教职员工的专业发展提升计划；对内展开教师专训，并规划各种援助资源的本地化建设和转化以增强资源的适配性，支撑集团内部整体教育教学质量的提升。同时，双主体教育集团模式不仅为当地学生发展提供了资源保障，也为企业集团员工安心扎根边疆工作提供了家属就业、子女入学的选择渠道，还为当地教师安心从事跨境民族地区教育工作，提供了家属及子女就业的选择机会。因此，促进教育集团有效运行，需要优质总校切实发挥引领作用，以集团内教育教学质量提升为中心工作和生命线，打造双主体双赢的发展态势，以教育搭桥营造当地社会与企业集团和谐共生的良好生态环境。

（三）完善集团办学质量监测机制

跨境民族教育集团模式的提出主要针对的是3个跨境民族集中连片特困地区，这些地区贫困程度深、贫困面积大，社会形态发展较为落后，边境防务较为严峻，且多是牧区、农区、镇区。这些地区的大部分学校办学规模小，布局分散，教学质量偏低，教育事业发展滞后。在基础条件薄弱、社会环境复杂，以及国际外部环境影响直接而深刻的跨境民族地区实施教育集团模式改革，教育集团的教学质量必然受到多方关注。尤其是无偿提供大量经济资源的企业集团主体还是成效为本、关注效益的经济人，企业集团作为重要的参与主体，需要及时了解本集团教育教学发展的全面状况。因此，有效实施跨境民族地区教育集团模式改革，发挥好跨境民族教育集团模式的办学效益需要重点关注，不断完善集团办学质量监测机制。一方面，从教育条线来看，在集团层面建立具有学生舆情监测功能的生活辅助中心或心理辅导中心，以定期开展覆盖集团内所有学校的形式多样的主题教育巡回活动如以国家认同、民族认同、边境防务等为核心内容的系列宣传，以及时发现问题、及时纠正问题并且以教育集团为窗口，透过学生个体掌握学生家庭的舆情现实情况，以发挥集团学校促进跨境民族地区社会和谐稳定，维护边疆防务安全的社会服务功能。另一方面，从教学条线来看，依托跨境民族教育集团模式管理框架中的考试与评价中心，除根据国家文件要求开展的考试性达标检查评价之外，还需要加强定期与不定期相结合的集团教学巡检。在跨境民族教育集团开展教学巡检其指导思想和工作重心应放在帮助所有成员学校树立教学质量意识，帮助各学校老师提高教学能力上来，而不是为检查而检查；同时，还需要形成制度性保障机制。在教育集团内部进行广泛的讨论，制定教师教学质量与教师薪资待遇、职称职务发展等相挂钩的质量保障制度体系，将集团教学质量与教师切身利益相挂钩，以切实保障教育集团教学质量的整体提升。此外，从资金管理方面来看，跨境民族双主体教育集团模式的投资主体为政府财政和企业集团，因此集团内部的资产管理除了政府财政报表外，还有企业资金报表，多头资金的多校分配需要严格的资金管理制度体系加以规范和约束。

第四节　跨境民族教育的开放模式

跨境民族地区作为"一带一路"联通亚洲、通达欧洲的陆路交通枢纽，其高等教育发展对于"五通"建设，构建人类命运共同体具有重要的推动作用。因此，创新跨境民族高等教育的开放发展模式，以自身组织形态变革，顺应时代发展，对推动"一带一路"建设，建设学习型社会以及打造智慧学习空间等具有重要现实意义。跨境民族教育开放模式是指坚持互联互通的发展理念，凭借新科技革命带来的技术进步，变革教育系统的组织形态，从办学目的到管理体制及运行机制打造跨境民族教育发展的跨区域教育生态圈。

一、跨境民族教育开放模式的现实背景

跨境民族教育开放模式主要适用于高等教育学段，既是跨境民族地区高等教育事业发展的现实需要，又是跨境民族地区高等教育发展的思维范式、办学模式、教学方式以及学习方式变革的时代需要。

（一）高等教育开放模式的政策依据

跨境民族地区高等教育事业发展经历了 1978 年至 1992 年的外延式扩展与 1993 年至今的内涵式发展两个阶段，已基本形成了包含民族班教育、民族预科班教育、民族院校教育、内地西藏班、内地新疆班教育以及民族地区各类大学教育在内的完整体系，积累了一定的办学成果和办学经验。①我国广西、云南、内蒙、新疆等跨境民族聚居区分布在"一带一路"沿线，是联通中亚各国的重要桥梁，对于深入推进"一带一路"优质高效发展具有重要战略地位。在人才强国、科教兴国国家战略指导下，高等教育一直以来作为社会发展的助推器发挥着重要作用。为了进一步发挥高等教育支撑"一带一路"发展的助推器作用，2016 年 7

---

① 陈巴特尔、陈雪婷：《改革开放 40 年我国民族高等教育政策的演进逻辑》，载《贵州民族研究》，2019 年第 1 期，第 197—201 页。

月，教育部印发《推进共建"一带一路"教育行动》的通知，这是"一带一路"倡议在教育领域的具体落实，为"一带一路"沿线跨境民族地区高等教育事业开放发展指明了方向。各地方省市积极探索基于自身优势的高等教育开放发展模式，以教育搭桥，主动融入"一带一路"发展。广西是主要的跨境民族聚居自治区，是西南地区唯一的沿海、沿边省份（自治区），是中国与东盟各国交往的重要门户和通道。以中国—东盟教育周为平台，广西高校与东盟各国近200所院校建立了合作关系，打造了面向东盟的"留学广西"品牌。[①]在保持良好互动发展的基础上，2016年广西成功举办了第二届中国—东盟教育部长圆桌会议，通过了《关于中国—东盟教育合作行动计划支持东盟教育工作计划（2016—2020）开展的联合公报》。[②]从国家到地方的各种政策文件，均对跨境民族地区高等教育事业的开放发展、国际交流与合作提出了新要求、新期待。因此，从国家发展战略政策层面来看，促进跨境民族高等教育开放模式变革具有重要的现实意义；同时，从新科技革命的技术政策层面来看同样具有重要价值。2010年7月，教育部发布了《国家中长期教育改革和发展规划纲要（2010—2020年）》，指出高等教育的改革方向是面向信息化、面向网络化的全面深化变革。2012年3月，教育部又发布了《教育信息化十年发展规划（2011—2020年）》，提出了在21世纪第二个十年内，要实现包括高等教育在内的整个教育领域的信息化。跨境民族地区高等教育事业顺应新科技革命促进自身发展，借助大数据、云计算等现代信息技术，实现国际、国内的开放合作是跨境民族高等教育事业发展的未来战略选择。

（二）高等教育开放模式的现实意义

进入新时代，以开放模式创新跨境民族地区高等教育发展方式，实现从内涵式发展向引领式发展升级转变，不仅是跨境民族地区高等教育事业顺应新科技革命的需要，也是跨境民族地区高等教育支撑"一带一路"发展的需要。跨境民族高等教育开放模式是指坚持互联互通的发展理念，凭借新科技革命带来的技术进步，变革高等教育系统的组织形态，从办学目的到管理体制及运行机制打造跨境

---

① 贾佳、方宗祥：《"一带一路"倡议下中国与东盟跨境高等教育刍议》，载《高等教育管理》，2018年第4期，第51—57页。

② 黄娴：《教育优先　共圆梦想——第九届中国—东盟教育交流周综述》，载《人民日报》，2016年8月7日。

民族高等教育发展的跨区域教育生态圈，如招生政策、教育教学过程、人才培养结果认证、科研合作、社会服务等多个层面真正实现开放，促进跨境民族地区高等教育事业的开放发展、引领发展。当新科技革命带来的技术进步悄无声息地重塑着社会生活规则之时，高等教育作为科技创新与社会服务的核心阵地，需要积极思考，主动重构高等教育发展方式，转变教育传递方式。跨境民族高等教育凭借其地理联通、语言相通、文化相近等优势，依靠大数据、云计算等各种信息技术展开开放模式变革，突破地域限制、时空限制，以虚拟化的在线教育与实体化的在校教育相结合的方式促进高等教育服务输出具有重要的实践价值。例如，东北跨境民族地区与俄罗斯、朝鲜两国接壤，该地区具备一定的工业基础，尤其是重工业基础，自然资源丰富，铁路、港口便利。东北跨境民族地区具备一定的高等教育基础，可以充分借助其区位优势和语言优势加强与俄罗斯等国的高等教育交流合作。西北跨境民族地区与俄罗斯、哈萨克斯坦等8国接壤，拥有15个边境口岸、2个航空口岸，12个机场，较好的区位以及便利的交通为高等教育对外交流合作提供了现实基础。[①]西南跨境民族地区积极开展同东盟各国的经贸、科技、人文交流与合作。截至2015年，广西共有本科高校35所，专科高校35所，独立设置的成人高校6所，其中一些本科院校和部分职业技术学院已经与东盟国家的大学和企业探讨"2+1""3+1"等合作办学模式，为西南跨境民族地区进一步加强高等教育开放发展水平，扩大高等教育服务输出提供了现实基础。因此，探索跨区域教育生态圈，共建大规模在线教育框架，以跨境民族教育开放模式联通国际、国内两个教育市场，顺应时代要求，助力"一带一路"发展具有重要的现实价值。

二、跨境民族教育开放模式的理论基础

跨境民族教育开放模式的建构是在新时代的背景下，既关注了跨境民族地区高等教育事业发展的现实需要，又注重借鉴教育学与经济学相关理论的合理内核，使得跨境民族教育开放模式兼具实践价值与理论价值。

---

① 薛阳：《少数民族高等教育融入"一带一路"的路径选择》，载《贵州民族研究》，2019年第1期，第202—205页。

（一）联通主义学习理论

联通主义学习理论作为Web2.0、社会媒体等技术快速发展以及知识更新速度日益加剧背景下催生出的重要学习理论，在过去十年获得了快速发展。2005年，加拿大学者乔治·西蒙斯（George Siemens）发表了Connectivsm系列研究成果，从全新角度提出了解释开放、复杂、快速变化、信息大爆炸时代学习如何发生的问题，Connectivism体系定位为"数字时代的学习理论"，引起了国际学术同行的关注，被称为"里程碑式的"。国内以王佑镁、祝智庭教授为代表的学者将Connectivism译为联通主义，取"联而通之"之意。联通主义理论把学习情景视野放在了网络社会结构的变迁当中，认为学习是在知识网络结构中一种关系和节点的重构和建立，"学习是一个联接的过程"。①②联通主义学习理论最基本的思想，主要体现在三个方面：第一，强调学习和知识的网络分布性、学习的联通性、多样性和过程性特征；第二，提出开放联通的网络时代学习者应具备的能力；第三，指出让知识流通是联通主义学习的目的。其中，对学习者应具备的能力准备主要包含两点：一是学习者都受过教育，有信心和能力利用网络开展学习；二是学习者有参与联通主义学习的能力，能对信息是否正确、是否对自己有用作出判断。③

联通主义理论中学习的发生以学习者具备一定的学习能力、判断能力为基础，就目前来说这种学习方式更适合于高等教育阶段学生或成人学生。高等教育系统作为人才培养、研究学术、服务社会、传承文化、国际教育的职能部门，既是社会进步的触发地，又是社会进步积累与传递的重要管道。基于社会进步带来的思维范式转变、学习方式变革，高等教育系统需要积极调整办学方式才能更好、更快适应社会变革的步伐。根据联通主义学习理论，学习者不仅仅是知识的消费者，而且是知识的生产者，参与链接的学习者越多，来源背景越丰富，这个知识生产的网络就能保持高速流转，因而具备强大的活力与吸引力。在跨境民族

---

① 王佑镁、祝智庭：《从联结主义到联通主义：学习理论的新取向》，载《中国电化教育》，2016年第3期，第5—9页。

② George Siemens. "Connectivism: A Learning Theory for the Digital Age", *Instructional technology & distance learning*, Vol 2, No 1, 2005, pp.3–10.

③ 王志军、陈丽：《联通主义学习理论及其最新进展》，载《开放教育研究》，2014年第10期，第11—28页。

地区探索高等教育开放模式，需要基于联通主义的学习理论，在"一带一路"的前沿地带，通过现代信息技术变革整个高等教育生态系统的发展方式，通过招生政策开放、教育教学过程开放、人才培养结果认证开放，不断扩大跨境民族地区高等教育事业发展的学生群体基础，为实现终身教育作准备，让具有多元民族文化背景的学生成为跨境民族地区高等教育发展的知识生产者，以增强跨境民族地区高等教育活力及吸引力，以引领周边区域高等教育事业共同发展，实现教育服务输出的同时不断增强跨境民族地区高等教育事业办学活力。

（二）共享经济理论

1978年，美国德克萨斯州立大学社会学教授马科斯·费尔逊（Marcus Felson）和伊利诺伊大学社会学教授琼·斯潘思（Joel Spaeth）提出了共享经济这个术语。[1]随着Uber、Airbnb的成功共享经济得到迅速发展，共享经济正以不可阻挡的态势发展成一种新的经济形态，国内外相关学者也开始对这一新经济现象进行关注。从交易成本理论出发，共享经济的价值在于在拥有某项资源（资产或技能）的消费者与需要这种资源的消费者之间，对某一时间内可接受的交易成本创建一个匹配。从协同消费理论出发，共享经济的存在使得所有权不再是消费者欲望的最终表达形式，预示着我们可能已经进入了一个"后所有权时代"，即"零边际成本社会"。从多边平台理论出发，有学者认为共享经济的实质是供需双方共同创造新市场和新的商业运营商；一些学者描述为点对点的交流方式、开放、互相链接、沟通及共同使用、无所有权转移等。[2]国内，共享经济2009年才出现了实质性大幅增长，2014年至2015年则出现了井喷式发展，这两年间流入共享经济的风险资金规模增长了五倍多。腾讯研究院的定义是：共享经济是指公众将闲置资源通过社会化平台与他人共享，进而获得收入的现象。这个定义包括四个要素：个人、企业、政府等公众；闲置资源；通过互联网技术实现的大规模共享平台；获得收入。[3]

---

[1]《共享经济》，https://baike.so.com/doc/3760764—3950750.html。

[2]刘奕、夏杰长：《共享经济理论与政策研究动态》，载《经济学动态》，2016年第4期，第116—125页。

[3]张孝荣、俞点：《共享经济在我国发展的趋势研究》，载《新疆师范大学学报（哲学社会科学版）》，2018年第2期，第132—146页。

随着共享经济引发的新经济样态朝着实践层面展开，蔡乐才将共享经济理论引入高等教育系统提出了高校的共享经济模式。他指出，高校共享经济就是创建一种能够提升高校双重经济效益的新经济形态，是高校师生共享高校资源的一种网络化系统或平台，是以提升高校人才培养质量为目的，对高校资源进行共享所形成的一种确定性、可操作性的方法论或范式，其模式主要有共享实体经济模式、共享网络经济模式和共享智慧经济模式。[1]有学者预测共享经济将很有可能成为替代资本主义经济模式的新经济样态，进而推动共产主义取代资本主义。由此可见，共享经济已成为产业经济发展理念革新的风口。因此，运用共享经济理论建构跨境民族高等教育开放模式，以整体提升跨境民族地区高等教育办学效益，既是高等教育系统发展前瞻性的需要，也是跨境民族地区高等教育事业实现跨越发展、引领发展的需要。

三、跨境民族教育开放模式的体系建构

跨境民族地区作为"一带一路"对外联通的桥梁具有重要的战略地位，跨境民族高等教育事业发展是支撑"五通"建设、推动人类命运共同体构建的着力点。在新的时代背景下，继续推进建设吉林面向东北亚开放、新疆面向中亚开放、云南面向南亚和东南亚开放的桥头堡需要教育搭桥"柔"性联通，因此，跨境民族地区高等教育事业发展具有重要战略意义。跨境民族教育开放模式是指坚持互联互通的发展理念，凭借新科技革命带来的技术进步，变革教育系统的组织形态，从办学目的到管理体制及运行机制打造跨境民族教育发展的跨区域教育生态圈，真正实现跨境民族地区高等教育事业的开放发展。

（一）开放模式的办学目标

跨境民族教育开放模式主要适用于跨境民族高等教育阶段，但不局限于此。高等教育是培养高级专门人才和职业人员的社会活动，主要包含普通高等教育、应用型高等教育和成人高等教育。通过改革跨境民族地区高等学校办学方式，深化管理体制改革、运行机制改革，促进"一带一路"沿线跨境民族地区各高校在

---

①蔡乐才：《高校人才培养的共享经济模式建构》，载《江苏高教》，2017年第2期，第16—20页。

教师培养、学科建设、课程建设、科研建设、技术开发等方面合作交流、共建共享；以技术支撑提升高等教育人才培养质量与办学效益；以教育先行构建"一带一路"沿线协同发展的开放环境。其办学目的是开放模式内的各国际、国内高校的招生政策开放、教育教学过程开放、人才培养结果认证开放、科研合作开放、社会服务开放等营造全面开放的跨区域教育生态环境，以实现跨境民族地区高等教育事业的开放发展、引领发展。

（二）开放模式的投资主体

从我国高等教育收费政策的历史演变来看，1949年至1952年的新中国成立初期实行收费政策；1953年至1985年中国高等教育对大学生普遍实行免费受教育的政策，教育经费全部由政府负担；1985年至1995年国家提出了不收费的国家计划招生和收费的国家调节招生同时并存的"双轨制"，中国高等教育开始进入局部收费阶段；1996年以后高等教育学校依据国家有关规定，向学生收取学费。[①]从民族地区高等教育事业发展的财政支持政策来看，1978年至1984年民族教育恢复时期，我国民族高等教育财政支持方向主要集中在恢复和健全专管民族教育的工作机构、恢复和新建民族院校等方面；1985年至1998年民族教育加快发展时期，从1990年到实行财政新体制之前，中央财政设立民族教育补助专项经费，民族高等教育在财政支持下取得了较快发展；1998年以来民族教育跨越发展时期，形成以政府投入为主、社会多方面投资办学的局面。[②]从政策文献的梳理可见，当前跨境民族地区高等教育事业发展的经费来源主要是以政府财政拨款为主，学生学费以及社会多种渠道筹措为辅。跨境民族高等教育开放模式是"互联网+教育改革"的风口，是顺应新科技革命开展大规模在线教育的现代大学变革的大胆探索尝试。因此，可以以跨境民族高等教育当前较高的资源边际效率争取国际资金、中央财政和地方财政资金投入；以跨境民族地区职业教育、培训教育需求量大、投资回报周期短的优势吸引市场金融资本投入；以捐资助学较高的社会名誉回报吸收捐赠资本投入等多渠道融资。以云南民族大学下属二级学院

---

① 王振江：《中国高等教育收费政策的历史演变及原因》，载《科教导刊》，2015年第2期，第1—2页。

② 许林：《公平视角下我国民族高等教育财政投入研究》，华中科技大学博士学位论文，2012年，第41—45页。

澜湄国际职业学院为例，该学院2017年12月奠基，概算总投资约6亿元，除获得国家财政拨款外，专项基金方面，2017年与2018年两个财政年度分别获得澜湄合作专项基金700万元与400万元资助。奖学金方面，2018年国家教育部给予云南民族大学澜湄国际职业学院14个"丝路奖学金"专项留学生名额。学校自筹350万元资金设立了"云南民族大学澜湄国家留学生奖学金"。[①②]

（三）开放模式的学校结构

跨境民族教育开放模式是在政府指导下，跨境民族地区高等院校从单主体实体化办学走向多元主体联通的开放办学模式，坚持"政府引导、多元联通、共享发展"的原则，构建国际性与区域性为一体的人才培养开放平台、科研合作开放平台、社会服务开放平台，以实现从招生政策开放到培养过程开放，再到结果认证开放，从联合研究到联合开发，从成果孵化开放到培训服务开放的开放办学方式。以云南民族大学二级学院澜湄国际职业学院为例，具体介绍跨境民族教育开放模式的办学方式。为积极响应国家澜湄合作倡议，落实"一带一路"发展，2016年10月，云南民族大学与德宏州瑞丽市人民政府合作共建澜湄国际职业学院。该学院规划占地约300亩，建筑面积约13万平方米，概算总投资约6亿元，计划2019年底建成，建成后可满足澜湄六国全日制在校生规模3000人（中国学生2000人，澜湄5国的留学生1000人左右），非学历教育6000人至12000人。[③]澜湄国际职业学院由中国、老挝、缅甸、泰国、柬埔寨和越南6个国家政府主导共商，6个国家的一流院校牵头，6个国家共同组建理事会，行业、企业、院校、研究院所等多方机构共同参与办学，旨在打造一个具有国际视野、高端引领、多元办学的综合应用型学院。[④]

① 于欣力、段淑丹：《开创澜湄教育合作新模式　助力构建澜湄国家命运共同体——以云南民族大学为例》，载《世界教育信息》，2019年第9期，第2—27页。

②《李克强在澜沧江—湄公河合作第二次领导人会议上的讲话》，http://www.gov.cn/guowuyuan/2018-01/11/content_5255425.htm。

③《云南民族大学澜湄国际职业学院落地瑞丽　创新中外办学模式》，http://yn.people.com.cn/n2/2017/0116/c378439-29600977.html.

④ 于欣力、段淑丹：《开创澜湄教育合作新模式　助力构建澜湄国家命运共同体——以云南民族大学为例》，载《世界教育信息》，2019年第9期，第2—27页。

（四）开放模式的教学体系

1998年，第九届全国人民代表大会常务委员会第四次会议通过《中华人民共和国高等教育法》：第四章第三十三条规定高等学校依法自主设置和调整学科、专业；第三十四条规定高等学校根据教学需要，自主制定教学计划、选编教材、组织实施教学活动。2009年，中华人民共和国颁布的《学科分类与代码》（GB/T13745-2009）划分有自然科学、农业科学、医药科学、工程与技术科学、人文与社会科学共5个学科门类、62个一级学科或学科群、676个二级学科或学科群、2382个三级学科。因此，跨境民族地区高等教育开放模式的教学体系需按照国家规定，在符合学科分类的框架下进行必修课程、核心课程以及选修课程体系建设，并将课程资源网络化、虚拟化，以实现跨区域的大规模在线教育。同时，根据联通主义以及共享经济理论，利用开放平台，把教师资源、学科资源、课程资源呈现在网络平台中，以增加联结的信息点的数量，以信息点的联结创生新的知识，使高等教育的知识体系在联结、互动中共创、共享，不断丰富完善。

（五）开放模式的管理体制

跨境民族高等教育开放模式的管理体制是保障开放模式正常运行的管理机构以及与其相适应的制度规范的集合。开放模式通过理事会统整学校日常事务运行及管理工作。开放模式理事会由各国共同组建，各国家层面政府主导共商，各国地方层面提供指导服务，各国高校负责具体落实，通过理事会制度推进日常管理工作。开放模式理事会依据高等教育培养人才、研究学术、服务社会的三大基本职责开展工作，搭建起人才共育开放平台、科研合作开放平台、社会服务开放平台作为开放共享管理体制的三大载体。

人才共育开放平台主要负责从招生到培养，再到认证环节的各项管理工作。招生环节，通过各国、各高校在理事会框架下协商制定"一国一策"的留学生招生及管理制度体系和中国学生招生及管理制度体系，实现招生政策的开放，推动开放模式招生工作的开放发展。培养环节，通过协商制定教师交流管理制度体系、学科共建管理制度体系、课程共享管理制度体系，借助"互联网+教育"的技术革新，实现平台建设与制度建设同时布局。用大数据技术做好平台的建设、维护及使用效果监控，构建常态化的平台学习及更新机制，通过使用效果的大数据分析掌握跨境民族学生学习特征及学习风格，为教师培训、学科发展、课程建设及改进提供参考。①认证环节，通过协商制定学分互换管理制度体系、学历学籍认证管理制度体系，借助互联网信息技术，构建跨国、跨校学分互认资历框架，以学分互认为基础，衔接各国高校同类型及不同类型的高等教育人才培养成果；学籍方面探索双学籍、连续学籍或者单边学籍等多种学籍管理制度；学制方面，探索"X+Y"形式的学年分段式、寒暑假衔接的学时分段式、课堂学习和网络学习的空间分段式管理制度等。

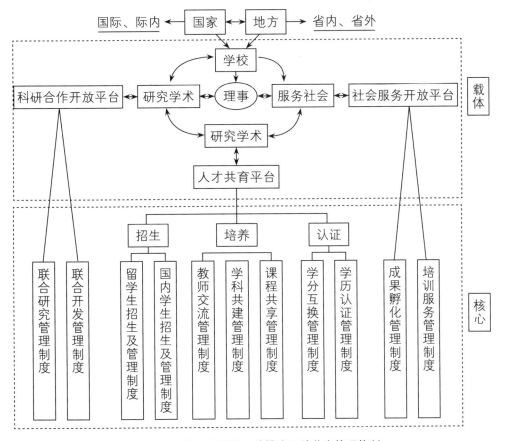

图5-7 跨境民族教育开放模式开放共享管理体制

科研合作开放平台主要通过协商制定联合研究管理制度体系、联合开发管理

---

① 陈时见、胡娜：《"一带一路"视域下跨境民族教育的价值意蕴与创新路径》，载《清华大学教育研究》，2019年第2期，第83—84页。

制度体系，实现跨国、跨校科研团队的深度合作。一些涉及多国共同利益的人类命运共同体问题需要依托科研合作平台，利用多国的智力资源及社会基础开展联合研究。例如，湄公河流域的水质治理、内蒙古边境地区的沙漠化治理等等关乎多国人民共同福祉的生态问题；金三角防毒禁毒治理、跨境地区恐怖组织监控及治理等等关乎多国安全问题的社会问题。

社会服务开放平台主要通过协商制定成果孵化管理制度体系、培训服务管理制度体系，实现跨国、跨校的技术转化以及服务保障，如为多国跨境民族群众提供职业技能培训、语言培训。以跨境民族教育开放模式"开放共享"管理体制的理论架构为蓝图，结合广大跨境民族地区高等教育事业的实际情况，因地制宜，灵活建设。

（六）跨境民族教育开放模式的运行机制

跨境民族高等教育开放模式的运行机制是在开放模式开放共享管理体制框架下，保障开放模式顺利运行的各个教育现象之间的相互关系及其运行方式。从层次机制来看，跨境民族高等教育开放模式属于中观层面，是以理事会统整学校发展。从形式机制来看，在跨境民族地区进行高等教育开放模式改革初期，需要国家政府的行政力与高等院校的学术力双管齐下、相互配合，寻找各国制度层面的共通点、文化根基的相似性以及高等教育事业发展诉求的共性，以推动跨国、跨校切实合作。进而借助现代信息技术搭建起促进交流合作的人才共育开放平台、科研合作开放平台、社会服务开放平台，并实现平台的跨国、跨校联通接入。在进行平台建设之时，同时进行平台运维的标准建设，以及保障平台日常运行的制度体系建设。进入成熟期，基本形成了开放模式的自主运行机制，将跨国、跨校的人才培养、科学研究与社会服务通过基于实体校园与基于智慧校园相结合的方式实现开放办学。从功能机制来看，在跨境民族地区实施高等教育开放模式改革初期，宜采用激励功能，通过示范学院建设，契合国家"一带一路"倡议，重点支持开放模式的示范建设，不断深化教育服务输出改革。在改革成熟期，宜采用保障功能，通过全面普及化建设，不断提升跨境民族地区高等教育办学质量，全面增强跨境民族地区高等教育服务输出能力。

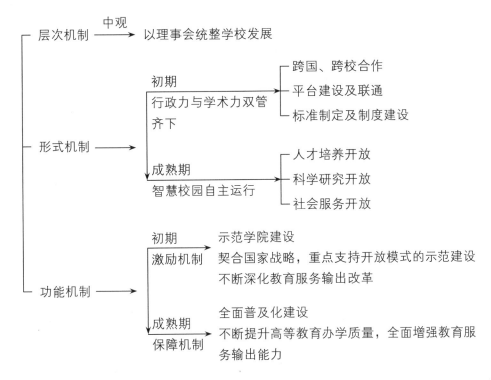

图5-8 跨境民族教育开放模式运行机制图

四、跨境民族教育开放模式的实施策略

跨境民族教育开放模式的建构具有一定的预见性与挑战性，通过跨境民族地区高等教育的开放模式改革试点，打造跨境民族地区跨区域教育生态圈，以教育先行推动"一带一路"建设。实施跨境民族高等教育开放模式建设既需要政策保障，又需要技术支撑，还需要对资源进行有效整合。

（一）增强政府的政策沟通

跨境民族教育开放模式改革的关键是以"一带一路"的开放性视野，突破传统的边界限制，以政策沟通、理念革新推动跨境民族高等教育开放模式框架建设，为"一带一路"沿线跨境民族地区高等教育事业发展的共商、共建、共享提供参考模式。一方面，是推动政策沟通。首先，国家层面已将教育搭桥联通广大"一带一路"沿线跨境民族地区，并作为推动"一带一路"实质性建设的重点工作。因此，国家层面应积极推动跨境民族地区跨区域性高级别政策沟通，以多国首长圆桌会议等形式协商制定促进跨境民族地区跨区域教育生态圈的政策支持。内容上，如跨境民族学生跨境就读的学籍政策、跨境就读的学制规划、跨境就读的学分互换以及学历认证等政策都需要国家层面促进多国政府共同协商制定。形式上，根据具体的内容体系，灵活采用"一国一策"或"多国一策"的方式。流程上，先在双方教育合作、人文交流、政策互信基础较好的国家开展小范围试点，再扩展到更多的以跨境民族为联系纽带的"一带一路"沿线国家。其次，地方层面需在国家大政方针政策指引下，积极探索符合地方资源优势的具体行动框架。例如，西南跨境民族地区作为联通南亚、东南亚的桥梁地区，与东盟10国积累了一定的教育合作基础，在此基础上以澜湄合作为契机，地方搭台开展了中国—东盟职业教育联展暨论坛、澜湄教育合作论坛、澜湄合作智库论坛、中国—东盟职业教育高峰论坛、中国—东盟教育官员对话会等系列活动来构建跨境民族地区多国多边互动的良好平台。最后，学校层面应在全面评估的基础上，找准契合点。例如，目前东盟地区多数国家尚处于高等教育发展的低水平阶段，对优质高等教育资源需求迫切，再加上东盟地区也是海外华人华侨的聚集区，同源同根文化的依附性使得相当一部分东盟青年倾向于来华留学。[1]当地具有优势的高校应积极主动与跨国高校及企业合作，以绿色通道等方式开展多边开放性人才培养、科学研究以及社会服务工作，比如云南民族大学构建的澜湄国际职业学院，以及与缅甸矿业企业开展的职业技能和汉语培训。另一方面，是促进理念革新。在全球化、信息化的时代背景下，互联互通、共谋发展已成为时代主题。构建跨境民族教育的开放模式也需要观念上的与时俱进，与最新的教育理念、学习范式、教育技术手段、经济发展方式相契合。通过政策引导、舆论宣传、多渠道培训等方式以联通主义和共享经济为理论基础，帮助教育系统党政干部及普通教职员工树牢"联通共创、分享共赢"的发展意识。

（二）开发信息化教育资源

跨境民族教育开放模式是顺应时代发展需要，以新科技革命带来的大数据、云计算等现代信息技术促进跨境民族地区教育事业不断深化发展方式改革，不断

---

① 贾佳、方宗祥:《"一带一路"倡议下中国与东盟跨境高等教育刍议》,载《高等教育管理》,2018年第4期,第51—57页。

提升教育服务输出能力，助力"一带一路"优质高效发展的大胆探索，重在建构高等教育人才培养、研究学术、服务社会、传承文化、国际合作等基本职能的跨区域性开放合作。跨境民族高等教育开放模式发挥实效重点在以联通主义学习理论与共享经济理论为指导构建跨境民族高等教育的信息技术经济产品体系以实现大规模在线学习即E-Learning。首先，需要依靠大数据、云计算等互联网信息技术搭建好三大开放平台以联通国际、国内高校，为信息技术经济产品的跨国、跨校流通提供支撑，如国内的中国大学MOOC平台、学堂在线、腾讯课堂，国外的Coursera、EdX、Khan Academy（可汗学院）这些平台是大规模在线学习平台建设的先驱，引领了一个崭新的学习革命的新时代。其次，根据跨境民族地区高等教育发展的特殊需要以及历史文化基础，依托信息技术建设经济技术产品。一是建设在线民族历史文化课程资源。依托跨境民族高等教育开放模式汇聚跨境民族地区全社会的力量献智献策、广泛论证，开发具有不同民族特色的课程资源以增加民族课程的内容吸引力；同时，借助信息技术手段将开发的传统民族课程资源转化为在线课程以实现民族课程资源校际共享、民族共享、示范区域内跨国共享。例如，布朗族"末代王子"历经10多年搜集了本民族文化资料，撰写了介绍布朗族文化历史的《芒景布朗族简史》和《芒景布朗族与茶》，可利用音频、视频、Flash、VR等信息技术手段转化为在线课程。二是建设在线民族语言课程资源。加强民族语言教育教材的自主建设。例如，中国西北陕甘回民与中亚哈萨克斯坦、吉尔吉斯斯坦、乌兹别克斯坦等国的东干人是同一跨境民族，东干语是我国陕甘方言的特殊变体。通过在线语言教育课程教材建设以实现该地区的跨境民族教育在本民族语言学习的基础上，扩展到对东干语的学习和了解，有利于培养回族学生在中—哈、中—吉、中—乌等经济交往中的语言能力。三是丰富多语种基础学科教学、教辅资源翻译资源。组织具有双语或多语言能力的教师团队，加大对已有的大量经典的基础学科通用教学教材及教学辅助资源的翻译工作，依赖本民族语言学习相关理论学科知识，有助于提高跨境民族学生对理论学科内容的理解力和接受度；同时，将通用经典教材多语言化、虚拟化，以丰富开放模式平台的经济技术产品，增强平台的吸引力。最后，还需要做好平台各类资源使用的后期维护和使用效果的数据监控，以形成常态化的学习和更新机制，并通过使用效果的大数据分析掌握跨境民族学生学习特征和学习风格，为持续供给符合跨境民族学生学习需要的经济技术商品提供参考。

（三）加强教育资源的有效整合

跨境民族高等教育开放模式顺应了终身教育思潮以及大规模在线学习的时代需求，但是伴随大规模在线学习革命而出现的还有大规模在线学习资源，虽然大数据、云计算等信息技术为大规模学习资源提供了承载空间，但也为大规模学习资源的价值甄辨、需求匹配增加了难度。因此，在跨境民族高等教育开放模式资源建设的开局之时需要做好各类教育资源的有效整合以避免低质重复建设，进而避免后期的资源管理及选择困难。一是有效整合多元主体资源，充分认识各级政府、教育行政部门、学校等不同主体在跨境民族高等教育体系中的重要作用。政府部门有能力解决体制机制障碍，是跨区域教育资源评价标准的政策制定者及维护者；教育行政部门有能力提供教育的基础设施设备建设资源、办学布局结构调整规划，是办学质量监控与评价的实施者及服务保障者；学校方面有能力结合办学实际优化教学过程和教育方法提升教育教学质量，是信息技术经济产品的建设者，人才培养活动实施的具体执行者。多元主体需要在不同层级进行充分的交流沟通，让资源建设及配置朝着国际化、规范化、实用化的方向建设。二是有效整合资金资源。跨境民族高等教育开放模式是"互联网+教育改革"的风口，是顺应新科技革命开展大规模在线教育的现代大学变革的大胆探索尝试。跨境民族区域教育生态圈建设投资主体多元，既有国际资本，又有中央及地方资本，还有各类项目资本和捐赠资本，需要构建跨区域性资金管理平台，完善多方监督的跨区域性资金使用制度、固定资产管理及流转制度等，形成公开透明的监管体系，以有效保障跨区域教育生态圈的各投资主体的多方利益，规避财务风险。三是有效整合信息技术经济产品资源，依托跨区域的科研合作开放平台进行信息技术经济产品建设的项目化管理，基于跨境民族地区产业经济特点，社会历史文化特点以及跨境民族学生需求特点等，在广泛调研、征求意见的基础上生成跨区域性信息技术经济产品清单，并依托平台公开招标，完善"谁建设谁负责"的长效追责机制，以有效整合跨境民族信息技术经济产品资源的建设和使用。

第六章

"一带一路"背景下
跨境民族教育的技术融合

"一带一路"倡议赋予了跨境民族教育特殊的时代使命,不仅需要不断提升自身教育质量,建立高质量的教育支点,而且需要加强国际合作,为"一带一路"建设的人才培养和民心相通发挥积极作用。然而,跨境民族地处边疆,教育资源相对不足,教育发展基础较为薄弱,亟须大力推动跨境民族地区现代信息技术的创新、应用与融合。这不仅需要加强现代信息技术基础设施和平台建设,而且需要大力推进现代信息技术的广泛运用,促进信息技术与跨境民族教育的有机融合。技术驱动与技术融合无疑是跨境民族教育创新发展的重要路径。

第一节 跨境民族教育技术融合的时代内涵

随着现代信息技术的发展,特别是5G移动通信技术、物联网技术、云计算技术、大数据技术、区块链技术、超高清技术、4D打印技术、"互联网+思维"、人工智能和虚拟现实等技术的深入发展和广泛运用,教育技术正在发生根本性变革,并对教育产生持续而深刻的影响。现代信息技术与教育的有机融合不仅是大势所趋,而且在很大程度上赋予教育新的时代内涵。

一、跨境民族教育技术融合的发展目标

随着新时代主要矛盾的变化,教育由原来的教育机会平等(能上学)转向教育平等(上好学)。教育帮扶的重心从置于"社会"逐渐转向置于"人",比如"关注每一位学习者的个性化学习和全面发展"(上学好)。[①]未来的教育需要更加以人为本,面向每一位学习者。在教育目标、教育过程、教育模式、教育资

---

① 廖宏建、张倩苇:《"互联网+"教育精准帮扶的转移逻辑与价值选择——基于教育公平的视角》,载《电化教育研究》,2018年第5期,第5—11页。

源、教育时间和教育评价等方面都要充分满足个性化的要求。"一带一路"背景下，跨境民族教育技术融合具有多重发展目标。

（一）构建跨境民族终身教育体系

"一带一路"背景下，跨境民族对终身教育体系提出了更高的要求。不同的跨境民族有不同的民族文化背景；不同地区的跨境民族的地理环境背景和跨境历史背景各不相同；同一个地方相同跨境民族的两个学生，他们可能属于不同的跨境类型的家庭；甚至来自于同一个地方相同跨境民族和相同跨境类型家庭的学生之间也都存在差异；实现《推进共建"一带一路"教育行动》三大合作远景中的"推进民心相通"和"提供人才支持"两大愿景，需要不同类型和不同层次的人才。因此，跨境民族教育急需满足个性化要求的终身教育体系。

当前跨境民族地区的终身教育体系亟待发展完善，急需提升个性化服务水平。过去很长一段时间内，国家主要重视基础设施建设，强调物质帮助，关注个体发展的外在因素，不能很好地照顾到个体的内在发展需求。[1]这在跨境民族教育中更为突出，具体表现为：第一，跨境民族地区基础教育整体基础薄弱，内部发展不均衡问题较为严重，无法满足个性化的教育需求。由于跨境民族地处边境，这些地方大多是贫困地区，地方对教育的资金投入有限。教育师资数量匮乏现象较为突出，如部分城区小学大班额现象依然存在，部分教学点依然存在复式教学班。整体师资质量偏低，课程与教学内容缺乏地方特色，甚至有些学校无法开齐开足国家课程。第二，在职业教育方面，跨境民族所在县域内中等职业教育学校已经很少，中等职业学校的课程已经严重落后于现实需求，更无法有效满足"一带一路"建设要求。跨境民族所在的市一级中等职业学校或高等职业学校中，很多学校设置的课程的区域特色不够突出，很少有学校设置为"一带一路"建设服务的课程。第三，在普通高等教育方面，极少有普通高校坐落于跨境民族所在的县域内。有的跨境民族所在市域内有本专科院校，但这些学校为"一带一路"民心相通与人才培养服务水平，以及与"一带一路"沿线国家的教育合作水平都有待提升。第四，在继续教育方面，很多跨境民族继续教育与国内其他地方继续

---

① 廖宏建、张倩苇：《"互联网+"教育精准帮扶的转移逻辑与价值选择——基于教育公平的视角》，载《电化教育研究》，2018年第5期，第5—11页。

教育没有太大的区别，更缺乏与"一带一路"需求相对应的继续教育。

跨境民族教育技术的创新，将有助于促进构建满足个性化需求的跨境民族终身教育体系。例如，借助"互联网+教育"，可以帮助跨境民族教育在经费有限的情况下为学生提供丰富多彩的高质量的网络课程与学习资源；随着5G技术的成熟和推广应用，移动互联网将得到很好的发展，跨境民族教育借助5G移动互联网与教育的深度融合，将满足跨境民族学生个性化的学习时空需求；大数据技术与云计算技术只需要很少的人参与，就能为资源受限的跨境民族教育中的用户在大量的数字资源中按需地提供迅速便捷的服务；基于物联网和人工智能技术的跨境民族智慧教室和智慧校园建设，将推动跨境民族教育为每一位学生提供更加精准的教育服务；区块链技术的应用，将有助于跨境民族地区的学生个性化学习的学习记录与认证。

（二）推动跨境民族文化传承与发展

跨境民族具有特殊的文化历史背景和地理区位优势，是我国推进"一带一路"建设的有利因素。《推进共建"一带一路"教育行动》的合作愿景之一为民心相通，合作原则包括人文先行和民间（学校、企业及其他社会力量）为主体，要求中国教育要率先行动起来，而且要以地方重点推进。我国跨境民族众多，加强跨境民族教育技术融合对于跨境民族文化传承与发展具有积极的现实意义。一方面，可以提升跨境民族对国家和民族的认同感，增强自豪感；另一方面，将为跨境民族教育在《推进共建"一带一路"教育行动》中发挥民间主体作用打下坚实的基础，将有助于跨境民族教育与"一带一路"沿线国家开展更大范围高水平的深层人文交流，将有助于为"一带一路"提供既懂技术又懂他国文化的复合型人才。

当前，跨境民族教育在传承与发展民族文化方面还面临诸多困境，主要表现为如下几对矛盾：第一，跨境民族教育中的民族文化师资与课程教学资源匮乏且资金投入能力有限与多样化的民族文化教育需求之间的矛盾；第二，跨境民族教育在民族文化传承与发展中的跨境合作不足与推进"一带一路"发展中的民心相通间的矛盾；第三，跨境民族学校的民族文化教育、企业及其他社会力量间合作不够紧密与《推进共建"一带一路"教育行动》中提出的"发挥学校、企业及其他社会力量的主体作用"间的矛盾；第四，增加跨境民族文化教育课程与加重学生课业负担间的矛盾。

跨境民族教育技术创新将有利于解决以上问题，促进跨境民族文化传承与发展。借助"互联网+"，跨境民族学校可以从民间和境外引入数字化民族文化课程资源及师资，解决民族文化师资、课程教学资源及经费投入能力有限的问题；同时，还可以向社会共享民族文化传承与发展相关的数字化教育资源，而不需要增加太多的投入。基于大数据、云计算、区块链、互联网等现代信息技术的综合运用，推动民族文化传承与发展教育的跨境与跨界合作；通过提供丰富多彩的数字化跨境民族文化选修课程，应对提供跨境民族文化教育课程与加重学生课业负担间的矛盾问题。

（三）加强跨境民族教育与区域社会联系

"一带一路"建设需要跨境民族教育加强与区域社会的联系。《推进共建"一带一路"教育行动》明确了教育的基础性与先导性，要求教育要为民心相通架设桥梁，要为政策、设施、贸易和资金四通提供人才支持；要求地方重点推进，遵循民间（教育、企业和其他社会力量）为主体的原则，各级学校有序前行，社会力量顺势而为。跨境民族教育必须加强与区域内的企业和其他社会力量之间的合作，需有效整合一切民间力量，为中国与所在地区"一带一路"沿线国家间的民心相通架设起坚实的桥梁打下基础；只有加强跨境民族地区教育与区域各行各业间的联系，才能培养出区域经济社会发展急需的高质量人才，为跨境民族地区发挥"一带一路"建设中的政策、设施、贸易和资金四方面的互联互通打下基础；同时，跨境民族教育在与区域企业及其他一切社会力量的合作过程中，将促进包括教育在内的各行各业的发展，将为跨境民族地区落实《推进共建"一带一路"教育行动》中"地方重点推进"的要求和"民间为主体"的原则打下基础。

当前，跨境民族教育普遍存在与区域联系不够紧密的问题，具体表现为：由于应试教育和升学压力的影响，长期忽视职业教育。地方课程与校本课程未开设或未开足情况较为普遍，更缺乏同企业及其他社会力量共建的实践教学基地。职业教育较为薄弱。通过调研发现，很多跨境民族地区的县级职业学校已经没有学生，或者学校开设课程陈旧，满足不了区域社会经济发展需求。继续教育难以满足"一带一路"建设的实际需求。

加强跨境民族教育与区域联系需要合作平台，需要财力支持，需要各方相互给予人才支持，需要各方工作人员增加工作时间，需要高效及时精准的联系与合作。然而，跨境民族地区整体发展滞后，各行各业间合作意识不足，财力有限，建设高质量的合作硬件平台能力有限。跨境民族教育等各行各业从业人员数量普遍不足，教师现有工作量普遍较大，教学质量普遍有待提升，在教育与其他行业合作中相互提供高质量人才数量有限。

跨境民族教育技术的创新将有助于加强跨境民族教育与区域社会的联系，从而推动"一带一路"建设。"互联网+"思维具有连接、开放、协作和共享的特点，有助于提升跨境民族地区教育与各行各业合作的意识。借助5G移动互联网等最新互联网技术的普及运用，将允许跨境民族教育与其他行业随时随地灵活方便地开展线上合作而不需要太多的投入。物联网、大数据、云计算和超高清技术的创造性运用将为跨境民族地区教育与区域内其他各行各业进行全面、深入、及时、精准和高效的合作提供可能。区块链技术实现业务活动主体行为及内容的不可抵赖性证明和时间上的可追溯性，将为跨境民族教育与区域各行各业间的交易、学习互认和共享人员工作量认定等方面提供技术支持。

（四）促进跨境民族教育优质均衡发展

实现区域间、城市与农村间教育均衡发展一直是我国教育努力的方向。通过不断的努力，我国教育均衡发展得到了较大的提升，尤其是2012年国务院发布了《关于深入推进义务教育均衡发展的意见》以后，迅速推进了跨境民族基础教育的均衡发展。在之前的教育均衡发展工作中，国家主要注重信息基础设施建设、互联网接入、数字资源开发与输送等物化帮扶与均衡，强调个体发展的外在因素，关注群体利益。随着新时代我国社会主要矛盾已经转化为人民日益增长的美好生活需要和不平衡不充分的发展之间的矛盾，基于温饱水平的教育机会平等（能上学）逐渐得到满足后，教育均衡发展工作重心转向提升学校教育高位均衡发展。《推进共建"一带一路"教育行动》指出，在推进"一带一路"教育共同繁荣过程中，中国教育要率先行动起来，要由地方重点推进。这对跨境民族地区各级各类教育都提出了很高的要求，不仅是跨境民族地区的义务教育需要实现优质均衡发展，跨境民族地区的职业教育、高等教育和继续教育也需要实现优质均衡发展。每个跨境民族都有独特的民族文化背景，每个跨境民族在"一带一路"建设中有着不同的使命，即使同一个地方的跨境民族在"一带一路"建设过程中扮演的角色也各不相同，因此对教育的需求也会有所不同，这对教育的优质均衡发展提出了更高的要求。

信息资源的低成本复制和快速传播特性，极大地提高了优质数字教育资源在更大范围的配置效率，[①]可以有效推动跨境民族教育优质均衡发展。借助大数据、云计算加强跨境民族教育与地方、与"一带一路"建设间的联系，为"一带一路"培养有用人才。基于5G等移动网络发展，将使得实践教学基地与学校联系得更紧密。通过大量的数字化学习资源，将允许人们根据自己需要进行选择学习，满足个性化需求，进而促进跨境民族教育的优质均衡。

（五）提升跨境民族教育国际化水平

"一带一路"是人类命运共同体建设的伟大实践，其定位是"最受欢迎的全球公共产品，前景最好的国际合作平台"，核心要义是共商、共建、共享，需要大量的既能适合本国发展的重要力量，又能解决全球问题的国际人才。《推进共建"一带一路"教育行动》要求教育要在发展好自身的基础上愿意为"一带一路"区域教育发展承担更大的责任，既要在教育政策、合作渠道、民心、语言和学历认证标准等方面加强互联互通合作，又要在人才培养培训和共建丝路合作机制等方面重点开展合作。跨境民族教育具有特殊的民族文化背景和地理位置优势，跨境民族的基础教育、职业教育、社会教育等均可为"一带一路"培养人才方面作出特别的贡献，尤其是在职业教育与社会教育方面大有可为，必须推进跨境民族教育国际化发展。

当前，我国跨境民族教育的国际化水平有待提升，主要表现为：第一，我国跨境民族地区教育的国际化合作意识不足，尤其是基础教育阶段比较忽视现实需求。不少跨境民族地区各级各类学校教育的课程和其他地区同类学校的课程没有太大区别，外语基本还是英语，基本没有开设第二外语。第二，国际化合作条件

---

① 廖宏建、张倩苇：《"互联网+"教育精准帮扶的转移逻辑与价值选择——基于教育公平的视角》，载《电化教育研究》，2018年第5期，第5—11页。

不足。国际化师资、国际化课程和国际合作的硬件设施条件都存在不足，由于条件限制，与"一带一路"沿线国家合作还没有内地发达地区与"一带一路"沿线国家间的合作做得好。第三，缺乏教育政策沟通，合作渠道不畅通，缺乏合作平台。虽然国家层面鼓励跨境民族地区与邻国进行教育交流，但开展国际交流事务受理部门、合作范围标准等方面都还没有具体的文件指导，由于审批复杂或担心有政治风险而只能放弃与"一带一路"沿线国家间的合作交流。第四，少部分跨境民族地区的学校与邻国进行了交流，但主要以民间交流为主，合作内容和形式单一，不系统。

教育技术创新有助于解决跨境民族教育国际化发展中存在的以上问题与挑战，推动跨境民族教育的国际化发展。"互联网+"思维的连接、开放、协作、共享的特点将有助于解决因跨境地区中教育合作意识不强与邻国合作意识不强或有戒备而无法合作的问题。"互联网+"、5G 移动技术、大数据、云计算、物联网技术的创造性应用，将有利于跨境民族教育加强与"一带一路"沿线国家间课程与教学、教育管理和教育研究等方面的共商、共建和共享，为"一带一路"建设的人才需求提供大量的继续教育。区块链技术的去中心化认证监管并进行分布式记账，实现业务活动主体行为及内容的不可抵赖性证明，将为不同国家跨境民族教育合作管理提供很好的技术支持。

二、跨境民族教育技术融合的发展过程

跨境民族教育技术创新是技术与跨境民族教育融合的过程。跨境民族教育技术创新不是技术与教育的简单相加，而是深度融合，促进跨境民族教育技术进步，促进跨境民族办学、管理、教育教学组织、教育评价和教育国际化合作等全方面变革。

（一）科学技术促进教育变革

首先，由于合作领域是全方位的，合作的深度和广度都是前所未有的，对跨境民族教育技术创新中的裂变性创新提供了很多"全新的市场空间"。其次，知识日新月异，在"一带一路"沿线国家间的共建共享、开放合作和互联互通的过程中，将不断地产生"新的知识"，也将不断地出现"知识间的融合"。再次，

5G移动通信技术、物联网、大数据、云计算、人工智能、区块链、4D打印和虚拟现实等最新信息技术及今后不断出现的信息技术，将为跨境民族教育技术中的裂变性创新提供新的知识与技术基础。此外，技术变革周期将变得越来越短，今后出现的新技术将同样为跨境民族教育技术中的裂变性创新提供新的知识与技术基础。基于以上三方面的基础进行的跨境民族教育技术创新，将不断地给相关教育技术产品带来全新功能，甚至创造出市场上不曾存在的教育技术产品，促进教育格局的巨大变化。

跨境民族教育技术创新是技术与跨境民族教育"不断"融合的过程。首先，现在知识更新的周期已经缩短为2年至5年，网络技术的更新周期更是从18个月缩短为8个月。[1]随着科技的发展，技术更新周期有可能变得越来越短，新的技术将不断出现，只有将新的科学技术不断融入跨境民族教育，才能不断提升跨境民族教育在"一带一路"建设中的作用。其次，"一带一路"建设目标包括"繁荣之路"和"创新之路"，这意味着"一带一路"是不断创新与发展之路。随着"一带一路"的不断推进，将在民心相通、人才培养与教育合作方面对跨境民族教育不断地提出新的要求，需要根据"一带一路"建设过程中的新要求实现科学技术与跨境民族教育的不断融合发展。最后，包括跨境民族教育技术创新在内的所有教育技术创新需要不断地走向系统化。目前，教育技术创新已经取得了许多成果，创建了大量的网络课程与教学平台，各级各类学校的课堂教学、实验实训室建设、学生管理、教务管理等方面都创造性地运用了现代信息技术。但总体来讲，这些创新成果相对零散，缺乏有序性，具体表现为：横向单位间缺乏合作；纵向有国家到地方级级政策，但具体行动和监督方面的系统性有待提升；协同创新不突出；前后资源浪费；不同平台和不同系统相互独立。所以，《中国教育现代化2035》提出要"统筹建设一体化智能化教学、管理与服务平台"。

（二）技术创新推动教育共建与共享

"一带一路"倡议下跨境民族教育技术创新是共商、共创、共享的过程。首先，跨境民族教育技术创新，需要与"一带一路"沿线国家共商、共创、共享。

---

[1] 龙跃：《现代服务环境下制造服务创新的内涵与外延》，载《华东经济管理》，2012年第7期，第67—70页。

"一带一路"的核心理念为和平合作、开放包容、互学互鉴、互利共赢,《推进共建"一带一路"教育行动》提出的合作原则之一为"共商共建,开放合作",共同发展是重要的合作愿景。因此,跨境民族教育技术创新需要与"一带一路"沿线国家一起商量、共同创新和共享创新成果。其次,《推进共建"一带一路"教育行动》要求中国教育要率先行动起来,加强协调推动,地方重点推进,各级学校有序前行。因此,跨境民族教育技术创新需要跨境民族地区各级各类学校共商、共创和共享。再次,《推进共建"一带一路"教育行动》要求遵循以学校、企业和其他社会力量等组成的民间作为主体推进。因此,跨境民族教育需要跨境民族教育与跨境民族地区其他行业协同创新,共享创新成果。最后,跨境民族教育独特的历史文化背景,独特的地理位置和"一带一路"赋予的独特使命,需要跨境民族教育工作者与科学技术工作者根据跨境民族地区的实际情况进行针对性的协同创新。

徐双庆、陈学光、王志玮通过主流市场格局变化程度和技术间断性的二维划分标准,对技术创新全集进行了划分,按照技术创新产生的技术间断性强弱程度,将技术创新分为突破性技术创新和渐进性技术创新,按照主流市场格局变化程度,分为持续性技术创新和裂变性技术创新。[1]其中,突破性技术创新造成了技术发展轨迹上的间断,渐进性技术创新保持了技术发展轨迹的连续性。

跨境民族教育技术创新是突破性创新和渐进性创新相结合的过程。首先,跨境民族教育技术创新需要突破性创新。当前的区块链技术、人工智能(机器人)、虚拟现实技术和4D打印技术并非是原有技术的升级创新,而是实现了技术发展轨迹上的间断,这些技术与跨境民族教育技术的融合将属于突破性创新。其次,跨境民族教育技术创新需要渐进性创新。大数据技术、5G移动通信技术、超高清技术、"互联网+"思维、物联网技术和云计算技术已在教育中得到了一定的应用,但还需要不断实现这些技术在跨境民族教育中的应用创新。这些技术创新将属于渐进性创新。

无论是当前跨境民族教育内部,还是与境外教育合作中,都有了大量的教育

---

① 徐双庆、陈学光、王志玮:《裂变性创新的内涵辨析》,载《科学管理研究》,2008年第2期,第1—4页。

技术应用。然而，这些教育技术产品的功能还不够完美，需要不断地创新以提升产品的功能。例如，随着互联网技术与教育的融合，目前已经有了大量的网络课程，但还存在网络课程质量参差不齐、课程不具有系统性和共享程度还不够深入系统等问题。因此，需要通过教育技术创新，不断提高课程质量，增加课程量，通过教育技术制度创新加强推广共享。再如，在4G等技术背景下，目前也有很多移动学习平台提供了课程，但速度还是相对较低，普及性还不高。随着5G技术的成熟和在教育领域中的创造性运用，泛在学习将得到很好的发展。

三、跨境民族教育技术融合的发展条件

"一带一路"背景下，跨境民族教育技术融合不仅需要理念创新和技术创新，而且需要将这些创新的理念和技术有效地应用在教育上，进而为跨境民族教育技术融合创造条件。

(一) 跨境民族教育技术融合的理念创新

新时代跨境地区的社会发展对教育提出了更高的要求，"一带一路"倡议也给跨境民族教育赋予了新的时代使命。理念是一切行动的基础。因此，在跨境民族教育技术创新中首先是要实现跨境民族教育技术的理念创新。

一方面，要实现对"一带一路"倡议下跨境民族教育技术的认知观念创新。随着新的科学技术的不断变革发展和"一带一路"建设的推进，跨境民族教育创新要对教育技术内涵、教育技术外延和教育技术在教育中扮演的角色等进行不断审视创新。例如，花旗银行与牛津大学的研究认为，至2040年左右，我国77%的工作要被淘汰或被智能机器人所代替。[①]因此，随着人工智能技术不断地与教育融合，不得不重新思考教育技术在跨境民族教育中的作用到底是什么，是否还只是教学的辅助。

另一方面，要实现在"一带一路"倡议下跨境民族教育技术应用理念的创新。"一带一路"倡议下的跨境民族教育技术创新，必须要站在"一带一路"是"最受欢迎的全球公共产品和最好的国际合作平台"的定位高度，基于"一带一

① 伏彩瑞、关新、朱华勇、汤敏、项贤明、张逸中、库逸轩、袁振国：《"人工智能与未来教育"笔谈》(下)，载《华东师范大学学报(教育科学版)》，2017年第5期，第13—29页。

路"倡议中和平合作、开放包容、互学互鉴、互利共赢的核心理念及共商、共建、共享的核心要义，对跨境民族教育技术创新目的、教育技术创新过程、创新主体、创新特点、创新原则等方面进行理念创新。

（二）跨境民族教育技术融合的技术创新

跨境民族教育的技术创新是基于新的技术突破的教育技术创新。基于技术突破的教育技术创新包括两类：第一类是教育技术所依赖的基础科学技术的突破。例如，原来基于4G技术的教育技术产品，通过创新突破升级到基于5G技术的跨境民族教育技术新产品；原来基于3D打印技术的教育技术产品，通过创新突破升级到基于4D打印技术的教育技术产品；随着物联网和人工智能这些新兴技术的发展，通过将这些新兴技术与教育相融合，创造出新的教育技术产品。第二类是教育技术所依赖的基础技术不变，只是在相同基础技术上创造出新的教育技术产品。例如，基于互联网技术，原来就有了很多教育技术产品，通过努力，再基于互联网技术创造出新的教育技术产品。目前，出现了少部分基于人工智能的教育技术产品，但这些产品还不够智能化，满足不了现实教育中的实际需求，因此，将来还会再基于人工智能技术进行教育技术创新，创造出其他更高质量的产品。

当前，跨境民族教育的技术突破创新不足。相对于其他行业，教育技术中的第一类创新相对滞后，跨境民族教育技术创新中更是如此。以人工智能为例，目前，很多领域都在努力引入人工智能，也取得了巨大的成就，如人机对弈、知识工程、自动工程、模式识别。但在教育领域，基于人工智能的教育技术创新工作和成果都相对滞后。其次，跨境民族教育的技术突破创新中的协同创新不突出，针对性不强。很多基于技术突破的教育技术创新产品往往是由单纯的技术开发者完成，与跨境民族地区的教育专家、教育工作者、学生和家长等相关主体间的合作不足。相应地，这些技术创新也缺乏针对性，如专门针对"一带一路"倡议下某一跨境民族的教育技术产品开发较少。再次，有些创新重形式，忽略实际效用，如国家和地方都有大量关于教育技术创新的科研项目，但很多项目只看获得的专利数量或发表论文数量，忽视实际效用性。

为了促进"一带一路"倡议下跨境民族教育的技术突破创新，需要从以下三方面作出努力：一是紧盯科学技术发展前沿，积极开发基于新的科学技术的教育技术产品；二是整合各种资源，推进协同创新，共商共创；三是紧密围绕促进跨境民族教育自身高质量发展及《推进共建"一带一路"教育行动》提出的"推进民心相通、提供人才支撑、实现共同发展"的合作愿景，保证创新实效性，创新不仅要看新颖性，更要重视实际效用。

（三）跨境民族教育技术融合的教育应用

跨境民族教育技术融合的教育应用中要突出教育技术应用创新。技术应用创新是指创新过程没有产生新的产品，只是对原有技术产品在应用领域和应用管理方面进行创新，进而提升原有技术的使用率，扩大服务范围。

跨境民族教育需要从教育技术产品的应用领域和应用管理方面进行创新。首先，"一带一路"建设为跨境民族原有的部分教育技术提供了更为宽广的应用领域。然而，各国教育的社会文化背景、教育自身的发展水平与教育制度等都各不相同，跨境民族原有教育技术在"一带一路"沿线国家推广运用的过程中不能被简单地复制，需要不断进行应用创新。其次，跨境民族教育中的现有教育技术应用程度及应用管理方面还有待提升，需要在教育技术应用管理方面进行创新。调研发现，跨境民族地区整体的教育技术硬件设备和教育工作者的信息技术素养等与发达地区相比都有较大差距。很多跨境民族教育中的教育技术使用率不高，实用效果有待提升。例如，有些农村学校，因为缺乏维修经费，不敢使用现代教育技术设备进行教学；有的学校的现代教育技术实验设备或平台成为了摆设，没能有效使用，更谈不上应用创新。

为了促进跨境民族教育技术应用创新，需要做出努力：加大投入，完善教育技术硬件设备设施，提升教育工作的教育技术素养，为教育技术的应用创新提供保障；通过创新区域内的教育技术师资管理、设备管理和教育数字资源管理，建立区域内的共享机制，降低成本；教育技术创新强调协同创新，多主体参与，创新中追求现代教育技术与教育的深度融合；在符合国家基本要求的基础上，结合民族文化特点、地方社会经济背景和"一带一路"赋予的使命，创造性地运用教育技术。

四、跨境民族教育技术融合的实施主体

在教育技术创新过程中，协同创新的理念逐渐得到了重视和落实。在政策层面，《教育信息化2.0行动计划》提出："建立全社会参与的推进机制……充分发挥市场在资源配置中的作用，融合众筹众创。"在实践层面，华中师范大学信息协同中心创立 UGBS 模式创新模式，是信息化带动基础教育发展的创新模式。U是高校研究机构，负责先进理念引导；G是政府，负责资金投入与管理；B是企业，提供技术支持；S是基础教育学校，基础教育学校教师积极参与。这样形成了由信息技术专家、学科专家、一线教师、电教工作者等人员共同组成的研究共同体。①

"一带一路"倡议下跨境民族教育技术创新更需要协同创新。首先，与国内其他地区一样，跨境民族教育的自身发展需要政府、教育理论工作者、技术专家和一线教育工作者等协同创新。其次，《推进共建"一带一路"教育行动》要求政府引导，民间（学校、企业和其他社会力量）为主体，协调推进。在推进"一带一路"倡议下跨境民族教育技术创新过程中，需要实现我国跨境民族内部的协同创新，即跨境民族地区政府、学校、企业和其他社会力量共同参与。最后，在"一带一路"倡议下跨境民族教育技术创新要加强与"一带一路"沿线国家间的协同创新。参与跨境民族教育技术创新的主体应该包括有信息技术专家、教育专家、一线教育工作者、学生、家长、社区和国外相关主体，具体合作关系如图6-1所示。

（一）政府是技术创新与融合的领导者

在促进跨境民族教育自身发展过程中，各级政府是跨境民族教育内部技术创新的领导者。我国跨境民族教育基础薄弱、师资匮乏、发展不均衡等问题突出，跨境民族教育内部更是缺乏自我教育技术创新的能力，需要各级政府强有力的领导，需要政府出台相关政策，加大资金投入，管理包括跨境民族教育技术创新工作在内的各项教育事业。

在促进跨境民族教育参与"一带一路"跨国合作的过程中，各级政府是跨境

---

①毋丝雨：《"互联网+"时代县区教育资源共享平台的构建》，载《教学与管理》，2017年第6期，第43—46页。

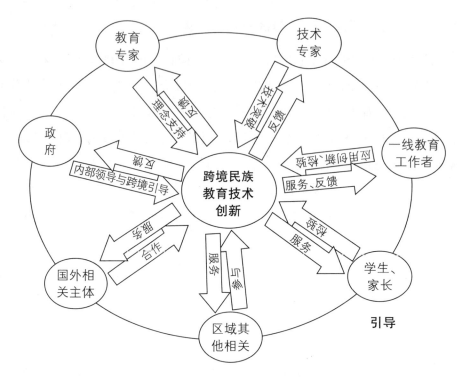

图6-1 跨境民族教育技术创新的主体合作关系

民族教育跨境合作中教育技术创新的引导者。《推进共建"一带一路"教育行动》明确提出了"政府引导，民间主体"的合作原则，需要各级政府与沿线国家政府就政策、设施和资金等方面的互联互通进行沟通协调，整合多方面的资源，引导我国跨境民族地区的学校、企业和其他社会力量等民间主体与境外"一带一路"沿线地区进行教育技术的协同创新。目前，国家和地方各级政府出台的系列政策文件都鼓励跨境民族教育技术创新，开展国际合作，在提升自身教育质量的同时为"一带一路"建设作出特殊的贡献。然而，调研发现，由于很多政策是宏观引导，不够具体，在实际中难以开展。例如，有跨境民族地区学校反映，他们很想和邻国开展跨境教育合作创新，但是具体由哪一级哪个部门受理申请？申请程序是什么？合作的范围具体是什么？合作开放的度在哪里？这些系列问题让他们无法开展实际合作创新。为了促进跨境民族教育技术的创新发展，各级政府要充分发挥引导角色，尤其是各跨境民族所在的县级和市级政府。各级政府要基于本地区教育实际情况、区域特点和"一带一路"倡议赋予的使命，提供系统的政策引导，创新跨境民族教育跨境合作中教育技术创新激励机制。

（二）技术专家是技术创新与融合的引导者

"一带一路"倡议下跨境民族教育技术创新不是技术与跨境民族教育的简单相加，而是要将新的科学技术、跨境民族教育和"一带一路"倡议深度融合。在跨境民族教育技术创新过程中，需要教育理论工作者为政府、技术专家、教师等相关创新主体提供智力咨询与指导，成为教育技术理念创新的主体。尤其是需要从事（跨境）民族教育研究、边境教育研究、教育技术基础理论研究、比较教育研究和"一带一路"教育研究等的相关教育理论工作者共同参与，在跨境民族教育技术创新目的、创新过程、创新主体、创新特点和创新原则等方面进行理念创新。

跨境民族教育技术创新离不开技术专家，需要其提供技术支持。基于新的技术的跨境民族教育的技术突破创新，必须要有懂得新的科学技术的专家给予技术支持，才有可能在新的科学技术基础上创造出新的教育技术产品。可以说，没有基于技术突破的教育技术创新，以及政府出台跨境民族教育技术创新政策与资金支持，教育专家的教育技术理念创新都只能空谈，更不可能有一线教育工作者的应用创新。另外，在跨境民族教育的技术运用创新过程中，也需要技术专家提供技术支持。因为在跨境民族教育技术运用创新是对原有产品在应用领域与应用管理方面进行创新，提升使用效率，扩大服务范围。扩大原有教育技术的应用领域或服务范围，提高应用效率的过程中往往也离不开技术领域专家的支持。另外，在跨境民族教育技术的理念创新过程中，其实也需要技术专家参与；否则，跨境民族教育技术的理念创新可能成为无法实现的空想。

跨境民族教育技术创新中理想的技术专家应该既懂技术又懂教育。然而，现实中较为缺乏这类型的技术人才。因此，参与跨境民族教育技术创新的技术支持者除了要精通技术，还要了解跨境民族教育和"一带一路"倡议。如果有条件，技术专家要专门学习教育教学知识，参与相应的跨境民族教育实践活动。加强与教育理论工作者、教育实践工作者和学生等相关主体合作交流，从教育专家那里获得理念指导，从教师和学生等相关主体那里获得产品需求信息和使用产品后的反馈。

（三）教师是技术创新与融合的实践者

这里所指的教育实践工作者包括在跨境民族地区从事教育工作的一切人，既包括来自于跨境民族学校和跨境民族教育行政部门的全体教育工作者，也包括电教工作者，还包括参与跨境民族教育的企业和其他一切社会力量。"一带一路"倡议下，跨境民族教育实践工作者是跨境民族教育技术应用创新主体。除了扮演教育技术应用创新角色，一线教育工作者还是教育技术创新需求发起者和创新成果运用检验者。

当前，跨境民族教育中急缺具备创造性地运用教育技术的教育实践工作者。调查发现，很多跨境民族地区的学校尤其是农村学校，教师老年化严重，而年轻教师流动性很大，教育工作者的教育技术整体素养偏低，缺乏先进的教育教学理念，缺乏创新意识与能力。教育技术硬件设施相对落后，也是阻碍跨境民族教育技术应用创新的原因之一。

为了提升跨境民族教育中教育技术的应用创新，需要从以下三个方面做出努力：一是加大多方面的投入，吸引更多具有良好教育技术素养的教育人才；二是完善教育技术硬件与软件平台建设，缩小与发达地区差距，为跨境民族地区教育实践工作者的教育技术应用创新提供平台；三是跨境民族教育实践工作者要不断提升自身素养，不断更新教育理念，不断学习"一带一路"相关理论并掌握最新发展动向，不断学习新的现代信息技术，不断提升创新意识与创新技能，进而提升教育技术应用创新的实践能力。

（四）学生是技术创新与融合的检验者

当前，跨境民族学生参与教育技术创新既必要又可行。为学生的发展服务是教育的首要任务。教育技术创新就是为了技术能更好地与教育融合，进而能更好地为学生的发展服务。可以说，学生是教育技术创新需求最先发起者之一，更是教育技术创新成果的检验者。因此，跨境民族教育技术创新要有学生参与，需要他们为跨境民族教育技术创新的其他主体提供需求信息，反馈创新成果的实际效用。现代信息技术普及，尤其是移动互联网的普及，为学生便捷有效地参与跨境民族教育技术创新提供了较好的条件。

然而，由于自身与外部原因，跨境民族学生参与教育技术创新的程度极低。

主要原因有：一是其他创新主体在进行教育技术创新时不太重视邀请学生参与；二是学生没有主动参与创新的意识；三是很多学生家庭不具备参与教育技术创新的条件，尤其是农村，如很多家庭还没有电脑等相关设备，很多家长也没有相应的知识与技能。为了有效发挥学生在跨境民族教育技术创新中的作用，一方面，要提升他们自身的参与意识，为参与技术创新提供平台条件；另一方面，其他主体在进行教育技术创新前要深入学生群体，调研需求。创新成果运用后要深入学生群体了解成效，根据反馈不断推进跨境民族教育技术的创新。

由于"一带一路"倡议赋予的时代使命，跨境民族教育要发挥自身的民族文化优势和地理位置优势，积极主动地寻求周边国家的国际合作，特别是借助国家层面与周边国家的教育合作或其他地方与周边国家的教育合作，根据"一带一路"建设过程中的各种现代信息技术平台和政策支持，寻求教育技术创新的国际合作。

第二节 跨境民族教育技术融合的主要内容

大数据、人工智能、云计算、5G产业链、超高清技术、虚拟现实、物联网等现代信息技术，已经进入我们的现实之中，而且将不断地得到推广和应用。[①]现代信息技术在教育中的应用发展，可以弥补经济发展不平衡导致教育资源配置差异带来的教育不平等。[②]为了更好地推动现代信息技术在跨境民族教育中的运用和发展，跨境民族教育需要从教育理念、课程建设、教学改革、师资建设和教育管理等方面进行改革创新。

一、跨境民族教育技术融合的理念创新

随着现代信息技术的发展与变革，跨境民族教育中的知识观、教师观、学生

---

① 赵燕、谭巍：《信息技术未来十大发展趋势》，载《新经济导刊》，2019年第1期，第26—28页。
② 廖宏建、张倩苇：《"互联网+"教育精准帮扶的转移逻辑与价值选择——基于教育公平的视角》，载《电化教育研究》，2018年第5期，第5—11页。

观都在发生变化。这些变化既是教育技术融合带来的结果，又对教育技术融合提出了新的要求。

（一）现代信息技术背景下的知识观

随着现代信息技术的不断变革和"一带一路"建设的深入推进，跨境民族教育中各类知识的价值、意识与内容都在发生变化。

一方面，随着现代信息技术的不断变革，人们不得不重新审视原有的知识观，跨境民族教育也不例外。首先，随着信息技术的飞速发展，尤其是人工智能的出现，教育不得不重新审视各类知识的价值，思考学生到底要学哪些知识与技能才是最有价值的？哪些知识与技能将在不久的将来就会被机器人所代替或会被新的知识与技能更替？例如，《奇点临近》一书的作者库兹韦尔（Ray Kurzweil）预言，2045年奇点来临，人工智能完全超越人类智能，人类历史将彻底改变。[①]花旗银行与牛津大学发布的一个研究显示，到2040年左右，77%的中国现有工作岗位要被智能机器人代替或被淘汰。[②]关于什么知识最重要的议题，不同学者有不同观点，但都有共通之处，认为人工智能的计算能力和记忆能力等是人类无法比拟的，但是关于人的不断自我学习提升的能力、思维能力、想象力、创造力、情感、道德品质等是人类的优势，人工智能很难超越。与这些相关的知识将是最有价值的，人文社会科学的知识将变得更加重要。其次，随着现在信息技术的飞速变革，跨境民族教育部不得不重新审视学生获取知识的途径与方法。例如，物联网技术、5G移动通信技术、虚拟现实技术、"互联网+教育"和人工智能等技术在跨境民族教育中的应用，都会引起跨境民族教育中学生获取知识的方式方法的变革。

另一方面，"一带一路"倡议和《推进共建"一带一路"教育行动》赋予了跨境民族教育中原有的部分知识新的价值意蕴，同时也对教育中的知识内容提出了变革要求。跨境民族教育的各级各类教育中需要增加相应的知识内容，为"一带一路"建设中的各行各业提供人才支撑。另外，"一带一路"是构建人类命运

---

①〔美〕Ray Kurzweil：《奇点临近》，董振华、李庆诚译，机械工业出版社2011年版，第101页。

②伏彩瑞、关新、朱华勇、汤敏、项贤明、张逸中、库逸轩、袁振国：《"人工智能与未来教育"笔谈》（下），载《华东师范大学学报（教育科学版）》，2017年第5期，第13—29页。

共同体的实践，教育在"一带一路"建设中具有基础性和先导性的作用。因此，需要将人类命运共同体，和平合作、开放包容、互学互鉴、互利共赢的"丝路精神"，共商、共建、共享的核心要义等相关的知识融入跨境民族教育中，为培养具有人类命运共同体责任意识和奉献精神的国际型人才培养打下基础。

（二）现代信息技术背景下的教师观

教师观是指对教师职业的特点、教师责任、教师扮演的角色以及科学履行职责所必须具备的基本素质等方面的认识。现代信息技术的发展和"一带一路"倡议的提出，赋予了跨境民族教育中的教师特殊的时代使命，需要不断更新跨境民族教育中的教师观。

跨境民族教育中教师职业特点将发生变化。教师职业的复杂性将更加突出。由于跨境民族特殊的地理位置和特殊的历史文化背景，现代信息技术下跨境民族学生获取知识方式的多样化，以及"一带一路"建设人才需求的多样化，跨境民族教育中教师的工作对象具有特殊性与多变性，教师职业的复杂性变得更加突出。教师职业特点中学生成长的导向性和示范性将变得更重要，但是示范性中的有些工作将被智能机器人所代替。跨境民族特殊的民族文化背景、地理位置背景和"一带一路"倡议，赋予了跨境民族地区的教师职业国际性的特点。另外，"一带一路"站在构建人类命运共同体的国际高度，为教师职业特点中的价值性和伦理性等方面也增加了新的内涵。

跨境民族教育中教师的地位将发生变化。由于现代信息技术下对教师提出了更高的素质要求，教师的社会地位将得到提高。在教学中，师生关系将变得更加平等。在"互联网+"时代，随着网络学习资源的增加和人工智能的发展，教师在知识的占有量、思维的活跃性等方面的优势不再那么明显，不再是占有知识的权威者，这就使得师生在教与学方面日趋平等。[1]在教师与教育技术的关系中，有的教育技术可能不再是辅助作用，如在将来教学中可能是自然人教师与机器人教师共存的教学。[2]

---

① 赵国庆：《"互联网+教育"：机遇、挑战与应对》，载《光明日报》，2015年6月9日。

② 伏彩瑞、关新、朱华勇、汤敏、项贤明、张逸中、库逸轩、袁振国：《"人工智能与未来教育"笔谈》（下），载《华东师范大学学报（教育科学版）》，2017年第5期，第13—29页。

　　跨境民族教育中教师的角色将有所变化。在现代信息背景下，教师角色从以"传道者"为主变成以"解惑者"为主。[①]教师不仅仅是学科知识的占有者和传授者，更是何时使用和如何使用信息技术的灵活决策者，把信息技术融入课堂教学并促进教育过程公平的实施者。[②]当教师重复性的、记忆性的和有规则的劳动都被人工智能代替的时候，传统意义上的教师一定会大幅减少。但对个别化的"教练"、以学定教的导师、情感交流的心灵师等，一定会有更大的需求。[③]教师更多地是扮演知识创造的启发者，社会情怀的引领者与科学方法的培训者。另一方面，"一带一路"倡议赋予了跨境民族地区的教师更多的角色——民族文化的传承与发展者，我国与"一带一路"沿线国家民心相通桥梁的架设者，"一带一路"政策、设施、贸易、资金联通人才的培养者，人类命运共同体建设的参与者。

　　教师履职跨境民族教育需要具备更高的素质。首先，随着大量的高质量的网络课程出现和人工智能在教育中的应用，知识的传授将不再是教师的主要职责，教师的主要职责是为学生解惑，以学定教，引导学生学习，帮助学生提升他们的创造意识与能力，引领社会情怀。在效率优先的人工智能时代，原来需要老师不断重复的工作肯定被智能机器替代掉。[④]"人工智能+教育"要求教师更多地关注于学习者个体的高阶思维模式，[⑤]这对教育工作者思维方式、知识结构和工作能力提出了更高的要求[⑥]。其次，除了扮演传统教师的角色，跨境民族教育中的教师还在"一带一路"建设中扮演着促进民心相通的重要主体等角色，在教育视野和知识能力方面都提出了更高的要求。最后，现代信息技术不断变革，而且变

---

　　① 高宏：《"互联网+"背景下高等教育面临的机遇、挑战与应对》，载《黑龙江高教研究》，2016年第11期，第78—81页。

　　② 廖宏建、张倩苇：《"互联网+"教育精准帮扶的转移逻辑与价值选择——基于教育公平的视角》，载《电化教育研究》，2018年第5期，第5—11页。

　　③ 伏彩瑞、关新、朱华勇、汤敏、项贤明、张逸中、库逸轩、袁振国：《"人工智能与未来教育"笔谈》（下），载《华东师范大学学报（教育科学版）》，2017年第5期，第13—29页。

　　④ 伏彩瑞、关新、朱华勇、汤敏、项贤明、张逸中、库逸轩、袁振国：《"人工智能与未来教育"笔谈》（下），载《华东师范大学学报（教育科学版）》，2017年第5期，第13—29页。

　　⑤ 陈卫东、褚乐阳、杨丽、叶新东：《4D打印技术及其教育应用展望——兼论与"人工智能+教育"的融合》，载《远程教育杂志》，2018年第1期，第27—38页。

　　⑥ 张成胜、李科：《"互联网+"融入少数民族中学生思想政治教育》，载《思想政治课教学》，2018年第3期，第31—34页。

革周期越来越短。在实施《推进共建"一带一路"教育行动》过程中，不同地区的跨境民族教育面临的问题与挑战各不相同，并且"一带一路"建设过程中将不断对各跨境民族教育提出新的要求。因此，这需要跨境民族教育中的教师要具备很高的终身学习和创新的意识与能力。

（三）现代信息技术背景下的学生观

学生观，是对学生的本质属性及其在教育过程中所处位置和作用上的看法。在现代信息技术背景下和"一带一路"倡议下，跨境民族教育需要更新学生观。

首先，"互联网+教育"，使学生可以从多途径获得各种知识，学生已经不再是单纯地从教师那里接受知识的人，也不一定是完全在教师主导下的学习主体。受教育者和教育者之间知识结构的不平等性逐步减弱，受教育者可以根据自身价值观的需求自主选择知识信息，个体主观能动性得到了充分的发挥。[1]

其次，随着人工智能的快速发展，越来越多的人工岗位已经被或将被智能机器人所代替，跨境民族教育乃至所有的教育都不得不重新审视我们到底要培养什么样的人？学生最需要学习哪些东西才不会被智能机器淘汰？甚至有学者认为临近奇点，学生不是要补短，即不需要那么全面发展，因为很多方面人类都不如人工智能。学生需要扬长、求缺，施展天性。一个人与生俱来的"长"是什么？可能每一个人都不一样。你把你与生俱来的东西发挥得好，或许就可以不被替代。[2]有学者认为，"人工智能+教育"使得学习者由知识的消费者转变为知识的创造者。[3]

最后，在"一带一路"倡议下，跨境民族教育培养的学生不仅是"德智体美劳全面发展的社会主义建设者和接班人"，还是能参与"一带一路"建设，具有人类命运共同体意识和实践能力的人才。

---

① 张成胜、李科：《"互联网+"融入少数民族中学生思想政治教育》，载《思想政治课教学》，2018年第3期，第31—34页。

② 朱永新、徐子望、鲁白、褚君浩、蒲戈光、邹昊、吴晓如：《"人工智能与未来教育"笔谈（上）》，载《华东师范大学学报（教育科学版）》，2017年第4期，第15—30页。

③ 陈卫东、褚乐阳、杨丽、叶新东：《4D打印技术及其教育应用展望——兼论与"人工智能+教育"的融合》，载《远程教育杂志》，2018年第1期，第27—38页。

二、跨境民族教育技术融合的教学改革

现代信息技术应用与融合有助于推动跨境民族教育在教学内容、教学形式、教学空间、教学环境、教学过程和教学评价方面的变革和创新，进而给跨境民族教育注入新的活力。

（一）教学内容突出整体性与融合性

师资紧缺、师资水平有待提升和教学条件相对落后等是跨境民族教育中普遍存在的问题。以上这些问题加上学生的学习时间有限，又导致了很多跨境民族地区的基础教育存在国家课程开不齐开不足现象，职业教育与成人教育课程不能很好地服务"一带一路"建设，开设课程质量不高，民族文化融入课程不够，国际化滞后等问题。为发挥跨境民族教育在促进民族优秀文化传承与发展中的作用，跨境民族地区的学校，可以借助跨境民族民间各种资源，建设数字化学习资源，再通过互联网、机器人等各种现代教育技术提供相应的课程教学。例如，我国跨境民族众多，同一个学校都可能有很多个跨境民族，现实中不可能也没必要每个民族都派一位民族文化教师，可以通过邀请跨境民族民间力量，开发各民族优秀文化课程，再通过网络或机器人提供数字化课程教学。

随着"一带一路"建设推进，跨境民族地区有大量的关于"一带一路"人才培养的社会教育需求。然而，跨境民地区职业教育和高等教育薄弱，单凭跨境民族自身的教育很难满足需求。跨境民族地区可以通过互联网，从其他地方引入各种高质量的成人教育课程；借助大数据了解地方社会教育的需求和教育效果；借助机器人教学，为社会提供各种职业技能培训。随着"一带一路"推进，相应的国家间的网络合作交流平台将不断出现，跨国在线教育合作交流、合作政策和机制将不断完善。跨境民族需要利用好"一带一路"建设过程中的信息化合作，促进与邻国间课程资源共建、共享与交流。

由于跨境民族特殊的地理位置和民族文化背景，其教育不仅要提供国家与省级课程，还要提供民族文化传承与发展的相关课程。在"一带一路"倡议下，跨境民族教育需要提供与"一带一路"服务相关课程，并且不仅要提供正式教育课程，还需要提供大量面向社会人员的非正式教育课程。现代信息技术的发展，

不仅能使跨境民族教育提供更加全面的国家和省级课程，还可以提供民族文化传承与发展、"一带一路"建设服务相关课程。然而，学生学习时间有限，不同学生的课程需求不同，因此要将必修与选修相结合，增加选修比例，满足现代信息化背景下个性化的学习需求。

（二）教学形式体现线上线下相结合

在"一带一路"倡议和现代信息技术发展背景下，跨境民族教学组织形式将向线上与线下相结合的方向发展。

首先，需要通过线上线下课程相结合，引进国内外的优秀师资资源。其次，随着"互联网+教育"的发展，学生学习的时空不局限于固定的时间和地点。尤其是随着5G技术在教育中的应用推广，泛在教学将得到极大的推广。这就需要通过线上线下课程相结合，为在校学生提供多重空间下进行学习的课程。最后，需要跨境民族地区学校向地方企业、地方其他社会力量和"一带一路"合作区域提供线上课程，为"一带一路"建设中的民心相通架设桥梁，为政策沟通等各领域的互联互通提供人才支持；通过与"一带一路"沿线国家间共建共享在线课程，为"一带一路"沿线区域教育共同繁荣作出力所能及的贡献。

（三）教学空间实现多重空间互动

田耀农、乔建中教授提出了音乐教学中课堂、现场与网络"三重空间互动"的教学模式。其中"现场"是指传统音乐活态表演或乐器展示的空间。[①]这里所指的多重空间互动下的泛在教学是指教师、不同的学生可以同时在不同的空间（教室、实验室、实习实训基地、家庭、商场和社区等），借助互联网等现代信息技术，进行高效互动的教学。无论是为了提升跨境民族教育自身发展，还是为推动"一带一路"建设，跨境民族教育都应该尝试推动多重空间互动下泛在教学。首先，为了提高人才培养质量，传统学校教育需要加强与校外基地、社会企业和家庭间的合作，多重空间互动下的泛在教学将是提升校企合作、家校合作的有效途径。另外，《推进共建"一带一路"教育行动》要求加强同企业与其他社会力量的协调推进。可以说，跨境民族学校是推进所在地区《推进共建"一带一路"

---

① 田耀农、黄虎：《基于现代电化教育技术的"中国民族民间音乐"课程教学模式研究》，载《音乐研究》，2011年第2期，第50—55页。

教育行动》的核心力量之一，需要为各界提供民心相通等方面的工作支持，有着大量的社会教育需求，而这些社会教育非常需要多重空间互动下的泛在教学。

现代信息技术将为跨境民族教育推进多重空间互动下的泛在教学提供技术保障。随着"教育互联网+教育"发展，线上线下全面融合的"O2O"教学模式越来越受欢迎。"教育互联网+"教学必然需要建构课程结构、教学资源、教学评价与教学环境线上线下全面融合的"O2O"教学模式，以保证"我国学科教育发生在与全球教育持续同步发展的生态环境之中"[1]。翻转课堂已经得到了很多发展，实现了教室与网络学习空间之间、传统课堂学习时间与课外学习时间之间的良好互动。随着5G移动技术、物联网技术、大数据技术、云计算技术、人工智能技术、虚拟现实技术和超高清技术的发展与应用，教学将超越教室、网络学习空间和实践场所三重互动，学生在任何场所、任何时间都可以高效地学习，教师在任何场所、任何时间都可以高效地教学，实现多重空间互动的泛在教学。

（四）教学环境走向智慧化与精准化

随着物联网、大数据、云计算、人工智能等技术的发展和在教育中的应用，智慧教育已经得到了越来越多的重视，智慧校园、智慧教室、智慧课堂建设在不断探索实践之中，相关产品层出不穷。智慧化是今后跨境民族教学环境建设的重要方向。有研究表明，智慧教学环境具有互动性、感知性、开放性和易用性等特点。[2]另外，我们认为智慧教学环境还有自动化、精准化的特征。这些特征将有助于提高跨境民族教育质量，使其在"一带一路"建设中发挥更积极的作用。

智慧教学环境下的教学具有互动性。智慧教学环境的互动性是指可以实现教师间、师生间、学生间、师生与硬件间、师生与软件间、师生与资源间、各种软硬件及资源间多维度的高效互动。智慧教学环境的互动性，将有效地提高师生相关主体参与教学的积极性与主动性。

智慧教学环境下的教学具有感知性。感知性分为物理环境的感知和虚拟环境

---

① 吴国强：《智慧教育："O2O"视域下的教学系统重构研究》，载《现代教育科学》，2016年第12期，第113页。

② 李康康、赵鑫硕、陈琳：《我国智慧教室的现状及发展》，载《现代教育技术》，2016年第7期，第25—30页。

的感知。对物理环境的感知是指能实时全面获得教室等教学场所内的温湿度、亮度、空气质量，师生等教学场所内所有主体的外在言行举止，以及在教学过程中形成的板书、作业等物理信息，并能自动将这些信息实时上传智慧教学平台后及时做出精准化的反馈与调整。虚拟感知是指通过大数据和云计算技术，对每位师生当前物理感知信息纳入其过去的教学大数据，分析师生当前教学中的认知、情绪情感、态度和意志力等内在状态，进而达到物理环境的感知与虚拟感知的统一。智慧教学环境感知性的特点，将为跨境民族教学中的教师提供物理环境、教师自身教学、每一位学生外在的和内在的学习状态等信息，以便做出及时的教学调整。

智慧教学环境下的教学具有开放性。开放性是指智慧教学环境的基础硬件设备接口和软件系统都符合统一的国际行业标准，具有极好的兼容性，能与其他硬件设备、软件和平台间实现高效的互联互通。首先，智慧教学环境的开放性，能使跨境民族教学有效地利用区域内外的各种信息技术资源，同时避免投资浪费。其次，智慧教学环境的开放性允许跨境民族教育中的教师可以将自己熟悉的硬件或软件很好地融入智慧教学环境中，使用方便容易。这将有助于解决跨境民族地区部分教师因不会操作新的教育技术设备及系统而导致放弃使用等问题。最后，智慧教学环境的基础硬件设备接口和软件系统极强的兼容性，将为跨境民族教育实现与"一带一路"沿线国家间的教学互联互通打下良好的基础。

智慧教学环境下的教学具有自动性。智慧教学环境下，教学环境变化信息和师生教学活动信息的获取、信息的上传、大数据的分析和对师生的调控反馈都将高度自动化。智慧教学的自动化将有效地提高跨境民族教育的教学效率与教学深度，有助于解决跨境民族教育因师资数量缺乏和整体师资质量素质偏低等导致的部分教育教学问题。

智慧教学环境下的教学具有易用性。智慧教学环境具有良好的感知性、开放性，允许师生将自己熟悉的教学设备、软件和平台融入智慧教学过程中，很多复杂的操作程序变为自动化过程。因此，智慧教学环境中的教育技术的应用操作将变得简单方便。易用性将有助于解决当前跨境民族地区部分师生不愿用、不会用、用不好等问题。

智慧教学环境下的教学具有精准性。智慧教学环境下的教学能及时深入地互动，能及时获得每一位学生学习过程中的外部环境、学生自身外在的行为和内在心理等的变化和状态，师生能及时获得教学反馈信息并做出调控。因此，智慧教学环境下的教学具有精准性的特点，有助于帮助跨境民族教育实现精准化的教学，提高教学质量。

（五）教学过程凸现个性化与体验性

现代信息技术在跨境民族教学中的不断运用和发展，将提升跨境民族教学的个性化服务水平，从而让学生有较好的体验感。

一方面，现代教育技术的运用将提升跨境民族教学过程中的个性化服务水平。提供个性化的教学服务是促进教育公平的重要途径。跨境民族特殊的文化背景和地理位置决定了跨境民族地区的学生有着较为复杂多样的社会文化背景，每一位学生在"一带一路"建设中已经承担或正在承担或将来要承担的角色各异，因此跨境民族教育中更需要个性化的教学服务。现代信息技术在跨境民族教育中的创造性应用将有助于提升跨境民族教学过程中的个性化服务水平。首先，"互联网+跨境民族教育课程"、"互联网+'一带一路'教育课程"、5G移动技术的普及、平板电脑等可随身携带的学生学习端设备的普及，将打破学生主要只能在固定时间在传统教室里进行学习的局面。课堂教学的主要目的不再是传授知识，而是教师为学生答疑和学生运用知识解决问题。学生在课堂内外都可以根据自己的实际情况安排学习进程。其次，大数据、云计算技术、物联网技术和人工智能在跨境民族教育中的应用，将有利于跨境民族教学中的教师准确掌握学生的学习基础、需求和当前学习状态并进行准确引导。最后，区块链技术在跨境民族教育中的应用，将为学生个性化的学习记录和学习成果认证提供有效支撑。

另一方面，现代教育技术的运用让跨境民族地区的学生在学习过程中有较好的体验感。为了提高跨境民族教育中各级各类教育人才培养质量，教学不仅要让学生获得知识与技能，更要让学生经历发现、提出、分析和解决实际问题的过程，培养自主学习的能力，同时促进情感态度价值观的健康发展。首先，"互联网+跨境民族教学"，以5G移动技术为代表的高速移动通信技术的普及，物联网技术、数据技术、云计算技术在跨境民族教学中的运用，将很好地拉近学生与现实世界间的距离。师生在学校教学时能从包括"跨境民族民间"和"一带一路"在内的各类现实世界获得大量的可开发利用的教学资源；师生可以在同时深入不同空间领域内的现实世界的过程中进行教学。其次，超高清技术源容量巨大，具有极高的分辨率。在打破传统教室教学的多重空间互动教学中，通过摄像头，师生能获得现实世界不同空间下更大范围的细腻显示。再次，4D打印技术和虚拟现实技术的运用将允许跨境民族教学中的学生"体验"到现实中无法直接观察或体验到的事物。4D打印技术在3D打印技术的基础上引入了时间维度，可以利用4D打印向学生演示历史的变化，或将来的变化，或微小世界变化（如化学变化中电子的移动），或宏大世界变化（如宇宙变化）。因此，4D打印技术可以用于制作智能教具、智能玩具，用于智能化学习空间创设。[1]最后，虚拟现实（VR）、增强现实（AR）和混合现实（MR）等技术的应用，能让跨境民族教学中的学生获得不同的虚拟体验。

（六）教学评价注重科学化与多样化

借助现代教育技术，可以促进跨境民族教学评价的科学化。跨境民族教学评价具体包括教学评价目标多样化、评价方式多样化、评价主体多元化、诊断精确化、导向精细化和反馈调控及时化。人工智能的发展，要求教学中除了知识与技能目标，还要重视过程与方法、情感态度目标。同时，由于人工智能在教学中的应用，知识技能的评价可以交给机器人，教师将有更多的时间精力去评价学生学习能力、思维能力、创新能力与情感态度，实现教学评价目标多样化。现代教育技术的发展为跨境民族教学评价提供了更多的评价工具，进而实现评价方式多样化。基于移动互联网和物联网泛在学习的发展，将有效推动教师、机器人、学生自身、家长和其他现实社会中的相关主体共同参与教学评价，实现评价主体多元化。大数据、云计算技术在教育中应用，可以让相关评价主体获得大量的关于学生过去信息；物联网技术可以提供教学中的大量实时信息，将为评价主体做出精确化的评价提供依据，并基于精确诊断，将促进导向精细化。在教学评价中，机器人将随时提供智能反馈并做出智能调控，将实现反馈调控及时化。

---

[1] 陈卫东、褚乐阳、杨丽、叶新东：《4D打印技术及其教育应用展望——兼论与"人工智能+教育"的融合》，载《远程教育杂志》，2018年第1期，第27—38页。

三、跨境民族教育技术融合的队伍建设

教师队伍是影响跨境民族教育发展的重要因素，甚至是跨境民族教育质量提升的核心因素。通过教育技术融合，不仅可以整合教师资源，而且可以培训教师，还可以为教师创造专业发展的机会和条件。

（一）借助"互联网+"实现优质师资共享

通过"互联网+"教学，增加跨境民族教育中的数字化教学师资。借助互联网技术，加强与内地教育联系，聘请内地优秀教师通过远程教学参与跨境民族教育，如可以提供由内地优秀教师承担教学的专门的网络课程，可以通过专递课堂、名师课堂和名校课堂聘请内地优秀教师提供直播教学。通过开发区域内的共享网络课程教学等方式，实现区域内不同学校间的师资共享。尤其是针对跨境民族农村地区学校分散、教学点学生少的特点，可以集中学区内师资开发区域内的共享网络课程，通过进行远程教学等方式实现各教学点间的师资共享。基于现代教育技术的多重空间互动的泛在学习，可以聘请校外各类现场相关主体参与教学，如聘请跨境民族内部的相关主体作为民族文化教学师资、区域相关行业主体作为实践教学指导师资。另外，还可以邀请以上相关主体进入校园进行教学，并建设可重复利用的数字化教学资源；借助互联网，加强与"一带一路"国家师资交流与共享；在为"一带一路"培养人才的过程中，邀请相关国家的相关主体参与跨境民族教育。

（二）借助人工智能解放教师的部分劳动

目前，人工智能在人机对弈、模式识别、自动工程、知识工程等方面有了很好的应用。随着人工智能进一步发展，人类的很多工作将可以被机器人所代替。教师也不例外，教师工作中有些具有重复性、记忆性的工作将交给机器人教师完成，如发音教学、写字教学。另外，人工智能在学生学习大数据的收集、分析和处理等方面都将比作为自然人的教师强大。因此，未来的教育将是传统的自然人教师与机器人教师共同合作的教育。"一带一路"倡议下的跨境民族教育引进人工智能教学，有助于解决跨境民族教育中师资普遍缺乏与"一带一路"建设对其提出的较高的要求之间的矛盾。

（三）借助现代教育技术加强师资培养

通过互联网，邀请国内其他地区优秀的教师培训者为跨境民族地区教师提供各种可以高效互动的远程培训与远程指导。目前，通过互联网进行的民族地区的师资培训主要是单向的，被培训者只能被动地接受，不能很好地与培训者进行互动。由于原来跨境民族地区（尤其是农村）现代信息技术设施还不完善，培训者没法进行远程现场指导。移动互联网技术、物联网技术和超高清技术的发展，可以为跨境民族地区的教师提供更高质量的远程培训与指导。同时，建设丰富的、支持泛在学习的、可选择的师资培训网络课程，允许教师在工作过程中灵活安排培训学习，并借助区块链技术为培训学分认证提供技术支持。借助大数据、人工智能提供针对性的师资培训。借助"互联网+"，加强与"一带一路"国家的师资培训合作。

四、跨境民族教育技术融合的管理改革

跨境民族教育技术融合对原有的教育结构体系和资源体系形成了较大的冲击，对教育管理改革提出了新的要求，不仅要求更新教育管理理念，完善教育管理机制，而且要求创新教育管理方式方法。

（一）更新跨境民族教育管理理念

新的信息技术在教育中的应用发展对跨境民教育管理提出了变革要求。教育管理理念更新是跨境民族教育改革的第一步，需要转变政府教育管理的职能观念。教育管理具有实行计划、组织、指挥、协调和控制的职能。计划就是为探索未来制定行动方案；组织就是调配相关资源实施计划；指挥就是使其相关人员各尽其责，发挥应有作用；协调就是连接、联合、调和所有力量；控制就是调节一切活动按已制定的程序和下达的指令进行。传统的跨境民族教育管理强调命令、监督和控制职能。《国家中长期教育改革和发展规划纲要（2010—2020年）》指出了统筹规划、政策引导、监督管理和提供公共教育服务的职责观。在"一带一路"倡议下，需要将和平合作、开放包容、互学互鉴、互利共赢的"丝路精神"和共商、共建、共享的核心要义，以及《推进共建"一带一路"教育行动》提出的相关要求都落实到跨境民族跨境合作教育管理中，树立"政府主导，学校、企

业和其他社会力量共同参与"等跨境教育合作的教育管理理念。此外，需要牢固树立信息化、系统化、民主化和动态化的跨境民族教育管理的理念。

（二）完善跨境民族教育管理机制

转变政府职能，简政放权，提高公共教育服务水平。《国家中长期教育改革和发展规划纲要（2010—2020年）》明确我国教育"要以转变政府职能和简政放权为重点，深化教育管理体制改革"。因此，"一带一路"倡议下的跨境民族教育管理，更需要推进简政放权。简政放权需要借助"互联网+"、大数据、云计算和人工智能，实现跨境民族教育管理信息系统的整合共享，提高教育公共服务水平；同时，建全多元主体共同参与的跨境民族教育管理体制机制。为了贯彻《国家中长期教育改革和发展规划纲要（2010—2020年）》提出的简政放权要求，积极推动跨境民族地区政府、学校、企业、学生、家长共同参与的跨境民族教育管理体制机制改革，促进跨境民族教育中"管办评"分离，形成政事分开、权责明确、统筹协调、规范有序的教育管理体制。"互联网+"跨境民族教育管理，以及大数据、云计算和人工智能技术的应用，能很好地将多元主体结合到一起，实现《教育信息化2.0行动计划》教育治理能力优化行动中的"互联互通、信息共享、业务协同"目标，促使管理组织从锥形结构形态向扁平结构形态转变，使组织变得灵活、敏捷，富有弹性和创造性。[①]

积极开展跨境民族教育管理改革试验，推动联盟制、学区制、集团化办学基础上的教育管理体制机制改革试验。在课程管理方面，制定数字化课程资源建设、数字化课程共享等合作制度，并制定相应的竞争与奖励机制。在教学管理方面，制定教学相关大数据共享与隐私保密制度，制定不同学段间学生数据共享制度，制定与线上线下混合教学、泛在学习等教学管理制度。在学籍管理方面，针对泛在学习的发展，需要制定学分制的学籍管理制度。泛在学习允许每个学生可以根据自己的情况选择学习场所和学习时间，将来的教育将是个别化的教育，每位同学的学习空间、进度将各不相同。在学生管理方面，建立多功能、一体化的教育管理服务平台，建立教育管理信息收集、整理、分析、反馈机制，实现数据

① 欧阳鹏、胡弼成：《人工智能时代教育管理的变革研究》，载《大学教育科学》，2019年第1期，第82—88、125页。

的"伴随式"收集、分层次开放与共享，建立家长和其他相关主体参与管理活动与评价的机制。在师资管理方面，建立考核与激励制度，制定远程教学师资管理制度。

在落实国家方针政策的基础上，尝试探索民间（学校、企业和其他社会力量）为主体的跨境（国）教育合作共商、共管、共享的教育管理机制。通过物联网、互联网、大数据和云计算等的现代信息技术的运用，推动跨境教育合作管理的数据化、透明化，为教育管理决策提供系统、全面、精确的信息。加上人工智能执行任务鲜有失误之特性，让跨境教育合作管理中信息传递效率提高，降低失真率。[1]借助区块链技术，实现跨境民族地区与"一带一路"沿线地区间的教育交流活动的去中心化认证监管并进行分布式记账，实现跨境教育合作活动主体行为及内容的不可抵赖性证明；同时，在区块中使用时间戳技术，确保跨境民族合作过程在时间上的可追溯性。

（三）创新跨境民族教育管理方式

随着"一带一路"建设推进，在民心相通支持、人才培养支撑和教育合作交流等方面，都对跨境民族教育提出新的要求。因此，原有的"命令—服从式""刚性管控式""静态的管控式"和"被动控制式"的管理方式已不符合跨境民族教育管理的现实要求。现代信息技术的应用，将有助于改变"命令—服从式""刚性管控式""静态的管控式"和"被动控制式"的管理方式。"互联网+"教育管理，将促进管理权限下移，推动跨境民族地区的政府、学校、学生、家长、跨境民族地区其他相关的社会主体和境外相关主体共同参与教育管理，推动教育管理方式从"命令—服从式"走向"参与—创造式"；管理者和被管理者间将是民主对话，将由"刚性管控式"向"柔性治理式"转变；互联网、物联网、大数据和人工智能技术在教育管理中的应用，实现了实时监控、反馈、调整，教育管理将由"静态的管控式"向"动态治理式"转变；多元民主参与互动的教育管理，管理需求往往由实践工作者或相关利益主体提出，将有效提高他们参与管理积极性，使得管理方式将由原来的"被动控制式"向"主动治理式"转变。

---

[1] 欧阳鹏、胡弼成：《人工智能时代教育管理的变革研究》，载《大学教育科学》，2019年第1期，第82—88、125页。

第三节 跨境民族教育技术融合的互联互通

国务院2015年发布的《国务院关于积极推进"互联网+"行动的指导意见》给出了"互联网+"的定义。学术界对"互联网+"也从不同侧面做出了界定。虽然，他们关于"互联网+"的定义有不同的描述，但又有相通之处。综合"互联网+"的定义，"互联网+"是以互联网平台为基础，利用新的信息技术（包括移动互联网、云计算、物联网、大数据等）与互联网思维（连接、开放、协作、共享），与经济社会各领域深度融合，推动技术进步、效率提升和组织变革，提升实体经济创新力和生产力，形成更广泛的以互联网为基础设施和创新要素的经济社会发展新形态（新范式）。

一、跨境民族教育技术融合的课程互联

随着信息技术发展，"互联网+"在跨境民族教育课程教学中的作用越来越重要。跨境民资教育基础薄弱，学校分散，师资缺乏。通过"互联网+跨境民族课程建设"，实现课程建设与实施过程中的互联互通，实现跨境民族教育内部课程建设资源整合，加强与外部合作，进而提高跨境民族教育课程建设与实施质量。

（一）"互联网+"与课程建设的互联互通

通过"互联网+跨境民族课程建设"，实现各跨境民族教育内部在课程建设过程中的互联互通。通过课程网络开发平台、云会议、远程控制等技术的运用，可以将跨境民族地区内部不同学校教师、教育管理者、技术专家和教育专家聚集到一起，整合各校课程、硬件资源和资金，共同开发共享课程。借助移动互联网技术，邀请学生、家长、企业和其他社会力量参与课程开发过程。通过大数据技术，实现不同学段、不同学校、不同平台间课程信息共享，保证课程内容衔接性，避免重复建设。

通过"互联网+跨境民族课程建设"，在跨境民族课程开发过程中加强与外部的互联互通，如通过互联网，邀请外部技术专家、教育专家、教师参与跨境民族教育的课程建设。跨境民族教育中要建立专门的网络课程开发平台不太现实，也没必要。跨境民族教育应该充分借助外部课程开发平台，如借助国家和各地教育资源公共服务平台、MOOC、超星学习通和微助教等，进行网络课程建设。通过互联网，直接引进外部的共享课程，如在线直播形式进行的专递课程和录播课程。

借助"互联网+"，实现跨境民族课程管理的互联互通。互联网技术是在线录播课程和在线直播课程得以存在的基础。目前，无论是在线录播课程还是在线直播课程，都需要互联网与课程的进一步融合，提高实施过程中的互动性，需要运用物联网、大数据、云计算加强对课程实施数据进行采集、分析，并实时反馈给线上线下的教师和学生；需要建立线上教师、线下教师、学生和其他相关主体沟通交流的网络平台与机制，提高课程实施质量；需要课程提供端和课程视频接收端双方共同合作实施，双方课程工作人员需要就课程实施分工、课程准备、实施情况、课程异动和实施中存在问题进行及时沟通交流。另外，需要借助"互联网+"，加强不同学校间课程实施经验交流分享。

(二)"互联网+"与教学实施的互联互通

"互联网+教学设计"实现多重空间下相关主体的互联互通。随着互联网、移动互联网、物联网、大数据等"互联网+"技术的发展，教学设计时教师不能闭门造车，在教学设计过程中要与其他科任老师、学生等相关主体进行交流合作，尤其是针对多重空间互动下的泛在教学设计，一个教学内容可能需要在网络空间、传统课堂和各种现场合作完成，不同空间下的教师，要基于学生教学前的学习大数据共同进行教材与学情分析，线上教师、线下教师和学生共同制定一份总的教学设计，每个空间中的教师再根据合作分工，制定自己的教学活动实施方案。例如，双师型专递课堂，就需要借助各种网络交流工具或专门的网络教学计划合作平台，共同分析教材与学情，共同制定一份总的教学设计。这份总的教学设计与传统教学设计不同的是，该教学设计由线上教师、线下教师和学生等共同参与设计，教学设计内容除了传统教学设计中的教学目标、教学重难点、教学模式、教学方法、教学过程外，还应该有各个空间中的教学时间分配和任务分配等内容。

"互联网+教学实施"，将实现多重空间下相关主体间的互联互通。多重空间互动下的泛在教学过程需要在各个空间中合作完成。只有借助物联网、大数据、移动互联网和超高清等"互联网+"技术，各个空间的教师和学生才都可以实时掌握在其他空间中的教学进展，获得在各空间学生学习的详细信息，并通过人工智能为该空间下的师生教学提供指导，必要时即时通过网络平台共同讨论后对原来教学设计作出临时调整。

"互联网+教学评价"实现多重空间下相关主体间的互联互通。随着基于移动互联网的教育技术APP的开发应用，跨境民族教育中的教师、学生、家长、企业和其他相关社会力量等相关主体将可以随时随地获得教育教学设计和教育教学实施的相关信息。借助网络交流平台，进行及时高效的教学评价和反思，实现教学评价主体和评价方式多样化，充分发挥过程性评价和表现性评价的功能。

（三）"互联网+"与师资队伍的互联互通

通过"互联网+"，可以实现跨境民族教育内部不同学校间师资共享与交流。例如，针对跨境民族地区农村学校（尤其是教学点）分散、每个学校学生少、师资数量有限、课程多的问题，几个学校可以形成一个学区或联盟，集中力量开发数字课程资源，通过共商共建在线录播教学或在线直播教学，实现师资共聘、共管和共享。

通过"互联网+"，为跨境民族教育中存在的走教教师自身开展工作和对其管理工作提供方便，提高工作质量。目前，由于有些学科教师紧缺，有的跨境民族地区存在走教情况，即同一个教师在不同的时段到不同的学校进行教学工作。走教教师在某一个时段只能在某个教学点，不能同时参与其他教学点的教学与管理，也很难随时对其他教学点学生进行课前任务布置和课后辅导等问题。随着移动互联网的发展和其在教育中的不断运用，走教教师将能通过手机等移动终端，随时随地与学生进行互动，参与各个教学点的各种管理活动。

通过"互联网+"，推动跨境民族地区与其他地区共享各类在线师资。在线师资，根据教学视频是否可以重复播放，分为在线录播课程师资共享和在线直播课程师资；根据教学与学生实际情况符合程度，分为专递课堂师资和非专递课堂师资。跨境民族教育内部不同学校教师聚集到公共的教研网络平台，一起进行教育教学研究。借助"互联网+"，还可以很好地实现与其他地区的教育教学研究合作。

（四）"互联网+"与课程资源的互联互通

借助"互联网+"，实现课程教学硬件资源互联互通。这里的课程教学硬件资源互联互通有两个方面的含义：第一，不同学校间硬件资源共享。跨境民族教育中的某个学校，可以通过远程教学或远程观摩、远程控制等技术，使用其他学校或其他校外硬件资源。在移动互联网技术下多重空间互动教学，允许某一空间下的师生可以通过互联网实现对其他空间中硬件教学资源的使用。第二，基于物联网、大数据、人工智能，实现课程教学硬件资源的自动联通，如在多重空间教学模式下，同一空间下不同硬件间、不同空间下硬件间都将自动相互联通。

借助"互联网+"，实现各学段各空间教学过程中产生的数字资源的互联互通。基于移动互联网、物联网与大数据的教育技术的发展，可以在学生各个学段各类教学空间（网络空间、课堂和各类现场）的学习过程中形成系统全面的大数据。通过云计算，后面学段各类空间的教学过程中，师生都能获得在前一学段各类有用的数字资源。在同一时段，各教学空间都会产生大量的教学数字资源并上传云平台，其他教学空间下的相关主体都已可以实时获得这些数字资源的共享。

二、跨境民族教育技术融合的管理互通

"一带一路"强调共商、共建、共享，这对跨境民族教育具有直接的指导意义，对跨境民族教育管理显然提出了新的挑战。"互联网+"在跨境民族教育管理的互联互通中发挥着重要作用。

（一）"互联网+"与教务管理的互联互通

"互联网+跨境民族教育管理"，将促进跨境民族教育课程管理的互联互通。不同学校共同开发的共享课程，单凭一所学校往往无法实现对课程有效管理。两所学校共同开发共享课程，需要两所学校间共同合作管理；某一学区内共同开发共享课程，需要以学区为管理中心进行合作管理；跨界合作开发共享课程的管

理，更需要超越学校和教育管理部门，如学校与企业共同开发的实践类课程，需要学校、企业共同合作管理课程。由于空间距离，对这类课程的合作管理往往停留于表面，基本是由某一主要学校进行管理。运用各类网络交流工具或建设专门的课程管理网络平台，学校间、校企间可以通过在线讨论、云会议等形式实时合作管理课程。这样，减少了跨空间进行课程合作管理带来的人力、财力压力，而且可以提高合作管理的及时性。

"互联网+跨境民族教育管理"，将促进跨境民族教学管理的互联互通。多重空间互动教学模式下的泛在教学，教学时间不再仅限于某一固定时间，教学场所也不再固定于某一个学校的某一个教室，学生的学和教师的教也不一定是在同一时间内同时进行，教师与学生也不一定在同一空间内。这都需要通过网络将处在不同空间下的管理主体连接到一起，进行教学管理的合作。尤其是，跨境民族教育内部学校间通过专题课堂、走教、共享共建的录播课程等途径实现的师资共享，还需要学区或上级教育主管部门参与统筹管理教学。

"互联网+跨境民族教育管理"，将实现跨境民族教育中学籍管理的互联互通。在"互联网+"背景下，多重空间互动教学，将促进学生的泛在学习，学生将跨越学校和班级。学生学习将是在多所学校、多个网络学习空间、各种现场多重空间进行，学年制也有可能被学分制所取代，需要互联网、移动互联网、大数据、云计算等技术，实现不同空间下的相关主体对学生学籍进行管理。

（二）"互联网+"与师资管理的互联互通

为了应对师资不足的问题，跨境民族教育需要进行师资共享。实现师资共享方式可以是线下进行，也可以线上进行。线下师资共享方式又可以分为教师走教，如从民间聘请民族文化教育师资进入校园、聘请校外实践教学指导教师等方式。这种线下师资共享方式具有师资流动性大的特点。线上师资共享，包括在线录播教学和在线直播教学等方式。无论是线上师资共享，还是线下师资共享，往往需要学区内的相关主管部门统筹协调，实现与不同学校与企业等单位合作管理。但空间的分散性，给师资管理带来了管理成本高、管理信息沟通不及时等问题。而基于移动互联网、大数据、云计算不断发展，加强"互联网+"与跨境民族教育师资管理的深度融合，将很好地解决共享师资管理过程中遇到的问题。

（三）"互联网+"与学生管理的互联互通

"互联网+跨境民族教育管理"，将实现学校不同部门间的学生事务管理互联互通。学生事务管理主要包括新生入学注册、请假管理、住宿管理、意见建议管理、学生就业咨询与指导、心理健康教育、贫困生资助等和课外活动管理。这些工作由学校不同部门不同主体分别管理。这就需要通过"互联网+教育管理"，实现学校内部不同部门不同主体间的学生事务管理信息的互联互通。

"互联网+跨境民族教育管理"，将实现共享不同学校间学生事务管理的互联互通。针对师资等教学资源缺乏的问题，跨境民族地区不同学校（尤其是教学点）间可能需要通过在线直播的方式实现不同学校间的教学共享。在线直播教学的开展，需要借助"互联网+教育管理"，实现不同学校间就学生事务管理互联互通，保证同步教学工作顺利推进。

"互联网+跨境民族教育管理"，将实现多重空间下学生事务管理的互联互通。随着多重空间互动教学模式的推广，学生学习空间和时间将超越传统的学校和固定的时间。学生将根据自己的进度和需求，穿梭于不同学校、实践基地等各类现场、家和网络空间等多重空间。这就需要通过"互联网+教育管理"，实现多重空间下学生事务管理的互联互通。

"互联网+跨境民族教育管理"，将实现学生事务管理系统与外部间的互联互通。例如，通过"互联网+"，实现学生所在地政府相关部门数据间的互联互通；通过精准把握学生家庭状况数据，实现精准帮扶。

（四）"互联网+"与资产管理的互联互通

跨境民族教育可以通过"互联网+教育管理"，来促进多重空间下对共建共享资产管理的互联互通。跨境民族教育中跨学校或跨界课程开发，可能涉及相关硬件和平台的共建共享，需要对相关资产进行共同管理。多重空间互动教学模式的进行，同样需要不同空间（各参与学校、网络空间、各类现场）硬件设施的共建共享、共同管理。例如，传统学校与校外实践基地有共建的硬件资源，需要联合管理。以上两种情况下由于空间距离较远，用传统方式进行共同管理，工作量大且效率低。"互联+教育管理"，将促进跨境民族教育多重空间下对共建共享资产管理的互联互通，进而降低管理成本，提高管理效率。跨境民族地区各级教育主管部门可以通过"互联网+教育管理"，实时获得所管辖单位在资产投资建设情况、使用情况和资产维护管理情况等方面的动态大数据，实现精准监督和科学决策与指导。

跨境民族教育需要通过"互联网+教育管理"，实现跨境民族学校内部资产管理的互联互通。校内资产管理与维护往往是由学校使用部门和资产管理部门共同完成。传统的管理过程中，师生无法在课前即时获得设备运行状况，设备的报修流程复杂费时，不仅管理成本高而且低效。物联网、移动互联网、大数据和云计算等技术在学校资产管理中的应用，可以很好地解决以上问题。例如，物联网技术可以将学校各类设备使用和运行等信息及时上传相关大数据平台，通过云计算技术，及时将相关信息发送给相关管理人员和使用师生；还可以通过远程调控技术，实现远程维护。

三、跨境民族教育技术融合的合作共建

在"一带一路"建设推进过程中，国家鼓励跨境民族教育加强跨国合作。但很多跨境民族地区没有专门受理跨国合作申请的部门，没有明确的申请流程，缺乏对跨国合作的具体指导，存在层层审批时间成本高等问题。跨境民族地区的学校有合作交流意愿但难开展，尤其是鲜有官方的教育合作交流。"互联网+"加强了跨境民族教育与国际的合作共建。

（一）"互联网+"与国际合作管理的共建共享

"互联网+跨境民族地区教育国际合作"，可以很好地解决当前跨境民族教育国际合作的问题。第一，通过建构中国跨境民族（边境）教育国际交流合作管理网络平台，在线受理申请，并实时提供合作交流指导，减少一线政治风险，实时监督交流合作工作。第二，与"一带一路"沿线国家合作，共建教育跨境合作交流网络管理平台，实现共建、共管和共享。

（二）"互联网+"与跨境教育设施的共建共享

实现政策沟通、设施联通、贸易畅通、资金融通、民心相通，有利于"一带一路"沿线国家加强经济合作，实现优势互补，互惠互利，推动共同发展；有利于搭建合作平台，实现共享、共建、共赢。设施联通在"一带一路"建设

和发展中发挥着先导性的作用，不仅对"一带一路"沿线国家有着重要的经济贡献，而且也为政策沟通、贸易畅通、资金融通、民心相通提供着强有力的基础性支撑。

教育基础设施联通是实现跨境民族教育与"一带一路"沿线国家教育互联互通的基础。通过"互联网+"、大数据和云计算等技术的应用，获得"一带一路"沿线国家教育基础设施建设需求信息，加强合作规划研讨，为科学决策打下基础；通过双方共建的基础设施建设与管理平台，实现对基础设施建设过程和运营过程的共同监督与管理，实现对外派参与"一带一路"沿线国家教育基础设施建设与管理工作人员工作的在线管理。

（三）"互联网+"与跨境课程教学的共建共享

借助"互联网+"，可以促进跨境民族教育课程与"一带一路"沿线国家课程的交流合作。借助大数据与云计算，获得"一带一路"建设过程中的人才需求，确定合作课程及其内容。通过跨国的课程开发与运营的网络平台，加强与"一带一路"沿线国家课程开发工作中的合作交流，实现有效的课程共建、共享与共管。

借助"互联网+"，可以实现跨境民族教育教学与"一带一路"沿线国家的互联共享。随着"一带一路"建设的推进，跨境民族教育教学活动中将有大量跨越国界的多重空间互动教学。这就需要基于互联网，实现对境外学生的教学及其管理；就需要邀请境外教师对境内学生跨境教学。通过在线录播教学和在线直播教学平台进行教学互联互通。尤其是针对"一带一路"建设对人才需求，需要基于移动互联网提供丰富的在线课程，满足学习者个性化的学习需求。

借助"互联网+"，可以实现跨境民族教育师资等教学资源与"一带一路"沿线国家的互联互通。课程与教学的互联互通，需要与"一带一路"沿线国家进行师资等教学资源共享和合作交流，如需要通过在线教学或线下教学引进境外优秀师资，派出教师前往"一带一路"沿线国家进行线上和线下教学。

（四）"互联网+"与跨境教育研究的共建共享

共商、共建、共享的全球治理理念，成为"一带一路"国际产能合作的宗旨和愿景。"一带一路"沿线国家政治背景不同，社会文化背景有差异，经济发展水平不一。要有效实现跨境民族教育与"一带一路"沿线国家教育间课程、教学、师资和办学等方面有效的交流互鉴、开放包容、互联互通，需要共同进行相关的教育研究。但由于人力、财力和物力等因素的制约，跨境民族地区教育研究者要与"一带一路"沿线国家的教育研究者开展合作研究极其困难。"一带一路"建设过程中国与其他国家在宽带、网络等基础设施的互联互通，有力支持了"一带一路"沿线国家共建"一带一路"教育科研合作平台的建设。共建教育研究的合作平台，无疑可以推动教育研究的合作交流，分享教育研究的成果及其应用经验。

第四节　跨境民族教育技术融合的平台建设

"十二五"期间，我国已着手推进教育信息技术平台建设，特别是着力推进了"宽带网络校校通、优质资源班班通、网络学习空间人人通"，重点建设"教育资源公共服务平台"和"教育管理公共服务平台"。经过这些年的建设和发展，"三通两平台"建设任务已基本完成，并取得了明显的成效。但跨境民族地区由于经济和教育基础相对薄弱，教育信息技术平台建设相对迟缓，因此，"三通两平台"的建设与应用仍然是当前跨境民族教育技术平台建设的重点。

一、跨境民族教育技术融合的多重空间平台

"一带一路"倡议给跨境民族教育赋予了新的时代使命，需要推动教育信息化国际合作服务平台建设。近些年来，国家出台了一系列信息化建设的文件和举措，充分利用这些措施，整合教育信息化发展的资源，可以加快跨境民族教育技术融合的步伐，建立适宜的多重空间平台。

（一）跨境民族地区"宽带网络校校通"建设

近10年来，我国教育事业在包括宽带网络建设在内的信息化基础建设方

面得到了全面、深入和快速发展。截至2021年第一季度，全国中小学（含教学点）带宽达到100M以上的学校比例为99.91%。[①]然而，跨境民族地区宽带网络校校通还有诸多问题。第一，宽带的普及率还有待提升。例如，截至2017年末，广西接入互联网中小学校达1.19万所，占93%；接入互联网教学点3968所，只占45%。[②]第二，已有网络以有线网为主，无线网的普及率还很低。第三，宽带网络主要还局限于学校和云平台间、学校与教育主管部门之间的连接，还没有建成学校间、平台和各类现场空间的高速专线网络互联互通。第四，宽带网络有待提速。"互联网络校校通"和"宽带网络校校通"是两个不同的要求，从实际使用效果来衡量，使用10M带宽以下的学校从网速上都无法保证"优质资源班班通"。[③]调研了解到，一些跨境民族地区的学校，尤其是基础教育学校教室的网络还无法达到所有班级同时进行线上教学的要求，更无法支撑超高清技术和虚拟现实等技术在教育中的应用要求。例如，一些跨境民族地区中小学虽然实现了宽带网络全覆盖，但学校的带宽却无法满足"三个课堂"为核心的班班通资源的要求。第五，据跨境民族地区的部分基础教育学校校长反馈，虽然学校已经开通宽带，但每年几万元的宽带网络经费给学校带来了较大的经费压力。

当前，跨境民族地区"宽带网络校校通"建设需要采取切实有效的措施。第一，实现已有校园宽带网络提速。良好的网络设备环境是跨境民族地区学校教育信息化的基础。需要提升当前跨境民族学校既有的宽带网络，使其达到足够支撑所有的教室和实验室都可以随时开展超高清线上教学，达到无延迟的高效互动，为虚拟现实技术、大数据技术和云计算等信息技术在跨境民族教育中的应用打下网络基础。第二，延伸宽带网络覆盖范围，实现学校、实践基地等各类现场空间和家庭空间等多重空间间的宽带网络互联互通。延伸校园局域网，推进校园无线网络信息全覆盖建设、学校与实习实践等现场教学空间间的宽带网络专线建设，尤其是基于5G的移动互联网的普及，建成多重空间互联互通的高速网络。第三，

---

① 《2021年3月教育信息化和网络安全工作月报》，http://www.mce.gou.cn/s78/A16/gongzuo/gzzl_yb/2021021_588941.html.

② 广西壮族自治区地方志编纂委员会编：《广西年鉴》，广西年鉴社2018年版，第323页。

③ 孙小健：《张掖市三通两平台建设现状分析与发展对策研究》，西北师范大学硕士学位论文，2017年。

实现网络校校通增智。智慧教室、智慧校园和智慧教育是当前教育技术发展的重要方向之一。"宽带网络校校通"建设不仅需要对宽带进行提速和延伸覆盖范围，还需要推进智能化宽带网络建设。

（二）跨境民族地区"优质资源班班通"建设

随着教育和现代信息技术的发展，国家相关政策对"优质资源班班通"提出了越来越高的要求。"三通两平台"进展数据显示，截至2019年第二季度末，全国中小学已拥有多媒体教室的学校比率和实现多媒体教学设备全覆盖的学校比率分别为93.6%和74.2%。学校配备的教师终端与学生终端数量不断增加。[①]然而，安装了多媒体设备并不意味着实现了"优质资源班班通"。多媒体设备并没有在提高教学质量和促进教育均衡发展方面发挥作用。调查发现，跨境民族教育中的"优质资源班班通"还存在一些问题。首先，带宽和现代教育技术设备更新滞后限制了"优质资源班班通"的实现。由于带宽限制，学校只能联网做简单的资源下载和教学管理。"优质资源班班通"除了需要提高网速，还必须配备先进的现代教育技术设备，如交互智能黑板、实物展台、智能班牌。然而，调查发现，跨境民族地区学校还没有达到每个班都安装有一体机等先进设备，而且还普遍存在怕设备损坏后没有足够的维修经费支出而不敢用的现象。其次，以"三个课堂"为代表的共享资源性内容极其有限。教学资源的使用还是十分匮乏。甚至有些跨境民族所在的省（自治区）的省级教育资源公共服务平台中都没有资源栏目，网站里只有"网站首页"和"新闻动态"等简单栏目，根本找不到可以共享的教育资源。有些省（自治区）已经在教育资源公共服务平台提供了教育资源，但这些资源还比较零散，数字资源的量与质都还有待提升，例如，×省教育公共服务平台已设了专门的资源栏目，且市（州）级教育资源公共服务平台和县级教育资源公共服务平台也都设置了专门的资源栏目。截至2019年9月25日，×省教育资源公共服务平台中的资源总数已经达到了1223486篇，共440G。虽然这些资源数量已具备了一定规模，然而这些资源以文字资料为主，音视频资源相对较少，而且还不够系统全面。无论市（州）级教育资源公共服务平台和县级教育资

---

① 《2019年6月教育信息化和网络安全工作月报》，http://www.ict.edu.cn/news/yuebao/n20190812_61345. shtml.

源公共服务平台设置专门的资源栏目提供的资源，还是省级教育资源公共服务平台中提供的资源，都没有专门针对本市（州）或本县共享的资源。第三，跨境民族教育内部共建共享的优质资源匮乏。目前，跨境民族教育学校"优质资源班班通"中的资源主要是国家和省级组织开发的优质资源，具有通用性。然而，在"一带一路"建设中，跨境民族教育有着特殊的时代使命，除了需要共享通用的优质资源，还需要在实现跨境民族文化教育、与"一带一路"沿线国家文化融通教育、国家安全教育、"一带一路"人才培训等方面进行优质教育资源共建与共享。然而，相关教育资源还相当匮乏。第四，由于目前"宽带网络校校通"主要限定于连通学校的有线网络。因此，优质资源主要通过学校电脑或家庭电脑获取，未能达到在任何时间、任何空间获得优质资源的泛在教学要求。第五，师资信息化素养不足阻碍了"优质资源班班通"建设。跨境民族地区师资老龄化比较严重，尤其是跨境民族农村地区，由于教师不懂教育技术相关设备操作而阻碍了"专递课堂""名师课堂"和"名校网络课堂"等优质数字教育资源共享。例如，研究团队对跨境民族某村小的教师进行了访谈。通过访谈了解到该校所在学区内的每所学校基本都达到100M的宽带，县级也有了相应的平台，允许学区内的任何两所小学进行在线直播的互动教学。这本来可以很好地实现在线师资共享，解决师资紧缺学科无法开展教学的问题。然而，由于很多村小教师连最基本的设备操作都不会，所以没能有效地与城市里的配对小学一起开展在线直播互动教学。

基于当前的现实状况，需要进一步推动多重空间下教育资源互联互通建设。一是要加大经费投入，提升网络速度和范围，普及智能设备，实施"优质资源班班通"设备更新换代工程，实现多重空间下"优质资源班班通"（如图6-2所示）。二是要加大外部优质课程资源引入。通过国家教育资源公共服务平台、其他省份各级教育资源公共服务平台和与其他地区教育的专门合作等多种形式，获得更多的优质数字教育资源。三是要加强跨境民族教育内部自身优质教育资源的开发。通过创新跨境民族教育自身优质资源共建共享机制，调动学校教师参与教育资源建设的积极性，吸引民间主体参与跨境民族文化教育资源的建设，加强学校与实践基地共建相关课程资源。四是要加强对师资的信息化素养培训。一方面，通过培训提升教师教育信息化意识；另一方面，通过培训让所有的教师都及时掌握最新的教育技术设备的使用操作，保证所有的教师都具备多重空间互动教学模式下教学的能力。

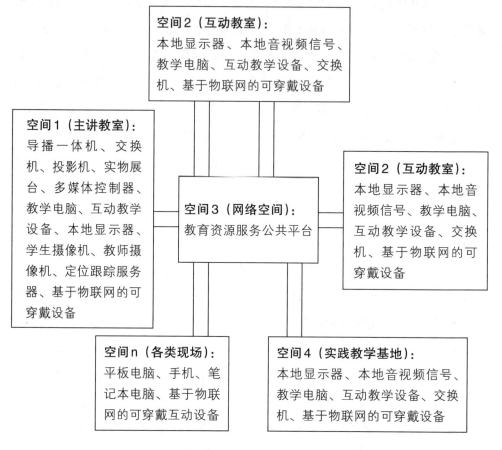

图6-2　多重空间下的资源互联互通图

（三）跨境民族地区"网络学习空间人人通"建设

经过多年努力，我国"网络学习空间人人通"已经得到了较快发展，尤其在2020年新冠肺炎疫情爆发之后，网络学习空间迅速发挥了重要作用。例如，2021年8月至10月，国家数字教育资源公共服务体系、国家教育资源公共服务平台、国家中小学网络云平台和爱课程等平台得以迅速推广和普及应用（具体见表6-1）。相应地，跨境民族教育中的"网络学习空间人人通"也得到了迅速推进。

表6-1 2021年8月至10月数字资源服务普及行动中平台空间发展使用情况统计表

平台	使用与发展指标	8月	9月	10月
国家数字教育资源公共服务体系	新接入平台（个）	3	4	3
	体系空间月活用户（万人）	2910	3663.6	3072.6
国家教育资源公共服务平台	新开通教师空间（万个）	3	8	11
	新开通学生空间（万个）	3	8	7
	新开通家长空间（万个）	1		
	新汇聚应用服务商（家）	2	1	3
	新汇聚应用（个）	4	1	3
国家中小学网络云平台	累计访客（亿人）	6.82	8.1	8.49
	页面浏览次数（亿次）	41.29	49.51	51.57
爱课程	新增注册用户（万人）	3.3	11.3	6.46
	新增客户端用户（万人次）	2.3	6.3	4.39
	中国大学MOOC移动终端累计下载安装（万人次）	8055	8345.3	8575.94
	平台在授开放课程数量（万门次）	5.27	5.69	5.78
	新增选课人次（万门次）	5.27	678.9	563.33

备注：数据来源于教育信息化和网络安全工作月报

然而，跨境民族教育的"网络学习空间人人通"还存在一些问题。第一，网络学习资源不系统、不丰富。第二，网络和其他基础设施设备阻碍了跨境民族教育中"网络学习空间人人通"的推进。例如，学校教师备课电脑配备不到位，很多学校一个年级或一个教研室才配一台电脑，甚至有的学校都没有配备备课电脑。受到应试教育影响，基本不允许学生在学校使用手机，而学校机房有限。很多家长没有参与"网络学习空间人人通"的条件，且没有参与的意识与信息技术技能。疫情期间，很多学生只能通过手机进行线上教学，影响教学质量。第三，当前大多数网络学习空间中的教与学、教与教、学与学的全面互动性不足。第四，"人人有空间"且"人人用空间"的目标还远未实现，尤其是学生、家长和其他社会力量的网络空间。从表6-1中可知，这一时期，国家数字教育资源公共服务体系中新增的教师空间数量都远多于新增学生空间数量和新增家长空间数量，这说明还有大量的学生和家长未开通空间。

跨境民族地区教育要推动"网络学习空间人人通"实现提质增效。第一，加强硬件基础条件建设，实施多重空间互联互通的高速网络建设，普及参与网络学习的智能终端设备，保证教师、学生和家长人人有，人人会用，时时可用，处处可用。第二，加强网络学习空间平台建设，提供更多更优质的网络学习资源。提高网络学习空间操作界面的人性化，降低使用的复杂程度，让教师、学生和家长等都能轻松参与操作。提高教与学、教与教、学与学的全面互动。第三，加强"网络学习空间人人通"应用培训。目前也有系列培训但主要只是针对教师，今后应该也加大对学生和家长的培训，提高使用意识和使用技能。第四，制定针对学校、教师、学生和家长的各级各类的"网络学习空间人人通"考核机制，调动参与的积极性。

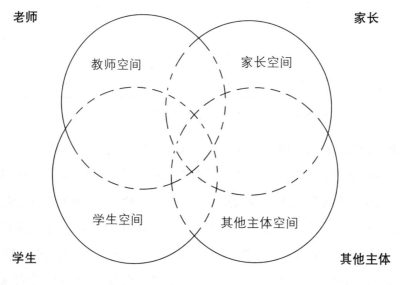

图6-3 "网络学习空间人人通"图示

二、跨境民族教育技术融合的共享服务平台

教育和现代信息技术发展同样对各级各类教育资源公共服务平台建设提出了越来越高的要求。目前，跨境民族教育资源公共服务建设取得了一定进展，但还需进一步推动，特别是要加快推进共享服务平台建设。

（一）教育资源公共服务平台建设现状

截至2020年3月底，国家教育资源公共服务平台通过体系资质审核机构数、应用服务商数、正在进行技术对接应用数分别为345、97和187。其中，55家企业的122个应用已完成开发并上架，为师生提供服务。[①]从2020年4月至2021年10月的教育信息化和网络安全工作月报数据可知，每月都有新接入平台和新汇聚的应用服务商与应用。各跨境民族所在的各个省份（自治区）都基本建成了专门的省级教育资源公共服务平台，或建成了包括教育资源公共服务平台的省级教育公共服务平台。很多跨境民族所在市（州）县等各级都尝试建立了自己的教育资源公共服务平台。

但跨境民族教育资源公共服务平台的建设和应用还存在诸多问题。第一，国家教育资源公共服务平台的资源还不够系统全面，更缺乏专门针对跨境民族教育的数字资源。第二，各跨境民族所在的省级市级基本建设了教育资源公共服务平台，但资源建设与运营参差不齐，很多还在初始阶段，甚至有跨境民族所在的省级教育资源公共服务平台都还没得到开发，基本没有资源。第三，县级及以下服务平台还很少，而且已经建了的平台资源非常有限。教育资源公共服务平台使用率不高，教师参与建设的意识和能力不足。第四，已有各级各类教育资源公共服务平台只是面向学校、教师、学生和家长，极少面向企业和其他社会力量，还无法满足《教育信息化2.0行动计划》中"建设人人皆学、处处能学、时时可学的学习型社会"的需求，也无法满足《推进共建"一带一路"教育行动》提出的"以学校、企业和其他社会力量等民间主体，协调推动，地方重点推进，各级学校有序前行，社会力量顺势而行"的行动要求。

---

① 《2020年3月教育信息化和网络安全工作月报》，http://www.ict.edu.cn/news/yuebao/n20200422_67398.shtml.

（二）跨境民族教育资源公共服务平台建设策略

为了推动跨境民族教育公共服务平台建设，应采取以下策略：第一，以政府投资建设、企业运营维护、学校购买服务的机制进行建设，实现跨境民族地区政府、学校和企业协同参与地方教育资源公共服务平台建设工作。第二，各级教育行政部门要统筹所辖区域内教育资源公共服务平台建设。打通各级各类教育资源服务平台间的连通；要避免低水平重复投资建设，逐步形成统一的基础逻辑架构，实现各级各类各地方教育资源公共平台间的互联互通；落实《教育信息化2.0行动计划》提出的"数字教育资源实现开放共享，教育大资源开发利用机制全面形成"。第三，推动面向学校、教师、家长、企业和其他社会力量的教育资源服务平台建设，形成多元主体共商、共建和共享的教育资源公共服务平台，这样可以加强跨境民族地区各级各类学校与区域各行各业联系，提高人才培养质量；同时，可以充分调动跨境民族地区的学校、企业和其他社会力量在"一带一路"教育行动中的主体性。第四，市县级和学区级教育资源公共服务平台应专门设置地方民族文化传承发展和《推进共建"一带一路"教育行动》专门模块。随着国家和省级教育资源公共服务平台建设的不断完善，跨境民族地区各级教育主管部门和学校要制定教育资源公共服务平台使用的激励机制，调动跨境民族教师积极利用平台，进行资源共建共享。

三、跨境民族教育技术融合的管理服务平台

近年来，我国教育管理公共服务平台得到较快发展，已建成了国家教育管理公共服务平台，各省（自治区）也都建成了专门的省级教育管理公共服务平台，或建成了包括教育管理公共服务平台的省级教育公共服务平台。

（一）教育管理公共服务平台建设现状

很多跨境民族所在市（州）县都尝试建立自己的教育管理公共服务平台。然而，教育管理公共服务平台的建设和使用还存在一些问题。第一，教育管理公共服务平台建设缺乏整体规划，管理系统间互联互通性不足。第二，教育管理公共服务平台统计数据还不够全面，还未形成教育管理大数据，数据分析不够智能化，如数据基本靠人工录入，针对不同检查还要经常重新填报相关表格。第三，

市县级管理平台建设不足，导致不能很好地实现教育管理过程中的即时沟通。第四，管理系统主要只是教育管理部门用于对相关数据统计，往往只有相关管理主体参与，教师、学生和家长并无法参与管理互动，还未完成《教育信息化2.0行动计划》提出的推进教育"互联网+政务服务"的行动要求。第五，教育管理公共服务平台与教育资源服务平台间互联互通性不足。

（二）跨境民族教育管理公共服务平台建设策略

教育公共管理服务平台建设，首先，要加大投入，加强平台建设，尤其是在学校、学区、县级市级教育管理公共服务平台建设方面，需要根据现代信息技术新发展、跨境民族教育自身的发展和"一带一路"建设提出的新要求，不断升级完善跨境民族地区教育公共管理服务平台。第二，切实落实推进跨境民族教育"互联网+政务服务"行动，切实让百姓少跑腿、数据多跑路，增强人民群众获得感，①尤其是避免因审批难而阻碍跨境教育合作的问题。第三，推动允许多重空间下多元共同参与管理的跨境民族地区教育公共服务管理平台建设。无论是从移动互联网等现代信息技术发展带来的多重空间互动下的泛在教学要求出发，还是从目前跨境民族教育为解决面临的问题而采取的学区办学、联盟制办学、走教、在线师资共享等现实需求出发，都需要跨校、跨地区和跨界的融合管理。通过教育管理公共服务平台建设，实现多重空间下多元主体共同参与的具有高联通性的教育管理系统，除了教育管理部门和学校外，还要让校外实践基地等各类现场空间下的主体和家长参与管理。第四，增加管理系统，加强管理系统整合。各级教育公共服务平台确实落实把重点业务管理系统增加到20个以上，并根据实际需求不断增加完善。跨境民族所在的市县级和学区级教育公共管理平台应该设置专门的跨境民族文化传承与发展教育管理和跨境教育合作管理模块。另外，需要加强顶层设计，实现各管理系统间的高效互联互通。第五，充分利用云计算、大数据、区块链和人工智能等新技术，提升各级教育公共管理的系统化、精准化、动态化和智能化水平。第六，制定相应的评价机制，提高多重空间下相关主体参与教育管理的积极性。第七，实现教育资源公共服务平台和教育管理公共服务平台

---

① 《教育信息化2.0行动计划》，http://www.moe.gov.cn/srcsite/A16/s3342/201804/t20180425_334188.html.

融合发展，建立集资源公共服务与教育管理公共服务为一体的跨境民族教育公共服务平台（如图6-4所示）。教育资源公共服务平台和教育管理公共服务平台最终的目标都是提高教育教学质量，都是为人才培养服务。然而，目前跨境民族教育的教育资源公共服务平台和教育管理公共服务平台间缺乏互联互通，如学生对教师的评价数据、教师对学生的评价经常没有及时反馈甚至没有反馈。这就要求建成"互联网+教育"的大平台。

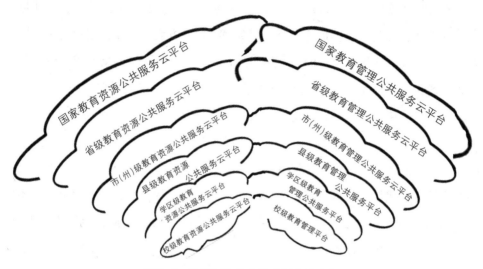

图6-4 跨境民族教育公共服务平台图

四、跨境民族教育技术融合的国际合作平台

"一带一路"背景下，跨境民族教育国际合作服务平台建设助推民心相通，不仅有利于"一带一路"人才培养需要，而且有助于跨境民族教育的国际交流与合作。

（一）国际合作服务平台建设的必要性

随着"一带一路"建设的推进，跨境民族教育需要充分发挥特殊的地理和文化优势，为"一带一路"建设培养各种人才，发挥其促进民心相通的作用。这需要跨境民族教育加强与"一带一路"沿线国家的教育交流与合作，在合作办学、师资共享、优质课程资源共建与共享、教育研究等方面实现多维度深入合作。然而，目前跨境民族教育国际交流合作工作存在一些困难与问题。在管理方面，跨国教育合作往往需要双方国家不同层次多部门共同审批管理、监控。由于没有一个系统的管理平台，各方信息沟通不顺畅，导致合作项目审批流程复杂费时甚至出于安全风险考虑而得不到审批。双边学校有合作交流意愿，但又担心各种风险，且得不到具体的合作工作方面的咨询指导。在合作办学过程中，双方信息沟通不及时，共同监管不到位，存在有些机构只考虑自身利益，而不对对方负责的情况。由于物力、财力和工作任务繁忙等各方面的原因，跨境民族地区教师参与国际合作交流机会少。通过建立跨境民族教育的信息化国际合作交流公共服务平台，可以为双方相关教育管理部门在平台进行跨境民族地区教育国际合作的在线受理审批和监管工作，提高管理、监督的实效性和有效性；同时，为跨境民族学校跨境合作办学、跨境师资共享、跨境课程教学资源开发共享和跨境教育研究提供舞台。

（二）国际合作服务平台建设的可行性

"一带一路"倡议为建立跨境民族教育信息化国际合作服务平台提供了政策、设施和民心等方面的支持。第一，政策沟通为信息化国际合作服务平台建设提供了政策支持。中国政府和地方政府出台了系列政策来推动"一带一路"发展。例如，《中国教育现代化2035》战略任务中的第九条指出："开创教育对外开放新格局。全面提升国际交流合作水平，推动我国同其他国家学历学位互认、标准互通、经验互鉴。"截至2019年7月，中国政府已与136个国家和30个国际组织签署了195份政府间的合作协议。第二，设施联通将推动现代信息技术基础设施共建，为跨境民族教育的信息化国际合作服务平台建设提供网络等硬件设施基础。例如，截至2019年9月，云南省光缆出省方向7个，出省光纤27条，与16个大型城市建有直达链路，出省总带宽达16.1Tbps；中老、中缅已完成扩容工程建设，传输系统能力达到10G；云南省已成为全国第一个三大基础运营商同时部署面向特定国际区域的网络节点省份，国际通信服务范围覆盖周边8个国家。[①]再如，中新（重庆）国际互联网数据专用通道于2019年9月11日在新加坡正式开通。这是我国首条针对单一国家的"点对点"国际数据专用通道。该通道是从重庆经

---

① 《"一带一路"建设成果图鉴　辐射南亚东南亚，云南一直在努力》，https://www.yidaiyilu.gov.cn/xwzx/gnxw/88748.htm.

广州、香港到新加坡的直达数据链路，由市大数据发展局、市中新项目管理局、市通信管理局与新加坡资讯通信媒体发展局和新加坡企业发展局组织实施，中国电信、中国移动、中国联通与新加坡电信、新加坡星和电信联合建设运营。在智博会上，该通道进行了联调测试，启动了远程教育、智慧教育等多个领域的智慧应用示范项目。①第三，民心相通将增进中国人民与"一带一路"沿线国家人民间相互了解，为跨境民族教育国际合作的信息化交流平台建设奠定坚实民意基础和社会基础。此外，贸易畅通、资金融通也将为跨境民族教育国际合作的信息化交流平台建设、运行中的资金管理等提供保障。

（三）国际合作服务平台建设的主要内容

硬件建设是跨境教育信息化国际合作服务平台的重要内容。通过我国政府与"一带一路"沿线国家政府推动，各国电信企业合作，建设双边或多边国际互联网数据专用通道。在此基础上，推动对应"一带一路"沿线国家学校宽带网络建设，建成高速率、大带宽、低时延、高可靠的国际互联网通道。除了网络数据专用通道建设外，还要借助设施联通建设，推动我国跨境民族学校和"一带一路"合作国学校智能终端设施设备建设，为各国学校在参与国际远程教学与智能教学合作如协同设计、联合研发、数据处理、远程检测等方面的深度融合提供硬件基础。

软件建设是跨境教育资源与教育管理公共服务平台的重点。在硬件建设的基础上，运用云计算技术构成的覆盖多国的、多级分布的、互联互通的、为学校和个人获得优质教育资源、为相关国家教育行政部门管理提供技术支撑和网络服务的云服务体系。跨境民族教育的信息化国际合作服务平台应该包括如下几个子平台：一是"一带一路"教育信息服务子平台。该子平台为各国教育管理部门、学校、个人提供"一带一路"沿线国家教育信息服务。二是跨境民族教育国际合作的信息化管理子平台。在该子平台内各参与国各级教育行政管理部门可以共同在线受理国际合作交流申请，并进行监督。合作学校或其他主体在线共同管理合作项目。三是国际教育资源共建共享服务子平台。该子平台应包括"一带一路"课程与

---

① 《中新(重庆)国际互联网数据专用通道开通》，https://www.yidaiyilu.gov.cn/xwzx/dfdt/103769.htm.

教学资源开发平台,"一带一路"名师课堂,"一带一路"名校课堂,个人学习空间。四是"一带一路"教育研究合作服务子平台。该子平台为"一带一路"教育研究提供在线合作平台。

(四)国际合作服务平台建设的基本策略

在跨境民族教育的信息化国际合作服务平台建设中,要坚持共商、共建、共管和共享的核心要义。共商、共建和共享是"一带一路"倡议的核心要义,需要贯彻到跨境民族教育的信息化国际合作服务平台建设和运营全过程中,实现双方政府、双方学校、双方企业和双方其他社会力量共同商量、共同建设、共同管理和共同享用。

第一,坚持以民间为主体。《推进共建"一带一路"教育行动》要求坚持"以政府引导,民间为主体"的原则。因此,我国与"一带一路"沿线国家的学校、企业和其他社会力量(如国际社团、组织)是跨境民族教育的信息化国际合作服务平台建设的主体。第二,建立和完善平台建设机制。采取以政府引导并提供相应的资金与政策支持、企业运营维护、教育机构购买服务的平台建设机制。充分利用"一带一路"设施联通建设中已有现代信息技术企业提供的计算、存储与通信等基础设施能力,参与开发服务管理平台,构建稳定可靠、低成本和规模化的跨境民族教育信息化国际合作服务平台。第三,创新运营机制。跨境民族教育的信息化国际合作服务平台建设管理与运营管理要坚持去中心化。我国跨境民族地区民间主体与"一带一路"沿线国家民间主体平等参与跨境民族教育的信息化国际合作服务平台建设管理与运营管理,并没有一个共同的上级管理部门,需要借助区块链技术使用共识机制(如 Pow、Pos、DPos)实现跨境民族教育信息化国际合作服务平台建设与运营管理活动的去中心化监管并进行分布式记账,实现不可抵赖性证明;同时,在区块中使用时间戳技术,确保建设与运营管理活动在区块内容及其时间上的可追溯性。

第七章

"一带一路"背景下
跨境民族教育发展的资源配置

　　"一带一路"背景下我国跨境民族所在区域从边境走向前沿、从封闭走向开放，跨境民族教育也获得了新的发展机遇，焕发出时代的生命力。但我国跨境民族教育仍面临人力资源短缺、物力资源保障不足、财力资源投入不足等问题，跨境民族地区还未构建起适应"一带一路"建设的人才培养体系，还不能为"一带一路"建设提供强有力的智力支持，跨境民族教育资源配置还不能真正适应"一带一路"建设的需要。

第一节　跨境民族教育资源配置的基本原则

　　从经济学的角度来看，资源的有限性和稀缺性要求在不同的需求者之间进行合理分配，这就是资源配置。静态的资源配置是指资源在不同的主体之间的分配状况，动态的资源配置是指资源在不同主体之间的分配过程。[1]教育资源服务于教育过程，主要包括投入教育过程的财力、物力、人力等资源。[2]教育资源通常处于供给不足的状态，而各教育主体都渴望得到更丰富的教育资源，这就对教育资源配置提出了严格要求。教育资源配置指的是将教育资源遵照特定原则分配到教育系统各部分，以供教育系统的正常使用。教育资源会在不同群体间、城乡间或区域间进行配置，还会在各类教育主体间进行配置。

　　跨境民族教育资源属于教育资源的范畴，它来源于社会总资源之中，一般包括财力资源、人力资源、物力资源等，是开展跨境民族教育工作的物质基础。广义上，跨境民族教育资源指的是跨境民族教育工作相关的教育政策、教育制度，以及维系跨境民族教育所需的财力、物力、人力等资源；狭义上，跨境民族教育

---

[1] 刘长兴：《论流域资源配置的基本原则与制度体系》，载《政法论丛》，2018年第6期，第94—105页。

[2] 王善迈：《经济变革与教育发展：教育资源配置研究》，北京师范大学出版社2014年版，第3页。

资源指的是跨境民族教育使用、消耗、占用的财力资源、物力资源、人力资源的总和，比如教师、操场、办公设备、实验器材、办学经费。在此，我们采用跨境民族教育资源的狭义解释，即支撑跨境民族教育的教育经费、物力资源、人力资源等。跨境民族教育资源配置可分为宏观配置与微观配置两种方式。其中，宏观配置是指根据各类教育机构的现实需求，对总的跨境民族教育资源进行有效分配，让更多的资源流入最具发展潜力的教育机构，以换取更加丰厚的社会教育效益；微观配置指的是各类教育机构合理分配有效的教育资源，从而实现综合效益最大化。简言之，跨境民族教育资源配置的目的在于合理分配有限的教育资源，确保实现教育资源的充分利用，促进跨境民族教育工作的顺利开展。

"一带一路"背景下，基于沿线各国教育资源及各跨境民族之间教育资源的差异，必须以服务党和国家对外开放工作大局为宗旨，统筹国内、国际两个大局，明确跨境民族教育资源配置的基本原则，在原则框架下设计适用的体制机制，不断优化跨境民族教育的资源配置，为跨境民族教育发展提供有效支撑。

一、跨境民族教育资源配置的差异性原则

教育资源的差异性是客观存在的。首先，"一带一路"覆盖了中亚、东南亚、西亚及欧洲的多个国家，沿线各国资源禀赋不同，语言文化、宗教信仰也各不相同，各国可以利用的教育资源差异也非常明显。其次，我国各跨境民族地区间教育资源存在差异性。我国幅员辽阔、民族众多，不同地区之间的社会经济发展水平存在较大差距。我国有9个边境省（自治区）、41个边疆州市，136个边境县，内陆边境地带长达21000公里，跨境民族就分布于这些曲折绵延的边境地区之中。受各跨境民族地区自然地理、社会环境、经济基础、文化背景、历史起点不同的影响，各跨境民族地区民族教育的现实水平存在很大差异。根据有关调查，136个边境县根据教育水平的高低可以分为五大类。[①]事实上，由于经济发展水平和自然条件的差异，及其他因素的影响，各边境州、盟、地区之间跨境民族教育的发展水平参差不齐，即便是各跨境民族州、盟、地区，各市县内部教育

---

① 瑰乔：《边境民族教育基本特点浅论》，载《民族教育研究》，1990年第1期，第74—79页。

发展也不平衡。一般来讲，各跨境民族州、盟、地区首府所在地，教育状况是最好的。地理位置较好、经济较发达的地区，教育状况也相对较好。另外，21世纪以来，国家投入大量资金支持边境沿线国门学校的建设，因此边境沿线地区教育状况反而普遍好于远离边境沿线的一些地区。再次，我国各跨境民族内部教育发展状况也有很大差异。我国边境地区居住的多个少数民族中，社会发展水平、经济发展水平及居住区域的不同导致各跨境民族内部教育发展水平存在高低差异。以云南跨境民族为例，纳西族、傣族、白族等少数民族的人口数量相对较多，而且大多集中居住在同一部落，相对较容易开展教育工作，因此他们的受教育水平高于其他边境民族。相对而言，居住在西南边境的独龙、怒、傈僳等11个民族教育较为落后。

因此，实行差别化的资源配置原则是我国跨境民族先天禀赋不足的需要。差异性原则强调教育主体的差别，遵循"不同情况不同对待"的思路，反对以平均主义为纲开展教育资源配置工作，即不是平均或平等分配教育资源的份额，必须考虑受教育者的先天禀赋或缺陷，从而满足他们的需求。①具体而言，该原则主要指在教育资源配置环节，必须要将不同跨境民族资源需求差异考虑进去，继而有偏重、有目标性地分配资源，在具体情况与特殊待遇之间力求均衡。

"一带一路"背景下，跨境民族教育超越了地域界线，在教育资源配置过程中遵循差异性原则，既要尊重不同跨境民族差异和特色，更要发挥"一带一路"参与各方资源共享、优势互补的作用，从而促进教育共同发展，为实现沿线国家互联互通和民心相通提供支撑。②基于此，政府在制定面向跨境民族教育的资源配置政策制度时，应当立足实际，围绕跨境民族教育的发展需求，制定出差异化的、系统的和全面的扶持政策，还应考虑到各个跨境民族文化、历史、经济的差异性以及教育的不平衡性，制定相应的具有民族区域特色的教育政策；同时，加强微观配置，提高教育资源在各自区域内的利用率，在区域内尽量缩小资源分配的差异性而更加强调公平性。对跨境民族地区实施差别化的资源配置原则，

---

① 褚宏启、杨海燕：《教育公平的原则及其政策含义》，载《教育研究》，2008年第1期，第10—16页。

② 郄海霞、刘宝存：《"一带一路"教育共同体构建与区域教育治理模式创新》，载《湖南师范大学教育科学学报》，2018年第6期，第37—44页。

并不是"矮化"和"低端化"跨境民族，更不是对他们的"施舍"，而是选择真正适合该地区的政策，从而能够推动该地区的长足发展。[1]

二、跨境民族教育资源配置的包容性原则

"一带一路"倡导开放、包容、均衡、普惠的合作模式，倡导塑造开放的、无边界的国际市场，这种开放包容的合作模式促使人与人、人与自然、人与社会朝和平共处的基本态势发展。"一带一路"背景下，跨境民族教育资源配置应倡导包容性原则。

跨境民族的多样性要求教育资源配置坚持包容性原则。中国边境线漫长，在边境地区长期聚居着众多跨境民族，虽然生活在两个国度，但是血缘相通、宗教相同、生活习惯相似，还拥有相同的民族语言。与一般的少数民族相比，跨境民族居住在绵延数千公里的边境一带，远离中心城市，地形复杂，内外交通不便，人口分散。1949年以前，跨境民族地区经济水平低下，社会发展落后，有的民族还处于与世隔绝的自然经济发展阶段，商品经济依然十分落后，仍然生活在极端狭小的经济活动范围内，只能满足基本的生活需要。新中国成立以后，党和国家在调查研究的基础之上，制定了针对这些跨境民族专门的扶持政策，从人力、物力、财力几个方面进行了大力支援，使得广大跨境民族地区取得了跨越式的发展，但是与本省（自治区）的条件较好的地区，特别是内地发达地区相比尚有差距。此外，边境地区生活着许多少数民族，不同民族拥有各自的民族文化，跨境地区各民族的宗教文化也具有一定差异性，整体上形成了鲜明的多元文化格局。在这种格局的影响下，各跨境民族间的文化相互渗透、相互融合、相互促进，给跨境民族教育带来了潜在的影响。

跨境民族教育的复杂性要求资源配置坚持包容性原则。新中国成立之前，跨境民族地区几乎没有正规的学校教育体系，只有少数人有机会接受宗教教育。宗教教育存在有限性、封闭性的特点，其中包含的科学内容甚少，相较于现代学校教育是严重落后的。由于历史的影响，加之经济活动较保守和自然地理环境较封

---

[1] 郑长德：《新常态下民族地区经济发展研究的新课题》，载《中国民族报》，2015年1月16日。

闭，因此一些跨境民族的传统文化和观念也自然而然地带有一定的保守性和封闭性。此外，我国跨境民族地区学校一般规模都不大，学生也不多，但是学生的身份却很复杂，不仅有我国跨境民族的子女，而且从20世纪90年代起，就有缅甸、老挝等国家的儿童到我国边境上学，但规模很小。随着中国经济的发展和边境地区教学条件的改善，越来越多的跨境民族儿童渴望到中国上学。在跨境民族教育的师资队伍、管理队伍中，充盈着来自于不同民族的知识分子。跨境民族教育的对象以及教育工作者民族的多样性，让跨境民族教育显得更加特殊，更加复杂化。自然地理环境的封闭性、社会文化背景的复杂性以及教育工作者和教育对象民族的多样性叠加在一起，造就了跨境民族教育的复杂性。①

跨境民族的多样性和复杂性，共同决定了跨境民族教育资源配置的特殊性。因此，务必在教育资源配置过程中坚持包容性原则，坚持政府主导、统筹规划、科学配置，从而不断缩小跨境民族地区学校与其他地区学校的差距，让经济、社会、教育发展的成果能惠及所有跨境民族地区人民，实现教育与经济和社会的协调发展。"一带一路"背景下，我国的教育开始了"全方位、多层次、宽领域"的新一轮对外开放。因此，跨境民族教育对内应推行包容性原则，对外也倡导包容性开放。跨境民族教育应向沿线其他国家实施开放政策，坚持尊重差异、包容多元需求的基本态度，尊重他国的教育模式和制度，不将一国的教育理念和教育模式强加于人，且教育合作是零门槛、没有任何附加条件的，坦诚沟通、互助合作，根据"一带一路"建设需要培养多种人才，谋求教育的共同发展。

三、跨境民族教育资源配置的补偿性原则

罗尔斯曾指出："为了平等地对待所有人，提供真正的同等的机会，社会必须更多地注意那些天赋较低和出生于较不利的社会地位的人们。"②不论人们对教育公平有怎样的理解，教育补偿政策一直是世界许多国家采用的政策之一，原因在于，不论是追求机会平等还是追求结果平等，都需要对弱势群体进行补偿。与差异原则不同的是，教育资源配置补偿原则维护的是在教育上处于不利地位的人

---

① 瑰乔：《边境民族教育基本特点浅论》，载《民族教育研究》，1990年第1期，第74—79页。

② 张家军、靳玉乐：《基础教育资源配置的伦理思考》，载《中国教育学刊》，2010年第10期，第24—27页。

群，采取调整与补偿的方式是改善他们的受教育条件，从而最终实现社会教育的整体利益。正如罗尔斯所言："现实的不平等造就了教育的不平等，一些社会成员因为不平等地位而无法获得优质教育，对这些社会成员进行有目的的利益补偿，这类工作是公平正义的。"①罗尔斯强调，依据补偿性原则对处于弱势地位的人群进行"利益补充"，能够收获有益的社会效果。根据补偿原则，教育资源要向弱势地区、弱势学校和弱势群体倾斜。②这有助于提高跨境民族地区儿童的受教育机会，缩小跨境民族地区教育与其他地区的差距。

补偿性原则为跨境民族教育发展提供重要支持。补偿性原则尊重处于社会不利背景的人群，通过利益补偿的方式改善天赋较低或者社会地位不利的弱势人群的生活基础，从而赋予他们同等的机会、平等的地位，逐渐缩小与强势人群的差距。所以补偿对于弱势群体而言，是最简单高效的手段。对于跨境民族教育来说，补偿性原则指导公共教育资源配置工作有所偏重，促使更多公共教育资源流入跨境民族教育事业中去，配合相应的制度建设，切实维护处于弱势地位的跨境民族地区的利益，逐渐减小与内地省份教育水平的差距，逐步提升跨境民族地区的教育落后地位，最终实现社会教育的全面发展。③

补偿性原则体现了政府对跨境民族的关怀。差异性原则强调的是对各教育主体进行差异化资源配置，而补偿性原则强调的是对相对弱势群体提供资源补偿，二者共同服务于教育公平这一价值目标，力求将更多的教育资源导向以跨境民族教育为代表的弱势地区、弱势群体、弱势学校，从而真正践行我国制定的教育公平政策。对跨境民族来说，在确定教育资源的分配时，应以补偿性原则为指导，最大限度地满足跨境民族的利益，尽力缩小他们因地位或能力而遭受的不平等、不公平，逐渐趋近于主流群体的教育水平，以推动教育的整体化发展。从实践效果来看，补偿性原则能够有效提升跨境民族教育水平，通过补偿跨境民族的固有欠缺，逐步降低与内地省份在教育机会、教育条件等方面的差异，进而缓解由于

① J.罗尔斯、何怀宏：《正义论的主要观念和两个正义原则》，载《世界哲学》，1988年第3期，第18—23页。

② 褚宏启、杨海燕：《教育公平的原则及其政策含义》，载《教育研究》，2008年第1期，第10—16页。

③ 冯建军：《高中教育资源公平配置：取向与原则》，载《教育科学研究》，2010年第9期，第13—17页。

教育水平悬殊引发的冲突，提高教育整体的入学率、优秀率，降低辍学率、失学率，实现社会的稳定、和谐、健康发展。[①]

　　具体来说，针对跨境民族教育的教育资源补偿主要分为三类：一是教育资源差别性补偿。对低于国家制定的教育最低财政标准的跨境民族地区，中央和省级财政通过转移支付或专项补助，保障适龄儿童最基本的受教育权。[②]二是教育资源特殊性补偿。对跨境民族地区的学校尤其是边境小学、国门学校和薄弱学校，国家可采取一些特殊补偿政策并提供适当的特殊经费。除提供政策和经费外，还应在人员配置上尽量倾斜。三是教育资源关联性补偿。该类补偿并非是物质性资源补偿，而是非物质性，如课程内容方面的补偿，强调内容的基础性、普及性，保证受教育者能掌握最基本的阅读、写作、计算等社会生存必需的技能。

四、跨境民族教育资源配置的公平性原则

　　公平性原则是体现社会公平与教育公平的重要指标。不管从经济层面还是从伦理层面来说，教育的基本要求是公平，教育的目的在于实现全民公平教育。事实上，公平是以平等作为前提条件的，它随着经济社会的发展而发生改变。因此，公平是相对公平而非绝对公平，不同个体间的公平可以存在差异，但是不能存在实质性差异。从哲理上来讲，公平是人类社会的上层建筑，它是以社会生产力作为基础的，并且社会生产力的发展改变了人们对于公平的认识。在进行跨境民族教育资源配置时，尤其要体现出跨境民族教育的公平性，从而保证资源配置工作始终朝向正确的价值目标。教育公平作为社会公平的重要内容，对于提高国民文化素养、协调社会关系、优化经济社会环境等具有积极影响，还是避免个体后天条件所造成的不公平的重要手段。教育公平能够为社会公平提供支撑作用，而要想实现教育公平，就必须首先做到均衡配置教育资源。

　　教育资源是教育发展的基本要素。褚宏启等认为："教育资源配置的平等包括权利平等和机会平等两个方面，即受教育权平等和教育机会平等。"[③]长期以来，

---

　　① 张卫东、杨会萍、连红：《义务教育资源均衡配置与有效运用》，中州古籍出版社2017年版，第25页。

　　② 张家军、靳玉乐：《基础教育资源配置的伦理思考》，载《中国教育学刊》，2010年第10期，第24—27页。

　　③ 褚宏启、杨海燕：《教育公平的原则及其政策含义》，载《教育研究》，2008年第1期，第10—16页。

党和政府高度重视跨境民族地区的教育事业，并为之提供政策扶持与资源投入，使得跨境民族地区从极端落后的教育环境中解脱出来，人民有机会接触和学习当今时代的知识、科技及思想，从而推动跨境民族教育的整体水平不断提高。然而，相较于内地省份或者省（自治区）内经济状况较好的地区，跨境民族教育在许多方面仍然存在较大差距。[1]从"一带一路"倡议的要求来看，我国跨境民族教育资源的匮乏与配置方式的不合理，日益成为影响我国跨境民族教育事业发展和跨境民族地区社会进步的重要因素。[2]

以权利平等和机会平等为基础的教育公平，并不一定导致结果公平，因此公平性原则要求在教育资源配置时具体问题具体分析。现实中，由于传统教育投资体制的偏差和经济发展水平的制约，跨境民族地区之间、校际之间教育资源配置不均衡，各个学校在资源获得上（数量和质量两个方面）有着不公平的待遇，办学条件和教学质量有较大差异，导致受教育者的机会不均等，这些都要求我们必须考虑公平性原则，科学、合理、有效地分配与使用教育资源，最大程度地满足各类教育主体、不同学生的发展需求，从而实现社会教育的协调发展。[3]但是，我们也应该注意到，公平优先不是平均主义。为了把控好公平优先的尺度，应该对跨境民族地区的教育状况进行调查分类，针对地区教育发展水平差异，合理地进行资源分配。对教育非常薄弱、经济社会发展相当滞后的跨境民族地区应采取适度倾斜的策略，促使其能够在一定的支持下形成良性发展，最终实现全局性公平。[4]

---

[1] 瑰乔：《边境民族教育基本特点浅论》，载《民族教育研究》，1990年第1期，第74—79页。

[2] 陈坤、马辉：《共享发展：社会公平视野中的教育资源配置研究》，载《学习与探索》，2019年第3期，第49—54页。

[3] 张卫东、杨会萍、连红：《义务教育资源均衡配置与有效运用》，中州古籍出版社2017年版，第25页。

[4] 周自波、廖水明等：《试论民族地区解决教育发展不平衡不充分的根本途径》，载《贵州民族研究》，2018年第7期，第203—208页。

第二节 跨境民族教育的人力资源配置

习近平总书记强调，我国"广大的农村地区，尤其西部地区的教育资源匮乏，整体教育水平落后于全国平均水平，后续应当加大扶持力度，并作为教育工作的重难点"[①]。人力资源是一个社会或一个国家智力能力与劳动能力的总和。教育人力资源配置是指投入教育单位（学校）的各种人力资源之间的比例关系，包括师生的比例等，以及教育人力资源的学历、专业、职称、年龄、性别构成等。[②]具体到跨境民族教育场域而言，跨境民族教育人力资源配置将会极大影响跨境民族教育发展水平。

基于此，研究团队走访了多个跨境民族市、县的部分中小学、村完小及教学点，包括广西壮族自治区龙州县、东兴市，云南省普洱市、江城哈尼族彝族县、澜沧拉祜族自治县、孟连傣族拉祜族佤族自治县、西盟佤族自治县等，采用自制问卷和个别访谈的方式调研了跨境民族地区教育资源配置的基本情况，总结了现实存在的主要问题。团队还访谈了普洱市、龙州县等跨境民族市、县的教育工作者，了解到许多跨境民族教育资源分配的一些深层次问题，此外，还对云南省、广西壮族自治区及相关跨境民族市、县教育局下发的文件及学校的规章制度进行了文献分析，从政策角度分析跨境民族教育资源配置中存在的问题。基于跨境民族教育人力资源配置现实问题的分析，可以深入探讨跨境民族教育人力资源配置的发展目标及发展路径。

一、跨境民族教育人力资源配置的现实问题

以教师资源为主要代表的人力资源对于包括跨境民族教育在内的一切教育工

---

① 习近平：《做党和人民满意的好老师——同北京师范大学师生代表座谈时的讲话》，载《人民日报》，2014年9月10日。

② 顾明远主编：《教育大辞典》，上海教育出版社1998年版。

作都具有重大影响。合理配置人力资源,能够有效增强跨境民族教育工作的软实力。调研结果发现,经过长期努力我国跨境民族教育人力资源有很大发展,但从数量、质量和结构上看,还远不能适应"一带一路"建设的要求。

(一)跨境民族教育人力资源总体数量不足

第一,局部教师数量不足。由于跨境民族地区比较偏远,学生入学比较分散,仍然必须保留一些小规模村小和教学点。调研发现,跨境民族地区的教师数量基本充足,但跨境民族聚居的地区往往存在教师局部不足问题。国务院在2001年颁布了《关于制定中小学教职工编制标准意见的通知》,明确了城市小学生师比为19∶1、县镇为21∶1、农村为23∶1;城市初中生师比为13.5∶1、县镇为16∶1、农村为18∶1。从总量上看,课题组调研的广西壮族自治区东兴市21所小学和中学教师总量基本充足,生师比基本达标。受调查的21所东兴市中小学中,学生规模在200人以下的村小、教学点有6所,占28.6%(详见表7-1)。这些学校的教师需要承担多门课程、多个年级的教学工作,长期处于高负荷的工作状态,存在教师局部不足问题。

表7-1 东兴市部分义务教育学校生师比情况

序号	学校名称	学生人数	教师人数	生师比
1	东兴市东兴镇长湖小学	66	7	9∶1
2	东兴市东兴镇松柏小学	862	47	18∶1
3	东兴市东兴镇三德小学	19	2	10∶1
4	东兴镇牛轭岭小学	10	2	5∶1
5	东兴镇楠木山小学	140	10	14∶1
6	东兴市第二小学	2721	152	18∶1
7	东兴市第七小学	606	47	13∶1
8	东兴市江平镇中心小学	3786	253	15∶1
9	东兴镇竹山小学	300	19	16∶1
10	东兴市华侨学校	2909	157	19∶1
11	东兴市第一小学	2292	127	18∶1

续表

序号	学校名称	学生人数	教师人数	生师比
12	东兴镇东郊小学	202	14	15：1
13	东兴镇江那小学	151	9	17：1
14	东兴市东兴镇红石沟小学	379	23	17：1
15	东兴镇红东小学	8	2	4：1
16	东兴市东兴镇河洲小学	157	11	13：1
17	东兴市东兴镇中心小学	2590	117	22：1
18	东兴镇大田小学	12	2	6：1
19	东兴市第二中学	3491	217	16：1
20	东兴市江平中学	1252	77	16：1
21	东兴市北仑河中学	1028	74	14：1

跨境民族地区龙州县的调研结果显示，龙州县有普通小学23所、九年一贯制学校1所、4所初中、30个小学教学点，有403个小学教学班、124个初中教学班。在读小学生共计14863人，任职教师共计1075人，小学生师比14：1；初中在读学生6281人，专任教师415人，初中生师比15：1，从数据上看，生师比均远低于国家和省级标准。但实际上龙州县有30个小学教学点都存在"一师多科"的情况，其中最少的仅有4名学生，配备1名专任教师。对这名教师的访谈显示，这名教师虽然只有4名学生，但是这些学生涉及3个年级，教师要承担所有学科的教学，从工作量来看已经远超负荷，也存在局部教师不足的现象。

第二，教学辅助人员、后勤人员不足。近年来，受"撤点并校"政策的影响，我国跨境民族地区新建或改建了很多寄宿制学校，学生一般每周或每月回一次家，有的甚至一个学期才回家一次。同时，随着中国义务教育办学条件和水平的不断提升，中国政府也给予跨国就读的小留学生"两免一补"的同等待遇，近年来，到中国边境就读的邻国学生越来越多，这些学生也需要寄宿。他们与中国学生同吃同住，但由于是外国国籍，国家对他们的管理很严格，也增加了老师们的工作量。尤其一些低龄段的小留学生，汉语基础不好，与老师同学的交流有障碍，生活又不能完全自理，在生活和学习上需要老师们付出大量的时间和精力。但是，很多跨境民族地区的乡村寄宿制学校后勤服务社会化程度很低，有的学校是老师兼后勤人员，有些学校有后勤人员但数量不足。随着边境乡村学校寄宿学生增多，学校教学辅助人员、后勤人员不足的现象越来越突出。调研中发现，很多跨境民族地区乡村学校的教师每天从早上6点工作到晚上10点，长达16个小时。老师们身兼数职，不仅要负责职责范围内的授课、班务管理等工作，还要监管学生的生活起居等许多琐事，工作负担非常重。

第三，跨境民族学校代课教师或顶岗教师普遍存在。21世纪初，我国政府采取多种措施取消代课教师，很多地方代课教师已经完全消失了。但在实地调研中，课题组发现，受调查的21所东兴市的中小学校中有15所都存在代课教师情况，代课教师占教师总数10%至50%。东兴镇河洲小学的代课教师比例高达50%。越是靠近边境的跨境民族学校，条件越差，师资就越缺乏，招聘压力较大，越不容易留下正式老师，代课教师的情况越严重。有些边境小学或教学点招聘了正式编制的教师，但这些教师往往在获得正式编制、合同期满之后，便想尽各种办法转岗或调离，最后仍是代课教师坚守在第一线。

（二）跨境民族地区人力资源整体质量不高

跨境民族地区人力资源不仅数量不足，且整体质量也不高，主要体现在第一学历偏低，教师职后培训效果不理想，教师专业发展有限。

第一，教师的第一学历普遍偏低，研究生教师几乎没有。从教师最终学历上看，跨境民族学校学历不合格的教师在逐年减少。尤其是接受了国家义务教育均衡发展评估的跨境民族地区，教师学历普遍达标，但研究生等高学历教师非常少。云南省普洱市孟连傣族拉祜族佤族自治县富岩镇与缅甸接壤，共有学校4所，分别是中心校、英沟小学、大曼糯小学、等嘎拉小学，其中中心校开设小学与初中。富岩镇教职工人员共计109人，68人任教于小学，41人任教于初中。师资队伍中拥有本科学历的共计48人，拥有大专学历的共计60人，拥有中专及以下学历的有1人。按照地方要求，所有教师均符合小初教师学历要求。其中，有98.52%的小学专任教师的学历超过了规定学历，有78.95%的初中专任教师的学历超过了规定学历。进一步调研发现，109名教师中第一学历为本科的只有8人，其余40人都是通过函授、自考等方式取得本科文凭。大专学历教师60人，一半以上是中专及以下学历教师通过函授、自考等方式取得专科文凭。普洱市公信乡共开设了7所学校，现有教职员工139人，其中70人任职于小学，69人任职于中学。在现有教师队伍中，专任教师共计69人，其中98.5%的专任教师具有规定学历，可是师资队伍的第一学历普遍不高。调研中，课题组还发现本科学历的教师多在城镇小学、初中教学，越是靠近边境，教师的学历越低，或者就是刚毕业没有任何经验的新教师。

第二，教师培训成效堪忧。教师专业发展的主要途径之一是参加培训。调研发现，各级政府、各个学校对师资队伍的专业发展非常重视，投入大量资金，每年都派出大量老师参加各类培训。广西壮族自治区龙州县2015年全县教师培训经费326.8万元，培训达3673人次，参加国家级、省级的培训分别达1043人次、560人次。现有的培训力度能够实现全员覆盖，并且确保人均培训时间超过80学时。另外，就经费投入来说，依据2015年的统计结果，龙州县向教师培训投入的资金在教育公用经费中的占比超过5%。云南省普洱市西盟佤族自治县以"名师、学科带头人"引领工程为抓手，扎实开展中小学教学常规精细化管理，倾力抓好教育教学质量。2018年，聘请市教科所小学语文、数学专家6人组织开展五年级、六年级复习备考研讨培训交流，参训教师达183人次；派出高三39人次、九年级教师89人次参加高考研讨会和初中学业水平考试研讨会；参加每周一次的市级两个名师工作室的活动共14次，参与教师768人次。全县教师累计培训达2403人次，参训率达223.5%，各项目培训参训合格率均为100%。2016年，全县教师培训投入157万元，培训达4807人次，参加国家级、省级的培训分别达164人次、762人次。2016年，全县教师人均培训时长达720小时，培训覆盖率达99%。但受访校长和教师普遍认为培训效果不佳。一方面，老师们普遍认为培训内容与自身需求不匹配。跨境民族地区教师在信息技术方面比较薄弱，但接受的培训主要针对语文、数学等科目，对信息技术、音体美等科目的培训较少。培训的形式以培训师讲授为主，老师们实践机会较少。短短几天培训，对老师们的教学水平提高影响不大。调查中，跨境民族学校的老师们反映更希望得到本省、本市或本地教研员的现场指导，但机会很少。另一方面，培训内容转化到教学中的应用比较困难。跨境民族学校教学硬件条件有限、学生素质不高、教师本身水平不高，尽管老师们接受了很多新教学理念和教学方面的培训，但是实际在教学中的应用较少。有老师反映，虽然提供了许多培训机会，可是培训内容并不能充分服务于教学工作。听的时候热血沸腾，回来之后应用比较少。调查发现，尽管接受了很多培训，许多跨境民族学校的老师仍然是采用一本教材、一支粉笔的传统教学方式，现代化信息教学手段的运用水平还是较低。

再次，补偿性学历教育治标不治本，教师专业发展有限。为了满足国家对教师学历的要求，近年来跨境民族学校教师普遍利用业余时间接受了补偿性学历教育，以自考和函授为主。但是，由于平时教师们工作负担重，加之工作单位在边境，交通不便，教师们取得正规学历的难度很大。很多老师为了在攻读学位上面花费更少的时间和精力，往往选择较容易的学校和学科，并不考虑是否专业对口，是否能学以致用。因此，尽管通过补偿性学历教育绝大多数教师的学历达标，但是这种继续教育对于老师们的综合素质和教学水平的提高并无太大作用，存在着"有学历无水平"的普遍现象。调研中，部分家长和学生也对跨境民族学校的教师的教学水平提出了质疑，有些经济比较好的家庭选择了把孩子送到县城或省城的学校就读，也间接反映了跨境民族学校的教师的教学理念、知识结构和教学水平有待提高。

（三）跨境民族地区人力资源总体结构不佳

调研显示，跨境民族地区师资结构是人力资源配置的又一大难题，主要表现在年龄、学科和职称等结构性不合理。

第一，教师年龄结构不合理，教学团队稳定性较差。一般说来，青年教师思想活跃、精力充沛、学习能力强，对现代教学技术的接受度较高，信息化教学能力较强；中年教师年富力强，具有一定的教学水平和工作经验，往往是学校的骨干；老年教师有丰富的教学经验但精力较为欠缺，对新的教学理念和教学方法接受度较低。只有老、中、青教师合理搭配，才能形成一支科学合理的教师队伍，发挥教师的团队优势。但调研发现，跨境民族学校教师年龄结构呈"漏斗形"。云南省孟连傣族拉祜族佤族自治县跨境民族学校中35岁以下的年轻教师比重过大，占50%以上，50岁以上的老年教师占20%以上，36岁至50岁的中年骨干教师不到30%。调研结果显示，绝大多数跨境民族学校中年骨干教师数量和占比都不足。教师年龄结构不合理的主要原因是跨境民族地区工作生活环境较差，教师子女读书条件有限，因此中年教师在获得一定的教学经验后，往往跳槽到条件更好的地方任教。从中年教师流动方向来看，边境农村学校向乡镇、县城学校单向流动十分明显。自"一带一路"倡议提出以来，跨境民族地区获得了更多的发展机会，人力资源总体不足，有能力的中年教师面临更多的选择机会。很多公务员部门人手不够时，常常到基层乡村学校借调优秀教师，造成了中年教师的流失。此外，"一带一路"背景下跨境民族地区边境贸易机会更多，有些教师选择跳槽经商，也造成了部分中年教师的流失。

第二，教师学科结构不合理，无法保障音体美课程开足开齐。跨境民族学校语文、数学科目教师数量较为充足，而任教于劳动、音乐、美术、体育等课程的教师数量严重不足。例如，孟连傣族拉祜族佤族自治县中小学校缺外语教师31人、美术教师30人、信息技术教师35人、音乐教师26人、科学教师33人、体育教师25人。再如，广西壮族自治区龙州县全县教师学科及专业结构不合理的学校有18所，占比64.2%。目前，该县中小学校对于外语、美术、体育等学科教师的需求量较大。具体说来，体育教师缺少39人、信息技术教师缺少24人、美术教师缺少27人、音乐教师缺少21人。再如东兴镇大田小学共有8名学生，有2名教师任职，这2名教师一人教语文兼音乐和美术课，另一人教数学、体育和劳动技能课。因缺乏师资，英语课和信息技术课程未开齐。

第三，教师职称结构不合理，不利于形成合理的教学梯队。从调研结果来看，跨境民族学校多数教师属于初级职称，高级职称教师数量较少，所占比例较低。据统计，2017年云南省西盟佤族自治县事业总编制1110人，有事业人员1092人（其中专业技术人员1062人、工人30人），中专高级教师职称4人，中专讲师2人，高级教师136人，一级教师457人，二级教师247人，三级教师83人，定级11人，未定级119人，其他3人。拥有高级教师职称的占比为13.2%，而初级、未定级教师的占比为54.2%，二者差距较大。广西壮族自治区东兴市受调查的21所学校教师中高级职称总体偏低。有9所学校没有高级职称教师，占教师总数的42.9%，有4所学校的教师全部是初级职称（详见表7-2）。进一步调研发现，高级职称教师多在城镇小学和初中工作，越靠近边境地区的学校，师资结构越不合理，初级职称的教师越多。目前，位于我国西南边境的东兴市东兴镇开设的4所小学的教师都是初级职称，无一名教师拥有高级职称。在调研中，多数受访教师都强调职称晋升的压力很大。一是高级职称指标偏少；二是评审难度大，需要考察教学业绩，还需要省级课题、学术论文等硬条件。虽然在跨境民族地区工作满5年的教师在职称评审时同等条件下优先，但长期坚守在跨境民族地区的教师很难申请到课题，加上很难发表学术论文，从而失去了职称晋升的机会。

表7-2　东兴市部分义务教育学校教师职称情况

序号	学校名称	高级职称人数	高级职称比例	中级职称人数	中级职称比例	初级职称人数	初级职称比例
1	东兴市东兴镇长湖小学	0	0	1	12.5%	6	87.5%
2	东兴市东兴镇松柏小学	1	2%	13	25.5%	37	72.5%
3	东兴市东兴镇三德小学	0	0	0	0	2	100%
4	东兴镇牛轭岭小学	0	0	0	0	2	100%
5	东兴镇楠木山小学	0	0	3	30%	7	70%
6	东兴市第二小学	1	0.7%	56	36.6%	96	62.7%
7	东兴市第七小学	0	0	8	17%	39	83%
8	东兴市江平镇中心小学	6	2.4%	87	34.4%	160	63.2%
9	东兴镇竹山小学	0	0	2	12.5%	14	87.5%
10	东兴市华侨学校	23	22.3%	17	16.5%	63	61.2%
11	东兴市第一小学	2	1.6%	52	41.4%	73	57%
12	东兴镇东郊小学	0	0	0	0	11	100%
13	东兴镇江那小学	0	0	0	0	9	100%
14	东兴市东兴镇红石沟小学	4	19%	12	57%	5	24%
15	东兴镇红东小学	1	33.3%	0	0	2	66.7%
16	东兴市东兴镇河洲小学	1	8.3%	2	16.7%	9	75%
17	东兴市东兴镇中心小学	3	2.6%	65	55.6%	49	41.9%

续表

序号	学校名称	高级职称人数	高级职称比例	中级职称人数	中级职称比例	初级职称人数	初级职称比例
18	东兴镇大田小学	0	0	1	50%	1	50%
19	东兴市第二中学	12	5.3%	60	26.4%	155	68.3%
20	东兴市江平中学	10	10.3%	38	39%	49	50.5%
21	东兴市北仑河中学	6	8.2%	29	39.7%	38	52.1%

（四）跨境民族地区师资队伍不稳

随着"一带一路"倡议的推进，国家加大了对跨境民族地区教育的扶持力度。国家采取了特岗教师计划、免费师范生政策及"全科教师"培养等多种措施，为跨境民族教育教师队伍充实了大量新生力量，教师队伍规模不断扩大。但是，我国跨境民族地区仍面临着教师"不好招、留不住、不稳定"的困境。[①]

第一，跨境民族教育教师来源不足，人才引进困难。跨境民族地区在生活、工作等方面的条件相对比较差。因此，发达地区的大中专毕业生不愿意到跨境民族地区工作，甚至跨境民族地区籍的大中专毕业生也不愿意回到家乡工作。即使少数毕业生回到家乡工作，但到教师战线工作的又少得可怜。另外，现有的教师资源不断流出。一部分骨干教师凭借自己的实力，有更多的机会在发达地区教育系统谋求职务，因此一旦有机会就会选择离职他任。还有一部分教师尝试开辟新天地，他们主动投入本地区的非教育系统，或者被本地区非教育部门抽调或借调。还有一些城镇学校公开招聘教师，也使得部分优秀的边境教师流失了。合格教师分不进来，现有的骨干教师又不断流失，不可避免地造成了跨境民族地区教师十分紧缺的状况。[②]

第二，跨境民族教育教师职业的社会认可度不高。调研发现，当地人包括本行业的同行对教师这一职业大都持否定态度。在访谈中一位校长谈道："现在的老师素质越来越差了。当年能考上中师当老师的那一批人都是非常优秀的。现在

---

① 钟海青、江玲丽：《本土化：边境民族地区乡村教师队伍建设的重要途径——基于广西边境民族地区的教育调查》，载《民族教育研究》，2017年第6期，第5—11页。

② 王锡宏：《中国边境民族教育》，中央民族学院出版社1990年版，第43页。

当老师的都是班上成绩不好的，考不起本科，勉强上了专科，毕业之后在外面不好就业，就回来当老师。他们本就不喜欢也不擅长读书，又如何教导出成绩优秀的学生呢？"还有一位东兴市某小学校长谈道："我们东兴离越南非常近，做边贸生意很挣钱。我们这里脑袋稍微灵光点的都去做生意的，剩下的都去考公务员，再剩下的才选择当老师。"很多学校都配有完备的电脑机房、多媒体教室、电子白板等，但学生告诉我们很多老师都不会用，也怕用坏了，因此教学基本还是传统的"粉笔+黑板"，这引起学生们的厌弃和不快。在这样的氛围中，很多老师受社会环境的干扰比较严重，不太安心教学，有机会就跳槽。

第三，跨境民族教育教师相对薪资水平低，生活条件不佳。跨境民族教育教师的薪资主要依赖于地方财政拨款，但由于跨境民族地区大都是国家级或区级贫困县，县财政基础薄弱，因此教师工资与发达地区教师工资相比偏低，与本地其他行业相比也偏低。另外，近年来，跨境民族地区教师队伍不断引进年轻教师，而这些新聘教师大多来自外地，他们在本地并不拥有住房，且边境学校距离县城较远，即使县城建设了教师住房，也并不能发挥实际作用。待遇问题和住房问题直接导致了跨境民族教师队伍的不稳定。

二、跨境民族教育人力资源配置的发展目标

"一带一路"倡议的提出赋予了跨境民族教育新的历史使命，发展跨境民族教育必须把跨境民族教师队伍建设摆在优先发展的战略地位。到2025年，力争使跨境民族教育优质教师比较充足，教师待遇明显提高，教师教学能力水平稳步提升，教师职业吸引力明显增强，逐步形成"下得去、留得住、教得好"的局面。[1]到2030年，跨境民族地区教师队伍规模、结构、素质能力满足"一带一路"建设需要，教师综合素质大幅提升，管理体制更加优化，保障机制更加完善，教师职业吸引力明显增强，[2]为"一带一路"建设提供坚强有力的师资保障。

---

①《国务院办公厅印发〈乡村教师支持计划（2015—2020年）〉》，载《人民教育》，2015年第12期，第24—25页。

② 熊丙奇：《综合性大学设立师范专业值得探索》，载《中国科学报》，2018年2月6日。

（一）跨境民族教育人力资源数量充足

"一带一路"背景下，跨境民族地区成为了对外开放的前沿和高地，跨境民族教育是实施"一带一路"建设的重要抓手，不仅肩负着本地区人民的教育任务，还肩负着促进"一带一路"沿线国家民心相通和教育水平整体提高的重任。随着中国经济实力和教育水平的提高，越来越多"一带一路"沿线国家的人们愿意到中国来接受各级各类教育，尤其是接壤的跨境民族地区是他们求学的首选，但现有的跨境民族教育人力资源的不足制约了我国与"一带一路"沿线国家开展深入的教育合作与交流。因此，需要大力充实跨境民族教育教师队伍，保证人力资源的数量充足，既能满足本地区跨境民族的教育需求，还能满足不断扩大的留学生教育需求，并能对外开展援助，提升"一带一路"沿线国家教育的整体水平，有效发挥我国的软实力，维护国家良好的形象。

（二）跨境民族教育人力资源结构合理

新中国成立以来，跨境民族教育人力资源在结构上有了很大改善和优化，但与全国教育人力资源相比，我国跨境民族地区教育人力资源在年龄、学历、职称方面仍有明显差距。随着"一带一路"建设的推进，沿线各国和地区对与我国开展优质教育交换和合作的愿望越来越强烈，跨境民族教育成为了增进互信和促进民心相通的桥梁和纽带，但我国跨境民族教育人力资源结构中的其他问题也逐步显现，如缺乏小语种教师、"双师型"教师。未来，政府应进一步优化跨境民族教育人力资源结构，适应并承担促进跨境民族地区经济社会发展的责任。

（三）跨境民族教育人力资源质量提升

"一带一路"沿线国家众多，分布广泛，国情差异巨大。这些国家的教育需求也有显著不同，既有大力发展基础教育的需求，也有开展短期职业教育的需求，还有培养高端应用型人才的需求。未来很长一段时间，我国跨境民族教育要为"一带一路"建设与推进提供智力支撑，加强国际化人才的培养是跨境民族教育的重要任务，因此必须要努力建设教学能力和管理水平与之相适应的跨境民族教育人力资源队伍。

三、跨境民族教育人力资源配置的发展路径

教师的水平在相当程度上决定了教育质量。长期以来，中国政府重视跨境民族师资队伍的建设工作，尤其在最近几年间颁布了一揽子旨在改善教师待遇的政策条例，在吸引更多人才投身于教师岗位的同时，鼓励更多的骨干教师长期扎根基层岗位，如针对中西部乡村教师招聘工作制定了"特岗计划"，针对教师培训工作制定了"国培计划"，针对特困地区的乡村教师制定了"乡村教师支持计划"。此外，国家发改委联合教育部于2010年发起了为边远艰苦地区乡村教师建设教师周转宿舍的计划，在之后的6年间，中央政府共计向该计划投入184.4亿元，在广大地区建成了超过33万套的教师周转宿舍，这大幅改善了乡村教师的生活条件，解决了乡村教师的后顾之忧，受到各地及广大教师的普遍欢迎。当然，单纯针对某一项问题进行改善处理，能够在一定程度上发挥效果，但是要想真正解决跨境民族教育在人力资源配置方面的问题，就必须创新提出人力资源配置的新路径，它应该覆盖编制、岗位、培养、培训、待遇、保障等诸多方面。基于对跨境民族教育教师人力资源配置中众多问题的现实思考，以习近平新时代中国特色社会主义思想为理论指导，依据跨境民族教育教师资源的发展现状，有必要提高政治站位，明确管理职责，做好管理与服务，切实为跨境民族教育教师资源的发展与完善提出有效性与科学性的解决对策。

（一）增加跨境民族地区的教师数量

合理的教师规模是跨境民族教育发展的重要保证。为保证跨境民族地区教师配足配齐，必须采取措施多渠道增加教师数量。

第一，教师编制向跨境民族地区倾斜。应根据跨境民族地区学生规模、教学需要等，综合班师比、生师比的要求，对跨境民族地区小规模学校教职工编制进行设计。如果某地区学生总数并未达到标准班额，可以根据班师比来定义教师编制。跨境民族地区除去常规的课程教学以外，还包括双语教学、实验研究、心理辅导等教学内容，并且在教学实践中还可能出现教职工请假、教员离职、班主任工作量折算等问题，这就要求在教职工基本编制的基础上增设25%的附加编制。

第二，提高跨境民族地区内教师编制调配力度。如果县（市、区）域内的教师编制总量未达标，可以采取内部调剂的方式，将事业编制人员调剂到中小学校任教，如果在县域层次上无法实现调剂目的，还可将调配范围扩大到地市级别，最终在不影响整体运作的前提下，保障教师编制的基本稳定。

第三，建立边境教师机动编制。将县域作为一个单位，设置低于农村中小学教师编制的5%为教师机动编制，并将这些教师编制授予边境小学，用于聘用急需学科的教师。这些编制是县级或市级学校进行精简后多出的编制，或事业单位进行整改后剩余的编制，这些编制作为一种临时周转编制使用。

第四，大力培养跨境民族地区本土化师资。继续推行免费、定向培养师范生的政策，对有志于从事跨境民族地区乡村教育的年轻人，尤其是本土年轻人，在高考政策上可以适当倾斜，增加录取名额并降分录取，进入学校后以"全科教师"为目标进行培养，精心指定"全科教师"人才培养方案，开设模块化课程，培养"一专多能"的"全科教师"，毕业后定向输送到跨境民族地区乡村担任教师，确保跨境民族地区乡村教师的来源。创新跨境民族地区教师招录机制，适当扩大本地教师的比例。对应聘本地毕业生采用降分录取、直接面试等形式，确保在同等条件下优先录取。[1]对于有意愿扎根跨境民族地区的大中专毕业生，可以采取"先上岗、后考证"的方式，吸纳进入跨境民族地区教师队伍。

（二）改善跨境民族教育的教师结构

一方面，完善绩效相关政策，配套制定激励措施，鼓励跨境民族地区的校长、教师进行校际间、城乡间的交流轮岗，鼓舞更多的优秀学校管理人员和优秀任课教师前往乡村学校、边境中学开展各个层次的交流活动，活动主题覆盖学校管理、课程教学、教学研究等等。一是选派城镇中小学优秀干部到跨境民族地区尤其是边境农村学校任职。二是选派边境农村学校有发展潜力的教师到城镇学校中层及以上管理岗位挂职锻炼。三是建立挂职干部定期轮换机制。到边境学校挂职的校级领导干部可2年至3年轮换一次。另外，需要对校长教师交流活动进行科学引导，避免走上"走过场"的歧途。选派到跨境民族地区边境农村中小学任

---

① 钟海青、江玲丽：《本土化：边境民族地区乡村教师队伍建设的重要途径——基于广西边境民族地区的教育调查》，载《民族教育研究》，2017年第6期，第5—11页。

职的校级干部、交流锻炼的后备干部，在县级以上的荣誉评选中，同等条件下优先考虑。各地在选拔任用干部时，优先提拔交流锻炼工作业绩突出者，如果在改善薄弱学校方面确有突出贡献可破格提拔。①

另一方面，全面推进教师"县管校用"改革，改革教师人事制度，实现教师编制的动态管理，实行教师"无校籍管理"，将跨境民族地区义务教育教师的聘任权统一收至上级教育行政部门，使教师全部由"学校人"变为"系统人"，统一聘任、统一人事管理、统一工资标准、统一配置师资，严格管理，科学考核。②各跨境民族市（县）应成立教师管理中心，将所有老师的人事关系放到教师管理中心。教师的应聘、派遣、交流、工资发放、保险缴纳、职称评审均由中心负责，但教师的岗位管理和绩效考核由所在学校负责，实现教师人事关系与工作岗位分离，推进教师在系统内有序流动。③同时，需要建立实施"县管校用"改革的配套补偿机制，健全相应的配套制度。首先，应加快边境地区教师周转房的建设，免除奔波劳顿之苦，使得"县管校用"的教师"下得去"也"留得住"。其次，除已有的评优评先、评职晋级优先以外，还应完善如交通补贴、边境工作补贴等特殊津贴，并且适当加大补贴的力度，要使得边境学校教师的薪酬待遇高于城镇学校教师的待遇。再次，实行弹性坐班制度，让教师工作时间更加灵活。最后，对"县管校用"改革过程中表现优秀的教师进行奖励，增加老师们的荣誉感。④

（三）提升跨境民族教育的教师质量

"一带一路"背景下，跨境民族教育的教师不仅要具备基本的教学能力，而且要有国际视野和国际化交流能力。因此，跨境民族教育人力资源配置的重要内容是抓教师综合能力培养，打造国际化优秀师资。

---

① 秦建平:《统筹城乡教育综合改革成都发展模式——从资源配置一体化到城乡教育质量一体化》,科学出版社2017年版,第21页。

② 李涛、余世琳:《均衡城乡资源　凸显统筹特色——对重庆基础教育统筹发展的思考》,载《教育发展研究》,2007年第20期,第70—73页。

③ 欧阳明昆、钟海青:《广西边境民族地区教师队伍建设现状与对策研究——基于三个中越边境县的实地调查》,载《民族教育研究》,2016年第2期,第62—67页。

④ 王瑜、江玲丽:《广西边境民族地区教师队伍建设政策实施的问题及对策研究——以CH市为例》,载《民族高等教育研究》,2019年第1期,第1—6页。

第一，鼓励师范院校将跨境民族地区乡村优秀教师吸纳成为教育硕士专业学位的定向培育对象，提高乡村教师的学历水平，改善乡村教师的学历结构。在国家课程标准框架内，结合新时代教师素质要求，及时调整师范教育的工作重点，可增设小语种作为第二外语，开设国际理解教育等课程，切实提高毕业学生的国际化沟通水平，为我国跨境民族地区教师注入新鲜活力。

第二，建立健全人才选拔培养机制，设立跨境民族地区省级、州市级、县级等多级人才标准，设定教学名师、骨干教师、学科带头人等奖项，配合对应的津贴补助机制，起到促进人才选拔和团队建设的作用。对于有条件的县域来说，可以尽早设立教师发展中心，成为驱动教师团队建设的组织核心力量。重点培养一批教学名师、优秀校长，由他们组建帮扶小组，对跨境民族地区的乡村学校给予重点帮扶。实施"跨境民族地区优秀青年教师培养奖励计划"，定期举办教学名师评选活动，定期召开教学素养展示活动，向那些教育教学成绩优异的教师给予表彰，尤其加大对年轻教师的奖励和支持。

第三，继续开展各级各类促进教师专业发展的活动，提高培训的针对性。首先，"国培计划"有必要向跨境民族学校适当倾斜，为跨境民族地区的乡村教师提供更多的培训机会。争取每一名校长、教师都能够获得5年不低于360学时的培训课程。其次，有针对性地开展信息化教学培训，将信息化教学手段与教学有机地融合起来，提高课堂效能。最后，加大校本培训。[①]从学校的实际情况出发，请专家到校开展校本培训，或者利用网络平台的方式，与专家网络连线开展校本培训，既免除了教师们旅途奔波之苦，也使培训更接地气。最后，加强与高校的教学研究合作。充分利用当地高校优质资源，请高校的专家学者为跨境民族地区教师提供理论及科研能力的培训，帮助一线教师改进教学方式，提高教学质量。

（四）提高跨境民族教育的教师吸引力

第一，设立跨境民族教育教师荣誉制度。教师是教书育人的园丁，尤其跨境民族地区教师长期任职于艰苦环境中，为我国教育事业作出巨大牺牲与贡献，应

---

① 雷湘竹、卢静：《校本培训：边境民族地区教师专业发展的应然选择——以广西壮族自治区L县为例》，载《民族教育研究》，2017年第6期，第27—34页。

该由各级政府向他们授予荣誉称号，从而在社会上形成尊师重教、边境教师光荣的风潮。首先，省人民政府向在边境学校连续任教20年以上的教师以及长期扎根艰苦边区的边境学校进行表彰，并颁发荣誉证书。其次，州、市人民政府和县级政府分别向在边境学校连续任教15年以上和20年以上的教师进行表彰，并颁发荣誉证书。该荣誉证书与教师退休待遇、医疗保险结合起来，增进广大跨境民族地区的教师的获得感，激励更多边境教师投身事业，为边境教育的发展奉献力量。最后，建立健全跨境民族地区名师选拔制度，建立合理有效培养体制，增加骨干教师、教学名师数量，并且完善工资待遇，给予各项补助，减少优秀教师后顾之忧；建立跨境民族地区名师学习工作室，增加教师和名师之间的沟通学习机会，着重扶持边境学校培养名师。

第二，积极推进评聘结合，适度扩大跨境民族教育教师高级职称岗位比例。根据实际情况和教学需求，科学调整跨境民族教育学校岗位结构，协调乡村学校高级教师、中级教师、普通教师的岗位比例，逐步提高跨境民族地区中小学校的高级教师岗位比例，让更多的人才投身于跨境民族教育事业。评聘标准应当适应跨境民族地区的特点，始终坚持以教师教学贡献作为主要标准，配合教师职称审评制度，实现职称评审与岗位聘用的同步进行，旨在增加跨境民族教育教师岗位的吸引力，并且给任职于艰苦边区的教师带来实惠。

第三，切实提高跨境民族教育教师待遇。首先，应注重省级政府的调节作用，以省级有关部门为主导，依据已有的物价水平、当地经济水平以及各行业各层次工资水平，进行教师群体的调薪，保障跨境民族地区教育行业教师待遇，减少各行业、各地区层次差距，不断完善教师群体基本社会福利政策。[1]其次，针对长期坚持在跨境民族地区一线工作的教师，应加大补贴力度，提高教师工作热情，减轻教师生活压力，进而保证城乡之间教师资源的不断交换流动。再次，对于教师绩效方案，各级政府应当酌情修改，重视教师的作用，不断投入更多资金，通过增加奖励性绩效工资的手段，提高教师工资水平，确保对教育付出最多的优秀教师可以拿到最高工资，提高其工作积极性。就绩效考核评价方式而言，

---

① 陈时见、胡娜：《新时代乡村教育振兴的现实困境与路径选择》，载《西南大学学报（社会科学版）》，2019年第3期，第69—74、189—190页。

也应该不断健全，让学校拥有自主权，统筹管理教师工资。当然，在设定教师补助标准时还需要考虑地方经济水平，由地方政府自主实施。在审议义务教育学校绩效工资时，应当以当地收入水平为基础，保证教师平均薪资不低于当地公务员平均薪资，并且形成联动增长机制，实现教师薪资与其他事业单位人员薪资的普惠增长。

第三节　跨境民族教育的财力资源配置

目前，我国跨境民族教育的日益发展不仅给国内学生提供了较好的学习条件，还辐射到边境地区邻国的跨境学生。但当前跨境民族教育财力资源配置存在经费投入水平较低、分配结构不佳与筹措方式单一等方面的现实问题，不能满足"一带一路"背景下人们对于高质量与优质化的跨境民族教育的需求。财力资源作为跨境民族教育资源的核心内容，[①]其配置方式的有效性、科学性，配置结构的合理性等直接决定了跨境民族教育资源的优化。

一、跨境民族教育财力资源配置的现实问题

"一带一路"背景下，跨境民族教育肩负着展示我国形象、提升我国软实力的重任。习近平总书记明确指出，在保持高水平教育投入的前提下，还应做好教育资源配置工作，有目标性地向边境民族地区配置更多教育资源，尤其保障贫困地区的办学经费，经过长期不懈的努力，逐步缩小区域、城乡、校际之间的教育差距。[②]2018年，习近平总书记在全国教育大会上再次强调，教育是国之大计，党之大计。教育工作是国家治理和社会发展的基础工作，长期以来，中央政府针对教育事业制定了一系列扶持政策，并且连年加大国家财政教育专项投入。虽然

---

① 毛建军、赵祥、毛建斌：《我国高等教育财力资源配置研究》，载《教育理论与实践》，2011年第36期，第9—11页。

② 《办好基础教育是全社会的事业》，载《光明日报》，2016年9月11日。

我国跨境民族教育经费的整体体量持续扩大，但是在教育财力资源配置方面仍存在一定问题。

（一）教育经费总体投入不足

教育经费总投入代表某一地区用于教育的各项经费的总和，代表着政府对教育的重视和努力程度。目前，中国政府尚未出台针对跨境民族教育财力资源配置的专门条款，只能从《义务教育法》中找寻到相关规定，比如"国务院和地方各级人民政府在职责范围内分摊义务教育经费，省、自治区、直辖市人民政府担负义务教育经费统筹落实的职责。国务院对民族教育经费进行计划、规定，各级人民政府根据计划共同分担各项经费"。可见，政府在跨境民族教育中承担着经费统筹的主体责任。同时该法还规定，"我国推行的义务教育管理体制是国务院领导，省、自治区、直辖市人民政府规划，县级人民政府落实的责任制度"①。根据现有法律规定，"中央和地方共同负担，省级政府负责统筹"跨境民族教育的经费投入，另外，跨境民族教育的管理结构是以县为主，这就意味着跨境民族教育的财权与事权是由不同的责任主体掌控的，但是实际情况是跨境民族教育的投入和管理基本上都是以县为主，中央和省级政府负担偏低。我国跨境民族聚居的地区多是贫困县，多以农业为主，工业基础薄弱，财政自给率低，县级财力低下，县级财政基本上是"吃财政饭"。在此背景下，如果依旧以以县为主的方式来提供教育财政投入，那么必然会出现跨境民族教育经费不足的问题。

研究团队统计分析了云南省四个跨境民族县，在2015年至2017年间的一般公共预算教育事业费和公共预算公用经费。调查结果显示，四个县中除江城哈尼族彝族自治县基本达到全国平均水平之外，其他三县的经费投入都不足（详见表7-3和表7-4）。

---

① 陈家全：《县域义务教育均衡发展评价指标体系构建的研究》，西南大学博士学位论文，2017年，第1—3页。

表7-3 云南省跨境四县义务教育生均一般公共预算教育事业费与全国比较

	普通小学（元）			普通初中（元）		
	2015年	2016年	2017年	2015年	2016年	2017年
江城哈尼族彝族自治县	1079.18	12389.32	12833	11928.61	15223.98	15230.72
孟连傣族拉祜族佤族自治县	7125.37	8852.96	9628.08	11026.98	12687.19	14281.41
澜沧拉祜族自治县	8487.99	10220.98	10982.23	8613.81	11832.22	13086.59
西盟佤族自治县	8877.83	9858.08	10821.78	10739.35	10879.51	12004.29
全国	8838.44	9557.89	10199.12	12105.08	13415.99	14641.15

资料来源：1.教育部、国家统计局、财政部关于2017年全国教育经费执行情况统计公告（教财〔2018〕14号）；2.教育部、国家统计局、财政部关于2016年全国教育经费执行情况统计公告（教财〔2017〕6号）；3.云南省教育厅、云南省统计局、云南省财政厅关于2017年全省教育经费执行情况统计公告（云教发〔2018〕179号）；4.云南省教育厅、云南省统计局、云南省财政厅关于2016年全省教育经费执行情况统计公告（公告第3号）

据表7-3可知，在四个调查县中只有江城哈尼族彝族自治县的义务教育生均一般公共预算教育事业费达到了全国的平均水平。西盟佤族自治县普通小学生均一般公共预算教育事业费达到全国的平均水平，初中则落后于全国平均水平。澜沧拉祜族自治县2015年普通初中生的一般公共预算教育事业费均未达到全国的平均水平，虽然在2016年、2017年度实现了增长，但仍然距离全国平均水平存在较大差距。对比来看，在四个受调查县中，孟连傣族拉祜族佤族自治县的教育经费投入严重不足，直接阻碍了该县的教育发展，其他三个县的情况虽然略微好些，但是仍然面临教育经费匮乏的问题。2015年至2017连续三年，孟连傣族拉祜族佤族自治县普通小学生均一般公共预算教育事业费未达到全国平均水平，差距比较大。

表7-4　云南省四县义务教育生均教育公共预算公用经费与全国比较

	普通小学（元）			普通初中（元）		
	2015年	2016年	2017年	2015年	2016年	2017年
江城哈尼族彝族自治县	4720.91	5318.94	5343.07	4590.73	6029.81	6221.71
孟连傣族拉祜族佤族自治县	2243.90	2315.07	2335.67	5342.41	5540.47	5591.23
澜沧拉祜族自治县	3212.28	3300.20	3365.86	2211.59	2267.40	2331.44
西盟佤族自治县	1418.80	1427.61	1477.19	2295.83	2332.33	2398.89
全国	2324.26	2610.80	2732.07	3361.11	3562.05	3792.53

资料来源：1.教育部、国家统计局、财政部关于2017年全国教育经费执行情况统计公告（教财〔2018〕14号）；2.教育部、国家统计局、财政部关于2016年全国教育经费执行情况统计公告（教财〔2017〕6号）；3.云南省教育厅、云南省统计局、云南省财政厅关于2017年全省教育经费执行情况统计公告（云教发〔2018〕179号）；4.云南省教育厅、云南省统计局、云南省财政厅关于2016年全省教育经费执行情况统计公告（公告第3号）

据表7-4可知，江城哈尼族彝族自治县在云南省跨境四县中义务教育（含普通小学和初中）生均教育公共预算公用经费投入最大，超出了全国的平均水平。澜沧拉祜族自治县普通小学生均教育公共预算公用经费也达到了全国平均水平，可是普通初中生均教育公共预算公用经费却存在投入不足的问题，尤其在2015年至2017年间的水平持续走低，现已远远落后于全国平均水平。孟连傣族拉祜族佤族自治县的普通小学生均教育公共预算公用经费在2015年至2017年间实现了连续增长，可是相较于全国平均水平仍然存在较大差距，另外，该县对于普通中学生均教育公共预算公用经费的配置相对充足，目前已经达到了全国的平均水平。通过对比，西盟佤族自治县的生均教育公共预算公用经费的投入力度在云南省跨境四县中的排名靠后，2015年至2017年间不论是普通中学生均教育公共预算公用经费还是普通小学生均教育公共预算公用经费，均与全国平均水平存在较大差距。教育的社会属性是准公共产品，随着教育的层次降低，其公共性同步增强，将会有更广大的社会民众从中受益，这也对政府的财政支持、监管工作等提出了更高要求。目前，我国对于教育工作采取分级管理体制，跨境民族教育的经费供应是以县为主，如果县政府的财政实力强大，那么跨境民族教育就能够得到教育经费保障，否则将可能陷入经费紧缺的困境。

研究团队还调查了广西壮族自治区崇左市龙州县跨境民族教育经费投入的情况（详见表7-5）。该县与越南接壤，是典型的跨境少数民族聚居区域。2015年，龙州县生均预算内教育事业费只及全国平均水平的1/3，普通小学和普通中学的生均预算内公用经费分别是837.92元和1113.4元。我国东部沿海地区的经济水平较高，县政府的经济税收高涨，有足够的经济实力来支持义务教育的发展，每年向教育事业投入充足的财政资金。但是，我国中西部民族地区的经济水平较低，县政府所得财政收入较少，而且把有限的财政收入更多地分配到其他领域，导致义务教育长期处于经费不足的境地。另外，县政府在内部进行教育财政配置时也存在分配不公的情况，将更多的教育财政资金分配给县城学校，而偏远的乡村学校所得财政投入较少；或者将更多的教育资源分配给教学质量好的学校，而教学质量差的学校得到财政补助较少。受县政府教育资源配置行为的影响，边境县区普遍存在校际之间教育资源配置不均衡的问题，最终使得校际教育水平出现较大差距。

表7-5　广西壮族自治区崇左市龙州县"三个增长"基本情况表

年份	第一个增长		第二个增长		第三个增长	
	义务教育预算内经费拨款比上年增长比例（%）	地方财政经常性收入比上年增长比例（%）	生均预算内教育事业费		生均预算内公用经费	
			小学（元）	初中（元）	小学（元）	初中（元）
2013	4.10	-1.75	7513	7828	681.59	930.59
2014	18.11	15.99	10375	10755	826.86	1108.38
2015	5.55	0.29	12182	12937	837.92	1113.4

资料来源：广西壮族自治区崇左市龙州县教育局

（二）教育经费配置结构不合理

教育经费配置结构是指经费在各级各类教育中的数量比例关系及其组合。跨境民族地区教育经费投入不足，且投入结构也不尽合理。

第一，我国跨境民族教育投入比例较低。政府根据公共需求和社会发展需要，通过以公共财政为基础的宏观调控行为来维持市场活力，确保经济社会生活的有序发展。在我国国民教育稳健发展的过程中，跨境民族教育在教育体系中的地位不断提高，逐渐成为民族教育的工作重点，因而受到普遍的关注，政府试图通过推进跨境民族教育的发展来改善国家形象、维护边境安全。但是，我国政府在教育财政分配过程中偏向高等教育，间接导致我国跨境民族教育投入比例低。

第二，现行的转移支付结构存在弊端。教育经费来源结构是指不同渠道筹集的教育经费所占的比例。我国教育经费主要分为国家财政性拨款和非财政性教育经费。国家财政性拨款体现政府对教育的公共投入，反映出政府在教育经费投入中的角色和责任。[①]近年来，中央不断加大地方教育专项转移支付的管控力度。专项转移支付明确了教育资金的开支流向，基层政府收到中央政府下发的专项转移支付以后，必须遵照规定用途对教育经费进行定向配置，严禁私自更改教育资金的流向，纵然县级人员认为专项转移支付存在不妥之处，也必须按照规定用途进行配置。这导致了转移支付有时不能满足跨境民族教育工作的需求。

第三，跨境民族教育经费投入方式和途径单一。《义务教育法》规定了政府有责任确保义务教育的资金安全，但是政府渠道的经费也基本没有完全到位，再加上非政府渠道不畅通、不发达，导致了我国跨境民族教育完全依赖国家财政投入，教育经费投入方式和途径单一，因而陷入了长期的经费短缺困境。调研发现，样本学校的教育基本建设费、教育事业费等完全来源于政府财政，很少获得其他经费来源的支持；在以县为主的经费投入体制下，样本学校的经费又主要依赖县级政府的投入，此外就是中央和省级政府的专项资金转移支付。以政府财政拨款为主的经费投入模式，虽能够保障教育经费等额发放、按时到位，但由于各地方政府财力的差异，不同地区的学校实际获得经费与国家标准有可能不一致。在跨境民族地区，往往学校获得的实际经费低于国家标准，出现获得性不公平。[②]

---

① 成刚、袁梨清、周涛：《民族地区教育资源配置规模与结构研究》，载《民族研究》，2017年第6期，第34—46、124页。

② 慕彦瑾：《西北农村义务教育资源配置合理性研究——基于甘肃省W县的证据》，四川师范大学博士学位论文，2018年，第112页。

（三）教育经费使用效益不佳

目前，受教育经费分配不合理、支出结构不合理、教育负债多等原因的影响，跨境民族教育经费的使用效益并不理想。

第一，教育经费的使用不合理，人员经费占比过大，而公用经费的份额较少。跨境民族教育并未开设专项经费，许多开支都是从义务教育事业经费中划分出来的，存在教育事业经费占比偏高和教育基本设施经费占比过低的问题，人员经费过度侵占了公用经费，导致学校公用经费所剩不足，难以满足公用建设的需要，进而导致跨境民族教育基础设施长期落后且发展停滞。虽然国家向教育单位投入了较高比例的经费，但是并未对跨境民族教育的发展起到有效作用。

第二，教育经费支出结构不够合理。教育经费支出结构是指"教育总投资中不同性质的支出所占的比重，主要包括学校基本建设支出、各类职工的工资福利支出、维持学校运转的公用经费支出和学生的奖助贷经费支出"①。以广西跨境县市为例，其生均预算内公用经费和生均预算内教育事业费是全国平均水平的62%和84%。"撤点并校"后寄宿制学校发展较快，调研结果显示靠近边境20公里以内的学校70%左右都是寄宿制学校，寄宿学生占到了50%以上。随着寄宿学生的增多，随之水电、人员的开支加大，国家为每一个寄宿学生增加了200元的生均公用经费，可是在补助了200元生均公用经费以后仍然存在较大缺口，为了保证学校教育能够运转，校方只得从教育经费中划分部分资金用于填补缺口，而这种做法势必严重地制约学校的长远发展。

第三，部分跨境民族学校负债较重，尤其教育基建项目的专项资金常常不能及时到位，影响了跨境民族教育的发展。调研发现，有部分学校因校园建设产生大量新的欠账，债务偿还化解难。加之教育经费来源单一，县级政府对学校补助性经费投入不足，学校运转举步维艰。债务问题导致学校办公经费不足，甚至对学校的日常运转都造成了很大影响，设备的运行和维护费、水电费、教师的加班费、差旅补贴、班主任津贴、后勤人员的开支等都难以落实，导致教师工作积极性不高，后勤员工服务质量不高。

---

① 成刚、袁梨清、周涛：《民族地区教育资源配置规模与结构研究》，载《民族研究》，2017年第6期，第34—46、124页。

二、跨境民族教育财力资源配置的发展目标

跨境民族教育对于推进"一带一路"建设具有重要意义，因此在配置跨境民族教育财力资源时，应服务和服从于"一带一路"建设的推进和国家的长远利益，避免只注重短期利益和地方利益的做法。基于跨境民族教育财力资源配置现实问题，以国家政策法律法规为准绳，在跨境民族教育财力配置时坚持补偿性原则，优化跨境民族教育财力资源配置，缩小跨境民族社会经济地位差距导致的结果差距。

（一）跨境民族教育财力资源稳步增长

"一个比例"和"三个增长"是我国学界常用的教育资源的公共财政保障水平评价标准。"一个比例"指的是预算内教育经费占财政支出的比例，通常包括公共预算教育经费以及各级政府征收的教育附加费。"三个增长"是指预算内教育经费（不包括城市教育费附加）的增长速度高于经常性财政收入的增长速度；各级教育生均预算内事业费支出逐年增长；各级教育生均预算内公用经费逐年增长。"三个增长"指标全面反映了政府对教育的投入水平。[①]为确保跨境民族教育更好的发展，除了要处理历史性的资金欠账问题之外，还应该根据当前的实际情况，解决资金不充分的问题，就是要确保"三个增长"。

首先，由于跨境民族教育的发展存在很强的外部性，需要大量资金投入，相对而言中央政府的财力更加雄厚，依据财权和事权相统一原则，由中央政府承担多数跨境民族教育的资金投入，减少基层政府的负担。其次，要增强跨境民族教育经费保障，关键在于完善跨境民族教育转移支付制度，可以运用中央纵向转移支付和地方横向转移支付相结合的手段，[②]还可以采用"对口支援"方式，让跨境民族教育财力资源更加丰富。最后，多支持和引导省、市级政府加大在跨境民族教育方面的资金投入，让上级政府的转移支付资金按照规定用在跨境民族教育上，从而更好地用来发挥跨境民族教育转移支付资金的均衡作用。[③]

① 成刚、袁梨清、周涛：《民族地区教育资源配置规模与结构研究》，载《民族研究》，2017年第6期，第34—46、124页。

② 张飞霞：《财政支持农村义务教育发展的基本分析》，载《生产力研究》，2015年第8期，第26—29页。

③ 王斐然：《农村义务教育财政转移支付的对策》，载《经济研究参考》，2015年第30期，第26页。

（二）跨境民族教育资源配置效益不断提高

目前，跨境民族教育的财政负担和管理责任主要落在地方政府身上，跨境民族教育的公共教育经费主要依赖于县、乡地方政府，而中央、省级政府的贡献率较低。另外，在我国现行体制中，并未建立一套明确的跨境民族教育的负担结构，因此中央、省级政府对于跨境民族教育的资金投入规模是不确定的。如果中央向地方转移支付的规模较小，此时跨境民族教育的经费来源就主要依赖于本地政府的拨款。[①]就整体情形来看，我国跨境民族地区的经济基础羸弱，县、乡地方政府能够征缴的税收较低，而且多数财政资金用于扶持经济发展，因此对于发展跨境民族教育可谓力不从心，导致跨境民族教育长期处于资金缺乏、资源匮乏的境地中，当前及未来发展困难重重。因此，应及时调整跨境民族地区现有的教育财政投入体制，将各级政府提供公共教育经费的职责进一步明确，确立经费共担的责任机制，加大整体投入份额，保障跨境民族教育的资金安全，逐步提高跨境民族地区的教育水平。

（三）跨境民族教育财力资源监管科学有效

当前，跨境民族教育资金不足的情况非常严峻，这就要求财政转移支付资金不能浪费，必须发挥真正作用。因此，对教育财政转移支付进行监督是十分必要的，具体而言，应该做到以下几点：首先，推动财政内部监督的加强，使各个部门拥有更高的自我约束能力，对各级政府职能进行更加细致的划分，真正贯彻落实事前、事中、事后监督机制。其次，应该促使政府外部监督机制的强化。依照有关规定，财政转移支付资金必须由审计部门进行审查与监督，保证资金足量投入。最后，推动人大监督强化。必须使各级人大的监督职能发挥真正作用，时刻监督财政运作，使跨境民族教育财政转移支付过程变得更加透明，扩大其公开度。

为将跨境民族教育财政转移支付制度落到实处，必须要推动法制化建设。跨境民族教育具有强制性、免费性、公共性等特点，需要法律来规范和保障。我国如今实施的法规中，各项与跨境民族教育投入相关的条文不够具体，显得很抽象。这种制度规范下，容易导致政府不愿意承担责任，从而会在跨境民族教育方

[①] 欧以克：《边境地区义务教育政府责任机制的建立与完善》，载《中国财政》，2011年第5期，第78页。

面减少投入。围绕新出现的情况和问题，开展多方位实际调查、方案论证，推动跨境民族教育的法律保障机制不断健全。

三、跨境民族教育财力资源配置的发展路径

通常情况下，资源配置中必须要处理好市场与政府调控的关系，强化市场在资源配置中起决定作用。但是，跨境民族教育具有外部性和公共产品的性质，单纯用市场来配置资源是不行的，因此跨境民族教育财力资源配置应同时发挥政府调控和市场的作用。

第一，构建起"以省级财政投入为主"的跨境民族地区义务教育财政责任机制。政府有责任实现和保障每一位公民的受教育权，尤其需要注意针对贫困人口、偏远人口的教育工作。发达国家制定的义务教育经费结构是三级政府共同承担机制。例如，美国义务教育的财政来源是联邦政府、州、学区等二级政府，其中，联邦政府和州政府分摊的经费比例超过了50%。再如，日本建立的基础教育经费供给结构是由中央、都道府县、町村组建的三级结构，在此基础上还形成了基础教育的管理体制。就我国来说，跨境民族教育的财政问题、管理问题主要采用以县为主的体制，但是边境地区的县、乡级政府的财政实力较弱，在发展教育方面经常捉襟见肘，而且这一局面恐怕难以在短期内有所改观，因此有必要对现行的以县为主的结构进行调整，突出中央、省级政府在跨境民族义务教育经费供应方面所承担的责任，建立"以省财政投入为主"的跨境民族地区义务教育财政责任体制；同时，适当提高中央财政的分担比例，并发挥好中央对于财政投入的监管职能。要不断强化各级政府在教育资源筹措中的主体责任，重点向跨境民族地区薄弱学校倾斜，健全和完善跨境民族教育经费保障的长效机制，确保实现"三个增长"。[①]

第二，提高对跨境民族教育的转移支付力度。综合分析跨境民族地区的经济形势与社会形态，县、乡级政府的财政收入不会在短期内发生大幅提高，在以县

[①]《国家教育督导检查组对云南省9个县（市、区）义务教育均衡发展督导检查反馈意见》，http://www.moe.gov.cn/jyb_xwfb/moe_2082/zl_2015n/2015_zl65/201512/t20151218_225421.html.

为主的财政体制下，跨境民族教育将继续处于投入不足的困境，在此背景下，亟须确定规范的跨境民族教育财政转移支付体制。所谓转移支付，又被叫作无偿支出，指的是政府财政的无偿转移过程，[①]用以解决各级政府之间财政失衡的问题，它体现的是非市场性的分配关系。灵活应用转移支付方法，能够成功地缩小社会的贫富差距，其基本内容包括：一是一般性转移支付。一般性转移支付并未对资金流向做明确规定，地方政府可根据自我需求对其进行分配，最终流向跨境民族教育领域的资金体量是无法估计的。通常情况下，与发达地区相比，跨境民族地区获益较少，处于不利地位。二是义务教育转移支付。义务教育转移支付本应发挥平衡效益，但是管理不够规范，以及监管力度不足，导致最终流向是不可控的，从而影响其应用价值。可见，财政转移支付制定的不规范深刻影响了跨境民族教育的经费投入，在后续改善工作中应当把握两个要点：一是确定一般性财政转移支付中一定比例的资金专项用于跨境民族教育，明确规定地方政府务必将这部分资金投入跨境民族教育中；二是确定跨境民族教育转移支付的主体地位，中央及省级政府通过给予教育转移支付的形式不断扩大针对跨境民族教育的财政投入。

第三，明确政府间义务教育财政责任。中央政府在分担转移支付资金责任时，应确定各级政府的资金投入比例。一是中央财力最为雄厚，中央政府应承担多数义务教育转移资金；二是省级政府要清楚自身责任，实实在在地完成转移支付，支持跨境民族教育发展；三是改进县级政府的筹资机制，逐步提高县级政府的资金投入能力，使得中央与县级教育事权及财力关系更加明确；四是根据教育事业发展的一些属性和特点，合理界定各级政府的事权。对于职责的划分，中央应当多多承担属于中央和地方的共同责任，特别是在跨境民族教育资金投入上。在制定跨境民族教育项目分担比例的同时，由于教职工的工资已规定全部由地方发放，所以建议对于中央安排跨境民族的教育项目，由中央全额承担或者将中央和地方的承担比例设定成8∶2。制定地方政府财政收支制度及转移支付体制，

---

① 顾微微、杜瑛瑛：《我国农村义务教育经费投入存在的问题与对策》，载《教育探索》，2011年第2期，第101—102页。

提高针对县、乡的转移支付力度。中央政府转移支付给省级政府的资金，省级政府不应截留或延迟发放，而应按照相关规定、遵循相关原则，及时分派给市、县级政府，弥补地方政府财政空缺，间接为跨境民族教育供应资金。另外，当前尚未设定省级及以下各级政府在教育财政结构中所分担的比例，对此，省级政府应当负起统筹责任，在广泛调研的基础上，结合不同片区的教育需求，而设定下级政府的分担比例，尤其应加大针对落后地区的转移支付力度，采用财政转移支付的策略逐步缩小区域差异，实现辖区内教育工作的均衡发展。

第四，开设跨境民族地区教育补助专项经费。从20世纪80年代起，中央政府给予跨境民族地区以特殊关怀，每年向贫困地区、革命老区、边境地区等特殊地区划拨各种形式的补助款，如民族教育补助经费、特殊地区基础教育经费，在一定程度上改善了老、少、边、穷地区的教育问题。随着中国经济基础愈发稳健，中央政府每年向教育事业投入更大体量的财政性经费，面对跨境民族地区在经济水平、教育条件、生活基础等方面的特殊情况，中央及各级政府应当从服务"一带一路"建设的角度出发，适时设立跨境民族地区教育补助专项经费。该项经费主要用于地方政府审议决定的重点补助项目，如危房改建、学生食宿补助经费、跨境民族学校任课教师补贴经费、教学设备采购经费，逐步攻克严重阻碍跨境民族教育发展的现实困难，为各项工作夯实基础。在全国范围内确立跨境民族地区义务教育经费保障机制，根据各地区的建设发展需要，有侧重点地开设职业教育补助经费、改善中小学校办学条件补助经费、中小学信息化教育专项资金、基础教育专项经费等多种形式的专用资金，逐步提高保障水平，确保跨境民族教育不受经费短缺之苦，推进跨境民族教育的良性发展。此外，积极实施对口支援政策，聚拢更多的优质教育资源，优化调整教育经费支出结构。对口支援政策的基本思路是聚拢东部沿海地区的优质教育资源，有计划地向跨境民族地区输出，从而夯实跨境民族地区的教育基础，这是快速推进边境地区基础教育发展的有效办法。对口支援政策是伙伴协作理念的一次尝试，在政策指导下，实现全国范围内的多方联合，加强对全国优质教育资源的管控力度，然后灵活选用不同形式，在多方参与的基础上，实现跨区域、跨省、跨市的教育合作，最终构建起多主体的支援合作联盟关系，以强带弱，为跨境民族地区教育工作的发展注入活力。目前，对口支援的主要形式包括双方自由联系的对口支援、政府主导下的对口支援、多主体下的对口支援等。其中,政府主导下的对口支援是最重要的政策落实方案,地方政府应当认识到教育发展的瓶颈,主动与发达地区谋求合作,引进这些地区的优质教育资源,实现跨区域合作,建立和延续教育合作同盟关系,不断培养高端人才,还可供应合作地区的发展需求。

第五,搭乘"一带一路"发展快车,不断拓展筹资渠道。目前,我国的跨境民族教育财力资源来源较单一,基本来源于中央与地方政府转移支付和专项补贴,但已有的一些补偿政策落实不力,补偿政策的实效性欠佳。因此,应该借力"一带一路"倡议,大力拓展教育经费渠道。以广西为例,其地理位置特殊,业界称之为"'一带一路'有机衔接重要门户""西南中南地区开放发展新战略支点""面向东盟的国际大通道"。再如,云南省边境线曲折绵长,作为中国面向东南亚的桥头堡,在对内互动和对外贸易方面都具有明显的区位优势,在未来的经济社会全面发展过程中将表现出巨大潜力,这也对自身的跨境民族教育提出了更高要求。"一带一路"背景下,政府应当重视跨境民族教育工作,将更多的经济发展成果转移到教育领域,同时改善以政府财政为主的义务教育经费管理体制,创建新型的多渠道经费保障机制,重点保障跨境民族教育的资金投入。尝试借助"丝路基金"、亚投行等新型融资渠道,为跨境民族教育争取资金。另一方面,充分挖掘华侨的资金实力,接受社会各界捐资助学,吸引华侨归国捐赠或者投资办教育。目前,社会捐赠在跨境民族教育经费中的比例非常低,调研中只有东兴市华侨小学每年会接受侨胞的图书、实物等。从国外的情况来看,社会捐赠是各级各类教育经费的一个非常重要的来源。因此,随着"一带一路"建设的推进,国内外对跨境民族教育的重视程度越来越高,可以大力吸引国内外组织、企业家、慈善家捐赠实验楼、图书馆、运动场馆等基础设施,还可以设立多种形式的奖学金以及其他跨境民族教育发展基金,缓解跨境民族教育办学经费的不足。

第四节　跨境民族教育的物力资源配置

《国家中长期教育改革和发展规划纲要（2010—2020年）》提出，均衡配置教师、设备、图书、校舍等资源。校舍、图书和设备等均属于学校物力资源的范畴。物力资源是跨境民族教育资源的基础，其配置好坏将会极大影响跨境民族教育资源配置的成败。因此，跨境民族教育物力资源配置，主要从学校办学条件、教学设施、后勤保障等方面进行探究。

一、跨境民族教育物力资源配置的现实问题

不管何种形式的教育活动，物力资源都是不可或缺的教育资源，它为教育教学活动奠定物质基础，并为达成教育目的提供保障。物力资源之于跨境民族教育的现实意义同样如是。合理配置并高效利用物力资源，有利于跨境民族教育的顺利实施及有序发展，这是教育均衡发展的要求，同时也是教育公平的体现。生均校舍建筑面积、生均绿化面积、生均图书量、教学仪器设备、现代信息技术设备、体育运动场地、生活用房等评价指标，能够较为全面、客观地反映出跨境民族教育在物力资源配置方面存在的问题。

（一）学校办学条件有待优化

2014年，"全面改薄"项目开始实施，云南省、广西壮族自治区通过"全面改薄"项目的有效实施，逐步改善跨境民族义务教育学校办学条件，重点建设一大批标准化的寄宿制学校，初步实现中小学校的标准化目标。但在"一带一路"背景下，跨境民族教育的需求大大增加，除须满足我国跨境民族的教育需求外，沿线国家也希望能共享中国的优质教育。调研发现，四个样本县以及广西龙州县内多数学校的公共设施设备基本达到了国家标准，整体上达到了全国义务教育均衡发展的验收标准，但是部分学校面积不足、校舍不足、校额班额偏大，办学条

件有待进一步优化。①

据调查，龙州县全县总班级数458个。50人以上班级数78个，占比为17%。60人以上班级数16个，占比为3.5%。小学最大班额58人，初中最大班额64人。平均班额超过50人的学校有3所：龙州县民族中学（60.5人/班）、龙州镇朝阳小学（52.8人/班）、龙州镇城西小学（53人/班）。平均班额超过60人的学校有1所：龙州县民族中学（60.5人/班）。另外，龙州县的生均占地面积是初中43.17平方米、小学44.26平方米。未达到省定标准的学校共有3所，占比10.7%，其中小学3所，合计占地面积共缺19400平方米。还有，龙州县的生均校舍建筑面积是小学5.37平方米、初中5.8平方米，其中未达到省定标准的学校共有2所，其中小学2所，合计校舍建筑面积（不含寄宿学生宿舍面积）共缺1969.8平方米。最后，龙州县的校园绿化用地面积未达到省定标准的学校共7所，所占比重是25%。

云南省勐马镇的勐啊小学、芒街小学生均校舍建筑面积、生均绿化面积及生均占地面积都未能达到省定标准。事实上，芒街小学和勐啊小学距离缅甸非常近，这两所学校均有缅甸籍的学生，可是因为硬件基础过于简陋，每年在招收缅甸籍小学生的时候必须严格限制招收人数。勐啊小学的校长说："缅籍学生如果要到校读书，必须要自己能解决住宿问题。我们自己的学生都不够住，不可能再安排他们。"

据统计，2017年11月西盟佤族自治县的各所学校占地总面积是309127平方米，校舍总面积为159372平方米，其中，中学和小学生均校舍建筑面积依次是14.4平方米和10.99平方米，均低于国家平均水平，且未达到省定标准。2017年，该县招收了339名外籍学生。外籍学生主要有三种情况：一是借助境内亲戚就读；二是双亲入境务工就近就读；三是跟随母亲嫁入无中国户籍就读。据西盟佤族自治县教育局负责人反映，外籍学生就读给学校办学带来了很大的压力，办学

---

① 所谓超大班额，按教育部的定义，中小学"36—45人"为正常班额，"46—55人"为偏大班额，"56—65人"为大班额，"66人以上"为超大班额。2008年教育部在全国中小学的调查，大班额占总数的8.8%；超大班额占5.5%。2014年《教育蓝皮书》的调查，极大地拓展了大班额的概念："66—75人"为超大班额，"76—100人"为特大班额，"101人及以上"为极大班额。

条件如果不改善，将无力承受日趋增加的外籍学生。虽然学校愿意改善办学条件，为更多的跨境民族外籍学生提供读书机会，但是无奈地方财力薄弱，学校能够获得的教育经费有限，这极大限制了学校的招生能力。

（二）教育教学设施设备有待更新

跨境民族地区地处偏远，地形复杂多变，区域经济主要依赖农牧业，整体经济水平低下，地方政府的财政收入较少，而且更多地投入到经济发展中去，对于跨境民族教育的财政投入不足，无法满足"一带一路"下对教育发展的需要，尤其是边境学校没有余力去改善办学条件。

第一，跨境民族学校教育教学设施设备存在较大缺口，功能教室、音体美器材严重不足。龙州县内有7所学校尚未配备功能教室[①]，已建设功能教室的学校也存在功能教室数量不够的问题，目前全县缺功能教室共计22间。孟连傣族拉祜族佤族自治县音体美器材和功能室配备也不容乐观，缺物理实验室1间、化学实验室1间、生物实验室1间。有6所小学、2所初中的功能室配置不能满足教学需求，占比分别为20.7%、40%。此外，县内有6所（20.7%）小学和2所（40%）中学配备的音体美器材数量未能达到省定标准，这直接影响了教育教学的质量。

第二，信息化教育设备不足，利用率不高。由于要参加全国的义务教育均衡发展验收，广西壮族自治区龙州县近几年在信息化建设方面成效突出，所有学校都实现"班班通"，全县有530间教室安装了多媒体。相对而言，云南省孟连傣族拉祜族佤族自治县的情况比较严重，数据显示，按照云南省定配备标准，全县学生缺913台计算机，全县教师缺706台计算机。有18所小学学生拥有计算机台数未达到省定标准，占比为66.7%；有3所初中学生拥有计算机台数未达到省定标准，占比为60%。该县未达到"班班通"标准的小学有2所、初中有5所。全县多媒体教室配备LED一体机147套、电子白板122套，远不能满足全县所有学生的需求。调查显示，该县小学和初中各有4所未达到省定标准的网络带宽，网络宽带不达标导致该县的信息化课程未开齐、开足。该县未建设校园网的小学有27所、初中有5所，导致教师和学生与外界的网络交流受限，许多优质网络

---

① 功能教室建设情况含音乐、美术、科学室、理化生实验室、计算机教室等。

资源无法在教学中运用。

第三，部分跨境民族学校图书存在缺口，图书较为陈旧，使用率和借阅率不高。龙州县未建图书室或图书馆的学校只有1所，占比为3.57%。龙州县上降中心小学2016年11月因拆除旧教学楼重建新教学楼，暂无图书室。云南省孟连傣族拉祜族佤族自治县所有中小学均建有图书室或图书馆，但生均图书册数未达到省定标准的小学有16所，占比为61.5%，初中3所，占比为42.9%。尽管跨境民族地区的大多数学校都建有图书馆或图书室，藏书也基本达标，但是藏书很多都是教材或者内容很陈旧的书籍，受学生欢迎的不多。很多学校图书馆没有专人管理，开放的时间有限也比较随意，久而久之去的学生越来越少，图书室或图书馆就成了摆设，使用率不高。

第四，跨境民族学校运动场地建设迟缓，勉强应对体育教学。云南省设定的生均运动场地面积标准是：城市小学≥4.8平方米，农村小学≥6.3平方米；城市初中≥7.0平方米，农村初中≥7.5平方米。据调查，孟连傣族拉祜族佤族自治县目前的生均运动场地面积是：小学8.24平方米，初中11.02平方米。未达到省定标准的小学6所，共缺4134.05平方米。龙州县目前的生均运动场地面积是小学11.8平方米、初中11.98平方米。未达到省定标准的学校共有7所，占比为25%，其中小学7所，合计体育运动场馆面积共缺11945平方米。龙州县全县有塑胶跑道的学校共有10所，占比为35.7%，其中小学和初中数量分别为7所、3所，占比分别为29%、60%。全县有田径场的小学和初中数量分别为14所、5所，占比分别为58.3%、100%。另外，跨境民族地区的气候恶劣，容易出现雨雪、风沙等天气，学生在室外运动场上体育课的机会较少，这进一步减少了学生的体育活动，因此需要新建室内运动场并配备相关体育器材。

（三）寄宿制学校生活设施有待改善

近年来，借各地"两基"工作、国家义务教育均衡发展评估的东风，国家和地方政府均加大投入，先后实施了"国家贫困地区义务教育工程""农村寄宿制学校建设工程""农场初中校舍改造工程""中小学校舍维修改造工程"等，[①]初

---

① 新疆维吾尔自治区政协教科文卫体委员会调研组：《新疆边境县(市)寄宿制学校教育调查报告》，载《新疆教育学院学报》，2011年第4期，第30—35页。

步实现了中小学校的科学布局。跨境民族地区主要推行寄宿制学校与走读制学校相结合的办法，这种布局基本能够适应跨境民族地区的特殊情况，同时起到改善教学条件、提高办学效益的综合效果。及至现在，"两基"工作结束，各地学校利用获得的专项补助资金，使得跨境民族地区学校设施设备明显改善，以前的"破房子、土台子、泥孩子"场景不复存在，跨境民族教育拥有了坚实物质基础，跨境民族教育的办学效益同步提升。

第一，寄宿制学校数量不足。中央政府早在2001年就制定了跨境民族地区开办寄宿制学校的相关文件，"跨境民族教育量大面广，但又同时存在基础薄弱、工作难度大、条件艰苦等问题。根据跨境民族教育的实际情况，在有需要的地区开办寄宿制学校是可行的"。文件中提及的"实际需要"普遍存在于广西、云南等地，受限于边境地区的复杂地形、家庭收入低等因素，学生走读需要花费过高成本，包括时间成本、健康成本、经济成本等，因此迫切希望在寄宿制学校内学习和生活。[①]目前，广西、云南的边境地区建设了一大批寄宿制学校，已经成为跨境民族教育的重要阵地。近年来，中央政府和地方政府加大了对寄宿制学校建设项目的资金投入，意图通过这种办法同步改善学生的学习条件与生活条件，可是相对于跨境民族地区的人口增长态势以及生活水平的增幅，寄宿制学校仍然存在严重不足。

第二，寄宿制学校的生活设施较为简陋。2011年，中央政府颁布的《农村寄宿制学校生活卫生设施建设与管理规范》对农村寄宿制学校的基本生活卫生设施的建设标准与管理规范做出了明确规定。随着"撤点并校"计划的落实，中心学校接纳了更大数量的学生，为了应对这种变化，许多中心学校在原有基础上进行扩充、改造，虽然能够解决一时之困，但是生活设施的配套水平仍然较低，无法为寄宿学生提供优质的生活服务，甚至存在许多安全隐患。多数寄宿制学校存在生活服务类建筑的生均面积不达标，生活设施不完善等问题。其具体表现为：宿舍设施简陋，并未设计卫生间，公厕与宿舍楼的距离较远，学生上厕所不方便；缺少饮水设备、洗澡设施，只有少数城镇寄宿制学校建设了公共浴室并向学生

---

① 王瑜、张静：《广西边境寄宿制学校的困境及思考》，载《民族高等教育研究》，2018年第2期，第38—43页。

开放，大部分乡村学校都未建设公用浴室，而且现有的公用浴室存在开放时间短、浴室面积狭小等问题；学校食堂的建筑面积不大，学生集中用餐时非常拥挤，还时常发生滑倒、争执等问题。例如，广西龙州县全县共有寄宿制学校25所，有6所学校没有配备学生热水供应设施设备，占寄宿制学校比例的24%。另外，龙州县寄宿制学校生均食堂建筑面积是小学3.51平方米、初中2.10平方米，全县有6所学校低于省定标准，整体面积缺口为2628平方米。笔者认为，由于生活设施的配套问题造成多种负面影响，直接影响寄宿学生的生活水平和学习状态，加大了学校的管理压力，削弱了寄宿制学校的办学优势，不利于寄宿制学校在跨境民族地区的推广普及。

第三，任课教师、生活教师配置不足。寄宿制学校统管学生的学习与生活，学校教师应当有人专管学生教学、有人专管学生生活，因此有必要设立专职岗位并配备专门人员，如此才能保证学校井井有条地运营。可是，通过调研发现，几乎所有的跨境民族寄宿制学校采用的是与非寄宿制学校相同的编制标准，并未设立工勤岗位（舍管员、食堂工、保安员等）。现行编制标准及管理办法增大了寄宿制学校的管理难度，并且让任课教师陷入了繁重的琐事中，不仅增大了任课教师的工作强度，而且影响了寄宿制学校的教学质量。

在调研活动中，许多教师都反映了目前学校并未配置生活教师，他们被迫承担生活教师的职责，因而感到工作压力过于繁重，但对此又无可奈何、非干不可。广西龙州县某寄宿小学校长根据本校实际情况而发表意见："寄宿制学校的教师任务繁重，工作压力很大！本校共计700多名学生，但是按照地方规定并无生活教师职位，甚至连校医、杂工也没有，一应事项大多由普通教师来承担。任课教师在白天负责教学工作，到了晚上也不得休息，还必须留校监管学生生活，对于一些生活自理能力差的学生，教师甚至自己上手演示。到了深夜，学生们都安稳入睡了，但是教师却要为明天的课程作准备，如果一些教师在第二天没有课时的话，还会被安排在夜间巡查。教师的工作量确实太沉重了，他们几乎奉献了自己的全部时间。"学生的衣、食、住、行等本应该由专门的生活教师来负责，但是由于生活教师的缺失，这些繁重琐碎的工作最终落在了任课教师身上，任课教师也从一名"教书匠"变成了一位"万能者"，不仅要给学生们上好课，而且要为孩子们提供生活照料，此外还要负责行政相关的工作，如招生、联络家长。附加的工作任务占据了任课教师的课余时间，而且额外工作并不能为他们带来补贴、薪资，许多任课教师是出于责任感才担负起来的，但是他们的内心还是充满无奈。这位校长是这样总结自己感受的："我们学校老师白天当老师，晚上还要操心学生生活，真是太辛苦了。许多学生夜间在学校住宿，理应设立专门的宿管员岗位，可是学校未设立这一岗位，只得由任课教师夜间在校陪宿。但是由于经费限制，学校着实无力为他们发放补贴，我这个当校长的感到非常为难啊！"可见，寄宿制学校存在教职工配置失衡，普遍发生"一师多岗"的问题，这极大消耗了任课教师的时间和精力，增大了学校的管理难度，拉低了学校的教学水平。

二、跨境民族教育物力资源配置的发展目标

要真正实现跨境民族教育物力资源的"有调有控"，促进跨境民族教育处于良好的可持续发展态势，势必要让顶层设计与战略规划相统一，同时基于跨境民族教育物力资源配置的实际，采取切实可行的发展策略。

（一）跨境民族地区各级各类学校办学条件不断改善

跨境民族地区应依照国家有关法律法规制定教学标准，借助"一校一策"的手段，采取更加符合当地实际的政策，不断进行政策引导和规划完善，推动学校标准化建设；不断坚持"保证基本、兜住底线、弥补不足"的工作原则，不断加强校园标准化的指标检测，有层次性地陆续提升各个学校的办学能力；逐一解决各类教学资源缺乏问题，不断提升并优化已有的教学资源分配；加快信息化教育平台的搭建，更新教学设备、教学图书的储备，提升教学资源的效益，积极主动争取上级政策和资金支持，全面改善办学条件。

（二）跨境民族地区小规模学校稳定发展

注重结合国家相关配套服务设施向农村沉淀工作，规范跨境民族地区学校撤并工作，禁止简单粗暴的"一刀切"。根据当地实际情况制定各自的政策，对于生源较少不得已撤并的学校，有关部门应严格按照规定走相应流程，包括撤并方案确定、讨论、公示、上报等一系列的工作。对于相应措施导致增加学生就学难题的，要积极借助改善交通、提供校车等方式解决学生上学难的问题。根据实际

需求确定小规模学校的构建标准和措施，确保小规模学校有一席之地，不断提升对跨境民族地区小规模学校的监督指导工作。借助教师资源交流、吸引优秀全科支教教师等方式保证小规模学校也要配备音体美以及英语专业教师，保证课程开设齐全，课时符合标准。保证在已有的数字教学资源建设的基础上，进而达到小规模学校也可以互联上网，增强教师继续教育学习，提升信息化设备在教学中的使用效率。

（三）跨境民族地区师生住宿条件极大改善

一方面，国家"十三五"规划纲要明确把"建设乡村教师周转宿舍"提高到教学改革的工作重点，并以教育现代化工程项目的名义向下落实。加快实施跨境民族地区农村教师周转宿舍建设，开展将乡村教师住房纳入当地住房保障范围的试点工作，让教师没有后顾之忧，能安心留在边境任教。另一方面，在"一带一路"背景下，可以预期的是随着"一带一路"建设的推进，越来越多的沿线国家的家庭愿意送孩子到中国来读书，必然要求建设更多的寄宿制学校，住宿条件的改善是工作的重点。

三、跨境民族教育物力资源配置的发展路径

"一带一路"建设为沿线国家的共同发展注入了新的动力，跨境民族教育需要进一步对外开放，促进教育物力资源的流动，与沿线国家加强合作，助推"一带一路"发展愿景的实现。

（一）探索学区制办学模式，共享优质资源

2005年，国家教育部门为推进义务教育均衡发展，提出："优质教育资源的学校要起到带头和辐射作用，带动教育资源匮乏的学校协同发展。"随后一年，国家教育部门提出学区制办学模式，学区内要实现教育资源共享，包括课程、教学名师、实验器材、图书资源、体育设施等共享。

因为经济基础较差和办学起点较低，跨境民族地区各中小学办学条件有限，音体美器材、实验设备、图书资料等都无法完全满足教学的需求。学区制办学模式作为一种新教育背景下的产物，是一种新型的办学方式，是实现教育优质资源均衡的一个创新点，在教育资源分配不均且匮乏的形式下，学区制办学

是一种很好的解决方法，有助于缓解当今跨境民族教育资源匮乏的压力。该办学模式以优质教育资源共享为主，以学区为单位，各学段学校采用统筹管理方法，保证资源共享，努力推动联盟学校的均衡发展，打造全方位的、高水平的综合学区，实现多赢。学区的主要参与对象是该地区的义务教育公办学校，其结构特征是空间地理位置相近，但学校之间资源差异较大，学校发展水平不均，由区或市的教育部门，以及当地综合实力较高的学校带头，其他中小学校通过签订相关联盟协议而组建起来成为一个学区，实现教育资源均衡分布，提高学校整体水平，提高办学实力。该模式实质是学校与学校之间的联盟，组成联盟后的学校可以实现优质资源共享，促进联盟学校的共同发展。

第一，组建学区。学区组织形式为矩阵式，有利于促进联盟学校之间的沟通交流，加强学校之间的合作，促进教育资源均衡分布。学区内的学校有一定要求，主要包括四个方面：首先，学校就近整合。同一个地理区域内的学校组建学区，这样便于教师相互交流，软硬件设施的共同使用。其次，名校示范引领。将办学实力强与实力较弱的学校组合起来，以名校为中心，带领其他学校协同发展。再次，资源共享互补。学区的各种教育资源优势互补、相互借鉴、取长补短，提高学校水平。最后，学区规模控制。学区内的联盟学校数量最好在4所到10所之间，合理控制规模，提高管理效率。学区组建主要有两种模式：主要模式为同级学校的组建，如小学与小学、初中与初中；另一种是不同级之间的组建，主要是中小学融合，采取对口招生和分区划片入学，减少家长择校烦恼。

第二，建立完善的学区管理机制，实现学区一体化管理，实现学校自主办学，贯彻落实各项政策，提高管理效率。学区管理机制的重中之重是将学区制与现行的教育行政机构区分开来，两者在机构设置、组成人员、管理模式职权分布等方面有本质区别，要坚持学区改革的初心，实现特色办学。完善的学区管理机制要注意三点：一是要加紧成立管理委员会，主要职能是制订各项发展计划，分配教育资源，管理学校日常。该委员会成员主要有教育行政部门、联盟学校的各责任人、教师代表及学生代表、学生家长代表等，每方都有发言权。二是当地的政府教育部门要简政放权，真正把学校管理权交给学区，减少矛盾产生。三是学区内部要制定严格的管理体系，建立健全课程评价体系、资源共享机制，督学办学责任机制，学生管理制度等。

第三，学校资源共享。学区内部的学校地理位置相距近，软硬件设施、教师资源、课外学习资源都可以实现共享。学区内组建的各个学校都有自己的特点，比如实力高的学校师资力量强大、课程资源丰富，实力较弱的学校活动场所面积大，因此学区委员会要根据每个学校的优势，制定合理有效、特色性强的资源共享政策，提高资源利用率。学区制改革的目的是实现优质教育资源的长期共享，提高整体教育水平，推动社会的发展，因此学区制改革既要注重改革形式，更要实现内在价值，真正引领教育大发展。

第四，学区内师资流动。教师流动轮岗是为了保证资源共享，增加教师的学习交流机会，提升教学水平。在学区制改革中，首要任务是建立完善的师资流动机制。一是设立合理有效的交流轮岗制度，尊重教师意愿，合理调动师资。二是建立健全轮岗教师管理机制，加大管理力度，提高教师的工资待遇，在聘用、分配学校、职称评选等方面要做到统一管理，做到公平公正。三是重视轮岗教师培训，提高教师的专业能力，缩小学校间师资水平的差距。

（二）实施中小学"六有"和"四项配套"工程

调研中发现，跨境民族地区中小学部分学校绿化面积不达标、运动场地不达标、没有冷热饮用水、没有冲水式厕所、食堂比较拥挤、宿舍还没有实现一人一张床。建议由省级政府牵头，将跨境民族地区中小学校园基础建设纳入各地政府基础设施建设规划之中，投入专项资金开展专项"六有"工程，即实现"有整洁的校园、有满足师生就餐需要的卫生食堂、有冷热饮用水、有冲水式厕所、有安全宿舍、寄宿生一人有一张床"的目标。[1]

为进一步改善跨境民族学校办学条件，建议由县级政府牵头实施"四项配套"工程，[2]即理化生和科学实验仪器、音体美器材、信息化设备、图书均由县级政府安排专项资金，根据各学校的需求直接配送到位。信息化设备易老化，

---

① 教育部基础教育一司、中国教育科学研究院、国家教育咨询委员会义务教育均衡发展工作组编：《2010—2012义务教育均衡发展·省域统筹》，教育科学出版社2012年版，第97页。

② 教育部基础教育一司、中国教育科学研究院、国家教育咨询委员会义务教育均衡发展工作组编：《2010—2012义务教育均衡发展·省域统筹》，教育科学出版社2012年版，第98页。

维修维护成本较高，导致很多跨境民族地区学校把信息化设备当作摆设，不敢使用。为解决这一困境，县级政府应把设备维护安排专人负责，政府负担经费，而不纳入学校的公用经费开支中。

（三）深化寄宿制学校后勤服务管理改革

当前，跨境民族地区寄宿制学校后勤服务管理成了制约当地教育发展的一个瓶颈。随着"撤点并校"的推进，越来越多的跨境民族地区建立了寄宿制学校，方便了学生就读，受到了学生和家长的欢迎。但是，很多寄宿制学校基础设施不完善。一些学校用闲置教室、库房充当学生宿舍，宿舍内拥挤不堪。不仅如此，还有很多的学校寝室存在一些不良现象，比如不同年级的住在一起，甚至有男生女生混住的情况。很多学校的寝室、洗衣机房、保卫室、卫生间、沐浴房、医疗室这些容易发生火灾的地方连最基本的消防设备都没有。住宿学生独立生活能力不强，经常不注意个人卫生，而宿舍管理人员监管力度不强，对学生自由散漫的行为听之任之，没有及时纠正，导致管理难度增大。而且很多农村寄宿制学校的后勤管理人员大多数都是一些闲散的社会人员，他们的文化水平和素质不高，并且大多都缺乏安全意识、责任意识和服务意识，管理能力不能满足学校的要求，导致学生生活的监管和照顾不够到位。有很多学校因为编制的原因，根本没有专职的后勤管理人员，或者后勤管理人员不足，因此学校老师除了教学任务之外，还兼任后勤管理人员，大大加重了教师的工作负担，让老师们苦不堪言。从根源上来分析，跨境民族地区寄宿制学校后勤运作模式仍是沿袭计划经济模式，即政府财政包揽学校后勤，学校通过行政管理的方式来提供后勤服务，使学生获得了比社会上更为便捷和廉价的生活服务。但是，这种模式形成了寄宿制学校后勤用工制度的不合理和无成本核算运作，导致寄宿制学校后勤服务长期处于一种低效率和低水平状态。另一方面，由于后勤服务价格不是市场化价格，不能正确反映学生的需求，使得后勤人员缺少工作动力和活力，服务效率低下。

为解决跨境民族地区寄宿制学校的问题，应深化寄宿制学校后勤服务管理改革。一是选好后勤服务的人员。可以先组成一个关于后勤服务人员的招聘工作领导小组，共同商讨选人标准，确定招聘内容和流程。然后，邀请校外专业人员成立招聘小组，从而能够更加全面地完成选拔工作中的一些细节内容，并阻止领导和小组成员的介入，严格禁止暗箱行为，杜绝人情户和关系户情况。再让被录用的人员签订一份合同，内容要具体全面，所有的要求要清楚详细，从而防止扯皮情况的发生。二是加强对后勤服务人员的培训。先确定好培训时间，明确培训内容和计划，制定完善的管理制度，对聘用人员进行专业知识和操作培训。按照"因材施教、循序渐进"的原则，消除那些急于求成的不良心理。三是把关好考核这个关键步骤。在后勤人员的考核中要突出"细""实"这两个字。"细"，它不仅表现在对出勤、业绩等显性指标量化的记分上，其实还表现在对任劳任怨、呵护学生等隐性指标民主评议的加分上；[1]要根据原本制定的考核标准进行选择，而且还不能完全地"依葫芦画瓢"，要全盘考虑。"实"，即实事求是，拒绝出现个人主观臆断，存在私心而偏向某个人的情况，不含好恶色彩，让整个考核过程规范化、公正化，使得结果让人满意、信服，做到合理、公平。[2]四是引入竞争机制，探索寄宿制学校后勤服务社会化，后勤管理回归市场，恢复其服务属性和职能。具体来说，就是校方将宿舍管理工作外包给专业的公司，宿舍管理员由公司聘请，日常管理和培训都由公司进行，但是学校参与对宿舍管理员的招聘和考核。跨境民族地区学校实施后勤服务社会化，必须考虑到学校的实际情况，坚持"以人为本"的理念，正确处理经济效益与社会效益的关系，在不增加学生家长经济负担的情况下，逐步减轻学校后勤服务压力，同时提供高质量的社会化服务。[3]

---

[1] 秦丽萍：《高等教育资源配置研究》，四川大学博士学位论文，2006年，第1—6页。
[2] 朱印平、刘斌：《对欠发达地区实行寄宿制的思考》，载《教学与管理》，2006年第29期，第17—19页。
[3] 王国兴：《寄宿制中学的后勤服务研究》，上海师范大学硕士学位论文，2014年，第1—3页。

第八章

"一带一路"背景下
跨境民族教育发展的质量监测

由于地理环境、历史文化和民族发展等多方面的原因，跨境民族教育长期落后于全国教育总体发展水平。在国家和地方一系列普惠性政策、补偿性政策等政策组合拳的作用下，跨境民族教育已取得了长足的进步，但教育质量仍然需要进一步提升。同时，基于跨境民族群体及其分布的特殊性，跨境民族教育不仅长期肩负着有别于全国其他地区教育的独特使命，而且在"一带一路"建设的大力推进下，更面临着转型发展的时代要求。目前，质量监测已是国内外保障和引领教育发展的通用工具，而且精准化监测越来越明显地成为我国教育质量监测的发展趋势。因此，加强"一带一路"背景下跨境民族地区学校教育的质量监测，无疑是推动跨境民族教育实现优质发展、特色发展和开放发展的重要路径。

第一节 跨境民族教育质量监测的基本依据

什么是跨境民族教育质量监测？开展跨境民族教育质量监测立足于怎样的现实背景？从设计到实施，跨境民族教育质量监测以哪些理论作为依据？对这三个问题的理性分析，是正确理解和科学开展跨境民族教育质量监测的基本前提。

一、跨境民族教育质量监测的概念界定

跨境民族教育质量监测是一个合成概念，由跨境民族教育与教育质量监测两个概念有机合成。其中，跨境民族教育在本研究中已有确切的定义，即指我国境内跨境民族地区的各级各类教育以及我国跨境民族地区教育机构参与开展的各类跨境教育实践。那么，明确教育质量监测的内涵，无疑是科学界定跨境民族教育质量监测的中心任务。

　　要厘清教育质量监测的内涵，必须首先对教育质量有清晰的认识。国内外学者对教育质量的理解和界定，主要有五种观点：一是模糊论，即认为教育质量是一个并不陌生却难以表达清楚的概念。菲利普（Philip Tovey）认为，教育质量是含蓄的、不言而喻的、难以明确定义的，是"耳熟"但非"能详"的。[①]二是结果论，即将教育视作一种产品或服务，将教育质量理解为对既定教育目标的达到程度或对教育对象需求的满足程度。柳海民参考鲁尼（E. M. Rooney）的界定并紧扣教育满足社会发展和个人发展的两大基本目标，将教育质量定义为教育系统所具有的满足个人和社会明确或隐含需要的能力的特性的总和。[②]三是"过程—结果"综合论。全面质量管理理论的兴起，为人们认识教育质量增添了基于过程管理的质量视角。21世纪以来，将教育过程与教育结果综合统一起来，已成为衡量教育质量的主流选择。[③]联合国儿童基金会认为，教育是嵌于政治、文化和经济背景中的一个复杂系统，教育质量须从学习者、教育环境、教育内容、教育过程与教育成果这五个维度相互联系地理解；[④]联合国教科文组织将教育质量划分为学习者特征、背景、投入、教与学的过程、结果这五个相互影响的维度，[⑤]由此形成了极有影响力的"背景—投入—过程—成果"教育质量概念模型。四是学习者中心论。皮格兹（M. J. Pigozzi）将儿童的学习置于中心，围绕此中心建构学习者层面要素群内圈层（①发现学习者；②学习者特征；③学习过程；④学习内容；⑤环境）和教育系统要素群外圈层（①教育行政与管理；②支持性法律架构；③学习结果的测量路径；④资源；⑤良好政策的实施），形成"学习者中心"教育质量概念模型。[⑥]此概念模型以教育的公平性和全纳性为基本导向，强调人

① Philip Tovey. *Quality Assurance in Continuing Professional Education*. New York: Routledge. 1994, p60.

② 柳海民：《教育理论的诠释与建构》，安徽教育出版社2009年版，第210页。

③ 王学男：《何谓"教育质量"——"十三五"时期提升教育质量的概念前提》，载《河北师范大学学报（教育科学版）》，2017年第6期，第84—89页。

④ UNICEF. "Defining Quality in Education", UNICEF Working Paper, 2000, p4.

⑤ UNESCO. "Education for All: The Quality Imperative", Paris: United Nations Educational, Scientific and Cultural Organization, 2004, p36.

⑥ M. J. Pigozzi. "What is the quality of education?" (A UNESCO perspective). K. N. Ross & I. J. Genevois. *Cross-national studies of the quality of education: Planning their design and managing their impact*, Paris: International Institute for Educational Planning, 2006, p45.

人享有接受高质量教育的权利，并尤为关注儿童学习的质量。[①]五是多维社会交互论。尼克尔（J. Nikel）和洛维（J. Lowe）运用整体、关系、动态的视角，并引入"利益相关者"维度来界定教育质量。他们强调，质量是一种过程概念而非结果概念，将教育质量比作织物（fabric），并建构出由效率、效益、公平、反身性、相关性、回应性和可持续性七个质量维度组成的"织物"教育质量概念模型。他们认为，教育质量在利益相关者的诉求和这七个维度之间相互影响，呈现出动态平衡。[②]当前，认可度较高的当属将教育的过程质量与结果质量综合考察的全面教育质量观，"背景—投入—过程—成果"模型是其代表性评价模型。而监测用于教育领域，是指教育行政部门根据国家制定的教育政策和法规，对下级教育行政部门和学校工作进行检查、评估、监督和指导。[③]因此，本研究以"背景—投入—过程—成果"评价模型为基础，认为教育质量是教育的背景质量、投入质量、过程质量和成果质量的总和，教育质量监测是对教育的背景、投入、过程和成果的相关因素和环节进行检查、评估、监督和指导的活动。

综上所述，本研究认为，跨境民族教育质量监测是对我国境内跨境民族地区的各级各类教育的背景、投入、过程和成果的相关因素和环节进行检查、评估、监督和指导的活动。鉴于本研究主要监测学校教育质量，暂未将我国跨境民族地区教育机构参与开展的各类跨境教育实践纳入监测范畴。

二、跨境民族教育质量监测的现实背景

在我国公平而有质量的教育导向和"一带一路"建设的时代背景下，跨境民族教育不仅亟待提高质量，而且亟须实现转型。当今，质量监测已成为提升教育质量、引领教育发展的重要工具，精准化监测也越来越明显地成为我国教育质量监测的发展趋势。由此，很有必要设计一套契合地方特色和时代需要的质量监

[①] 王伟、李静：《全球视野下教育质量概念的认识视角与分析架构》，载《外国中小学教育》，2015年第3期，第5—10页。

[②] J. Nikel & J. Lowe. "Talking of fabric: a multidimensional model of quality in education", *Compare: A Journal of Comparative and International*, No 5, 2010: pp.589–605.

[③] 周欣：《建立全国性学前教育质量监测体系的意义与思路》，载《学前教育研究》，2012年第1期，第23—27页。

测，并将之付诸实践，以实现跨境民族教育的精准治理。

（一）公平而有质量的教育导向

教育是国家发展的奠基性工程，在整个国家的事业发展中居于基础性和先导性地位，为国家政治、经济、文化等各方面的发展提供人才保障。习近平总书记在党的十九大报告中提出，将"努力让每个孩子都能享受公平而有质量的教育"作为我国基础教育发展的主要目标。在此基础上，李克强总理在第十三届全国人大二次会议的政府工作报告中提出要"发展更加公平更有质量的教育"，进一步强调了对公平和质量的教育追求。追求公平的教育强调教育作为公共事业的公共性和普惠性，追求总体教育资源的公正分配；追求有质量的教育则关注教育事业自身的水平发展，以提升教育水平为旨归。顾明远指出，教育公平与教育质量问题相互交织将是未来很长一段时间内我国教育发展面临的一个基本格局。公平和质量本来就是一个事物的两个方面，没有质量的公平不是真正意义的公平，没有公平的质量也不可能持续发展。①虽然追求教育公平和追求教育质量在一定条件下具有冲突性，令教育发展难以"两全"，但同时这二者可以互为前提、相互支持，共同成就"好的教育"。公平而有质量的教育导向，不仅反映出我国社会主义一以贯之的价值秉承，而且体现了我国对教育质量的不懈追求，更彰显了新时代我国优化整体教育资源及其配置的坚定决心。在公平而有质量的教育导向下，跨境民族教育质量的提振更是刻不容缓。如今，开展质量监测已成为国内外提高教育质量的通行做法。对于跨境民族教育而言，有必要实行符合其自身特点和发展需求的质量监测，以作为提高跨境民族教育质量的一条路径。

（二）"一带一路"建设的时代需要

长期以来，跨境民族教育通常被视为边疆民族教育，在目标取向和路径规划等方面往往局限于边疆民族教育的传统视野。"一带一路"建设的大力推进，从根本上改变了跨境民族地区的区位和格局，凸显了跨境民族地区的前沿性，同时也向跨境民族教育提出了转型要求。

一方面，跨境民族教育要从边疆民族教育走向跨境前沿教育。铸牢中华民族

---

① 顾明远：《让每个孩子都享有公平而有质量的教育》，载《教育研究》，2017年第11期，第4—7页。

共同体意识、夯实边疆各族人民的国家认同、维护边疆地区的民族团结，是边疆民族教育一直以来的发展重点，这对于跨境民族地区而言显得更为必需。跨境民族地区虽然在物理空间上山水相连，但由于国境线的分隔，形成不同的国家社会空间。这样的空间格局，使境内外跨境民族之间交往频繁，保持着较为稳固的民族认同和内聚力，[1]但也让他们对本国的国家认同和对境外同一民族的民族认同之间存在张力。[2]跨境民族聚居于国家权力控制边缘的边境地区，拥有选择空间的地缘条件和社会条件，容易在国家认同与民族认同之间形成交错与模糊，因此，增强跨境民族地区学生的国家认同和中华民族认同，维护民族团结、社会稳定和国家安全，显然是跨境民族教育一贯肩负的重要使命。"一带一路"建设的推进，则要求跨境民族教育在承续这一重要使命的同时，还要努力成为联通周边、沟通民心的重要纽带。边境地区是"一带一路"事业率先部署的区域，而跨境民族地区不但沿边，更在文化样态上与国外同一民族的聚居区相似或相通，拥有基于族缘和亲缘的跨国社会网络，对于开放与融通更有条件和优势。学校教育作为文化传承与人际交流的场域，通过课程的设计和实施、人与人之间的交往和沟通，不仅能实现科学文化知识的再生产、价值观的培育，而且能促进文明的理解与融合、人与人之间情谊的缔结。因此，"一带一路"建设要求跨境民族教育在维护团结和安全稳定的同时，还要充分发挥纽带和桥梁的联通作用，不断拓展跨境教育交流合作的渠道，为与周边国家的人文交流和互学互鉴营造良好的环境，促进与周边国家的互联互通。[3]

另一方面，跨境民族教育要从内向型封闭教育走向外向型开放教育。由于跨境民族聚居在我国与周边国家接壤的民族地区，而且大部分区域是乡村，"在我国全面对外开放格局形成之前，一直处在一个相对封闭的时空当中"[4]，致使跨

---

① 刘稚：《跨界民族的类型、属性及其发展趋势》，载《云南社会科学》，2004年第5期，第89—93页。

② 何明：《国家认同的建构——从边疆民族跨国流动视角的讨论》，载《云南师范大学学报(哲学社会科学版)》，2010年第4期，第24—27页。

③ 陈时见、刘雨田：《"一带一路"背景下跨境民族教育的现实挑战与路径选择》，载《当代教师教育》，2020年第2期，第1—5页。

④ 陈时见、王远：《从"边境"到"跨境"："一带一路"背景下跨境民族教育的转型发展》，载《华东师范大学学报(教育科学版)》，2020年第4期，第18—29页。

境民族教育陷入内向型封闭教育的发展模式，呈现出低水平性和发展滞后性，严重落后于全国教育总体发展。以共商、共建、共享为核心要义的"一带一路"建设，则要求跨境民族教育突破内向型封闭教育的传统发展模式，拓宽教育的发展视域和资源空间，既立足于国内跨境民族教育的发展，又要兼顾国外跨境民族教育的发展，实现外向型开放教育的时代转型。首先，跨境民族教育应充分发挥自身优势，扩大我国对周边国家的教育影响力和辐射力。跨境民族的家长在子女入学就读的问题上往往会依据地缘文化的发展和周边国家教育政策的调整而进行选择。①从一定程度上看，哪个国家的跨境民族地区的教育质量高、对跨境就读的学生保障条件好，就会更好地留住本国跨境民族的学生并吸引周边国家的跨境民族学生前来就读。由此，跨境民族教育应加快提升自身质量，并完善跨境就读和跨国合作的政策和经费保障，让更多的境外跨境民族学生在我国获得更好的求学体验，让更多的跨国高质量教育合作得以实现，从而增强我国文化教育的影响力和辐射力。其次，跨境民族教育应拓宽发展视野，统筹兼顾国内和国际两个大局，统筹利用国内和国际两种教育资源，实现向外向型开放教育的转变。教育部《推进共建"一带一路"教育行动》明确要求，发挥区位和文化优势，加快推进地方教育与经济携手走出去，紧密对接国家总体布局。对于经济发展相对滞后的跨境民族地区而言，这不仅是新形势下教育发展的重要责任，而且是教育脱贫和经济发展的重要机遇。跨境民族教育应在类型布局、专业设置和人才培养等方面重新规划，紧密对接国家发展战略，为所在地区和周边国家的经济发展提供智力支撑，促进所在地区和周边国家的共同发展和共同繁荣。②质量监测具备干预和引领教育发展的功能，因而应当成为跨境民族教育时代转型的有力抓手，从而帮助跨境民族教育突破传统的发展定位，实现跨境开放教育的时代转变，更有效地回应"一带一路"建设的发展需要。

① 何跃、高红：《论云南跨境民族教育的软实力》，载《云南民族大学学报（哲学社会科学版）》，2012年第6期，第126—131页。

② 陈时见、刘雨田：《"一带一路"背景下跨境民族教育的现实挑战与路径选择》，载《当代教师教育》，2020年第2期，第1—5页。

（三）教育质量监测精准化的发展趋势

教育质量监测在我国虽然起步较晚，但是在国家"自上而下"的强力推动下发展迅速。基础教育是推进质量监测的先行学段。2003年，教育部基础教育课程教材发展中心组织成立"建立中小学生学业质量分析、反馈与指导系统"项目组。2006年，教育部依托上海市教育科学研究院成立教育部基础教育监测中心。2007年，教育部依托北京师范大学建立教育部基础教育质量监测中心。《国家中长期教育改革和发展规划纲要（2010—2020年）》明确要求"整合国家教育质量监测评估机构及资源，完善监测评估体系，定期发布监测评估报告"。2012年，国务院教育督导委员会成立，并于2015年印发《国家义务教育质量监测方案》。该方案的出台，标志我国义务教育质量监测制度的建立。[①]同年，我国首轮义务教育质量监测启动，2018年发布我国首份《中国义务教育质量监测报告》。目前，除了基础教育之外，质量监测也正在向其他的学段和教育类型逐渐推进。2017年，国务院印发《国家教育事业发展"十三五"规划》，要求"完善教育质量监测制度"，"探索建立学前教育、特殊教育质量监测评价体系。鼓励行业企业根据职业技能标准开展职业教育质量监测，分行业定期对职业教育质量进行监测评估，建立健全职业教育质量保障体系"。随后，中共中央办公厅和国务院办公厅联合印发《关于深化教育体制机制改革的意见》，进一步明确要求建立健全教育评价制度，建立贯通大中小幼的教育质量监测评估制度，建立标准健全、目标分层、多级评价、多元参与、学段完整的教育质量监测评估体系。

建立健全各个学段、多种层次的质量监测评估体系，是当前我国教育改革的重要内容，而精准化监测越来越明显地成为我国教育质量监测的发展趋势。这一趋势不仅体现在针对不同的学段和层次要实行不同的教育质量监测评估，还体现在地方因地制宜地开展监测工作。据一项不完全统计，我国目前已有21个省（自治区、直辖市）通过各种方式成立了省级监测评估机构，重庆、浙江等地已连续多年开展了面向本省市的监测工作，并将监测结果作为政策调整和教育教学

[①]《教育部:我国建立义务教育质量监测制度　国家监测报告将向社会公布》,http://www.gov.cn/xinwen/2015-04/15/content_2847202.htm.

诊断的重要依据。[①]2019年，教育部将"研究制定县域义务教育质量、学校办学质量和学生发展质量评价标准"列入当年的工作要点。不难看出，我国的教育质量监测正在往精准化的发展方向上不断推进，这不仅促使我国的教育质量监测体系愈发完善，而且推动质量监测更为适切地作用于相应的教育范畴。当前，我国的跨境民族教育不但亟待提高教育质量，而且在"一带一路"建设的背景下，亟须实现跨境开放教育的时代转型，因而很有必要建立一套切合地方特色与时代需求的质量监测，落实跨境民族地区教育质量的精准监测。

三、跨境民族教育质量监测的理论基础

开展跨境民族教育质量监测不仅有其深刻的现实背景，而且有丰富的理论支持。系统理论为跨境民族教育质量监测整体及其各要素的统筹提供基本视角；全面质量管理理论为开展跨境民族教育质量监测的必要性提供理论解释，也为其从设计到实施提供方法依据；决策导向评价模式（CIPP评价模型）是全面教育质量视域下的代表性评价模型，为跨境民族教育质量监测的指标构建奠定基本框架。

（一）系统理论

20世纪中叶，美籍奥地利理论生物学家贝塔朗菲（L. V. Bertalanffy）创立一般系统理论。他批判古典科学将事物分解为各组成部分、探求线性因果关系的分析模式，否定"整体等于部分之和"的机械观点，[②]强调"整体大于部分之和"，并将一般系统论定位为关于整体的一般科学。[③]在普利高津（I. Prigogine）、哈肯（H. Haken）、托姆（R. Thom）、艾肯（M. Eigen）等学者的不断探索下，系统理论蓬勃发展，研究成果日益丰硕，已在数学、物理学、生态学、计算科学、管理学、经济学、社会学、教育学、语言学等诸多学科领域有所应用。系统理论在我国的发展，离不开著名科学家钱学森大力的推动和创新。他将系统界定为"由相

[①] 宋乃庆：《我国义务教育质量监测的"四个创新"》，http://www.moe.gov.cn/jyb_xwfb/xw_fbh/moe_2069/xwfbh_2015n/xwfb_150415/150415_sfcl/201504/t20150415_187153.html.

[②] 乔非、沈荣芳、吴启迪：《系统理论、系统方法、系统工程——发展与展望》，载《系统工程》，1996年第5期，第5—10页。

[③] 夏立平：《论共生系统理论视阈下的"一带一路"建设》，载《同济大学学报（社会科学版）》，2015年第2期，第30—40页。

互作用和相互依赖的若干组成部分结合成的具有特定功能的有机整体"①，并提出系统科学体系的四个层次，即系统工程、系统科学技术、系统学、系统论。系统工程是直接改造客观世界的工程技术；系统科学技术是直接为系统工程服务的技术理论，主要包括运筹学、控制论、信息论；系统学是系统科学的基础理论；系统论是系统的哲学和方法论，是系统科学通向马克思主义哲学的桥梁。②这奠定了我国系统科学体系的基本框架和研究内容。他认为，系统论是整体论和还原论的统一，提出运用定性定量相结合的综合集成方法研究开放的复杂巨系统，③为我国科学研究、现代化建设等方面的发展提供了新的视野和方法。

事物的联结性是系统研究的关键。系统内部的各要素之间、系统内外部之间并不是静止孤立的，而是处于相互影响、相互作用的动态交互之中。系统整体功能的有效发挥，须以系统内部各要素、系统内外部诸要素的统筹协调和结构优化为前提。跨境民族教育质量监测是一个动态的开放系统，它是跨境民族教育发展系统中的一个子系统，自身包含监测主体、监测内容、监测方法、监测实施、监测结果应用等要素。这些要素不仅彼此联系、相互影响，而且与跨境民族教育发展的其他相关要素发生作用，并受到时代需要、政策要求、国家方针等跨境民族教育体系外部因素的规约和影响。

（二）全面质量管理理论

全面质量管理（total quality management）这一概念，最早由美国通用电气公司全球生产运作和质量控制主管费根堡姆（A. V. Feigenbaum）于20世纪60年代提出。他认为，全面质量管理是为了能在最为经济且充分满足用户要求的条件下，进行市场研究、设计、生产和服务，把企业内各部门建立质量、维持质量和提高质量的活动合成一体的有效体系。④国际标准化组织（International Organiza-

---

① 魏宏森：《钱学森对系统论的创新——系统科学通向马克思主义哲学的桥梁》，载《辽东学院学报（社会科学版）》，2010年第3期，第7—15页。

② 钱学森：《新技术革命与系统工程——从系统科学看我国今后60年的社会革命》，载《世界经济》，1985年第4期，第1—9页。

③ 钱学森、于景元、戴汝为：《一个科学新领域——开放的复杂巨系统及其方法论》，载《自然杂志》，1990年第1期，第3—10、64页。

④ 刘舜强：《博物馆全面质量管理初探》，中国艺术研究院博士学位论文，2012年，第39页。

tion for Standardization）将其界定为"一个组织以质量为中心，以全员参与为基础而达到长期成功的管理途径。其目的在于让顾客满意，让本组织所有成员以及社会受益"①。著名的质量管理学家戴明（W. E. Deming）、朱兰（J. M. Juran）、克劳士比（P. Crosby）为全面质量管理的发展奠定了坚实的理论基础。戴明提出由"计划—执行—检查—处理"四个阶段构成的"戴明循环"（又称为"PDCA循环"）；朱兰提出"朱兰三部曲"（又称为"质量三元论"），即质量管理是由质量计划、质量控制和质量改进这三个基本质量过程而实现的；克劳士比提出质量管理"零缺陷"的观点，提倡建立严密的质量保证体系，并严格执行标准。为了更有效地指导实施全面质量管理，质量保证技术委员会（ISO/TC176）综合国际知名质量管理专家的意见，提出八项质量管理原则：①关注用户；②领导作用；③全员参与；④过程方法；⑤系统管理；⑥持续改进；⑦事实决策；⑧供方互利。相较于重视事后检验、注重结果和分工的传统质量管理，全面质量管理关注质量问题的预防，以质量的持续改进为根本旨归，覆盖全员，注重过程，主张科学运用多种方法和技术，采取全过程控制，将质量管理视为一个由相互关联的过程而构成的系统，重视系统内外部的协调。

20世纪90年代，开始有学校引进企业界的全面质量管理思想，用于提高教育教学质量。在全面质量管理视域下，教育是一种服务，学生是学校教育最主要的服务对象，学校的各项工作构成一种服务链条，上一环为下一环提供服务，最终由教师将优质的教育服务提供给学生。②全面质量管理为教育质量管理提供了以学生发展为核心、注重领导的作用、全过程控制、全员参与、系统配合等新思路和新方法。正是基于这一理论，以全面教育质量观为指导开展质量监测，以实现跨境民族教育质量的科学管理是很有必要的。

（三）CIPP评价模型理论

CIPP评价模型是由背景评价（context evaluation）、投入评价（input evaluation）、过程评价（process evaluation）和成果评价（product evaluation）组成的评

---

① 赵中建：《高等教育全面质量管理的概念框架》，载《外国教育资料》，1997年第5期，第37—42、50页。

② 赵中建：《ISO9000质量体系认证适用于学校教育吗？——关于教育领域引进质量体系认证的思考》，载《上海教育》，2001年第11期，第18—22页。

价模型。CIPP即是这四种评价英文首字母的缩略表达。背景评价是对需要、问题、资源、机会以及相关的背景条件和动态等进行评估。投入评价是对项目战略、行动计划、人员配置、经费预算、潜在的成本效益等进行评估。过程评价是监督、记录、评估和报告计划的执行情况，在整个项目的实施过程中提供反馈，报告项目相对于预期和目标的执行进展，发现执行进程中的问题，调整计划和行动以确保项目按时限、按质量地完成。成果评价是反馈项目的实现程度，在整个项目结束的时候确认并评估项目的全部结果，主要回答四个关键性问题：①项目是否实现了预期目标？②是否成功地解决了目标需求和问题？③哪些是预期之外的结果？④项目所得的结果是否值得为之的付出？在长期性评价中，成果评价的内容进一步细分为接触目标社区或获益群体、成效、可持续性和可迁移性四个构件。[①]该模型由美国学者斯塔弗毕姆（D. L. Stufflebeam）于1966年提出。20世纪60年代，教育评价界曾经占据统治地位的泰勒模型（也称为"目标导向评价模型"）逐渐暴露出无法应对非预期性成果等明显的缺陷，引发人们踊跃探索新的评价模型。CIPP评价模型是当时涌现出的新型评价模型之一。该模型的创立者斯塔弗毕姆冲破当时以甄别和选拔为目的、以结果评价为重点的主流教育评价观念，提出"评价最重要的意图是改进而不是证明"的观点，并认为教育决策主要有计划决策、组织决策、实施决策和再循环决策四种类型，这四类教育决策分别需要背景评价、投入评价、过程评价和成果评价为之提供有效信息，由此创建出CIPP评价模型。[②]

CIPP评价模型的背景评价、投入评价、过程评价和成果评价贯穿教育决策从计划到再循环全过程，覆盖教育决策驱动下教育活动开展全过程。该模型已在国内外大型的教育质量监测指标框架构建中获得了广泛的应用。[③]它服务教育决策、促进教育发展[④]的根本旨趣与跨境民族教育开展质量监测的出发点相契合，

---

① D. L. Stufflebeam & G. Zhang. *The CIPP Evaluation Model: How to Evaluate for Improvement and Accountability*. New York: The Guildford Press, 2017, pp, 23–24.

② 高振强：《CIPP教育评价模式述评》，载《教学与管理》，1998年第Z1期，第57—59页。

③ 檀慧玲、黄洁琼、万兴睿：《我国区域义务教育质量关键影响因素监测指标框架构建研究》，载《中国教育学刊》，2020年第2期，第33—39页。

④ 肖远军：《CIPP教育评价模式探析》，载《教育科学》，2003年第3期，第42—45页。

其全程性、过程性、反馈性①等特点有利于科学监督和调控跨境民族教育在"一带一路"背景下的发展。该模型被选定为跨境民族教育质量监测指标构建的基本框架。

第二节 跨境民族教育质量监测的价值意蕴

跨境民族教育质量监测是在"一带一路"建设的时代背景下，面向跨境民族地区的学校教育开展的一种质量监测。它不仅是跨境民族教育优质发展的保障仪，而且通过指标内容的设置可以对其定期开展测评，因而具有强化跨境民族教育特色内容的本土价值和引领跨境民族教育开放发展的时代意义。

一、跨境民族教育优质发展的保障仪

跨境民族教育质量监测首先是一种教育质量监测，因而它具备作为教育质量监测的基本价值，即为教育的优质发展提供保障，主要体现为诊断教育质量问题，优化学校教育行为，密切监测教育动态，有效防控教育风险，客观反馈政策效果，提供科学决策依据，发挥社会监督力量，引导民众教育理念。

（一）诊断教育质量问题，优化学校教育行为

作为跨境民族教育质量保障的重要工具，跨境民族教育质量监测的核心旨趣在于客观揭示跨境民族地区在各教育指标上的表现水平，在于科学探析造成跨境民族地区教育现状的深层原因及其影响因素，更在于跨境民族教育根据诊断出来的教育质量问题，有针对性地实施整改，以实现跨境民族教育质量的有效优化。在落实整改的环节当中，学校是教育质量监测结果应用的基础单元，是整改方案向现实行为转化的执行载体。国家层面的教育质量监测通常以抽样的方式进行，对跨境民族教育的问题诊断和整改建议难以具有精准的针对性，也难以到达跨境

---

① 沈军:《职业院校专业建设 CIPP 评价模式实践研究》,西南大学博士学位论文,2016年,第37页。

民族地区内部的学校层面，而跨境民族教育质量监测正可以对此进行补充。[①]跨境民族教育质量监测在与国家教育质量监测不冲突的前提下，结合自身的区域性特征和群体性特征，能更为深入地挖掘跨境民族教育的质量问题和薄弱环节，更为精细地明确其背后的影响因素和作用机理，从而能更具针对性地揭示跨境民族教育能够改善的现实条件和提升的空间，为跨境民族地区学校教育教学的优化改进提供精准的靶向对策。理性应用跨境民族教育质量监测结果，是提高跨境民族地区学校教育水平的重要契机和可靠路径。跨境民族地区的教育行政部门能够依据监测报告反映的教育问题和提供的改进建议，相应地调整或重新制定当地的教育政策和教育资源分配方案，对教育出现问题的片区和学校进行问责并限期整改。这能够有效督促跨境民族地区的学校尤其是发展薄弱的学校，抓紧研制解决方案，迅速整改薄弱环节，确保学校教育教学的优化改进有的放矢。

（二）密切监测教育动态，有效防控教育风险

跨境民族教育质量监测通过横向数据和纵向数据的定期采集、科学分析，能对跨境民族教育的发展动态进行严密的监控。跨境民族地区学生的学业水平、思想认识，各级各类学校的办学条件、师资队伍、课程教学，跨境民族地区内部不同区域、不同群体之间教育表现的明显差异等内容，都属于跨境民族教育质量监测密切追踪的范畴。追踪监测跨境民族教育的发展动向，不仅能获取跨境民族地区内部各区域、各群体的实时性教育数据，多维度地比较跨境民族地区内部各区域学校教育的差异，从而准确判断跨境民族教育发展的进度和水平，还能在跨境民族教育出现严重问题之前，预见可能会发生的重大危险，进而向教育行政部门发送紧急信号，让它们及时进行干预，规避险情。由于跨境民族地区特殊的地理位置，跨境民族教育不是单纯的国民教育，它与我国的对外形象、我国边疆的安全和稳定等诸多因素息息相关。[②]因此，教育风险的有效防控对于跨境民族教育而言特别关键，是跨境民族教育健康发展的必要前提。通过密切追踪跨境民族教

---

① 杨莹莹：《区域义务教育质量监测何以止于报告——基于学校层面监测结果使用的思考》，载《教育理论与实践》，2019年第26期，第3—6页。

② 何跃、高红：《论云南跨境民族教育的软实力》，载《云南民族大学学报（哲学社会科学版）》，2012年第6期，第126—131页。

育的实时变化，质量监测能及时预测可能出现的风险，以便教育行政部门和学校迅速做出应对，抓紧排查和整改，防患于未然。例如，一旦监测数据显示跨境民族学生的国家认同程度低于安全阈值，该结果会立即呈报教育行政部门，警醒教育行政部门加紧排查跨境民族地区国家认同教育存在的问题，迅速研制应对方案，部署整改措施，有针对性地增强跨境民族学生的国家认同，及时防治跨境民族学生的认同偏差。

（三）客观反馈政策效果，提供科学决策依据

近年来，跨境民族地区相继执行了多项教育政策。除了《国家中长期教育改革和发展规划纲要（2010—2020年）》《国家教育事业发展"十三五"规划》等覆盖全国的教育举措之外，跨境民族地区由于地处边疆、少数民族聚居且大部分区域是乡村，还执行了《兴边富民行动规划》《国门学校建设项目》等致力于提升边境教育质量的政策，《关于加快民族教育的决定》《关于印发"十三五"促进民族地区和人口较少民族发展规划的通知》等推动民族教育发展的政策，《县域义务教育均衡发展督导评估认定暂行办法》《全面改善贫困地区义务教育薄弱学校基本办学条件项目规划（2014—2018年）》《乡村教师支持计划（2015—2020年）》《国家乡村振兴战略规划（2018—2022年）》《关于全面加强乡村小规模学校和乡镇寄宿制学校建设的指导意见》等努力提振乡村教育质量的政策。而这些教育政策能否取得可观的效果，与教育政策的执行力密不可分。教育政策的执行力是教育政策的决策、执行、监控三者之间的有效互动和政策目标效能的有效实现，是政策管理系统中各类主体、活动形式与结构以及环境三者之间互动的结果。①监控跨境民族地区对教育政策的执行状况，是跨境民族教育质量监测的重要内容，其监测结果是下一阶段教育决策和政策调整的关键依据。这些教育政策能否按时达到预期目标，能否切实优化跨境民族教育发展？这些教育政策在执行过程中是否遇到阻力？如遇阻力，具体有哪些阻力？这些阻力的影响因素又有哪些，相互之间的作用机理如何？通过采集数据并对数据进行录入、清洗、分组、运算、排序等科学处理，跨境民族教育质量监测深入挖掘数据之间的变量关系，

---

① 谢少华：《提高教育政策执行力必须超越"执行"的视域局限》，载《华南师范大学学报（社会科学版）》，2008年第6期，第89—95、159页。

致力为上述一系列问题寻找答案，从而客观反馈教育政策的实施效果，为下一阶段教育决策的制定和调整提供重要的实证依据。

（四）发挥社会监督力量，引导民众教育理念

跨境民族教育质量监测的结果报告不仅要在跨境民族教育系统内部公布，让跨境民族教育全系统形成监督网络、发挥监督作用，督促从政府层面到学校层面在时限内抓紧完成排查和整改，而且还要向社会公众发布，让广大公众对跨境民族教育的当前水平、现实问题和发展进程拥有清晰的了解，并作为重要的社会监督力量，为跨境民族教育质量的优化加强监督保障。跨境民族教育质量监测的结果报告可通过新兴媒体、传统媒体、新闻发布会等渠道向社会公众发布，比如在教育行政部门的官方网站、官方微信公众号等互联网平台和移动互联网平台发布监测报告或其核心要旨；或通过电视、广播、报纸等传统媒体发布报告内容，并且可围绕若干重点专题，展开系列专题的深度报道；或召开正式的新闻发布会，由教育行政部门的领导人员和跨境民族教育质量监测的相关负责人直接反馈监测结果和下一阶段的工作方向，等等。采用具有公信力和权威性的宣传渠道发布监测报告，不只在于保证公众所接收信息的可靠性和准确性，更在于引导跨境民族地区的广大民众树立科学的教育理念和教育质量观。由于多方面的原因，跨境民族地区民众的教育观念相对滞后。跨境民族教育质量监测结果报告的发布，能够帮助当地的广大民众了解跨境民族地区学校教育对学生的培养要求和培养方向，帮助他们革新教育观念，形成符合时代要求和现实需求的教育理念，帮助他们改善对子女教育的规划、方式和方法。

二、跨境民族教育特色发展的助推器

跨境民族教育质量监测是对跨境民族地区的学校教育开展质量监测。由于跨境民族群体及其分布的特殊性，跨境民族教育在承担全国教育共同的发展使命之外，还肩负着独特的发展使命。这使跨境民族教育质量监测在拥有教育质量监测基本价值的同时，还具备助力跨境民族教育特色发展的本土价值。跨境民族教育质量监测主要通过设置凸显跨境民族教育特殊使命的指标并对之定期测评，强化跨境民族教育发展的特色内容，从而发挥出深化民族团结进步教育、铸牢中华民

族共同体意识、加强安全防范教育、构建安定团结的和谐边疆、夯实民族文化传承教育、提高跨境民族地区文化软实力等价值。

(一)深化民族团结进步教育，铸牢中华民族共同体意识

虽然民族团结进步教育的实施对象具有全民属性，[①]但是对于跨境民族而言，扎实推进民族团结进步教育的意义更为重大。跨境民族聚居在我国边境地带，与多个民族交错杂居，与境外同一民族在居住空间上山水相连，民族语言和民族文化互通，保持着较为稳固的族缘和亲缘关系，交往不断。他们对本民族身份和文化的认同可以跨越国境，延伸至对境外同一民族的认同。一旦对境外同一民族的认同超越了他们对我国国民身份和中华民族文化的认同，那么在复杂的地缘政治环境中，面对国内外敌对势力的诱惑，我国的边疆安全和社会稳定将有可能受到威胁。[②]在这样的特殊条件下，跨境民族如何树立正确的国家观、民族观和文化观，如何处理与境外同一民族的关系、与杂居的其他民族的关系、与自身隶属的中华民族共同体的关系，便成为我国边境地区安全治理的重要课题。由于学校教育是民族地区开展团结工作和发展建设的基础性渠道，是培养学生形成认同意识和价值观念的主要阵地，所以跨境民族地区必须认真落实民族团结进步教育，以铸牢学生的中华民族共同体意识作为根本方向。中华民族共同体意识是在历史上形成的以中国各民族为统一的前途和命运共同体的自觉自知性意识。对伟大祖国、中华民族、中华文化、中国共产党和中国特色社会主义的认同，是中华民族共同体意识的核心内容，是凝聚共同体意识的统领性要素，[③]是跨境民族地区民族团结进步教育必须贯彻和深化的教育内容。民族团结进步教育的开展实况和实际效果，应当成为跨境民族教育质量监测的重点内容，"五个认同"教育的落实质量应当成为审视民族团结进步教育质量的关键指标。通过将民族团结进步教育作为重点监测内容，将"五个认同"教育质量作为下设的关键监测指标，跨境民

---

① 李敏、薛二勇、皮家胜、李健：《新时代民族团结进步教育的内涵、功能及路径》，载《民族教育研究》，2020年第2期，第5—10页。

② 苏德、王渊博：《国家认同教育：云南省边境教育发展的战略选择》，载《民族教育研究》，2012年第5期，第5—9页。

③ 郎维伟、陈瑛、张宁：《中华民族共同体意识与"五个认同"关系研究》，载《北方民族大学学报(哲学社会科学版)》，2018年第3期，第12—21页。

族教育质量监测旨在强化民族团结进步教育的重要地位，进一步明确民族团结进步教育的发力方向，为民族团结进步教育按质按量的开展提供监督保障，引导跨境民族教育注重培育学生的爱国主义情操，中华民族"多元一体""一荣俱荣、一损俱损"的观念意识，中华文化"多元一体""你中有我、我中有你"的思想认识，重视培养学生对中国共产党和中国特色社会主义的认同，从而铸牢学生的中华民族共同体意识。

（二）加强安全防范教育，构建安定团结的和谐边疆

跨境民族地区跨越国境，而且多民族聚居。[①]由于独特的地缘、族缘和亲缘因素，外籍跨境民族学生前来我国跨境民族地区就读的现象由来已久。特别是伴随着我国的国力增强，国家对乡村教育和边疆教育给予了政策倾斜与大力扶持，我国跨境民族教育对周边国家跨境民族学生产生了更大的吸引力。以云南省为例，该省跨境民族地区自"两免一补"政策实施以来，不仅使流到国外的学生回国就读，而且使邻国的跨境民族学生纷纷入滇就读。[②]据统计，这些跨境就读的外籍学生约有60%是居住在边境线上相邻村寨和接壤区域的适龄学生。他们或每天上午跨越边境线进入我国跨境民族地区的学校就读，下午放学后跨越边境线返家；或寄宿在我国跨境民族地区的学校，周末跨越边境线返家。[③]通常情况下，外籍跨境就读的学生比跨境民族地区当地的学生具有更大的流动性，这不仅给我国的边防安全监管、禁毒防艾等工作增加了难度，而且使跨境民族地区在某种意义上可能成为敌对势力企图与我国较量和争夺的战略前沿。安全防范意识的培养，是跨境民族教育的一项紧要任务，应当成为跨境民族教育质量监测的一个重要视点。跨境民族教育质量监测的内容选择，体现的是在国家战略、当地需求和时代要求的共同作用下，跨境民族教育应当关注的发展领域，传递出跨境民族教育应当强化的工作内容。通过重点监控安全防范教育的开展实况和学生的安全防

---

① 钟海青、王瑜：《论跨境民族地区跨文化教育的历史使命》，载《广西民族大学学报（哲学社会科学版）》，2016年第1期，第137—141页。

② 何跃：《云南省与周边国家跨境民族教育的兴起与发展》，载《东南亚纵横》，2010年第6期，第40—44页。

③ 尤伟琼、张学敏：《云南边境地区周边国家跨境就读外籍学生管理问题研究》，载《云南师范大学学报（哲学社会科学版）》，2018年第3期，第102—109页。

范意识，跨境民族教育质量监测旨在推动当地的政府、学校和教师深刻认识边疆安全的重要性、跨境民族教育及其管理当中可能存在的安全隐患和安全风险，以及威胁安全的影响因素和可能路径，增强安全防范意识，并且加强他们对学生安全防范意识的培育，加大对外籍跨境就读学生的安全管理力度，努力维护边疆安全、社会稳定和民族团结。

（三）夯实民族文化传承教育，提高跨境民族地区文化软实力

20世纪80年代以来，由于城镇化的发展、市场化的推进、大众传媒的普及、现代文化的冲击等，跨境民族与其他少数民族一样面临家庭和社会的民族文化传承教育日渐弱化的问题。面对家庭传承和社会传承式微，国家要求充分发挥教育在民族文化交融创新中的基础性作用，推动民族文化进校园、进课堂、进教材，以增强民族文化传承的教育保障。在跨境民族地区，虽然家庭生活和社会活动仍然是民族文化传承的重要力量，但随着社会的变革，特别是城镇化的快速发展和人口流动的加剧，家庭生活和社会活动的文化传承教育已无法满足民族文化传承的要求，学校教育必须承担起相应的责任，发挥民族文化传承教育的主渠道作用。[1]一方面，学校教育根据时代的要求和社会的需要，围绕国家的教育方针和培养目标，有组织、有计划地对文化进行选择、改造和传递，无疑是发展文化和创造文化的重要力量。另一方面，文化传承的本质是一种文化的再生产。它不是简单的文化元素传递，而是按照文化适应的规律和要求对文化元素进行有机的排列组合，为新的社会秩序建构做必要的文化要素积累。[2]所以，在现代境遇下，通过学校教育传承跨境民族文化，就是要发挥学校教育的文化功能，对跨境民族的传统文化进行批判性继承、合理化扬弃、现代化改造，从而保护跨境民族地区文化资源的多样性，助推跨境民族文化的现代演进。[3]这能够为跨境民族地区文化软实力的增强、文化交流与合作的蓬勃发展提供促进因素。因此，助推民族文化传承教育的持续性健康发展，是跨境民族教育质量监测的一个目标。在家庭传

---

[1] 陈时见、刘雨田：《论直过民族地区中小学校的民族文化传承教育》，载《当代教育与文化》，2020年第6期，第1—6、125页。

[2] 赵世林：《论民族文化传承的本质》，载《北京大学学报(哲学社会科学版)》，2002年第3期，第10—16页。

[3] 陈时见、刘雨田：《论直过民族地区中小学校的民族文化传承教育》，载《当代教育与文化》，2020年第6期，第1—6、125页。

承和社会传承式微的现实境况下，通过质量监测强化学校教育对跨境民族文化传承的保障，是为了进一步增强学校教育对跨境民族文化传承的主渠道作用，努力提升跨境民族地区的文化软实力。相较于科技、经济、军事等硬实力，文化软实力具有导向性、吸引性、效仿性和感召性，在价值理念引导和推广等方面拥有强大的影响力。①国内外跨境民族之间的交流颇为密切，我国跨境民族地区文化软实力的增强，能进一步提升我国对周边国家的文化影响力。

三、跨境民族教育开放发展的导向灯

长期以来，跨境民族教育往往被等同于边疆民族教育。"一带一路"建设的深入推进，为跨境民族教育赋予了开放发展的新使命，要求跨境民族教育实现跨境开放教育的时代转型。在"一带一路"建设的时代背景下，跨境民族教育质量监测将通过指标内容的确立和测评，引导教育发展格局调整，指引人才培养模式创新，并借助指标内容释放教育决策层加大开放力度的发展信号，倡导教育发展理念革新，增进跨国教育交流与合作。

（一）引导教育发展格局调整，耦合"一带一路"建设需求

跨境民族教育质量监测作为干预跨境民族教育发展的一个工具，透过监测内容体现决策层的关注重心和规划布局，通过定期对指定内容进行测评，吸引教育资源向监测内容的方向聚集，驱动教育要素朝着预期推进的方向调整，引导跨境民族教育依循监测内容向所设定的方向发展。伴随"一带一路"建设的大力推进，我国的对外开放格局进一步升级，我国边疆对外开放的水平和力度也不断攀升，跨境民族地区成为陆海统筹、东西双向对外开放格局的重要组成部分，新亚欧大陆桥、中蒙俄、中国—中亚—西亚、中巴、孟中印缅、中国—中南半岛六大国际经济合作走廊均涵盖跨境民族地区。②在教育领域，《关于做好新时期教育对外开放工作的若干意见》《推进共建"一带一路"教育行动》等一系列部署相继

---

① 范周、周洁：《"一带一路"战略背景下的中国文化软实力建设研究》，载《同济大学学报（社会科学版）》，2016年第5期，第40—47页。

② 陈时见、王远：《从"边境"到"跨境"："一带一路"背景下跨境民族教育的转型发展》，载《华东师范大学学报（教育科学版）》，2020年第4期，第18—29页。

出台,对我国教育的发展布局提出了"促进教育领域合作共赢","对接沿线各国发展需求","引导沿边地区利用地缘优势,推进与周边国家教育合作交流,形成因地制宜、特色发展的教育对外开放格局","突出地方推进共建'一带一路'的主体性、支撑性和落地性,要求各地发挥区位优势和地方特色,抓紧制定本地教育和经济携手走出去行动计划,紧密对接国家总体布局"等要求。教育发展布局的调整,不仅仅体现在相关政策文本的发布上,而且体现在教育政策的具体落实、教育政策落地的实效评定方面。跨境民族教育质量监测从评价端口出发,靶向策动跨境民族教育依据新时代对外开放态势重构发展体系,调整发展结构,挖掘跨国经贸产业合作潜力,深化跨国或跨区域的知识和技术交流,开设并加强对口专业对接区域产业发展,完善跨境学生就读的政策和措施保障、优化跨国教育合作环境,在多国政府和机构组织的主导和参与下,统筹并整合多方面的教育力量,不断拓展教育合作的资源空间。

(二)指引人才培养模式创新,构建"一带一路"教育共同体

推动构建人类命运共同体,是我国在全面开放的新格局下,统筹国内国际两个大局,深入推进"一带一路"建设等国际合作的迫切追求,是全球化与交流合作日益深化的时代选择。在教育领域,《推进共建"一带一路"教育行动》也明确呼吁沿线各国建立教育共同体。不同于以往的教育双边或多边合作,"一带一路"教育共同体强调沿线国家作为整体共同参与,突出共同利益和共同责任,以人才培养为核心任务,以满足沿线国家经济、文化和社会发展需求为推进方向,致力实现我国和沿线国家在教育领域共荣共通、合作共赢。[①]跨境民族教育具备联通沿线国家的在地化优势,拥有前沿区位、文化相通、民间交往密切等内外联动的有利条件,要为"一带一路"建设的深入推进予以强有力的人才支撑,要为"一带一路"教育共同体的缔造贡献重要力量。为此,跨境民族教育质量监测将发挥前瞻和引导的功能,通过加大对跨境民族教育社会服务的监测比重,因地制宜、因需制宜地设置监测指标,引领跨境民族教育结合当地的产业基础和特色条件,加强与沿线国家在人才培养方面的务实合作和一体化

---

① 郯海霞、刘宝存:《"一带一路"教育共同体构建与区域教育治理模式创新》,载《湖南师范大学教育科学学报》,2018年第6期,第37—44页。

发展，鼓励政府部门、企业机构与高等教育和职业教育的通力合作，在学位认证、学分管理等方面实现联通，在专业建设、课程设置、培养方式上注重对接"一带一路"的建设需求和人才诉求，丰富交流项目的层次和深度，争取培养大批熟悉和了解"一带一路"沿线国家的复合型人才以及关键领域的专业人才。[①]

（三）倡导教育发展理念革新，增进跨国教育交流与合作

在传统的教育视域下，跨境民族教育是从属于民族教育的一个特殊子集，是针对跨境民族这一特定群体，或是在跨境民族地区这一空间或文化场域内开展的民族教育，其宗旨是促进我国少数民族"社会化""民族化""一体化"，保障我国跨境民族及跨境民族地区教育质量的不断提升，挖掘社会潜能，激发社会活力，使跨境民族地区人民的生活质量得以改善。[②]长期以来，追赶内地和缩小差距是跨境民族教育的发展导向。在此导向下，跨境民族教育呈内向型封闭式发展。虽然近年来跨境民族地区的外籍跨境学生数量逐渐增多，跨境就读的学段和类型愈加丰富，但由于发展基础和资源条件等多种因素的影响，跨境民族地区对外开放的教育发展理念还没有真正形成，在教育政策和实际操作上主要还是满足跨境民族地区学生的入学需求，只是在教育资源有限范围内有选择性地招收外籍跨境民族学生。目前，跨境民族教育的国际合作与交流规模还比较小，停留于招收外籍留学生、在境内培训外籍教师或派专任教师赴境外指导或开展培训等较为单一的交流形式，缺乏针对性的政策和措施，导致跨境民族地区诸多学校即使面对跨国交流的实际需求却无法扩大交流规模，无法丰富交流形式。而以共商、共建、共享为核心要义的"一带一路"建设，则从根本上改变了跨境民族地区的地理空间格局，为跨境民族教育赋予了"柔"性外交的政治价值、"显"性的经济增值价值、"隐"性的社会调节价值、"活"性的文化涵化价值以及在和谐生态共

---

① 周谷平、阚阅：《"一带一路"战略的人才支撑与教育路径》，载《教育研究》，2015年第10期，第4—9，22页。

② 陈时见、王远：《从"边境"到"跨境"："一带一路"背景下跨境民族教育的转型发展》，载《华东师范大学学报（教育科学版）》，2020年第4期，第18—29页。

建方面的"粘"性耦合价值等新的价值意蕴，[1]新增了搭建国家之间的文化心理桥梁、传播我国文化、维护我国国家形象、促进睦邻友好和文化交流、助推跨境民族地区经贸往来及其人才培养[2]等时代使命。为了实现时代转型，跨境民族教育应首先转变传统的发展理念，倡导新的发展理念。跨境民族教育质量监测内容的确立，能够释放出教育决策层对跨境民族教育发展方向的定位信号。通过设置国际交流合作的监测指标，跨境民族教育质量监测能够向当地教育的各类执行主体传递出加强跨国交流与合作、增进教育对外开放的发展理念，引导跨境民族教育充分利用自身对外开放得天独厚的地理区位和民族特性，将主动对外交流合作纳入努力方向，超越狭隘的国家主义和民族主义，突破零和博弈思维，在相互尊重、互商互谅的基础上，树立参与式、协同式、包容式、共赢式的发展理念，主动与周边国家及地区达成互利互惠、共商共建、共享共赢的合作共识，积极建立国际性跨区域联动的新型教育发展关系。

第三节　跨境民族教育质量监测的指标构建

监测指标的遴选和编制，是设计跨境民族教育质量监测最为核心的环节，直接体现设计者旨在通过质量监测而发挥作用的范畴。由于跨境民族教育系统具有复杂性等，跨境民族教育质量监测的指标构建应坚持类别化原则、统整性原则和可操作性原则，规避指标内容繁冗，警惕指标类型失衡，防止指标设置固化，并以国际认可度较高的CIPP评价模型作为内容框架，在参鉴国内外教育质量监测指标和调研跨境民族地区教育现状的基础上，分别面向跨境民族地区的基础教育、高等教育和职业教育，提出"一带一路"背景下跨境民族教育质量监测的指

---

① 陈时见、胡娜：《"一带一路"视域下跨境民族教育的价值意蕴与创新路径》，载《清华大学教育研究》，2019年第2期，第83—88、106页。

② 王艳玲、杨菁、杨晓：《"一带一路"背景下云南跨境民族地区学校教育的衍生功能及其实现条件——基于对缅籍学生跨境入学现象的调查分析》，载《云南农业大学学报（社会科学版）》，2018年第1期，第105—111页。

标构想。

一、教育质量监测指标构建的主要原则

虽然我们规定监测范畴为跨境民族地区的学校教育，但这也是一个极其庞大和复杂的系统，不仅涵盖各级各类学校教育，而且由于跨境民族地区地理分布跨度大，其内部各地在经济基础、文化样态、教育水平等诸多方面差异显著，致使各地学校教育的诉求和使命不尽相同。因此，应分学段、分类型、分区域编制跨境民族教育质量监测指标，在指标选取上坚持一般性与特殊性的统整、适应性与前瞻性的统整、内适性与外适性的统整。同时，为了保证质量监测的可行性，指标内容应当可获得、可测量、可分析。

（一）类别化原则

跨境民族教育质量监测指标构建的类别化原则，是指按照不同的分类标准，对跨境民族教育要素进行归类，并根据各类别的特征和要求设计指标体系。这不仅是新时代教育治理精准施策和教育发展分类指导的基础性要求，而且是跨境民族教育发展基于自身复杂性和多样性的必然选择。我国有35个跨境民族，聚居在我国与周边国家的多处接壤地带：东北三省与朝鲜、俄罗斯、蒙古三国接壤的地区，涵盖朝鲜族、俄罗斯族、蒙古族等6个跨境民族；我国西北部与俄罗斯、哈萨克斯坦、吉尔吉斯斯坦、塔吉克斯坦、阿富汗五国接壤的地区，拥有哈萨克族、维吾尔族、塔吉克族等8个跨境民族；我国西部与巴基斯坦、印度、尼泊尔、不丹四国接壤的地区，共有藏族、门巴族、珞巴族3个跨境民族；我国西南部与缅甸、老挝、越南三国接壤的地区，分布着傣族、彝族、哈尼族等19个跨境民族。虽然同属于跨境民族地区，但是其内部各地在文化特质、经济体量、社会环境等诸多方面存在差异。这为跨境民族地区内部的各地教育奠定了多样化的发展基础，使各地的各级各类学校教育各自肩负着不同的发展使命。因此，跨境民族教育质量监测的指标体系应秉持类别化的建立原则，强调跨境民族教育内部区域之间的差异性，突出跨境民族地区各级各类学校教育差异化的发展目标、中心任务和行动路径。

第一，分学段建构指标体系。社会现实及其发展对人才的需求有层次之别，

人的身心发展也存在显著的阶段性差异，这决定了不同学段在教育的功能、目的、内容、形式、要求等方面各有不同。例如，同样面对"一带一路"建设的深入推进，跨境民族地区的基础教育和高等教育在发展重点上就各有侧重。前者要加紧实现教育质量的均衡发展，努力夯实跨境民族地区人力资源在科学知识、民族文化、价值观念、民心相通等方面的基础；后者则要积极谋求学位管理、专业建设、学科发展、课程设置等方面的变革与突破，加大国内外人才交流合作的力度和深度，提高人才培养与"一带一路"建设的耦合水平。针对不同的学段建立不同的指标体系，有利于结合各学段的教育特点，对教育各学段的发展给予精准化的指导与保障。

第二，按教育类型建构指标体系。作为不同于普通教育的一种教育类型，职业教育不仅与人的发展密切相关，更与社会经济的发展紧密相连。基于其教育类型的内在属性，职业教育注重培养高素质的劳动者和技能型人才，对促进经济社会的发展，实现教育链、人才链与产业链、创新链的有机衔接，[①]对接"一带一路"建设负有更为直接和显著的服务职能。因而，跨境民族教育质量监测在指标建构上有普通教育与职业教育的体系之别，以凸显两种教育类型在人才培养上的不同取向。

第三，分区域调整指标要素。由于我国跨境民族的广泛分布，跨境民族地区的教育样态呈现出多样性，各区域之间在教育基础、教育水平、发展问题等方面存在差异，需要因地制宜地甄选和调整指标要素。这是实现跨境民族教育质量精准监测的理性选择，有助于跨境民族教育质量监测根据不同区域的教育特点予以针对性的监督和调控。

（二）统整性原则

跨境民族教育质量监测指标选取的统整性原则，是指要对跨境民族教育发展所涉及的教育指标加以统筹与整合，甄选出紧密围绕"一带一路"背景下跨境民族教育优质发展、特色发展和开放发展的监测指标。跨境民族聚居在我国与周边

---

① 吴虑、朱德全：《中国职业教育现代化改革的目标框架与行动路向——〈国家职业教育改革实施方案〉的现代化蓝图与实践方略》，载《高校教育管理》，2020年第1期，第115—124页。

国家接壤的地区，其中大部分区域是乡村，"在我国全面对外开放格局形成之前，一直处在一个相对封闭的时空当中"[①]，在教育发展上呈现出低水平性和滞后性，严重落后于全国教育总体发展。在"一带一路"引领的新一轮对外开放格局中，跨境民族教育要实现优质发展、特色发展和开放发展，需要大力提升教育水平，突出民族教育特色，加强跨境合作交流等教育举措。这些举措涉及多个方面和多种层次。所以在指标选择上，要以跨境民族教育发展的目标取向为统领，统整指标内容，使指标有效体现跨境民族教育发展所关涉的关键性教育要素，力求实现跨境民族教育质量监测内容的系统性和协调性。

第一，坚持一般性与特殊性的统整。作为我国国民教育体系当中的一个组成部分，跨境民族教育不仅与我国其他地区的教育存在共通性，同时自身还具有独特性。从教育对象看，跨境民族教育的教育对象以跨境民族学生为主体，不仅有我国的跨境民族学生，而且包含跨境就读的外籍跨境民族学生。[②]从教育空间看，跨境民族教育的发生空间位于我国边境地区，而且其中大部分区域是乡村。由此可知，跨境民族教育至少具有教育对象的民族性和跨国流动性、教育空间的边境性和乡村性等特性。跨境民族教育质量监测的指标选取，要遵循国家统一的教育方针政策，将国家教育质量监测的指标内容作为基础，不可与之产生矛盾，同时要在此基础上，充分结合跨境民族教育自身的独特性，选择体现跨境民族教育特殊性的监测指标。

第二，坚持适应性与前瞻性的统整。基于教育发展的历时性特征，跨境民族教育的发展不仅要致力于解决跨境民族教育的现实问题、满足现实社会当前对跨境民族教育的发展需求，而且要着眼于未来的发展趋势，基于国家发展的战略部署，积极地进行调整或转变。由此，作为保障、强化和引领跨境民族教育发展的工具，跨境民族教育质量监测在指标选择上就要兼顾跨境民族教育对当前需求的适应性和对未来发展的前瞻性，助推跨境民族教育发展保持良好的连续性。

---

① 陈时见、王远:《从"边境"到"跨境":"一带一路"背景下跨境民族教育的转型发展》，载《华东师范大学学报(教育科学版)》，2020年第4期，第18—29页。

② 何跃:《云南省与周边国家跨境民族教育的兴起与发展》，载《东南亚纵横》，2010年第6期，第40—44页。

第三，坚持内适性与外适性的统整。跨境民族教育质量监测的指标选取，要统筹综合跨境民族教育发展的内在适应性和外在适应性。一方面，要遵循教育的客观规律和跨境民族教育自身演进的内在逻辑，确保指标内容符合跨境民族地区各级各类学校教育的办学定位；另一方面，还要充分审视跨境民族教育外部的社会需要和时代要求，驱动指标内容引导跨境民族教育积极服务国家战略和跨境民族地区经济、文化、社会的发展。

（三）可操作性原则

跨境民族教育质量监测指标构建的可操作性原则，是指监测指标的选取和设计，要确保指标内容能够在跨境民族教育实践当中切实而明确地获得、测量和分析。跨境民族教育质量监测的工具属性，决定了其监测指标须以可操作为基本前提。如果监测指标无法操作，那么即便是对跨境民族教育发展具有重大价值的指标内容，也无法开展指向明确的数据采集，更无法形成确切清晰的监测结果。所以，无法获取、无法测量、无法分析和对比的教育指标均不列入跨境民族教育质量监测的指标范畴。跨境民族教育质量监测指标必须要可获得、可测量、可分析，这是有效发挥跨境民族教育质量监测效果的基础性保障。

第一，指标定义应清晰明确。监测指标的概念界定要确切明晰，不含混模糊，不产生歧义，让人对指标要监测的内容一目了然。监测指标之间互不交叉，不相重复，边界分明。为监测指标作出清晰的界定，目的是使监测指标的具体操作指向明确，让人能够准确把握监测指标所指示的目标群体、内容范畴、监测途径、测量方法等。这是监测指标能够切实获取、准确获取、科学观测、有效分析的基本保证，也是监测设计者澄清监测内容的必要步骤。

第二，指标的操作表述应简明易懂。指标操作的有效执行，必须以操作者的准确理解为前提。所以，在指标设计上不仅要保证设计思维的专业性，同时还要确保操作表述的可理解性。指标的操作表述须语言精练切意，思路直观清晰，避免措辞隐晦艰涩，要让指标操作者明晰操作的对象、内容、条件、方式和程序，能按照设计者的指向准确无误地落实操作。如果某监测指标的操作较为复杂，则需要专门对此加以阐释，以确保操作者的准确理解和正确执行。

二、教育质量监测指标构建的效用边界

跨境民族教育质量监测要最大化地发挥出监测指标的作用效果，就必须恪守指标构建的效用边界，在指标编制上规避指标内容繁冗、警惕指标类型失衡、防止指标设置固化。

（一）规避指标内容繁冗

开展跨境民族教育质量监测的根本宗旨，是借助质量监测这一科学的观测和干预工具，驱动跨境民族教育朝着优质、特色和开放的方向发展。指标内容是跨境民族教育质量监测作用范畴的直接体现，反映出决策者意图监控和干预的教育要素。跨境民族教育质量监测突破只注重结果质量的传统教育质量观，选择CIPP评价模型作为指标框架，将监测范畴拓展至跨境民族教育的背景质量、投入质量、过程质量和结果质量，力求实现全程性、立体化、多层次的内容覆盖。但这绝不意味着跨境民族教育质量监测要囊括与跨境民族教育发展相关的所有指标，因为监测指标的数量并不与质量监测的效果成正比。"盲目地构建大量指标是毫无意义的。大量的信息和测量，并不能增加我们对教育的理解和认识。相反，数量庞大的指标体系很难管理。"[①]以OECD的教育测评指标建构为例，1989年《教育概览：OECD指标》（*Education at a Glance: OECD Indicators*）的初始指标共有160个，由于指标数量过多、难以管理，无法获得决策者的认可，于1991年将指标数量缩减至50个。[②]跨境民族教育质量监测的指标设置基于CIPP评价模型，坚持"评价最重要的意图是改进而不是证明"。如果指标内容庞杂，则难以突出重点，难以帮助决策者把握关键性问题，也难以让跨境民族教育的实践者有效规划和落实改进措施。所以，跨境民族教育质量监测的指标内容应避免繁杂冗余，不要面面俱到，而要有的放矢，聚焦跨境民族教育发展所涉及的关键性因素。

---

① N. Bottani. "The OECD educational indicators: Purposes, limits and production processes." *Prospects*, No 1, 1998, pp.61–75.

② 檀慧玲、黄洁琼、万兴睿：《我国区域义务教育质量关键影响因素监测指标框架构建研究》，载《中国教育学刊》，2020年第2期，第33—39页。

（二）警惕指标类型失衡

监测指标的类型直接决定数据采集的范畴和途径。一般而言，统计数据是教育质量监测指标测算主要的数据类型。区域教育质量监测的统计数据通常以统计报表数据和专项统计数据为主。统计报表数据是按照国家或地方统一规定的表式、指标内容、报送时间，自下而上定期逐级采集的基本统计资料。国家或地方的教育部门、统计部门以及各部委在人口、经济、社会等方面的普查，是区域教育质量监测统计报表数据的重要来源。专项统计数据是根据专项要求，在指定的区域范围内按照指标内容采集的统计资料，是以专项为切入，对统计报表数据重要的补充或深化。①这两类数据可直接从相关部门的数据库中提取。但只有由统计数据完成测算的监测指标，不足以全面而深刻地反映跨境民族教育质量，须注意指标类型和数据来源的多样化，警惕指标类型失衡，努力保证跨境民族教育质量监测的科学性。一些国际组织和西方国家的教育质量监测在规避指标类型和数据来源单一方面积累了值得借鉴的经验。例如，PISA测评通过问卷调查学生背景，学生的信念、态度、感受和行为，教学实践与学习机会，学校实践、政策与基础设施以及管理、系统层面的政策与实践等内容。②澳大利亚的职业教育质量监测通过用户/企业满意度调查、学生自陈问卷调查、专家德尔菲法等方式，采集服务质量的反馈数据。③跨境民族教育质量监测应积极吸取已有经验，在指标设计上避免陷入类型失衡的误区，采用类型多样的监测指标，丰富监测数据的来源渠道。

（三）防止指标设置固化

指标是对教育体系运作的重要方面作出价值判断的参数，④需要根据教育体系的历时运作和教育发展的实际需求适时更新，并通过横纵向监测数据对指标进

① 陈国良、张曦琳：《教育现代化动态监测：理念、方法与机制》，载《教育发展研究》，2019年第21期，第18—25页。

② 王烨晖、秦可心、张楠、温红博：《PISA问卷的最新发展趋势》，载《中国考试》，2020年第5期，第16—18页。

③ 李鹏、朱德全：《职业教育质量监测评估：英、美、德、澳的经验与启示》，载《西南大学学报（社会科学版）》，2018年第6期，第51—58、190页。

④ J. Scheerens. "School Effectiveness Research and the Development of Process Indicators of School Functioning", *School Effectiveness and School Improvement*, No 1, 1990, p61–80.

行交互验证,以确保指标的科学性和合理性。[1]伴随时间、环境、要求等要素的改变,监测指标的设计者对教育体系各方面的重要程度会产生新一轮的认识,并相应予以新一轮的价值判定,进而对指标设置作出调整和更新。所以,跨境民族教育质量监测的指标设置不能一成不变,而要遵循事物不断变化的发展规律,根据现实需求、发展阶段等要素的改变,对监测指标进行动态调节。

第一,根据政策内容调整监测指标。近年来,跨境民族地区享受到了国家和地方关于边境地区、乡村地区、贫困地区教育改革发展的一系列支持政策。由政策的基本特征可知,系列政策的内容一方面保持着主题的相对稳定;另一方面也具有变动性,以体现不同时段决策层的判断和指向。所以,跨境民族教育质量监测的指标设置不可固化,而要根据不同时段国家和地方教育政策的变化而及时作出调整,以最大化地保障教育政策的扎实落地,并实现对政策执行的精准监控。

第二,根据跨境民族教育实践的发展演进修订监测指标。跨境民族教育质量监测与跨境民族教育发展之间是不断地相互作用和相互影响的。作为对跨境民族教育实践进行保障、强化和引领的一个工具,跨境民族教育质量监测在指标确立方面,不仅受到"自上而下"的政策驱动,而且要针对跨境民族教育实践不定期涌现出的重大问题和显著特点,"自下而上"地加以修订和完善,通过验证代表性的横断数据、纵向追踪趋势性数据等途径,筛选出跨境民族教育质量的关键性影响因素,[2]及时增设新指标,剔除不合时宜的旧指标,以确保跨境民族教育质量监测作用于跨境民族教育发展的适切性。

三、教育质量监测指标构建的关键内容

"一带一路"背景下跨境民族教育质量监测的指标构想拟以国际认可度较高的 CIPP 评价模型作为内容框架,在参鉴国内外教育质量监测指标和调研跨境民族地区教育现状的基础上提出。以下分别面向跨境民族地区的基础教育、高等

---

[1] 檀慧玲、黄洁琼、万兴睿:《我国区域义务教育质量关键影响因素监测指标框架构建研究》,载《中国教育学刊》,2020年第2期,第33—39页。

[2] 檀慧玲、黄洁琼、万兴睿:《我国区域义务教育质量关键影响因素监测指标框架构建研究》,载《中国教育学刊》,2020年第2期,第33—39页。

教育和职业教育，依次从教育的背景、投入、过程和结果出发，提出跨境民族教育质量监测的关键性指标。

（一）跨境民族地区基础教育质量监测的关键性指标

CIPP评价模型关注监测对象置身的背景环境，主张考察监测对象的需要、问题、资源和机会等背景条件。这要求教育质量监测指标的设计者充分认识教育与社会政治、经济、文化和人口等因素的关系，深刻审视校园外部的、影响教育发展的重要因素。[①]所以，跨境民族地区基础教育的背景质量监测可主要关注两个方面：一是跨境民族地区社会经济发展的水平和需求，包括跨境民族地区的生产总值、人口结构、就业现状等；二是跨境民族地区基础教育事业发展的基本情况，包括跨境民族地区基础教育的学校布局结构、学校数量、在校学生数量、外籍学生数量、教职人员数量、专任教师数量、生师比等基本信息。

教育投入是教育发展的基础，制约着教育的发展程度。按照投入的资源类型划分，教育投入可分为教育的财力投入、物力投入和人力投入。由此，跨境民族地区基础教育的投入质量监测可将经费投入、办学条件和师资队伍作为指标维度。在经费投入方面，重点关注国家和地方对跨境民族地区基础教育的经费总投入、专项经费（含国际交流活动经费、招收跨境就读的学生经费）、生均经费等，从中获悉国家和地方对跨境民族地区基础教育经费的保障程度和学生获得经费支持的均衡程度；密切关注经费投入方式、经费管理制度、社会捐资集资等，鼓励跨境民族地区基础教育丰富经费来源渠道；重点关注教师的薪资和待遇，为教师在跨境民族地区能够"招得到"并"留得住"提供可观的经济待遇。在办学条件方面，主要关注办学规模、班额、校舍、教育教学场地建设、教学资源配备等内容，引导跨境民族地区中小学校杜绝大班额和超大班额现象，保障学生们拥有安全适用的学习、活动和休息空间，加紧完善跨境民族地区中小学校的教育教学设备和信息化建设。在师资队伍方面，跨境民族地区中小学师资队伍存在的问题较为突出，主要表现为教师结构性短缺，专业素质偏低，年龄结构失衡，[②]流动频

---

① 霍力岩、孙蔷蔷、胡恒波：《中国学前教育指标体系的理论构想与适用性考察》，载《教育研究》，2019年第2期，第50—61页。

② 钟海青等：《跨境民族教育研究》，华东师范大学出版社2015年版，第155—158页。

繁，部分教师消极懈怠、无心从教、不愿参加培训①等。提升跨境民族地区基础教育质量，师资队伍建设是关键。因此，可着重关注跨境民族地区中小学教师的学历结构、学科结构、年龄结构、职称结构、流动情况、专业发展等内容，努力保障跨境民族地区中小学教师的数量和质量，让教师不仅"招得到"和"留得住"，而且能够"教得好"和"用得上"。

教育过程是教育者、受教育者、教育资料和教育目标等教育活动的各种基本要素之间相互作用的过程，②是有计划地将教育目标转化为现实的教育活动的实践集合，对教育结果的达成具有决定性的影响。在跨境民族地区基础教育过程质量监测中，可主要关注三个方面的指标：一是关注国家及地方的教育政策和战略部署如县域内城乡义务教育一体化改革发展、"两免一补"、集中连片特困地区农村学生营养餐计划、推进共建"一带一路"教育行动，在跨境民族地区中小学校的执行情况。其中，重点监测教育政策和项目在实施过程中是否出现问题，是否需要进行修改以及如何修改，旨在客观地反馈政策执行效果，为国家和地方的科学决策提供数据支撑和决策参考。二是关注跨境民族地区中小学生的就读现状，包括入学率、巩固率、辍学率、学位保障，以及对外来务工人员随迁子女、留守学生、外籍学生等群体的就读保障，致力确保入学机会公平，让外来务工人员随迁子女、留守学生、外籍学生等群体获得关爱和保障。三是关注跨境民族地区中小学校的课程与教学实施，包括是否按照国家规定的课程标准开齐、开足课程、是否保证了民族团结课程和民族文化课程的开设、是否定期开展安全防范教育等内容。

教育结果质量监测是考察教育的实际产出对教育目标的达成程度。跨境民族地区基础教育结果质量监测可重点关注学生发展、均衡发展和满意度三个方面。学生发展主要包括学生的学业水平发展（含国家课程和民族课程）、身心健康状况、"五个认同"意识、安全防范意识等内容。均衡发展主要包括校级均衡状况、城乡均衡状况等内容。满意度主要调查学校满意度、家庭满意度和社会满意度。这不仅从学生的学习结果出发评价跨境民族地区基础教育的结果质量，而且从区

---

① 钟海青、江玲丽：《本土化：边境民族地区乡村教师队伍建设的重要途径——基于广西边境民族地区的教育调查》，载《民族教育研究》，2017年第6期，第5—11页。

② 文雪、梁薇：《教育过程的内涵探讨》，载《教育评论》，2013年第1期，第3—5页。

域教育整体的质量发展出发考察跨境民族地区基础教育的均衡水平，同时密切关注利益相关者和社会公众对跨境民族地区基础教育的满意度，旨在多层次、多角度地监控跨境民族地区基础教育的结果质量。

（二）跨境民族地区高等教育质量监测的关键性指标

跨境民族地区高等教育背景质量监测可主要从跨境民族地区高等教育的外部社会性背景和内部整体性概况两个维度进行考察。一是审视跨境民族地区的社会经济发展的水平和需求，包括跨境民族地区的经济体量、产业结构、人口结构、人才需求以及就业现状等内容。二是调查跨境民族地区高等教育事业发展的基本情况，包括跨境民族地区高等教育的学校数量、办学规模、办学层次、学生数量、本科生占在校生比例、硕士生占在校生比例、博士生占在校生比例、在读外籍学生数量、教职人员数量、外籍教师数量等基本信息。

跨境民族地区高等教育投入质量监测可主要从经费投入、办学条件和师资队伍三个维度进行监控。在经费投入上，密切关注高等教育的经费投入在政府财政支出中的占比和高校生均经费投入，这是反映一个国家或地区对高等教育投入的两个重要指标；[①]同时，关注经费投入结构、经费管理的制度和办法等内容，致力引导跨境民族地区的高校不断优化经费投入结构，努力实现经费管理的规范化和科学化。在办学条件上，除了参照教育部《普通高等学校基本办学条件指标（试行）》《普通高等学校建筑面积指标》等指标密切监测学校设施、教育教学设备配置方面的基础建设之外，可重点关注图书馆（含在线数据库资源）、研究室、实验室、教学实训平台等方面的资源建设，目的是引导跨境民族地区的高校改善办学软硬件条件，不断优化当地高校的教学和科研资源，推动跨境民族地区高校的科研和教学实训紧密对接当地产业行业发展，并积极融入"一带一路"倡议下跨国跨区域的内外联动发展。在师资队伍上，关注教师的学历结构、职称结构、年龄结构、教学能力、科研能力、海外经历等内容，引导跨境民族地区高校建设一支结构合理、教学能力扎实、科研能力过硬、具有国际视野的师资队伍。

跨境民族地区高等教育过程质量监测可主要关注政策执行、专业建设、人才

---

① 凌云、俞佳君：《中国离高等教育现代化还有多远——几个关键指标的国际比较》，载《教育研究与实验》，2015年第2期，第23—28页。

培养、交流合作四个维度。在政策执行上，主要检视国家及地方的发展战略部署与高等教育政策，如新时期教育对外开放工作、推进共建"一带一路"教育行动、加快发展民族教育、中西部高等教育振兴计划，在跨境民族地区高校的执行状况，切实反映部署和政策在实践推进过程中的实际效果和所遇问题，为科学决策提供客观的数据支持和实证参考。在专业建设上，关注高校重点专业和特色专业的建设情况、专业结构与当地产业结构的契合度等内容，竭力引导跨境民族地区的高校积极探索自身的特色发展路径，增强对当地产业、行业和企业发展的智力支持。在人才培养上，一方面主要关注人才培养的模式及其运行管理，包括招生方式、学籍管理、学分认定、学位认证等内容，致力引导跨境民族地区的高校革新人才培养的模式和管理机制、积极配合并融入"一带一路"建设；另一方面主要监控课程与教学实施，其中要格外关注课程设置与"一带一路"背景下跨境民族地区社会经济发展的对接状况，要特别关注民族团结教育、安全防范教育、国际理解教育的开展状况。交流合作维度的监测，旨在引导国内外交流合作力度和层次的深化，力图促进"一带一路"教育发展共同体的形成。具体而言，该维度分为对外和对内两大指向，在对外指向上要关注中外合作办学、境外办学、国际科研合作交流、跨国校企合作、中外教师交流互访、中外学生交流互访等内容，在对内指向上要关注校际交流与合作、与企事业单位的交流与合作、教师赴校外交流访问、学生赴校外交流学习等内容。

跨境民族地区高等教育结果质量监测可主要围绕学生发展、科研成果及其应用、满意度三个维度。学生发展维度的监测内容包括学生的身心健康状况、"五个认同"意识、安全防范意识、国际理解能力、毕业率、毕业时达到的学业水平、就业率等，旨在考察跨境民族地区高校在人力资源培育方面的贡献。科研成果及其应用的监测内容包括国内外权威期刊和核心期刊的发文数量、各级横纵向课题数量、进入各级决策程序的科研成果数量、高校与企业合作的密切程度、科研成果转化率、专利授权数量等，目的是评价跨境民族地区高校对知识和技术创新、对当地发展（尤其是经济发展）的贡献。满意度的调查内容包括毕业生满意度、家长满意度、用人单位满意度和社会满意度，致力于多角度地评估人们对跨境民族地区高等教育的满意程度。

（三）跨境民族地区职业教育质量监测的关键性指标

跨境民族地区职业教育背景质量监测可主要关注跨境民族地区职业教育的外部社会性背景和内部整体性概况。一是检视跨境民族地区社会经济发展的水平和需求，包括跨境民族地区经济发展水平、经济发展模式、产业结构、特色产业、企业结构、人口结构、劳动力需求等内容。二是考察跨境民族地区职业教育事业发展的基本情况，包括跨境民族地区职业教育的学校数量、办学层次、办学规模、中职教育与高中阶段教育的规模比例、办学形式、办学模式等基本信息。

跨境民族地区职业教育投入质量监测可主要关注经费投入、办学条件和师资队伍三个维度。在经费投入上，着重关注国家和地方对跨境民族地区职业教育的经费总投入及其各自占国家和当地财政总支出的比重、生均经费等内容，从而监测国家和地方对跨境民族地区职业教育的经费保障力度；格外关注经费来源渠道、经费投入结构、经费投入方式、经费管理制度等内容，鼓励跨境民族地区职业教育不断丰富资金来源和投入方式，引导跨境民族地区职业教育优化经费的分配和管理。在办学条件上，可以教育部《中等职业学校建设标准》《高等职业学校建设标准》等指标内容作为参考，监测跨境民族地区职业学校的校舍建设、教学设备配置、实训场地建设、信息化建设等现状，以保障跨境民族地区职业教育的基本办学条件；还可关注跨境民族地区职业学校特色专业和特色课程的教学条件，引导当地的职业教育努力为当地特色产业和特色行业的蓬勃发展营造良好的教学条件，紧密对接"一带一路"背景下跨境民族地区的经济发展需求。在师资队伍上，除关注教师的学历结构、年龄结构、职称结构、专兼职建构等内容外，应特别关注"双师型"教师比例和国内外现代师资培训的覆盖情况，目的是通过指标设置大力引导跨境民族地区职业教育不断优化教师队伍的教育教学能力和专业实践能力。

跨境民族地区职业教育过程质量监测可主要关注政策执行、专业建设、人才培养三个维度。在政策执行维度，主要考察国家和地方的发展战略部署在跨境民族地区职业学校的落实情况。近年来，国家大力推进脱贫攻坚事业，实施乡村振兴战略，在教育领域面向职业教育推出了《国家职业教育改革实施方案》《中国特色高水平高职学校和专业建设计划》等系列改革举措，在教育改革创新和经济社会发展中将职业教育摆在更加突出的位置，强调通过职业教育和培训体系的改革完善，助力脱贫攻坚和乡村振兴。不仅如此，在由"一带一路"引领的全面对外开放格局下，教育部《推进共建"一带一路"教育行动》明确要求"突出地方推进共建'一带一路'的主体性、支撑性和落地性，要求各地发挥区位优势和地方特色，抓紧制订本地教育和经济携手走出去行动计划，紧密对接国家总体布局"。因此，要密切关注部署和政策的推进动态，客观反馈其实效和问题，为科学决策提供可靠的数据支持和决策参考。在专业建设维度，主要检视专业类别结构与所在区域的产业发展、劳动力技能需求的对接状况，努力引导跨境民族地区职业学校在专业布局、专业规模和技能培养上能匹配当地在"一带一路"背景下的产业发展、市场需求和技术需求。在人才培养维度，一要关注人才培养的模式及其运行管理。其中，应特别关注职业教育人才培养的连续性，包括学制层次的突破、与普通教育之间的转换融通、学历教育与职业培训的衔接、[①]外籍学生的就读和升学机制等内容；还应格外关注职业教育人才培养的适配性，引导跨境民族地区的职业学校在人才培养上注重产教融合、深化校企合作（包括与国外企业的合作），主动对接"一带一路"背景下跨境民族地区经济发展的新要求。二要关注课程与教学实施。在专业课程和教学方面，应根据职业教育国家教学标准体系，重点考察专业教学的改革状况；在公共课程和教学方面，除考察全国统一的公共课程及其教学之外，民族团结教育和安全防范教育的开展状况，也是不能遗漏的监测内容。

跨境民族地区职业教育结果质量监测可主要关注学生发展、社会贡献、满意度三个维度。在学生发展维度，以学生的职业技能水平、身心健康状况、"五个认同"意识、安全防范意识、毕业率、就业率等为主要指标内容。在社会贡献维度，主要考察跨境民族地区的职业教育对区域经济发展的贡献度、面向企业和覆盖企业的培训人数、服务社区的贡献度等内容。满意度维度包括毕业生满意度、家长满意度、用人单位满意度和社会满意度，旨在多角度测评人们对跨境民族地区职业教育的满意程度。

---

① 吴忠、朱德全：《中国职业教育现代化改革的目标框架与行动路向——〈国家职业教育改革实施方案〉的现代化蓝图与实践方略》，载《高校教育管理》，2020年第1期，第115—124页。

第四节　跨境民族教育质量监测的实施策略

监测实施的合理规划，是将跨境民族教育质量监测有效付诸实践的关键一环。实施理念、主体构成、平台建设等是跨境民族教育质量监测的实施策略的主要内容，它们保证教育质量监测发挥应有功效。应将协同性理念、数字化理念、发展性理念统筹贯穿于跨境民族教育质量监测的全过程。同时，应采取多元化的主体模式，设计一个由政府部门、专业团队、学校、学生、家长、用人单位以及社会公众等多元主体协同参与的科学监测主体系统，再借助新兴技术构建集无损采集、精准分析、及时预警、高效反馈等功能于一体的监测平台，合力促成跨境民族教育质量监测实施策略的最终成效，成为落实跨境民族教育质量监测的重要基石。

一、坚持教育质量监测的科学理念

理念是决定人们行为和发展方向的关键因素。科学的理念对事物发展具有重要的引领作用。跨境民族教育质量监测的顺利实施，离不开正确的理念指引。跨境民族教育质量监测不仅应坚持协同性理念，促进参与主体在各自分工的基础上有序协作，而且应落实数字化理念，推动监测数据的采集、分析和反馈与新数字技术紧密结合，还应保持发展性理念，密切关注监测系统内外部的变化动态，及时予以更新和完善。

（一）协同性理念

跨境民族教育质量监测在推进过程中秉持协同性理念，要求跨境民族教育质量监测的各个参与主体不仅要妥善完成各自独立承担的任务，而且要相互配合、相互支持，努力催生协同效应，以实现跨境民族教育质量监测效果的最大化。协同理论是系统理论的一个重要分支，由德国理论物理学家哈肯（H. Haken）于20世纪70年代创立。协同效应原理是协同理论的一个核心原理，其基本观点是由各个子系统之间非线性相互作用产生的协同效应，使系统整体的效应大于各个子系统独立效应的总和。哈肯认为，在一个开放的系统中，既有独立运动，又有关联运动。当各个子系统之间多方位、多层次的渗透活动增强到某一临界点时，关联运动便占主导地位，产生协同效应，形成大于各部分功能总和的整体功能。[①]跨境民族教育质量监测自身是一个动态的开放系统，包含政府部门、专业团队、学校、学生、家长、用人单位以及社会公众等多个参与主体，他们既有需要独立完成的任务，也存在较强的非线性相互作用，具有促进形成关联运动和协同效应的功能。跨境民族教育质量监测各主体应就协同的必要性和共同目标达成共识，在政府部门的主导和统筹下，积极参与监测，并在需要共同完成的环节相互配合、彼此支持，力争在监测系统内部形成新的有序结构，进而激发协同效应，增强监测效果。

（二）数字化理念

跨境民族教育质量监测贯彻数字化实施理念，构建基于数字技术的监测平台，将大数据技术等先进的数字技术应用于监测数据的采集、分析和反馈。2011年，麦肯锡全球研究所发布研究报告《大数据：创新、竞争和生产力的下一个前沿》（*Big data: The next frontier for innovation, competition, and productivity*），指出大数据时代来临，认为数据席卷了各行各业，已成为与劳动力、资本同等重要的生产要素。[②]大数据不只代表着数据体量的庞大，也意味着数据来源的多样化、数据类型的多元化，以及在数据处理与分析层面的大容量与高速度。更为重要的是，大数据立足于对大量数据的深度挖掘与科学分析，寻求数据背后的隐含关系与价值，使得人们可以从基于小样本数据的推测或基于感性的偏好性选择转向基于数据分析与理性证据的决策。[③]如今，大数据正向教育领域的方方面面渗透，

① 蔡小葵：《运用协同理论探索大学生思想政治教育中的协同机制》，《内蒙古师范大学学报（教育科学版）》，2013年第11期，第66—69页。

② McKinsey Digital. "Big data: The next frontier for innovation, competition, and productivity", https://www.mckinsey.com/business-functions/mckinsey-digital/our-insights/big-data-the-next-frontier-for-innovation#.

③ 郑燕林、柳海民：《大数据在美国教育评价中的应用路径分析》，载《中国电化教育》，2015年第7期，第25—31页。

教育评价领域也不例外。跨境民族教育质量监测应对新兴技术保持着敏感性，在数据采集、数据分析、数据反馈等实施环节积极融合新数字技术，树立数字化实施理念，努力克服传统教育评价在数据采集方式、数据处理类型、数据分析效率、数据结果反馈等方面的缺陷，并以这些新兴技术作为技术支撑构建监测平台，努力实现监测运行的一体化和高效化。

（三）发展性理念

跨境民族教育质量监测在运行过程中坚持发展性理念，根据实施过程内外部的发展变化，对监测实施所涉及的各个要素进行动态调整和及时更新。以监测数据处理技术为例，借助大数据技术，教育质量监测平台现已能运用分布式文件存储技术，克服传统数据库无法满足高并发和高可靠性的要求、无法有效处理异构数据的缺陷。分布式文件存储技术采取列存储方式优化数据读取，将数据编排成索引，提高数据读取效率，能实现数据查询的并发处理。[1]在大数据技术的支持环境未形成之前，这样的数据处理是无法做到的。面对国内外日新月异的监测技术，应密切关注其发展动向和前沿成果，推动跨境民族教育质量监测技术不断改进和适时升级。跨境民族教育质量监测的实施不仅要根据监测系统外部条件的变化而调适，而且要实时关注监测系统内部的运行状况，及时予以应对和调整。跨境民族教育质量监测是一个动态开放的复杂系统，其实施将受到多方面因素的影响和作用，出现问题和故障在所难免。在具体的实施过程中，不要抱持一蹴而就和一成不变的错误理念，而应恪守发展性理念，不但要随时准备灵活应对可能出现的问题或故障，而且要剖析它们出现的原因和条件，及时对监测运行进行有针对性的完善。

二、明确教育质量监测的主体构成

跨境民族教育质量监测实行多元主体协同参与。"多元主体参与"这一概念，最早由美国教育评价学者派特（M. Q. Patton）提出。他主张将需要使用评价信息的各方人士邀请到教育评价中，让其基于各自的立场对教育评价提出要求和建

---

① 王锋、王翔宇、秦文臻：《大数据驱动的高等教育质量监测评估关键技术研究》，载《黑龙江高教研究》，2017年第6期，第80—83页。

议，以便评价结果更好地满足不同使用者的需求。[①]之后，第四代教育评价对此加以继承和发展，进一步提出多元主体全面参与、协商对话、共同建构、价值多元化等评价理念。[②]遵循第四代教育评价主体多元化的基本理念，跨境民族教育质量监测要求政府部门、专业团队、学校、学生、家长、用人单位以及社会公众等多元主体共同参与，并要求结合跨境民族教育质量监测的现实条件和发展阶段付诸实践。

（一）政府部门

政府部门牵头跨境民族教育质量监测，统筹协调其他监测主体和各监测环节，推进监测落实并为之负责。过去，政府部门集管理主体、办学主体、评价主体于一身，决策、执行和监督高度一体化。[③]虽然在短期内取得了一定的成效，但就教育评价而言，这不可避免地导致其他利益相关者的话语权遭受挤压、[④]教育评价的专业性缺少保障等弊端。2015年，教育部专门发布《关于深入推进教育管办评分离　促进政府职能转变的若干意见》，将推进"管办评"分离定位为我国全面深化教育领域综合改革的重要内容，随后立即启动试点改革。"管办评"分离的推进落实，必然离不开政府部门的角色转型。政府必须要在简政放权、购买服务等方面加大健全和完善力度，努力成为"有限政府""服务政府""责任政府"和"有效政府"，[⑤]在教育评价上恪守职责边界，保障其他主体的参与空间。政府部门是跨境民族教育宏观管理的责任主体，需要为跨境民族教育的发展予以决策部署和资源保障，需要密切掌握跨境民族教育的发展动态，并据此进行相应的决策调整。政府管理职能的有效发挥，有赖于跨境民族教育质量监测的切实推进，而跨境民族教育质量监测的有序落实，也离不开政府部门强有力的推动和调度。所以，在跨境民族教育质量监测当中，政府部门依然是为整个监测负责的重要主

① 蔡敏：《论教育评价的主体多元化》，载《教育研究与实验》，2003年第1期，第21—25页。

② 朱德全、吴虑：《大数据时代教育评价专业化何以可能：第四范式视角》，载《现代远程教育研究》，2019年第6期，第14—21页。

③ 蒲蕊、柳燕：《教育管办评分离中政府、学校和社会的角色》，载《教育科学研究》，2016年第12期，第44—48页。

④ 刘利民：《教育管办评分离中政府、学校和社会的角色》，载《中国教育学刊》，2015年第3期，第1—6页。

⑤ 佘勇：《论学校教育管办评分离的逻辑》，载《教育研究与实验》，2018年第6期，第39—44页。

体，但不是唯一的参与主体。政府部门负责发起跨境民族教育质量监测，负责委托聘请专家学者、专业的科研机构和评估机构，负责安排学校以及相关行政部门配合质量监测的数据采集，负责建立健全跨境民族教育质量监测的信息平台，及时发布质量监测的报告和报道，负责依据监测结果进行科学决策，开展奖励和问责，责令存在问题的地区和学校限期整改并按时验收。整个跨境民族教育质量监测所需的经费，由政府部门负责调拨。在监测推进过程中，其他参与主体之间、各监测环节之间的组织和协调，由政府部门负责统筹。

（二）专业团队

专业团队是指与跨境民族教育质量监测的对象既无隶属关系也无利害关系的专家学者、教育评估机构以及教育研究机构。当前，第三方教育评估是国际上推崇的一种教育评价方式，由教育主管部门组织策划指导，由独立于政府和学校之外的专业团队作为操作实体。相比于由教育行政部门施评的第一方教育评估和由学校自评的第二方教育评估，第三方教育评估在专业性、独立性和公正性方面优势显著，现已在多个西方发达国家形成了相当成熟的市场和颇为完善的运行机制。[1]诸如美国、英国、日本等国家，如今已拥有多个专门从事教育评价工作的第三方教育评估机构。这些评估机构不仅地位独立，而且拥有高素质的评估队伍、科学的评估技术、专业的研究支撑，有些甚至在国际上享有盛誉。[2]虽然第三方教育评估在我国起步较晚，但是进展显著。2015年，教育部《关于深入推进教育管办评分离　促进政府职能转变的若干意见》明确要求"大力培育专业教育服务机构。扩大行业协会、专业学会、基金会等各类社会组织参与教育评价。制定专业机构和社会组织参与教育评价的资质认证标准。将委托专业机构和社会组织开展教育评价纳入政府购买服务范围"。在政府职能转变和购买服务的趋势下，专业团队参与教育评价的热度迅速攀升。跨境民族教育质量监测同样委托聘请专业团队作为落实监测的操作主体。作为跨境民族教育质量监测公信力的专业保障，专业团队负责开发跨境民族教育质量监测的指标体系和测评工具，研发、

① 冯虹、刘国飞：《第三方教育评价及其实施策略》，载《教育科学研究》，2016年第3期，第43—47页。

② 余凯、杨烁：《第三方教育评估权威性和专业性的来源及其形成——来自美、英、法、日四国的经验》，载《中国教育学刊》，2017年第4期，第16—21页。

管理和维护监测平台，负责在政府部门的协调下跟踪采集监测数据，负责统计监测数据、测算监测结果，负责将监测结果转化为监测报告，为跨境民族教育的发展提供政策建议，及时交付政府部门，负责为执行跨境民族教育质量监测的政府部门人员以及其他相关的参与人员提供专业培训和技术支持。

（三）学校

学校是跨境民族教育质量监测重要的参与主体，是跨境民族教育质量监测指标作用、数据采集和结果应用的基础单元。首先，跨境民族地区的学校要参照跨境民族教育质量监测的指标内容，明确发展的方向和重点，从师资建设、课程建设、专业建设等方面，靶向优化跨境民族教育的基本质量，靶向强化跨境民族教育的特色发展，靶向引领跨境民族教育的对外开放。跨境民族教育质量监测要发挥出保障、助推和引领的效能，很大程度上要依靠监测指标的落地，而学校正是对标建设的实践主体。其次，跨境民族地区的学校要对监测数据进行常态化储备、常规化报送，并对周期性的数据采集予以配合。作为数据采集的基本单元，学校要在日常运行的过程中，根据监测指标的内容指向和获取方法，收集并储存相关的教育数据，按时向教育行政部门报送。除此之外，专业团队会在政府部门的统筹协调下，定期深入学校采集数据，需要跨境民族地区的学校及其师生积极配合。再次，学校是跨境民族教育质量监测结果应用的基础单元，是将改进建议转化为实践行动的执行主体。斯塔弗毕姆认为"评价是一种划定、获取、报告、应用叙述性与判断性信息的过程，目的在于指导如何作决策、支持教学效能核定、传播有效实践、增进对评价对象的了解"。他创立 CIPP 评价模型的基本观点是"评价最重要的意图是改进而不是证明"[①]。由此可见，监测结果的产出不是教育质量监测的终点。科学、合理、有效地运用监测结果，是学校教育质量改善的起点。透过跨境民族教育质量监测报告，学校能加深对自身教育教学水平、专业建设现状等多方面的客观认识，应根据监测结果指导学校的决策和实践，以监测报告当中的改进建议为参考，围绕薄弱环节和现存问题有针对性地实施整改，充分发挥质量监测的改进效用。

---

① 肖远军:《CIPP教育评价模式探析》,载《教育科学》,2003年第3期,第42—45页。

（四）其他参与主体

除政府部门、专业团队、学校之外，跨境民族教育质量监测还有其他的参与主体，主要负责如实反映对跨境民族教育的满意度。当今，教育评价处于第四代评价时代，推崇"多元主义"价值观，尊重教育评价中各方的价值，[①]关注各利益主体的内生价值和发展诉求。[②]在这样的评价旨趣观照之下，学生、家长、用人单位、社会公众等群体也是跨境民族教育质量监测的参与主体。学生作为跨境民族教育的对象，也是跨境民族教育的评价主体。学生是跨境民族教育实践的"当事人"和"亲历者"，将他们的主观评价纳入跨境民族教育质量监测，不仅是将教育的评价权利赋予学生，为他们开辟话语空间，而且旨在通过学生的真实表达，更为清晰地了解他们的需要和愿望，为学校和教师的教育教学提供参考。家长的满意度也是跨境民族教育质量监测关注的内容。虽然家长是跨境民族教育间接的"消费者"，但作为跨境民族教育对象直接的监护人，他们对跨境民族教育的满意状况，不仅能在一定程度上反映出跨境民族教育的现实水平，而且可作为跨境民族教育资源投入和学校行为选择的参考。从市场的角度看，毕业生是学校的产品，用人单位是学校产品的需求方。[③]尤其对于职业院校和高等院校的学生而言，他们的就业是联系学校教育教学和社会选材用人的重要环节。聘用他们的单位对跨境民族教育质量的满意度，一定程度上折射出跨境民族地区学校的人才培养与当地人才需求的契合程度。所以，用人单位的满意度评价是跨境民族教育质量监测不可缺少的内容，是跨境民族教育人才培养和专业建设的重要参考。另外，社会公众也是跨境民族教育质量监测的参与主体。通过调查社会公众的满意度，了解跨境民族教育的社会公众形象，探知社会公众对跨境民族教育的期许，有利于从更为广阔的社会需要视角审视跨境民族教育质量，对其人才培养的效果进行综合性的价值判断。

[①] 李雁冰：《论教育评价专业化》，载《教育研究》，2013年第10期，第121—126页。

[②] 熊杨敬：《教育评价多元主体的共同建构——基于对话哲学的视域》，载《教育研究与实验》，2018年第5期，第74—78页。

[③] 杨娟：《用人单位对高校毕业生就业能力的评价：基于重要性—满意度的角度》，载《高教探索》，2018年第9期，第118—122页。

三、推进教育质量监测的平台建设

伴随信息化和数字化的不断深入，以大数据技术为代表的新兴技术正日益对社会各个领域产生深刻的影响。跨境民族教育质量监测应紧密融合大数据技术等新数字技术，并以此作为技术基础构建集无损采集、精准分析、及时预警、高效反馈等功能于一体的数据平台，落实"以技术支撑平台的建设、以平台保证监测的落实、以监测促进质量的改进"[①]的设计目标。

（一）采集系统

数据采集是跨境民族教育质量监测平台建设的基石，是保障后续的测算分析、预警发布和结果反馈得以实现的前提。获取大量的、多样的、可靠的数据，是跨境民族教育质量监测专业化、科学化、高效化的数据基础。当今，数据已成为关键的驱动力，大数据技术已成为核心的科技力量，给多个行业带来了颠覆性的影响。[②]在传统的教育评价中，囿于条件和技术的限制，评价数据的来源和类型相对单一，基本局限于小规模抽样产生的结构化数据和片段化数据，教育数据的生成与评价数据的采集之间没有实现及时采取和无损对接。[③]与传统的教育评价不同，大数据支持下的教育评价数据采集能突破小规模抽样的局限性，采集范畴不只是非自然状态下产生的时段性断层数据。借助物联网、视频录制、图像识别等技术手段，大数据支持下的教育评价能对教育过程中实时生成的多源、异构、多模态、不连贯语义的大数据进行持续性采集。这样的采集方法在数量上能实现全域式覆盖和全样本采集；在类型上关注表象性的结构化数据，重视含有价值隐喻的半结构化数据和非结构化数据；在质量上凸显真实性和客观性，能纵深采集教育活动中生成的情境化数据和过程性数据。[④]跨境民族教育质量监测平台

---

① 李玲、何霖俐、张辉蓉、王智、何怀金：《云计算基础教育质量监测与评价平台的设计与实现》，载《中国电化教育》，2013年第5期，第113—116页。

② 〔英〕维克托·迈尔-舍恩伯格、肯尼斯·库克耶：《大数据时代：生活、工作与思维的大变革》，周涛等译，浙江人民出版社2013年版，第1—3页。

③ 朱德全、马新星：《新技术推动专业化：大数据时代教育评价变革的逻辑理路》，载《清华大学教育研究》，2019年第1期，第5—7页。

④ 朱德全、吴虑：《大数据时代教育评价专业化何以可能：第四范式视角》，载《现代远程教育研究》，2019年第6期，第14—21页。

采集系统的建设，应充分重视并主动跟进大数据时代的新技术手段，努力发挥大数据技术全时空、全方位的采集和挖掘功能，①最大限度地促进数据来源和数据类型多样化，为跨境民族教育质量监测提供丰富、真实、及时、可靠的监测依据。

（二）分析系统

数据的分析研判是跨境民族教育质量监测平台建设的核心。科学先进的分析系统，是跨境民族教育质量监测数据能够高效开发和利用的基础性保证。跨境民族教育质量监测平台分析系统的建设，应深度融合大数据时代的多种新兴技术。大数据技术具有高速性、准确性、价值性等特征，对于分析复杂的教育数据优势明显，具体表现为数据价值密度高、分析速度快、挖掘能力强、关注范围广等。②基于多元回归分析、分类聚类算法、语义分析、系统建模、决策树分析等数据分析和挖掘技术，大数据技术能对大规模的教育数据进行多维度、多层次的对比分析、交叉验证和聚类统计，释放数据背后由本体共生的表征价值、由交互过程产生的关联价值以及由多方协同创生的决策价值。③不仅如此，大数据技术还能突破传统的教育评价数据处理对数据类型的限制，将非结构化数据转化为半结构化数据或结构化数据，并能运用数学方法进行运算处理，以教育现象之间的相关分析为基础，深入至要素之间探究因果关系，揭示教育现象背后的本质、模式以及趋势。④借助大数据技术，跨境民族教育质量监测在数据分析方面应特别加强关联分析，以拓展数据分析和结果阐述的深度，最大程度地发挥教育数据的价值。例如，应注重指标之间的关联分析，通过揭示指标之间的横纵向关联和作用机制，增强监测结果指导跨境民族教育发展决策的精准性。另外，在跨境民族教育质量监测分析系统内部，既可按主题组建分析单元，也可按时间、区域、学段、教育类型、办学层次等维度规划分析范畴。

---

① 朱成晨、闫广芬：《现代化与专业化：大数据时代教育评价的新技术推进逻辑》，载《清华大学教育研究》，2018年第5期，第75—80页。

② 朱德全、马新星：《新技术推动专业化：大数据时代教育评价变革的逻辑理路》，载《清华大学教育研究》，2019年第1期，第5—7页。

③ 刘桐、沈书生：《从表征到决策：教育大数据的价值透视》，载《电化教育研究》，2018年第6期，第54—60页。

④ 尧逢品：《大数据视野下的教育评估监测探微》，载《上海教育评估研究》，2016年第1期，第20—24页。

（三）预警系统

预警系统是跨境民族教育质量监测平台建设的重点。从一般意义而论，预警是一种信息反馈机制，是对表征状态的要素进行监测和预测，当要素接近或达到所设置的临界值时，即会发出警告信号，并对要素非正常的状态及其危害程度加以衡量，据此发出采取必要防范措施的信号。[1]预警系统的建立和完善意义重大。跨境民族教育质量监测平台通过预警系统能密切监控跨境民族教育风险因素的变化状态，及时判断各种风险状态偏离预警线的强弱程度，有效规避和降低各种教育风险。准确预测跨境民族教育的未来状态及其可能存在的教育风险，是跨境民族教育质量监测预警系统发挥效用的重要基础。预警系统可基于惯性原理、类推原理、相关原理等预测原理，借助德尔菲法、移动平均、指数平滑、趋势外推、灰色模型、自回归移动平均模型、静态和动态多元回归、向量自回归模型等预测方法，[2]实现对跨境民族教育发展的预测和预警。在预警范畴方面，跨境民族地区内部根据区域、学段、教育类型等不同，在预警内容的选择上可以有所差异，对与各自教育的发展目标和重要问题密切相关的内容实施监测预警。在预警级别方面，可分为轻度预警、中度预警和重度预警三个级别。[3]当跨境民族教育质量监测平台捕捉到预警指标范畴内的数据状态偏离了所设置的预警数值，根据数值偏离的程度，监测平台应立即向跨境民族地区教育行政部门发出对应级别的预警信号，告知风险程度，警示及时采取应变和干预措施。

（四）反馈系统

反馈系统是跨境民族教育质量监测平台的对外窗口。跨境民族教育质量监测的效用能否有效发挥，很大程度上取决于跨境民族教育的相关利益主体对监测结果的应用。而监测结果能否有效应用，首先取决于监测结果的反馈质量。在当前所处的大数据时代，数据密集型科学范式成为推动教育评价走向现代化和智能化

---

① 王思强：《中长期能源预测预警体系研究与应用》，北京交通大学博士学位论文，2009年，第23页。

② 李江波、王战军：《研究生教育质量预警研究》，载《高等工程教育研究》，2015年第4期，第111—115页。

③ 李伟涛：《教育现代化监测评价方法与方法论的探讨》，载《教育科学研究》，2016年第7期，第37—41页。

的革命性力量。[①] 在大数据技术的支持下，隐含在教育数据之中的规律和信息不仅能被挖掘出来，而且能以图表、树形结构、放射性层次圆环等可视化形式，[②] 清晰直观地呈现出来。在传统的教育评价中，结果反馈常诉诸文字描述，易造成结果呈现笼统模糊、可读性不强等问题。[③] 大数据技术让结果反馈可视化得以实现，可以弥补这一缺陷。除能优化反馈形式之外，大数据技术还能即时抓取教育活动的动态数据，能实时生成并及时反馈从大规模教育数据当中挖掘出的信息，能实现个性化反馈。[④] 鉴于大数据技术对教育评价结果反馈的诸多益处，跨境民族教育质量监测平台反馈系统的建设应与大数据技术紧密结合，一方面努力实现监测结果的可视化呈现，增强监测结果的可读性和直观性；另一方面不断提高结果反馈的及时性和个性化，争取对即时生成的监测结果实现公开、实时的查询，力求能根据不同主体各自的特征和关注重点，为其提供个性化的监测报告，以加强结果反馈的适切性和针对性。

---

① 朱德全、吴虑：《大数据时代教育评价专业化何以可能：第四范式视角》，载《现代远程教育研究》，2019年第6期，第14—21页。

② 朱德全、马新星：《新技术推动专业化：大数据时代教育评价变革的逻辑理路》，载《清华大学教育研究》，2019年第1期，第5—7页。

③ 王战军、乔伟峰、李江波：《数据密集型评估：高等教育监测评估的内涵、方法与展望》，载《教育研究》，2015年第6期，第29—37页。

④ 朱德全、吴虑：《大数据时代教育评价专业化何以可能：第四范式视角》，载《现代远程教育研究》，2019年第6期，第14—21页。

参考文献

一、著作

[1]习近平:《摆脱贫困》,福建人民出版社2014年版。

[2]《习近平谈治国理政》(第二卷),外文出版社2017年版。

[3]《马克思恩格斯文集》(第2卷),人民出版社2009年版。

[4]《马克思恩格斯选集》(第4卷),人民出版社1995年版。

[5]《马克思恩格斯全集》(第42卷),人民出版社1979年版。

[6]〔德〕伽达默尔:《科学时代的理性》,薛华等译,国际文化出版公司1996年版。

[7]〔德〕斐迪南·滕尼斯:《共同体与社会:纯粹社会学的基本概念》,林荣远译,商务印书馆1999年版。

[8]〔德〕黑格尔:《小逻辑》,贺麟译,商务印书馆2016年版。

[9]〔德〕沃尔夫冈·布列钦卡:《教育科学的基本概念:分析、批判和建议》,胡劲松译,华东师范大学出版社2001年版。

[10]〔法〕克洛德·莱维-斯特劳斯:《结构人类学》(第2卷),俞宣孟、谢维扬、白信才译,上海译文出版社1999年版。

[11]〔美〕大卫·雷·格里芬:《后现代精神》,王成兵译,中央编译出版社1997年版。

[12]〔美〕弗朗西斯·福山:《国际学术前沿观察:历史的终结及最后之人》,黄胜强、许铭原译,中国社会科学出版社2003年版。

[13]〔美〕Ray Kurzweil:《奇点临近》,董振华、李庆诚译,机械工业出版社2011年版。

[14]〔美〕欧文·拉兹洛:《多种文化的星球——联合国教科文组织国际专家小组的报告》,戴侃、辛未译,社会科学文献出版社2001年版。

[15]〔美〕塞缪尔·亨廷顿:《文明的冲突与世界秩序的重建》,周琪等译,新华出版社2001年版。

[16]〔美〕塞缪尔·亨廷顿:《我们是谁?——美国国家特性面临的挑战》,程克雄译,新华出版社2005年版。

[17]〔美〕斯图亚特·S.那格尔编著:《政策研究百科全书》,林明、龚裕、鲍克、韩春

立等译,科学技术文献出版社1990年版。

[18]〔美〕约翰·罗尔斯:《正义论》,何怀宏、何包钢、廖申白译,中国社会科学出版社1988年版。

[19]〔挪〕T. H. 埃里克森:《族群性与民族主义:人类学透视》,王亚文译,敦煌文艺出版社2002年版。

[20]〔日〕尾关周二:《共生的理想:现代交往与共生、共同的理想》,卞崇道、刘荣、周秀静译,中央编译出版社1996年版。

[21]〔英〕维克托·迈尔-舍恩伯格、肯尼斯·库克耶:《大数据时代:生活、工作与思维的大变革》,周涛等译,浙江人民出版社2013年版。

[22]曹兴、孙志方:《全球化时代的跨界民族问题》,中国政法大学出版社2015年版。

[23]陈时见主编:《多元共生与多样化发展——西南民族学校教育发展研究》,商务印书馆2012年版。

[24]陈时见:《学校教育变革的反思》,中国文艺出版社2004年版。

[25]丁冰、张连城主编:《现代西方经济学说(修订版)》,中国经济出版社2002年版。

[26]费孝通:《乡土中国》,北京出版社2011年版。

[27]费孝通主编:《中华民族多元一体格局》,中央民族学院出版社1989年版。

[28]冯克诚、田晓娜主编:《中国学校办学模式》,国际文化出版公司1997年版。

[29]葛公尚主编:《当代政治与民族问题》,中央民族大学出版社1995年版。

[30]哈经雄、滕星主编:《民族教育学通论》,教育科学出版社2001年版。

[31]何东昌主编:《中华人民共和国重要教育文献(1991—1997)》,海南出版社1998年版。

[32]何东昌主编:《中华人民共和国重要教育文献(1949—1975)》,海南出版社1998年版。

[33]何东昌主编:《中华人民共和国重要教育文献(1976—1990)》,海南出版社1998年版。

[34]何东昌主编:《中华人民共和国重要教育文献(2003—2008)》,新世纪出版社2010年版。

[35]胡健:《"一带一路"战略构想及其实践研究》,时事出版社2016年版。

[36]胡守钧:《社会共生论》(第二版),复旦大学出版社2012年版。

[37]教育部基础教育一司、中国教育科学研究院、国家教育咨询委员会义务教育均衡发展工作组编:《2010—2012义务教育均衡发展·省域统筹》,教育科学出版社2012年版。

[38]金东海:《少数民族教育政策研究》,甘肃教育出版社2002年版。

[39]联合国教科文组织:《全球教育发展的历史轨迹:国际教育大会60年建议书》,赵中建译,教育科学出版社1999年版。

[40]林毅夫等:《以共享式增长促进社会和谐》,中国计划出版社2007年版。

[41]林毅夫等:《"一带一路"2.0:中国引领下的丝路新格局》,浙江大学出版社2018年版。

[42]刘海江:《马克思实践共同体思想研究》,中国社会科学出版社2016年版。

[43]刘林元主编:《中国马克思主义的新境界》,南京大学出版社2003年版。

[44]刘志辉:《共生理论视域下政府与社会组织关系研究》,天津人民出版社2017年版。

[45]柳海民:《教育理论的诠释与建构》,安徽教育出版社2009年版。

[46]马丽娟、伍琼华:《基础教育阶段:云南民族教育的发展变迁》,中国社会科学出版社2012年版。

[47]倪胜利:《生态·人文·人的发展——西南民族教育文化研究》,西南师范大学出版社2013年版。

[48]平新乔:《微观经济学十八讲》,北京大学出版社2001年版。

[49]朴胜一、程方平:《民族教育史》,海南出版社2001年版。

[50]秦建平:《统筹城乡教育综合改革成都发展模式——从资源配置一体化到城乡教育质量一体化》,科学出版社2017年版。

[51]司晓宏:《义务教育均衡发展论纲——以西部农村为研究对象》,人民教育出版社2013年版。

[52]苏德等:《民族教育政策:质性研究与案例分析》,教育科学出版社2014年版。

[53]孙代尧等:《协调发展研究》,高等教育出版社2018年版。

[54]孙绵涛等:《教育政策论——具有中国特色的社会主义教育政策研究》,华中师范大学出版社2002年版。

[55]陶行知:《中国教育改造》,商务印书馆2014年版。

[56]滕星、王军:《20世纪中国少数民族与教育:理论、政策与实践》,民族出版社2002年版。

［57］推进"一带一路"建设工作领导小组办公室：《共建"一带一路"倡议：进展、贡献和展望》，外文出版社2019年版。

［58］王桂五：《略论人治与法治的统一》，群众出版社1980年版。

［59］王俊：《包容性发展与中国参与国际区域经济合作的战略走向》，苏州大学出版社2016年版。

［60］王善迈：《经济变革与教育发展：教育资源配置研究》，北京师范大学出版社2014年版。

［61］王锡宏：《中国边境民族教育》，中央民族学院出版社1990年版。

［62］王义桅：《"一带一路"机遇与挑战》，人民出版社2015年版。

［63］项贤明：《比较教育学的文化逻辑》，黑龙江出版社2000年版。

［64］谢启晃主编：《中国民族教育史纲》，广西教育出版社1989年版。

［65］徐大同主编：《西方政治思想史》，天津教育出版社2002年版。

［66］许锋华：《共生道德教育论》，华中师范大学出版社2012年版。

［67］杨军：《西北少数民族地区基础教育均衡发展研究》，民族出版社2006年版。

［68］张健：《中国教育年鉴（1949—1981）》，中国大百科全书出版社1984年版。

［69］张卫东、杨会萍、连红：《义务教育资源均衡配置与有效运用》，中州古籍出版社2017年版。

［70］张学敏、叶忠：《教育经济学》，高等教育出版社2014年版。

［71］赵庆典等：《高等学校办学模式研究》，人民教育出版社2005年版。

［72］郑长德：《中国少数民族地区包容性绿色发展研究》，中国经济出版社2016年版。

［73］中央教育科学研究所编：《中华人民共和国教育大事记1949—1982》，教育科学出版社1984年版。

［74］钟海青、高枫：《守望边疆教育：广西边境民族地区教育质量保障与特色发展研究》，人民出版2011年版。

［75］钟海青等：《跨境民族教育研究》，华东师范大学出版社2015年版。

［76］周光礼：《公共政策与高等教育——高等教育政治学引论》，华中科技大学出版社2010年版。

［77］周建新：《和平跨居论——中国南方与大陆东南亚跨国民族"和平跨居"模式研究》，民族出版社2008年版。

［78］Coleman, J. S. E. , Campbell, C., Hobson, J. , MC Part-land, A. , Mood, F. *Weinfeld, and R. York. Equality of Educational Opportunity*. Washington, D.C. : U. S. Government

Printing Office, 1966.

[79]Holliday, A. R. *The Struggle to Teach English as an International Language*, Oxford: Oxford University Press, 2005.

[80]Knight, Jane. "Trade in Higher Education Services: The Implications of GATS", *The Observatory on Borderless Higher Education*, 2002.

[81]Knight, J. "Higher Education Crossing Borders: A Guide to the Implications of the General Agreement on Trade in Services(GATS) for Cross-border Education", COL/UNESCO, 2006.

[82]Seton-Watson, Hugh, *Nations and States: An Enquiry into the Origins of Nations and the Politics of Nationalism*, Boulder, Colo: Westview Press, 1977.

[83]Stufflebeam, D. L. & Zhang, G. *The CIPP Evaluation Model: How to Evaluate for Improvement and Accountability*, New York: The Guildford Press, 2017.

[84]Tovey, Philip. *Quality Assurance in Continuing Professional Education*, New York: Routledge. 1994.

[85]Varghese, N. V. "Globalization of Higher Education and Cross-border Student Mobility", *International Institute for Educational Planning*, 2008.

[86]UNESCO. "Education for All: The Quality Imperative", Paris: United Nations Educational, Scientific and Cultural Organization, 2004.

[87]UNICEF. "Defining Quality in Education", UNICEF Working Paper, 2000.

二、硕博论文

[1]陈家全:《县域义务教育均衡发展评价指标体系构建的研究》,西南大学博士学位论文,2017年。

[2]蒋瑾:《欧洲青年跨文化能力培养的战略研究》,华东师范大学博士学位论文,2017年。

[3]姜亚洲:《跨文化教育的理论与实践研究》,华东师范大学博士学位论文,2015年。

[4]刘方林:《边境学校外籍学生跨境学习研究》,西南大学博士学位论文,2019年。

[5]刘舜强:《博物馆全面质量管理初探》,中国艺术研究院博士学位论文,2012年。

[6]柳翔浩:《和合视域下跨境民族地区中学生国家认同教育研究》,西南大学博士学位论文,2013年。

[7]慕彦瑾:《西北农村义务教育资源配置合理性研究》,四川师范大学博士学位论

文,2018年。

[8]秦丽萍:《高等教育资源配置研究》,四川大学博士学位论文,2006年。

[9]沈军:《职业院校专业建设CIPP评价模式实践研究》,西南大学博士学位论文,2016年。

[10]宋隽:《全球化时代的跨文化教育研究》,山东师范大学博士学位论文,2017年。

[11]苏文捷:《基于集团化扩张的学校竞争力研究》,武汉理工大学博士学位论文,2009年。

[12]孙小健:《张掖市三通两平台建设现状分析与发展对策研究》,西北师范大学硕士学位论文,2017年。

[13]王国兴:《寄宿制中学的后勤服务研究》,上海师范大学硕士学位论文,2014年。

[14]王谦:《改革开放以来民族教育政策价值取向演变研究》,西南大学硕士学位论文,2016年。

[15]王思强:《中长期能源预测预警体系研究与应用》,北京交通大学博士学位论文,2009年。

[16]吴晶:《基础教育学区化办学研究》,华东师范大学博士学位论文,2018年。

[17]武云斐:《合作 共生 共赢——大学与中小学合作变革的内生逻辑研究》,华东师范大学博士学位论文,2012年。

[18]许林:《公平视角下我国民族高等教育财政投入研究》,华中科技大学博士学位论文,2012年。

[19]杨友森:《政策认知视角下"少骨"政策的问题及成因研究》,华中师范大学硕士学位论文,2017年。

[20]郑智勇:《精准扶贫视野下职业教育集团化办学模式研究》,西南大学硕士学位论文,2017年。

三、期刊论文

[1]"深化基础教育管理体制改革研究"课题组:《深化基础教育管理体制改革研究报告》,载《教育研究》,1998年第12期。

[2]J.罗尔斯、何怀宏:《正义论的主要观念和两个正义原则》,载《世界哲学》,1988年第3期。

[3]巴战龙:《对"民族文化进校园"应多些冷思考》,载《中国民族教育》,2018年

第3期。

[4]班觉、次仁德吉:《西藏牧区基础教育的新发展——以那曲县罗玛镇为案例》,载《中国藏学》,2016年第4期。

[5]财政部、国家发展改革委员会、教育部、人力资源社会保障部:《关于中等职业学校农村家庭经济困难学生和涉农专业学生免学费工作的意见》,载《中国职业技术教育》,2010年第1期。

[6]蔡乐才:《高校人才培养的共享经济模式建构》,载《江苏高教》,2017年第2期。

[7]蔡敏:《论教育评价的主体多元化》,载《教育研究与实验》,2003年第1期。

[8]蔡小葵:《运用协同理论探索大学生思想政治教育中的协同机制》,载《内蒙古师大学报(教育科学版)》,2013年第11期。

[9]曹晶晶:《"一带一路"视野下高职人才培养支撑与转型发展研究》,载《教育与职业》,2018年第19期。

[10]曹毅:《关于民族教育跨越式发展的思考》,载《中南民族学院学报(人文社会科学版)》,2003年第1期。

[11]常绍舜:《从经典系统论到现代系统论》,载《系统科学学报》,2011年第3期。

[12]陈·巴特尔、孙伦轩、陈安吉尔:《我国少数民族教育公平的文化考量》,载《北京大学教育评论》,2013年第3期。

[13]陈巴特尔、陈雪婷:《改革开放40年我国民族高等教育政策的演进逻辑》,载《贵州民族研究》,2019年第1期。

[14]陈纯槿:《中学教师工作满意度影响因素的实证研究——基于PISA2015教师调查数据的分析》,载《教师教育研究》,2017年第2期。

[15]陈国良、张曦琳:《教育现代化动态监测:理念、方法与机制》,载《教育发展研究》,2019年第21期。

[16]陈华:《教育综合改革的利益主体与协调机制》,载《全球教育展望》,2017年第11期。

[17]陈建樾:《单一民族国家还是多民族国家:近代中国构建现代国家的解决方案之争》,载《清华大学学报(哲学社会科学版)》,2018年第5期。

[18]陈坤、马辉:《共享发展:社会公平视野中的教育资源配置研究》,载《学习与探索》,2019年第3期。

[19]陈立鹏、任玉丹:《改革开放40年来我国民族教育重大政策梳理》,载《中国民族教育》,2018年第11期。

[20]陈立鹏、仲丹丹:《新中国成立70年:对民族教育"深层次问题"的再思考》,载《民族教育研究》,2019年第5期。

[21]陈时见、胡娜:《"一带一路"视域下跨境民族教育的价值意蕴与创新路径》,载《清华大学教育研究》,2019年第2期。

[22]陈时见、刘方林:《新时期中小学校的有效管理与质量提升——中小学教育发展报告暨校长论坛综述》,载《教师教育学报》,2017年第4期。

[23]陈时见、胡娜:《新时代乡村教育振兴的现实困境与路径选择》,载《西南大学学报(社会科学版)》,2019年第3期。

[24]陈时见、王远:《从"边境"到"跨境":"一带一路"背景下跨境民族教育的转型发展》,载《华东师范大学学报(教育科学版)》,2020年第4期。

[25]陈卫东、褚乐阳、杨丽、叶新东:《4D打印技术及其教育应用展望——兼论与"人工智能+教育"的融合》,载《远程教育杂志》,2018年第1期。

[26]陈学金、滕星:《全球化时代"三种认同"与中国民族教育的使命》,载《广西民族大学学报(哲学社会科学版)》,2013年第3期。

[27]陈至立:《高举邓小平理论伟大旗帜 认真实践"三个代表"重要思想 努力开创民族教育工作新局面——在第五次全国民族教育工作会议上的讲话》,载《中国民族教育》,2002年第4期。

[28]成刚、袁梨清、周涛:《民族地区教育资源配置规模与结构研究》,载《民族研究》,2017年第6期。

[29]褚宏启、杨海燕:《教育公平的原则及其政策含义》,载《教育研究》,2008年第1期。

[30]褚宏启:《城镇化进程中的教育变革——新型城镇化需要什么样的教育改革》,载《教育研究》,2015年第11期。

[31]樊燕萍:《基于整体优化原理对战略并购问题的系统分析》,载《系统科学学报》,2011年第2期。

[32]范国睿:《教育体制改革与教育生态活力》,载《教育发展研究》,2015年第19期。

[33]范国睿:《教育制度变革的价值追求与战略选择——纪念教育改革开放四十年》,载《全球教育展望》,2018年第7期。

[34]范国睿、孙闻泽:《改革开放40年教育体制机制改革的历史与逻辑分析》,载《教育研究》,2018年第7期。

［35］范君、詹小美：《铸牢中华民族共同体意识的文化方略》，载《思想理论教育》，2018年第8期。

［36］范周、周洁：《"一带一路"战略背景下的中国文化软实力建设研究》，载《同济大学学报（社会科学版）》，2016年第5期。

［37］方盛举：《我国陆地边疆的文化型治理》，载《思想战线》，2017年第6期。

［38］费孝通：《重建社会学与人类学的回顾和体会》，载《中国社会科学》，2000年第1期。

［39］冯虹、刘国飞：《第三方教育评价及其实施策略》，载《教育科学研究》，2016年第3期。

［40］冯建军：《高中教育资源公平配置：取向与原则》，载《教育科学研究》，2010年第9期。

［41］伏彩瑞、关新、朱华勇、汤敏、项贤明、张逸中、库逸轩、袁振国：《"人工智能与未来教育"笔谈》（下），载《华东师范大学学报（教育科学版）》，2017年第5期。

［42］甘健侯、赵波、李艳红：《"互联网+民族教育"的内涵、价值及实现路径》，载《学术探索》，2016年第2期。

［43］高宏：《"互联网+"背景下高等教育面临的机遇、挑战与应对》，载《黑龙江高教研究》，2016年第11期。

［44］高振强：《CIPP教育评价模式述评》，载《教学与管理》，1998年第Z1期。

［45］葛道凯：《从矛盾变化看新时代教育改革发展的基本走向》，载《教育研究》，2018年第12期。

［46］顾明远：《让每个孩子都享有公平而有质量的教育》，载《教育研究》，2017年第11期。

［47］顾微微、杜瑛瑛：《我国农村义务教育经费投入存在的问题与对策》，载《教育探索》，2011年第2期。

［48］瑰乔：《边境民族教育基本特点浅论》，载《民族教育研究》，1990年第1期。

［49］哈经雄：《中国共产党领导下少数民族教育事业的发展》，载《华中师范大学学报（哲学社会科学版）》，1990年第2期。

［50］郝士艳、王海云、苗艳丽：《"一带一路"战略中文化自信的彰显》，载《青海社会科学》，2017年第3期。

［51］郝亚明：《中华民族共同体意识视角下的民族交往交流交融研究》，载《西南民族大学学报（人文社会科学版）》，2019年第3期。

［52］何明:《国家认同的建构——从边疆民族跨国流动视角的讨论》,载《云南师范大学学报(哲学社会科学版)》,2010年第4期。

［53］何跃:《云南省与周边国家跨境民族教育的兴起与发展》,载《东南亚纵横》,2010年第6期。

［54］何跃:《云南与周边国家跨境民族教育研究现状述评》,载《学术探索》,2009年第6期。

［55］何跃、高红:《论云南跨境民族教育的软实力》,载《云南民族大学学报(哲学社会科学版)》,2012年第6期。

［56］何跃、高红:《论云南跨境教育和跨境民族教育》,载《云南民族大学学报(哲学社会科学版)》,2011年第2期。

［57］和学新、岳辉:《地方课程政策供给与学校课程改革——基于京、沪、浙三地近年来义务教育课程政策分析的思考》,载《当代教育与文化》,2019年第1期。

［58］胡德海:《关于我国民族教育的几个问题》,载《西北师大学报(社会科学版)》,1990年第4期。

［59］胡艳丽、曾梦宇:《非物质文化遗产"传承人传承"管理研究——以黔东南侗族为例》,载《民族论坛》,2016年第11期。

［60］胡玉萍:《我国民汉合校研究的回顾与展望——从意义探论到学校实践》,载《民族教育研究》,2018年第4期。

［61］黄容霞:《我国高等教育质量保障政策60年演变(1949—2009年)——基于历史制度主义分析视角》,载《现代大学教育》,2010年第6期。

［62］黄忠敬:《我国基础教育课程政策:历史、特点与趋势》,载《课程·教材·教法》,2003年第1期。

［63］霍力岩、孙蔷蔷、胡恒波:《中国学前教育指标体系的理论构想与适用性考察》,载《教育研究》,2019年第2期。

［64］贾佳、方宗祥:《"一带一路"倡议下中国与东盟跨境高等教育刍议》,载《高等教育管理》,2018年第4期。

［65］江涛、苏德:《民族教育的本质及应然逻辑:价值论的视角》,载《贵州民族研究》,2018年第5期。

［66］蒋作斌:《论省域教育协调发展》,载《教育研究》,2006年第10期。

［67］金蕊:《"一带一路"上的文化使者:中亚东干人——以东干人与新疆昌吉二六工人的共享叙事为例》,载《西北民族研究》,2016年第2期。

[68]金鑫、林永亮:《民心相通:为"一带一路"建设筑牢社会根基》,载《求是》,2017年第11期。

[69]郎维伟、陈瑛、张宇:《中华民族共同体意识与"五个认同"关系研究》,载《北方民族大学学报(哲学社会科学版)》,2018年第3期。

[70]雷权勇、刘吉双:《跨国公司对少数民族地区产业集聚效应研究》,载《贵州民族研究》,2013年第5期。

[71]雷湘竹、卢静:《校本培训:边境民族地区教师专业发展的应然选择——以广西壮族自治区L县为例》,载《民族教育研究》,2017年第6期。

[72]雷振扬、哈正利:《民族团结进步政策创新的若干建议——基于江苏省民族工作经验的调查》,载《广西民族研究》,2012年第1期。

[73]李宝庆、刘方林、李海红:《教育决策风险沟通机制的建构》,载《教育发展研究》,2013年第12期。

[74]李郭倩:《改革开放40年来我国双语教育政策的回顾与前瞻》,载《民族教育研究》,2018年第5期。

[75]李江波、王战军:《研究生教育质量预警研究》,载《高等工程教育研究》,2015年第4期。

[76]李康康、赵鑫硕、陈琳:《我国智慧教室的现状及发展》,载《现代教育技术》,2016年第7期。

[77]李玲、何霖俐、张辉蓉、王智、何怀金:《云计算基础教育质量监测与评价平台的设计与实现》,载《中国电化教育》,2013年第5期。

[78]李敏、薛二勇、皮家胜、李健:《新时代民族团结进步教育的内涵、功能及路径》,载《民族教育研究》,2020年第2期。

[79]李明、么加利:《现代化进程中少数民族文化传承危机与应对——基于文化基因视角》,载《贵州民族研究》,2018年第7期。

[80]李鹏、朱德全:《职业教育质量监测评估:英、美、德、澳的经验与启示》,载《西南大学学报(社科版)》,2018年第6期。

[81]李强:《"丁字型"社会结构与"结构紧张"》,载《社会学研究》,2005年第2期。

[82]李涛、余世琳:《均衡城乡资源　凸显统筹特色——对重庆基础教育统筹发展的思考》,载《教育发展研究》,2007年第20期。

[83]李伟涛:《教育现代化监测评价方法与方法论的探讨》,载《教育科学研究》,2016年第7期。

[84]李祥、王路路、陈凤:《我国民族教育政策变迁的脉络、特征与展望——基于〈教育部工作要点〉的文本研究》,载《民族教育研究》,2019年第1期。

[85]李晓霞:《新疆民汉合校的演变及其发展前景》,载《新疆大学学报(哲学社会科学版)》,2001年第2期。

[86]李雁冰:《论教育评价专业化》,载《教育研究》,2013年第10期。

[87]李自然:《试谈民族传统文化的本质、特点及其保护与发展》,载《黑龙江民族丛刊》,2006年第1期。

[88]廖宏建、张倩苇:《"互联网+"教育精准帮扶的转移逻辑与价值选择——基于教育公平的视角》,载《电化教育研究》,2018年第5期。

[89]廖菁菁:《高等教育海外分校研究:动因、类型与挑战》,载《比较教育研究》,2019年第2期。

[90]廖其发:《论中国基础教育领导管理体制的分类分权改革——以1977年以来的经验教训为依据》,载《西南大学学报(社会科学版)》,2017年第4期。

[91]廖毅、张薇:《教育促进民族区域人力资本与经济发展适配的探析——以云南为例》,载《云南民族大学学报(哲学社会科学版)》,2017年第1期。

[92]林德全:《论教育质量均衡的内涵与路径》,载《教育导刊》,2010年第1期。

[93]林尚立:《人民共和与统一战线:中国共产党建设国家的政治方略》,载《经济社会体制比较》,2011年第4期。

[94]凌云、俞佳君:《中国离高等教育现代化还有多远——几个关键指标的国际比较》,载《教育研究与实验》,2015年第2期。

[95]刘宝存、张伟:《文化冲突与理念弥合——"一带一路"背景下新型世界公民教育刍议》,载《清华大学教育研究》,2018年第4期。

[96]刘军、罗雯、张芥:《改革开放40年民族教育信息化演进:历程、规律与启示》,载《民族教育研究》,2018年第6期。

[97]刘明兴、张宸珲、张文玉:《我国民族教育财政政策中的攀比效应研究》,载《教育经济评论》,2017年第4期。

[98]刘圣忠:《理念与制度变迁:历史制度主义的理念研究》,载《复旦公共行政评论》,2010年第1期。

[99]刘松:《革命文化是文化自信的精神支柱》,载《山东社会科学》,2018年第2期。

[100]刘桐、沈书生:《从表征到决策:教育大数据的价值透视》,载《电化教育研

究》，2018年第6期。

[101]刘奕、夏杰长：《共享经济理论与政策研究动态》，载《经济学动态》，2016年第4期。

[102]刘长兴：《论流域资源配置的基本原则与制度体系》，载《政法论丛》，2018年第6期。

[103]刘稚：《跨界民族的类型、属性及其发展趋势》，载《云南社会科学》，2004年第5期。

[104]柳卸林：《不连续创新的第四代研究开发——兼论跨越发展》，载《中国工业经济》，2000年第9期。

[105]龙跃：《现代服务环境下制造服务创新的内涵与外延》，载《华东经济管理》，2012年第7期。

[106]鲁洁：《教育的原点：育人》，载《华东师范大学学报（教育科学版）》，2008年第4期。

[107]陆地：《周边传播理论在"一带一路"中的应用》，载《当代传播》，2017年第5期。

[108]麻艳香：《文化：教育发展的内在机制——教育与文化的关系研究》，载《甘肃社会科学》，2010年第2期。

[109]马丽君：《民族教育的文化人类学解释》，载《青海民族研究》，2006年第4期。

[110]马曼丽：《论跨国民族的特征及发展趋势》，载《西北史地》，1995年第2期。

[111]马戎、郑惠元：《历史演进中的中华文化和中国民族话语》，载《西北民族研究》，2018年第3期。

[112]马戎：《如何认识"跨境民族"》，载《社会科学文摘》，2016年第12期。

[113]马晓强：《"科尔曼报告"述评——兼论对我国解决"上学难、上学贵"问题的启示》，载《教育研究》，2006年第6期。

[114]毛建军、赵祥、毛建斌：《我国高等教育财力资源配置研究》，载《教育理论与实践》，2011年第36期。

[115]毛力提·满苏尔：《40年：民族教育变化翻天覆地》，载《中国民族教育》，2018年第11期。

[116]牛风蕊、沈红：《建国以来我国高校教师发展制度的变迁逻辑——基于历史制度主义的分析》，载《中国高教研究》，2015年第5期。

[117]欧阳明昆、钟海青：《广西边境民族地区教师队伍建设现状与对策研究——

基于三个中越边境县的实地调查》,载《民族教育研究》,2016年第2期。

[118]欧阳鹏、胡弼成:《人工智能时代教育管理的变革研究》,载《大学教育科学》,2019年第1期。

[119]欧以克:《边境地区义务教育政府责任机制的建立与完善》,载《中国财政》,2011年第5期。

[120]彭泽平、靳玉乐:《新中国60年民族教育观的变迁与创新》,载《民族教育研究》,2010年第6期。

[121]蒲蕊、柳燕:《教育管办评分离中政府、学校和社会的角色》,载《教育科学研究》,2016年第12期。

[122]祁占勇、王锦雁:《改革开放40年民族职业教育政策的演进逻辑与展望》,载《青海民族研究》,2018年第7期。

[123]钱民辉:《略论多元文化教育的理念与实践》,载《北京大学学报(哲学社会科学版)》,2011年第3期。

[124]钱书法、周绍东:《新国际分工格局的结构性矛盾——马克思社会分工制度理论的解释》,载《当代经济究》,2011年第11期。

[125]钱学森:《新技术革命与系统工程——从系统科学看我国今后60年的社会革命》,载《世界经济》,1985年第4期。

[126]钱学森、于景元、戴汝为:《一个科学新领域——开放的复杂巨系统及其方法论》,载《自然杂志》,1990年第1期。

[127]乔非、沈荣芳、吴启迪:《系统理论、系统方法、系统工程——发展与展望》,载《系统工程》,1996年第5期。

[128]郅海霞、刘宝存:《"一带一路"教育共同体构建与区域教育治理模式创新》,载《湖南师范大学教育科学学报》,2018年第6期。

[129]裘援平:《世界变局中的突出矛盾》,载《现代国际关系》,2019年第2期。

[130]任保平、王新建:《论包容性发展理念的生成》,载《马克思主义研究》,2012年第11期。

[131]桑锦龙:《"教育协调发展"内涵初探》,载《教育学报》,2010年第2期。

[132]桑志坚:《结构正义与教育公平:一种社会学的探索》,载《教育理论与实践》,2019年第7期。

[133]佘勇:《论学校教育管办评分离的逻辑》,载《教育研究与实验》,2018年第6期。

[134]沈朝华、黄吉花:《析论新中国民族教育政策对云南跨境民族国家认同的建构》,载《云南行政学院学报》,2018年第3期。

[135]沈江平:《文化自信建构中的三种"文化传统"》,载《中共福建省委党校学报》,2018年第10期。

[136]施威、杨琼、耿华萍:《城乡义务教育非均衡供给的理论、历史与现实逻辑》,载《教育发展研究》,2017年第6期。

[137]石筠弢:《好的课程政策及其制定》,载《课程·教材·教法》,2003年第1期。

[138]宋姗姗、柳建文:《试论"一带一路"倡议与"文化圈"合作》,载《广西民族研究》,2018年第6期。

[139]宋涛、程艺、刘卫东、刘慧:《中国边境地缘经济的空间差异及影响机制》,载《地理学报》,2017年第10期。

[140]苏德、王渊博:《国家认同教育:云南省边境教育发展的战略选择》,载《民族教育研究》,2012年第5期。

[141]孙杰远:《文化共生视域下民族教育发展走向》,载《教育研究》,2011年第12期。

[142]孙军:《你了解共生关系吗?》,载《世界科学》,2001年第6期。

[143]孙开、王冰:《政府间普通教育事权与支出责任划分研究——以提供公平而有质量的教育为视角》,载《财经问题研究》,2018年第8期。

[144]孙绵涛、康翠萍:《教育机制理论的新诠释》,载《教育研究》,2006年第12期。

[145]孙绵涛、康翠萍:《教育体制改革与教育机制创新关系探析》,载《教育研究》,2010年第7期。

[146]孙绵涛:《关于国家教育政策体系的探讨》,载《教育研究》,2001年第3期。

[147]孙舒景、吴倬:《社会主义先进文化框架内少数民族优秀传统文化的当代价值》,载《青海社会科学》,2015年第3期。

[148]檀慧玲、黄洁琼、万兴睿:《我国区域义务教育质量关键影响因素监测指标框架构建研究》,载《中国教育学刊》,2020年第2期。

[149]陶庭马、陶富源:《马克思"现实的人"新解》,载《理论建设》,2016年第6期。

[150]田养邑、周福盛:《"一带一路"中民族教育的开放式发展:使命担当与路径构建》,载《西南民族大学学报(人文社科版)》,2017年第9期。

[151]滕星、苏红:《多元文化社会与多元一体化教育》,载《民族教育研究》,1997年第1期。

［152］田鹏颖：《协调：从发展理念到方法论创新》，载《中国特色社会主义研究》，2016年第3期。

［153］田晓伟：《校长的资源意识及其生成》，载《教学与管理》，2016年第13期。

［154］田耀农、黄虎：《基于现代电化教育技术的"中国民族民间音乐"课程教学模式研究》，载《音乐研究》，2011年第2期。

［155］涂端午：《新时代教育对外开放的转型、挑战及策略》，载《国家教育行政学院学报》，2019年第4期。

［156］万明钢、海路：《新中国成立70年少数民族教育发展的回顾、反思与展望——万明钢教授专访》，载《民族教育研究》，2019年第4期。

［157］万明钢：《"积极差别待遇"与"教育优先区"的理论构想——西部少数民族贫困地区教育发展途径探索》，载《教育研究》，2002年第5期。

［158］汪三贵：《反贫困与政府干预》，载《管理世界》，1994年第3期。

［159］王斐然：《农村义务教育财政转移支付的对策》，载《经济研究参考》，2015年第30期。

［160］王锋、王翔宇、秦文臻：《大数据驱动的高等教育质量监测评估关键技术研究》，载《黑龙江高教研究》，2017年第6期。

［161］王继平：《合理调整我国教师政策价值取向初探》，载《教师教育研究》，2005年第6期。

［162］王家忠：《论社会潜能的调控与和谐社会的构建》，载《东岳论丛》，2008年第4期。

［163］王鉴：《"一带一路"与民族教育发展的新机遇》，载《中国民族教育》，2017年第1期。

［164］王鉴：《坚持依法推进我国少数民族双语教育的政策和模式》，载《民族教育研究》，2019年第1期。

［165］王鉴：《我国民族教育政策体系探讨》，载《民族研究》，2003年第6期。

［166］王鉴：《中华民族共同体意识的内涵及其构建路径》，载《中国民族教育》，2018年第4期。

［167］王璐：《国外跨境教育研究十年》，载《现代教育管理》，2014年第12期。

［168］王伟、李静：《全球视野下教育质量概念的认识视角与分析架构》，载《外国中小学教育》，2015年第3期。

［169］王学男：《何谓"教育质量"——"十三五"时期提升教育质量的概念前提》，载

《河北师范大学学报(教育科学版)》,2017年第6期。

[170]王岩:《建设社会主义核心价值体系必须高扬民族精神和时代精神的旗帜》,载《马克思主义与现实》,2008年第3期。

[171]王艳玲、杨菁、杨晓:《"一带一路"背景下云南跨境民族地区学校教育的衍生功能及其实现条件》,载《云南农业大学学报(社会科学版)》,2018年第1期。

[172]王烨晖、秦可心、张楠、温红博:《PISA问卷的最新发展趋势》,载《中国考试》,2020年第5期。

[173]王佑镁、祝智庭:《从联结主义到联通主义:学习理论的新取向》,载《中国电化教育》,2016年第3期。

[174]王瑜、陈晓琪:《"文化自信"观照下民族文化进校园的文化内涵及路径》,载《民族教育研究》,2019年第1期。

[175]王瑜、郭蒙蒙、张静:《西南跨境民族教育文化特性研究》,载《教育评论》,2017年第6期。

[176]王瑜、郭蒙蒙:《论广西边境地区基础教育发展的价值困境及路向思考》,载《民族教育研究》,2017年第6期。

[177]王瑜、江玲丽:《广西边境民族地区教师队伍建设政策实施的问题及对策研究——以CH市为例》,载《民族高等教育研究》,2019年第1期。

[178]王瑜、张静:《广西边境寄宿制学校的困境及思考》,载《民族高等教育研究》,2018年第2期。

[179]王瑜、钟海青:《论跨境民族国家认同的多维特性及其教育路径》,载《贵州民族研究》,2019年第2期。

[180]王瑜:《论全球化时代民族跨文化教育的合理性发展》,载《教育科学》,2016年第1期。

[181]王战军、乔伟峰、李江波:《数据密集型评估:高等教育监测评估的内涵、方法与展望》,载《教育研究》,2015年第6期。

[182]王志军、陈丽:《联通主义学习理论及其最新进展》,载《开放教育研究》,2014年第10期。

[183]王志平:《试论教育结构配比与教育重心相协调的教育发展原则》,载《教育理论与实践》,1998年第5期。

[184]韦朝烈:《坚定革命文化自信需要科学把握三个基本问题》,载《中共石家庄市委党校学报》,2016年第10期。

[185]魏红梅、黄明东:《义务教育学区制改革:制度逻辑、实践困境及优化路径》,载《教育科学》,2017年第4期。

[186]魏欣、奚晓雪:《高等学校专项经费管理研究》,载《天津大学学报(社会科学版)》,2014年第6期。

[187]文雪、梁薇:《教育过程的内涵探讨》,载《教育评论》,2013年第1期。

[188]毋丝雨:《"互联网+"时代县区教育资源共享平台的构建》,载《教学与管理》,2017年第6期。

[189]吴晶:《基础教育学区化办学的可行性与障碍分析》,载《教育探索》,2017年第5期。

[190]吴虑、朱德全:《中国职业教育现代化改革的目标框架与行动路向——〈国家职业教育改革实施方案〉的现代化蓝图与实践方略》,载《高校教育管理》,2020年第1期。

[191]吴向东:《对人的全面发展内涵的解释》,载《教学与研究》,2004年第1期。

[192]夏立平:《论共生系统理论视阈下的"一带一路"建设》,载《同济大学学报(社会科学版)》,2015年第2期。

[193]向伟、钱民辉:《我国少数民族教育研究主题回顾:基于"中华民族多元一体"的理论框架》,载《民族教育研究》,2017年第2期。

[194]项聪:《我国高校基层学术组织变迁的制度逻辑——基于历史制度主义的分析》,载《中国高教研究》,2011年第6期。

[195]肖远军:《CIPP教育评价模式探析》,载《教育科学》,2003年第3期。

[196]谢爱磊:《"读书无用"还是"读书无望"——对农村底层居民教育观念的再认识》,载《北京大学教育评论》,2017年第3期。

[197]谢念亲:《跨境民族:血脉相亲的异国人》,载《世界知识》,2013年第23期。

[198]谢少华:《提高教育政策执行力必须超越"执行"的视域局限》,载《华南师范大学学报(社会科学版)》,2008年第6期。

[199]邢广程:《新时代中国边疆治理的新思路》,载《边界与海洋研究》,2018年第3期。

[200]熊杨敬:《教育评价多元主体的共同建构——基于对话哲学的视域》,载《教育研究与实验》,2018年第5期。

[201]徐丹:《马克思分工理论的演变逻辑及其学术意义》,载《江苏社会科学》,2015年第5期。

[202]徐书业、郭裕湘:《新中国民族教育政策演变的制度分析——基于历史制度

主义的分析范式》,载《教育研究与实验》,2013年第1期。

[203]徐双庆、陈学光、王志玮:《裂变性创新的内涵辨析》,载《科学管理研究》,2008年第2期。

[204]许章润:《论现代民族国家是一个法律共同体》,载《政法论坛》,2008年第3期。

[205]薛阳:《少数民族高等教育融入"一带一路"的路径选择》,载《贵州民族研究》,2019年第1期。

[206]闫建璋、王换芳:《改革开放40年我国教师教育政策变迁分析》,载《教师教育研究》,2018年第5期。

[207]杨娟:《用人单位对高校毕业生就业能力的评价:基于重要性—满意度的角度》,载《高教探索》,2018年第9期。

[208]杨盈、庄恩平:《构建外语教学跨文化交际能力框架》,载《外语界》,2007年第4期。

[209]杨莹莹:《区域义务教育质量监测何以止于报告》,载《教育理论与实践》,2019年第26期。

[210]杨尊伟:《改革开放40年我国高等教育管理体制改革的回顾与前瞻》,载《河北师范大学学报(教育科学版)》,2018年第5期。

[211]尧逢品:《大数据视野下的教育评估监测探微》,载《上海教育评估研究》,2016年第1期。

[212]尤伟琼、张学敏:《云南边境地区周边国家跨境就读外籍学生管理问题研究》,载《云南师范大学学报(哲学社会科学版)》,2018年第3期。

[213]于欣力、段淑丹:《开创澜湄教育合作新模式 助力构建澜湄国家命运共同体——以云南民族大学为例》,载《世界教育信息》,2019年第9期。

[214]余凯、杨烁:《第三方教育评估权威性和专业性的来源及其形成——来自美、英、法、日四国的经验》,载《中国教育学刊》,2017年第4期。

[215]袁凤琴、胡美玲、李欢:《民族文化进校园40年:政策回溯与问题前瞻》,载《民族教育研究》,2018年第6期。

[216]袁贵仁:《深化教育领域综合改革加快推进教育治理体系和治理能力现代化——在2014年全国教育工作会议上的讲话》,载《人民教育》,2014年第5期。

[217]袁利平:《论习近平教育扶贫战略思想》,载《甘肃社会科学》,2018年第3期。

[218]岳小国、陈红:《不被"整合"的向心力——民族走廊"国家化"研究》,载《青海民族研究》,2013年第2期。

［219］詹克明：《系统论的若干哲学问题》，载《中国社会科学》，1991年第5期。

［220］曾鸣鸣、崔延强：《"少数民族高层次骨干人才计划"实施研究》，载《社会科学战线》，2018年第10期。

［221］张成胜、李科：《"互联网+"融入少数民族中学生思想政治教育》，载《思想政治课教学》，2018年第3期。

［222］张家军、靳玉乐：《基础教育资源配置的伦理思考》，载《中国教育学刊》，2010年第10期。

［223］张善鑫、马国莉：《改革开放40年来我国少数民族学生政策变迁的回顾与展望》，载《民族教育研究》，2018年第5期。

［224］张孝荣、俞点：《共享经济在我国发展的趋势研究》，载《新疆师范大学学报（哲学社会科学版）》，2018年第2期。

［225］赵世林：《论民族文化传承的本质》，载《北京大学学报（哲学社会科学版）》，2002年第3期。

［226］赵中建：《ISO9000质量体系认证适用于学校教育吗？——关于教育领域引进质量体系认证的思考》，载《上海教育》，2001年第11期。

［227］赵中建：《高等教育全面质量管理的概念框架》，载《外国教育资料》，1997年第5期。

［228］郑刚、刘金生：《"一带一路"战略中教育交流与合作的困境及对策》，载《比较教育研究》，2016年第2期。

［229］郑燕林、柳海民：《大数据在美国教育评价中的应用路径分析》，载《中国电化教育》，2015年第7期。

［230］钟海青、江玲丽：《本土化：边境民族地区乡村教师队伍建设的重要途径——基于广西边境民族地区的教育调查》，载《民族教育研究》，2017年第6期。

［231］钟海青、王瑜：《论跨境民族地区跨文化教育的历史使命》，载《广西民族大学学报（哲学社会科学版）》，2016年第1期。

［232］周川：《中国高等教育管理体制改革的政策分析》，载《高等教育研究》，2009年第8期。

［233］周谷平、阚阅：《"一带一路"战略的人才支撑与教育路径》，载《教育研究》，2015年第10期。

［234］周光礼、吴越：《我国高校专业设置政策六十年回顾与反思——基于历史制度主义的分析》，载《高等工程教育研究》，2009年第5期。

［235］周建新：《"跨国民族"再认识——与马戎先生商榷》，载《开放时代》，2017年第5期。

［236］周平：《民族国家时代的民族与国家》，载《云南民族大学学报（哲学社会科学版）》，2013年第5期。

［237］周欣：《建立全国性学前教育质量监测体系的意义与思路》，载《学前教育研究》，2012年第1期。

［238］周自波、廖水明：《试论民族地区解决教育发展不平衡不充分的根本途径》，载《贵州民族研究》，2018年第7期。

［239］朱成晨、闫广芬：《现代化与专业化：大数据时代教育评价的新技术推进逻辑》，载《清华大学教育研究》，2018年第5期。

［240］朱德全、马新星：《新技术推动专业化：大数据时代教育评价变革的逻辑理路》，载《清华大学教育研究》，2019年第1期。

［241］朱德全、吴虑：《大数据时代教育评价专业化何以可能：第四范式视角》，载《现代远程教育研究》，2019年第6期。

［242］朱筱煦、袁同凯：《论教育与民族地区社会和谐稳定》，载《西北民族研究》，2019年第2期。

［243］朱印平、刘斌：《对欠发达地区实行寄宿制的思考》，载《教学与管理》，2006年第29期。

［244］朱永新、徐子望、鲁白、褚君浩、蒲戈光、邹昊、吴晓如：《"人工智能与未来教育"笔谈（上）》，载《华东师范大学学报（教育科学版）》，2017年第4期。

［245］"Cross-national studies of the quality of education: Planning their design and managing their impact", Paris: International Institute for Educational Planning, 2006, p45.

［246］Ayoob, Mohammed. "From Regional System to Regional Society", *Australian Journal of International Affairs*, No 3, 1999.

［247］Bottani, N. "The OECD educational indicators: Purposes, limits and production processes". *Prospects*, No 1, 1998.

［248］Mueller, Claus. "Integrating Turkish Communities: A German Dilemma", *Population Research and Policy Review*, Vol 25, No 5, 2006.

［249］Nikel, J. & Lowe, J. "Talking of fabric: a multidimensional model of quality in education", *Compare: A Journal of Comparative and International*, No 5, 2010.

［250］Panzar, J. C. , Willig, R. D. "Economies of Scope", *American Economic Review*,

No 71, 1981.

［251］Scheerens, J. "School Effectiveness Research and the Development of Process Indicators of School Functioning", *School Effectiveness and School Improvement*, No 1, 1990.

［252］Siemens, George. "Connectivism: A Learning Theory for the Digital Age". *Instructional technology & distance learning*, Vol, No 1, 2005.

［253］UNESCO, "APQN. UNESCO-APQN toolkit: Regulating the quality of cross-border education", https: //www. apqn. org/media/library/publications/unesco-apqn_toolkit-reprint. pdf.